社会性别与公共管理教程

张再生　主编

天津大学出版社
TIANJIN UNIVERSITY PRESS

图书在版编目(CIP)数据

社会性别与公共管理教程 / 张再生主编. —天津：天津大学出版社，2016.8
ISBN 978-7-5618-5623-9

Ⅰ.①社… Ⅱ.①张… Ⅲ.①社会—性别差异—教材②公共管理—教材 Ⅳ.①C913.14②D035-0

中国版本图书馆CIP数据核字(2016)第190299号

出版发行 天津大学出版社
地　　址 天津市卫津路92号天津大学内(邮编:300072)
电　　话 发行部:022-27403647
网　　址 publish.tju.edu.cn
印　　刷 天津市蓟县宏图印务有限公司
经　　销 全国各地新华书店
开　　本 185mm×260mm
印　　张 20.75
字　　数 518千
版　　次 2016年8月第1版
印　　次 2016年8月第1次
定　　价 40.00元

目　录

理论与方法篇

应 用 篇

发展篇

1 绪论

1.1 社会性别与公共管理研究的背景及意义

在数千年的人类文明进程中，人类社会大体经历了女性主导的母系社会、男性主导的男权社会、女权兴起的两性融合社会等3个阶段，性别赋予了男性和女性不同的社会意义和价值范畴。时至当下，基于不同的层次和视角，性别至少可以被划分为基因性别、生殖器性别、性腺性别、染色体性别、心理性别和社会性别等6种，其中社会性别得到了前所未有的关注和重视，尤其19世纪末以来，男权主导地位的式微与女性解放运动的兴起，使得社会性别成为社会治理进程中无法绕开的重大历史命题。

在西方启蒙运动之前，亚里士多德关于女性是未完成的男性的论断长期主宰着社会认知和价值观，女性的从属地位、被动生育、缺乏哲学家天分等成为男性主导社会的根本特质。无独有偶，中国数千年的帝王统治，男尊女卑的思想根深蒂固，使得礼治宗法社会得以延续至今，仍有非常深厚的文化基础和社会认同，女性很难从社会性别中获得与男性平等的权力和地位。

19世纪以来，近代西方社会逐渐兴起了女性主义运动，追求男女平等和推动社会公正成为女性主义理论的核心内容，时至20世纪60年代，席卷全球的妇女解放运动促使社会性别理论成为学术研究中的重要范畴。1976年，美国人类学家格·如本在批判生理性别和强调后天对先天影响的基础上，提出男女性别应从属于社会文化背景和历史语境的解读，同时明确指出只有剔除制度、法律、社会运转、价值体系等之中对于妇女的歧视，颠覆在政治、文化、经济、社会等之上对妇女的压迫，建设平等的社会制度，才能让女性获得本质上的社会性别权力和平等。

20世纪80年代末90年代初，后现代女性主义者的出现，极力批判二元的共同性社会性别所带来的诸多局限，更加强调权力对于男权社会的对抗，强调社会的多元存在结构和个体、群体间的差异性，更加关注社会文化对于男女两性差异的影响机制，特别是社会文化中男女两性各自生成和存在的群体特征与行为方式，诸如婚姻、教育、文化、经济、政治、习惯、行为、表达等方面固化的角色期待，在社会文化中男女两性被潜移默化地进行教化，赋予截然相反的社会气质和遵循规范，将生理性别的先天差别与社会性别的后天培养混为一谈。

社会性别的后天形成特性，揭示了社会性别随着社会变迁和发展而变化的基本规律，不同的政治、经济、文化、社会等因素，必将形成与历史时期、政治体制、经济形态、社会制度及组织运作等相适应的社会性别关系，社会性别的历史性阶段存在直接影响社会性别的社会性构建，也使得男女两性共同塑造着符合自身诉求的群体性社会性别意识和判断。

1.1.1 理论背景：社会性别与公共管理

长期以来，中国的公共管理体系中，很难找到女性的存在痕迹，男性总是被归化于公共领域和文化领域，女性世界总是被理解为私人领域，关于自然领域也多以女性为比拟和关联对象。理性、秩序、勇敢、克制、治理等均应与女性有所隔绝，相反男性也被隔离于伦理、情感、感性等之外。总而言之，政治只属于男性范畴，女性即使进入权力中心也是因为其具有男性特质，即异质性的男性形象成为塑造政治女性的模本，性别成为公共管理进程中非常重要的社会文化资本，其立足点在于男权社会的维护与保全。

社会性别理论总是不停地追问女性权力和个性诉求何去何从，历史中女性如何被不断塑造和叙述阐释，女性自身观念特征和行为模式如何被异化为男权社会的组成部分和附庸，男权社会为了巩固统治和霸权，对女性进行了卓有成效的话语系统和符号体系的灌输及渗透，女性获得了和男性一样的理论知识、实践认知及社会规范等，并通过法律、制度、规范、习俗等文化因子对女性予以强化和暗示，性别差异正是被约定俗成的社会性文化要素所左右，社会性别被不断地批判、解构及重构等，为公共管理理论界定了男女社会性别的本质。

社会性别理论的独特视角，对于公共管理难以触及的社会关系、制度及治理等诸多问题提供了现实的、有针对性的研究模式：一方面，不断变化发展的社会性别理论为公共管理理论提供了动态的理论视角，同时女性作为社会性别理论中的主体，在物质、精神、组织及制度等范畴中，摆脱了既有的对于男性的依赖和男权的依附，使女性成为男性的伙伴，更成为国家政治和社会治理的主人翁，有利于公共管理理论科学有效地开展研究工作；另一方面，社会性别理论打破了孤立的研究女性和女性问题，使公共管理能够在男女两性共同塑造和构建的社会角色与权力结构中，对于不同政策可能对男女带来不同影响的问题和机制进行深刻探究和反省，强化男女多元结构的平等，探寻女性获得权力的本质和根源问题，对于丰富公共管理理论内涵，推动公共管理更加关注平等、公正等具有强烈的现实意义和社会价值。

1.1.2 现实意义：社会性别理论与我国的公共管理

面对社会现实，社会性别理论向人们展示了这样一个观点：社会性别是在社会制度和文化中形成的，可以通过政治和宣传的影响进行重构，因此政府应该注重妇女在社会性别发展中的作用，有责任也有可能在决策中引入社会性别意识[1]。

新中国成立以来，妇女地位得到了极大提高，妇女在社会中扮演着愈来愈重要的角色，特别是妇女参政议政已经成为社会制度的一部分，且发挥了至关重要的作用，极大地推动了社会的进步和经济的发展。但一些习以为常、看似社会制度的被公众广泛接受的现象，如果置于社会性别理论的视域中，性别偏见和歧视反而较之以往有所加强。比如《宪法》《婚姻法》及《妇女权益保障法》等法律在实施过程中存在非常严重的弱化趋势，女性陷入传统的男权附属和保护存在之中，加之男女在求学、就业、收入水平等方面仍存在很大差距，多数女性从事的行业均属于低收入行业，尤其是在农村，女性的受教育权和生存权等受到更大的挑战，根本无法获得与男性相同或相近的社会待遇和权力，即使在市场经济已经高度发达的社会语境下，家庭暴力、拐卖妇女、居高不下的自杀率及承担越来越多的生产生活压力等，说明我国女性地位仍未得到根本性扭转。按照制度设计和相关规定，在决策体系中，给予了妇女一定比例的职位，但尚未形成对决策有足够影响力的平等机制，其中涉及诸多社会领域的现实问题，需要多学科融合的研究视角和理论支撑，才能推动我国公共管理中女性意识和权力意志的发展。

社会性别理论引入了社会学、政治学、人类学、文学、教育学、历史学和行政管理学等多学科理论，立足于女性学者视角，参与到公共管理实践和理论当中，在社会制度建构中，逐渐消解性别歧视，实现性别平等，对既有的制度和决策进行科学有效的完善和修正，逐渐对新建制度产生积极影响，实现多元化的、尊重个性诉求的、无性别差异的制度设计；积极差别对待，保持性别中性，尊重女性在实际生活中的生理及社会差别，对女性所处的不利环境和差异特征进行积极纠正和采取保护措施，最终在公共管理行为中实现性别中性；倡导男女均衡，形成社会性别意识，公共管理过程中尊重男女性别差异，充分理解社会性别制度和这些差异的密切关系，在帮助女性解决权益受损问题的同时，积极根除社会性别结构中轻视、忽视甚至蔑视女性的社会性别结构，建立男女两性共同参与公共管理的相关制度及共同发展的社会性别秩序，扫除既往社会文化制度中忽略的理论和实践问题盲点，采取积极有效的措施，将社会性别意识主动纳入公共决策领域，实现社会性别主流化。

1.1.3 价值取向：本土化和主流化的公共管理社会性别理论取向

社会性别理论强调在男女平等的大环境下，被更多的人接受和提倡。性别平等并不等同于“男女都一样”的简单理解，也不是在任何方面都要求男女绝对的平等。而是一种在承认男女差别的基础上和充分尊重女性的前提下，结合弱势补偿的公平正义原则，通过各项公共政策，保障女性在就业、教育以及发展等方面实现权利、义务、机会的平等与正义的理念[2]。因此，社会性别平等并非使得男女的概念弱化、二者统一趋同，而是真正的在尊重差异基础上的平等，这对于女性作为一个在政治、经济以及社会等各方面争取与男性一样的权利与机会的独立群体而言，具有跨时代的意义和广阔的发展空间。

想要从根本上实现事实上的男女平等，并不能仅仅依靠经济发展来解决，而应该更多地深入体制内部，争取思想上的解放和管理体制上的变革。将“社会性别”与“公共管理”有机结合，从社会性别视角去考虑和制定公共管理领域政策，这对于加强妇女平等意识和解决社会性别问题具有不可估量的作用与意义。

第一，加强社会性别与公共管理建设，促进社会性别主流化，有利于加强政府和非政府组织及企业的社会性别责任意识。性别平等机制有利于制定公正、平等的公共政策，并为消除现有不平等而采取积极的措施以及在法律、经济、行政及宣传领域使用多元化的手段等。

例如，在社会性别主流化中有一个非常重要的措施是社会性别预算制度（具体来说，有社会保障性别预算等）。社会性别预算可以提高各级政府对社会性别问题、社会性别政策的理解能力，可以使政府的承诺以制度化的形式进行规范，以预算文件的形式保留下来，并让女性获得更多的财政资源，为女性提供更多的发展机会；从预算制定的源头着手，了解性别导致的差异性需求，调整采取积极的差别政策，更好地分配有限的财政资源，提高社会保障制度的效率，促进两性和谐与社会和谐[3]。

将社会性别与公共管理相结合，将社会性别的观念、框架和方法与中国公共管理的实践相结合，对提高我国政府在公共管理和治理方面的社会性别主流化能力、构建社会主义和谐社会具有积极的推动作用。

第二，将社会性别理论纳入公共管理的价值取向，对其进行本土化改造，有利于将社会性别理论充分运用到公共管理的研究和实践之中，推动公共管理研究实践发展。包括社会性别理论在内的任何社会科学理论都具有多元化特征，但只有适合整个国家社会和谐发展、维护国家公平正义的理论，才是被需要的理论，比如东方国家尤其是日本和韩国的女性更愿意在结婚后为了家庭而放弃事业，而西方国家则恰好相反。如果东方国家为了强化男女两性在就业方面的公平而强制规定不允许女性放弃事业而变成家庭主妇，那么社会问题反而会被激化，甚至会严重阻碍该国社会性别的主流化。

第三，通过社会性别的角度来重新审视现有的公共政策，以此来寻找现代社会发展过程中被忽视、歧视的女性问题。例如，在社会保险政策、教育政策、家庭政策、人口政策等方面公共政策存在的问题。

（1）女性教育政策。可以说，现代社会的任何一项教育政策都存在一定的性别取向。有学者认为，我国的教育政策出现了一定的偏差，比如某些具体教育政策存在性别歧视的倾向，不能保障社会处境最为不利的弱势群体的受教育权利，教育政策的公平性缺乏充足的实施和保障条件等[2]。因此，应该鼓励决策者、管理者将社会性别纳入教育政策，鼓励教育者将社会性别平等化贯彻到教育中去；制定具有引导性和激励性的政策，制定特别扶持政策；通过建立性别平等指标监控系统，在社会性别公平政策制定方面赋予妇女更多的话语权。

（2）女性就业政策。女性就业问题一直是我国政府和社会关注的热点之一。虽然我国目前女性的经济活动参与率高，但女性从事的职业分割十分严重；女性就业规范化和就业质量都呈现下降的趋势；男女劳动力的收入差别不断扩大；尤其是就业歧视等问题仍然存在，并且在政策上没有切实的解决政策。

（3）人口生育政策。长期实行计划生育政策对我国妇女的发展带来了双向的影响。其中，对妇女的不利影响主要有以下 3 方面：①人口出生性别比偏高，直接受害者是怀孕妇女和尚未出生的女性胎儿及女婴；②由于城乡生育率二元化的格局，导致城乡人口素质的差异化以及人口素质的逆淘汰现象；③加快了人口老龄化的趋势，尤其是加大了老年妇女特别是农村老年妇女的养老风险。因此，公共政策要重点着力查找导致女性缺失的深层次原因（如文化制度因素），大力提倡提高妇女素质和转变观念的教育，加强社会各方交流和沟通，制定妇女发展计划，完善相关法规，加大宣传力度，打击非法鉴定胎儿性别，发挥非政府组织作用等[2]。

第四，加强社会性别与公共管理建设，有利于加强社会性别研究与公共管理学科的建设。基于社会政策研究的特性，从社会性别的视角对社会政策进行评估和探讨，可以给社会政策研究提供有力的支持。将社会性别与公共管理学科联系起来意义重大。首先，社会性别、女性学和公共管理、行政管理学在中国的起步发展和学科特点上有许多相同之处，比如开放性、多学科交叉性和变化性，两者的相同之处是相互联系的基础。其次，公共管理学界要继续深入研究社会性别学、女性学以及妇女问题。再次，对公共管理学界而言，应该有自己的社会性别或妇女问题研究的专门领域和视角，要有专门从事这一研究的专家学者队伍，但更重要的是在以政府管理为核心的公共管理的研究和实践过程中，把社会性别视角广泛深入地应用在具体的公共管理的研究和实践过程中。最后，社会性别理论的研究和应用意义，不仅在于研究男女两性问题上的巨大理论创新，更在于研究社会性别理论出现的时代背景及其应用的广泛空间和扩展价值。

因此，可以明确的是，把社会性别与公共管理联系起来进行学术研究，与一般意义上的女性学、妇女学相比，其视角不同，学科特点也不同。

1.2 社会性别与公共管理的相关概念

1.2.1 社会性别

1. 社会性别的概念

社会性别是一个正在形成和发展中的学术范畴，其理论受到女权运动和女性主义理论的影响。社会性别主流化对于普通群众来说更是陌生的，但自第四次世界妇女大会以来，社会性别主流化被公认为是各国建立提高妇女地位机制、推进性别平等的有效和成功战略。

社会性别的概念在 1972 年被明确提出，现已成为西方学术研究中的一个重要研究领域。在社会性别的概念上，西方不同女性主义流派对社会性别概念认识的侧重点不同，具体表现为以下几种。

《英汉妇女与法律词汇释义》给社会性别下的定义是："社会性别一词用来指由社会文化形成的对男女差异的理解以及社会文化中形成的属于女性或男性的群体特征和行为方式。"[4] 美国社会历史学家琼 • W. 斯科特把社会性别解释为："性别是组成以性别差异为基础的社会关系的成分；性别是区分权力关系的基本方式。"[5] 社会主义女性主义代表人物盖尔 • 卢宾认为："作为初步的定义，一个社会的'性与社会性别制度'是该社会将生物的性转化为人类活动的产品的一整套组织安排，这些转变的性需求在这套组织安排中得到满足。"[6]

尽管西方不同女性主义流派对社会性别概念存在许多疑问和争论，但他们对其基本要素的认识还是比较一致的。他们都认为：社会性别是相对于生理性别而言的，是社会通过制度化力量将两性差别合法化并代际复制的产物；社会性别代表了男性和女性的社会角色和社会功能之间的差别；[7] 社会性别强调的两性社会差异，主要是指社会对有关男女的角色分工、精神气质、行为方式等方面的不同期待及规范；社会性别作为一种研究方法或视角，是将人还原成有性别的人，进而发掘制度对两性产生的不同影响；作为一种理论，社会性别旨在探讨两性社会差别形成的内在机制及重塑两性关系的制度革新[8]。

本书所采用的概念体系取自在国际劳工组织机制中提高社会性别主流化能力培训项目中国项目组编写的《提高社会性别主流化能力指导手册》①。该手册把社会性别定义为：社会性别是指人们所认识到的基于男女生理差别之上存在的社会性差异和社会性关系。社会性别概念被社会学家用来描述在一个特定社会中，由社会形成的男性或女性的群体特征、角色、活动及责任[9]。

2. 生理性别与社会性别

人既具有生理性别（sex），也具有社会性别（gender）。

生理性别或称自然性别，有时简称“性别”，是指男女之间由于其解剖结构及荷尔蒙分泌不同而造成的生理结构上的差异，这是一种普遍存在的、一般不可改变的两性的生理差异。生理性别是人与生俱来的性特征，不因人的种族、民族、地域或国别不同而有所差别。

社会性别是相对于生理性别而言的，这个概念最早出现在20世纪70年代初的国际妇女运动中。1972年，美国女性学者安•奥克利（Ann Oakley）在《性别、社会性别与社会》一书中首先对两者做了明确区分，她认为，社会性别并非生物学性别的直接产物。她将性别定义为表示生物学意义上男性和女性的解剖学和心理学的特点，而社会性别是社会建构的男性气质和女性气质。男性气质和女性气质不是由生物学性别所限定的，而是通过社会、文化和心理的影响形成的。这种影响在特定的社会和特定的时间中，在一个人成长为男人或女人的过程中无所不在[10]。在美国女性主义学者坎达斯•韦斯特和唐•H. 奇默尔曼撰写的文章《行动着的社会性别》中，还可以找到一种更为浅显易懂的解释。她们讲到：性别（sex）是由生物学所描述的东西，如人体、荷尔蒙和生理学等；而社会性别（gender）是一种获得的地位，这一地位是通过心理、文化和社会手段构建的。总之，性别作为生物的构成，指的是与生俱来的男女生物属性；而社会性别是一种文化构成物，是通过社会实践的作用发展而成的女性和男性之间的角色、行为、思想和感情特征方面的差别[7]。

社会性别与生理性别之间的关系不是对立的，而是相互嵌入的，分析社会性别要以生理性别为基础。而社会性别与生理性别的实际差别表现在社会关系中则是人的性别的社会属性与生物属性。人的生命受到遗传和社会两种因素的影响，两性的行为和观念体现遗传和社会两种因素的作用，两性的共性与差异受生物性和社会性因素双重作用。用社会性别区分生理性别的目的在于：要指出妇女扮演的性别角色，并非如以前的社会学家和心理学家所说是由生理所决定的，而是由社会文化规范的；人的性别意识不是与生俱来的，而是在对家庭环境和父母与子女关系的反应中形成的，是在社会文化制约中形成的；生理状况不是女性命运的主宰，男女性别角色是可以在社会文化的变化中改变的[11]。

① 提高社会性别主流化能力培训项目组，提高社会性别主流化能力指导手册，2008。

1.2.2 公共管理

恩格斯曾经说过：实践的需要比 10 所大学更能推动科学的发展。公共管理在我国兴起和发展的根本原因是改革开放 30 多年来我国社会发生的重大变革的内在推动。市场、政府、社会三元结构的初步形成以及现代科学技术的发展，都对我国的公共管理提出了新的要求。自 20 世纪以来，我国一直在致力于建立和发展起一套符合我国现阶段国情的公共管理框架。我国的公共管理范畴和西方国家所界定的公共管理范畴不同，我国的公共管理有独特的适应我国特殊国情的主体、客体、目标和工具。公共行政、公共管理以及公共组织、公共事务、公共产品、公共权力、公共政策等公共管理框架下几个基本的概念如下。

1. 公共行政的概念

厦门大学陈振明教授在其《公共管理学——一种不同于传统行政学的研究途径》一书中提出公共行政是指政府特别是执行机关为公众提供服务的活动，行政官员或行政人员在这种活动中主要是执行由别人（政治家）所指定的政策和法律，关注的焦点是过程、程序以及将政策转变为实际的行动，并以内部定向关心机构和人员以及办公室的管理 [12]。我们可以把公共行政定义为：为了公益目的，由享有国家公共权力的机构或人员，在公民广泛参与及制约下，对公共事务所进行的具体管理活动。其中，除“具体管理活动”特指一种执行性活动，以与整个国家管理中的立法、司法及其他重大决策区别外，它特别强调和突出了行政管理的“公共性”因素。将公共放于行政前面，赋予了公共行政特殊的含义：首先，强调了管理的公益目的；其次，把管理的范围限制在公共事务领域；再次，强调了公共事务管理中的公众参与；最后，强调了管理中的公共责任以及公民对公务人员的监督 [13]。

2. 公共管理的概念

在美国，自第二次世界大战以来，公共行政学一直在努力寻求建立自己的学科地位、学术身份和学理规范，而这种努力引起了公共行政学内部的各种流派纷争，并最终导致了公共管理乃至新公共管理的出现。从目前来看，很难说公共管理可以完全解决行政学领域中尚未解决的基本问题，但不能否认的是，用公共管理的视角可以聚拢众多流派的理论，也逐渐形成了许多有价值的研究文献，在这一点上十分值得关注。伽森和欧弗曼认为 1975 年的《政策管理协助研究委员会报告》是公共管理概念流行的源泉。在该报告中，公共管理被分为 3 个领域，即政策管理、资源管理和项目管理。政策管理涉及政策选择和资源配置方面的战略问题，包括评估、战略计划和政治协调等；资源管理涉及预算、财务管理、人事、采购与供给、财产管理和信息管理等；项目管理涉及日常执行，包括日程安排、记录保存、生产效率与监督等 [14]。

目前，国内学界对于什么是公共管理，存在着许多不同的看法，可谓仁者见仁、智者见智。中山大学夏书章教授在其《现代公共管理概论》一书中认为：公共管理有狭义和广义之分，狭义的公共管理是指政府对社会公共事务的管理（即狭义的行政管理），广义的公共管理包括政府、公共事业单位和所有非政府组织部门的公共事务管理 [15]。夏书章教授认为公共管理指的应当是狭义的公共管理，即狭义的行政管理，因此公共管理学同公共行政学是同一个东西。北京大学陈庆云教授给公共管理下了一个鲜明的定义："所谓公共管理是指那些不以营利为目的，旨在追求有效增进与公平分配社会公共利益的调控活动。"[16] 张良教授在其《公共管理导论》一书中认为："所谓公共管理是指政府为促进社会整体协调发展采用各种方式对涉及社会全体公众整体的生活质量和公共利益的一系列活动进行调节控制的过程。"[17] 这个定义旨在说明公共管理的目标是促进社会整体协调发展，提高全体公众的生活质量，维护公众的公共利益。但是在该定义中将公共管理的主体界定为政府，显然是忽视了其他公共管理主体的存在，缩小了公共管理的外延。厦门大学陈振明教授指出：公共管理是公共组织提供公共物品和公共服务的活动，它主要关注的不是过程、程序和遵照别人的指示办事以及内部取向，而更多的是关注取得结果和对结果的获得负个人责任[18]。综观国内学者关于公共管理（学）的诸多论著可以总结出公共管理的 4 个特点：①公共政策是公共管理的基础；②公共管理的核心主体是政府，也包括其他国家机关（立法、司法机关）和其他公共组织；③公共管理的客体是社会公共事务，其根本目的是运用人类所创造的各种科学知识及方法来解决社会公共事务的管理问题，以促进政府及其他公共组织更有效地提供公共物品；④公共性是公共管理的本质属性之一。

3. 公共管理相关概念

1）公共组织

公共组织是公共管理的主体之一。关于公共组织的范畴，美国学者菲利普·科特勒从满足人们的需要出发，站在社会经济的角度将公共组织划分为 3 大部门：第一部门是企业；第二部门是政府；第三部门是非营利组织。我国改革开放后，经济、社会的快速转型引起了公共管理格局的变化，公共管理领域正在形成以国家机关的公共行政（广义）管理与非政府公共部门的中间事务管理为主的两部分内容。从组织系统来看，前者包括行政（狭义）、立法、司法机构，称为政府（广义）组织；后者包括事业单位、社区管理型组织、社会团体与民办非企业单位，称为非政府公共组织。二者统称为公共组织[19]。前者可以定义为通过国家权威强制供给公共产品和公共服务的公共组织。后者是非政府性或民间性的公共组织，自有其一系列特殊规定。因此，公共组织可以定义为以管理社会公共事务，提供公共产品和公共服务，维护和实现社会公共利益为目的，拥有法定的或授予的公共权力的所有组织实体。公共组织的公共性质决定了其非营利性的特点，其基本功能是维护社会公共利益，解决社会公共问题，其组织宗旨是为社会提供公共产品和公共服务。

2）公共事务

公共事务是公共管理的客体，是指关系到人类生活和大多数公共利益的事务领域。因此，公共事务首先具有社会性的特点，是政府社会职能的表现。政府的社会职能是相对于政府的政治统治职能而言的。政府的首要职能是运用公共权力以维护政治统治，但政治统治职能的实现必须以执行社会职能和为社会公众提供服务为基础，例如兴修水利、道路、基础设施等。在现代社会，政府的政治统治职能减弱，而社会职能在日趋增强，主要包括科技、教育、文体、卫生等公共事业，社会服务、社会公用事业以及维持社会秩序、保护环境、提高生活质量等公共事务。其次，公共事务具有公共性，维护和追求的是公共利益。再次，公共事务可以从纵向和横向两个方面来分析。从纵向角度来分析，我们可以把公共事务划分为国际性公共事务、全国性公共事务、地区性公共事务和社区性公共事务。从横向角度来分析，可以把公共事务归属为 4 个不同的类别，包括基础性公共事务、服务性公共事务、保障性公共事务和管制性公共事务。最后，由于时代不同，公民的诉求会不同，社会实践问题也会变化，所以公共事务呈现出动态化的特征。

3）公共产品

提供公共产品是政府的基本职能。公共产品，简称“公共品”，最早是由财政学者林达尔在 1919 年《公共税收》一文中提出的，后被经济学家萨缪尔森引用，再后被其他学科广泛使用。

公共性问题的研究是公共物品研究的源头。最早对这一问题做出贡献的是大卫·休谟。早在 1739 年，他在《人性论》中探讨了超越个人利益的公共性事务的处理问题。其关于公共产品的主要观点有：一是分析的对象超越私人产品的范围，提出集体消费品；二是人类是为利益所支配的，人们最关心的是自己以及自己的亲人或有关系的人，但是人类只有在遵守普遍的规则和维护社会正义的前提下，才能实现私人利益；三是列举公共草地积水的例子来说明公共利益与政府的关系。他认为，对于由大家共同消费的物品单纯靠个人无法达到公共利益的最大化，只有通过政府才能解决这一问题[20]。

经济学家约翰·穆勒曾谈及关于公共产品的主要观点有：一是对于一些非生产性资源的使用，应该由政府做出规定；二是为了增进普遍利益，政府必须履行如铸币、规定度量衡、铺设道路、修建灯塔、对土地和海洋进行勘测等职能；三是为弥补一些人认识能力的缺陷，政府也应行使一些特殊的职能，如免费的初等教育[21]。

萨缪尔森把公共产品定义为每个人对这种产品的消费都不会导致其他人对该产品消费减少的产品。其特征有：一是非竞争性，即增加一个人的消费并不减少其他人消费的特性；二是消费的不可分割性和非排他性，这是判断公共产品的主要标准。

而马斯格雷夫等人从公共产品关联度方面对其特性做了进一步阐述：“一种纯粹的公共产品在生产或供给的关联性上具有不可分割性，一旦提供给社会的某些成员，在排斥其他成员的消费上显示出不可能或无效。”因此，以萨缪尔森和马斯格雷夫为代表的经济学家认为公共物品有 3 个特性：非竞争性、非排他性和不可分割性[22]。

公共选择学派的奠基者布坎南把公共产品界定为“任何由集体或社会集团决定，为了任何原因，通过集体组织提供的物品或服务”[23]。

斯蒂格利茨对公共产品的定义：“公共产品是这样一种物品，在增加一个人对它的分享时，并不导致成本的增加，而排除任何个人对它的分享都要花费巨大成本。”[24]

关于以上对公共产品的界定，不同的经济学家对公共产品特性认识不同，大体可以分为 3 种。第一种是主要处于探索阶段的定义，以大卫·休谟和约翰·穆勒为主，浅谈了关于公共产品的内涵以及举出相关的现实例子。第二种是主要强调公共产品的公用性。第三种是突出强调公共产品的非竞争性和非排他性。由于公共产品具有上述的特征及其规模效益大、初始投资量大的特点,公共产品一般是由政府和其他公共部门提供。

4)公共权力

公共权力是指在公共管理的过程中,由政府官员及其相关部门掌握并行使的,用以处理公共事务、维护公共秩序、增进公共利益的权力,其本源来自于全体人民。公共权力为了维护社会公共秩序、增进社会公共利益而产生,其运行过程是以实现一定的经济、社会目标而将权力的运行机制应用到经济、社会公共事务的管理之中。

公共权力只是手段,而不是目的。公共权力的目的不是单个公民权利效用的最大化,而是共同体中每个公民权利效用的最大化。由于公共权力的性质是保障公民权利实现的手段,因此公共权力只是公民权利的一种伴随物,公民权利和公共权力的关系是一种委托关系,一种监督与被监督的关系,其运行只有依民主范式方能取得其正当性。

从权力本身所具有的特性来看,权力最容易成为脱缰野马。对于一个国家来说,表现为将个人利益凌驾于社会之上。当掌权者为了私人利益而操纵权力,这种权力又受不到任何限制时,掌权者就会利用人民赋予的权力去侵害公民的权利。因此,公共权力必须要受到制约和监督。

5)公共政策

公共政策的制定与实施是公共管理的主要内容之一,也是公共管理的依据和主要手段。这里所说的公共政策是指政府为实现一定时期的战略目标而制定的行动准则和措施,包括法规、条例、决定等。公共管理的主体要针对公共管理中的问题,按照一定的程序和方法,制定出解决这些社会问题的公共政策,从而促进社会的协调与发展,推动社会的进步。

1.3 相关研究简介

20 世纪 60 年代西方女性主义经典理论可以概括为一句话——“女性不是天生的,是被造成的”。到目前为止,西方女性主义研究经历了从“women’s studies”到“gender studies”的转变。我国社会性别研究始于 1993 年在天津举办的“妇女与发展”研讨班。1999 年,福特基金会赞助中国高等院校妇女学发展项目,由天津师范大学牵头,十几所大学联合进行的“发展中国的妇女与社会性别学”综合研究,开展了关于社会性别的翻译、研讨、师资培训、教材编写、课程试点等工作,社会性别意识作为一种全新的概念,吸引了政府和学者的关注,也吸引了妇女学、历史学、社会学、政治学和公共管理等相关学科专家学者的重视。20 世纪 90 年代以来,随着改革的深化和市场体制的建立,性别公正成为解决社会深层矛盾、调节利益关系的应有之义。现实的呼唤使妇女 / 性别研究者对性别问题的关注逐渐由理论研究转向实践层面,从社会性别视角理清既有公共政策,探讨和分析新改革措施的影响,研究在公共政策的制定、执行过程中如何贯彻社会性别观点成为新的研究方向。

目前，国内外关于社会性别与公共管理的研究主要集中在4个方面：一是社会性别基本理论与方法的研究；二是侧重于政策中的社会性别问题研究，分析将社会性别引入公共政策的基本理论及其必要性；三是侧重于运用社会性别分析工具对我国具体领域政策（如教育政策、就业政策、社会保障政策等）内容及影响的研究与评估；四是对社会性别意识纳入决策主流的机制与路径的研究。

1.3.1 社会性别基本理论研究

随着社会的发展，国内外对社会性别基本理论研究进行不断梳理与丰富，使社会性别基本理论越来越完善，研究内容逐步具体化和清晰化。目前，学者们对社会性别基本理论研究主要集中于4个方面，即社会性别主流化、社会性别统计、社会性别预算和社会性别分析框架。

1. 社会性别主流化

“社会性别主流化”这一提法，最早出现在1985年第三次世界妇女大会上，是由英文“gender mainstreaming”翻译过来，有的教材也将其译为“性别观点主流化”“性别意识主流化”“性别平等主流化”。社会性别主流化包括3层含义。①社会性别议题应包含在社会决策和发展的全过程中。强调把男女双方的经验、知识和利益应用于发展议程，消除政策制定中的性别盲点，以性别敏感的意识和方法审视所有公共部门的立法决策，促进决策机构价值目标的实现和体制的改革。②社会性别主流化是一个战略，是各领域宏观决策、执行、监测、评估的重要工具。强调把男女的不同经验和需求纳入经济社会发展的决策和执行，使男女都能参与并影响发展议程；并采取各种措施，包括明确的政治意愿、足够的预算和额外的财政与人力资源等，确保男女在发展中平等受益。③社会性别主流化的最终目的是达到社会性别平等[25]。

刘伯红对社会性别主流化进行了梳理，她认为社会性别主流化是经过国际妇女运动数百年斗争和世界各国人民不懈探索，在20世纪后期联合国一系列有关人类发展大会的基础上，逐渐形成的推进性别平等和可持续发展的基本经验和基本共识：1990年召开的联合国世界儿童问题首脑会议上从社会性别视角提出了女童的发展问题；1992年召开的联合国环境与发展大会上提出了妇女参与环境发展和决策的问题；1993年召开的联合国世界人权大会上提出了妇女权利就是人权的理念；1994年召开的国际人口与发展大会上提出了提高妇女地位和赋予妇女权利是解决人口可持续发展的关键；1995年召开的联合国第四次世界妇女大会上明确了赋予妇女权利和男女平等是各国人民实现政治、社会、经济、文化和环境保障的先决条件，把性别平等提高到社会发展的战略高度；[25]1997年联合国经社理事会通过了对社会性别主流化的一致定义。

2005年，联合国妇女地位委员会在纽约召开的第四十九届会议上，重申了将社会性别纳入主流和赋予妇女权利的目标和战略，与会各国交流了实现社会性别平等和将社会性别平等纳入主流的经验和做法。纵观各国的经验，目前将社会性别平等纳入主流的方法和步骤主要包括7个方面内容：一是明确而坚定的政治承诺；二是机构设置和人员配备；三是社会性别培训和能力建设；四是社会性别分析；五是社会性别计划；六是社会性别平等政策、法律、计划和项目的执行；七是社会性别评估[26]。

2. 社会性别统计

社会性别统计是为了实现社会性别平等，运用统计的特有定量分析方法和手段，建立有社会性别意识的统计指标和统计变量，描述、分析和测评女性与男性的社会参与、贡献及社会性别差异，为社会特别是政府决策提供数据及事实的定量研究的科学理论与方法。[27]

20世纪70年代以前，在世界各个国家的统计中，性别最多就只是一个分类指标或者标志，应用的统计领域也比较有限，主要是人口、婚姻家庭、卫生健康等，在政治、教育、就业、社会参与等重要领域的统计数据中却很难看到区分性别的资料。自20世纪90年代初以来，在有关国际组织的推动和支持下，瑞典、加拿大、澳大利亚、新西兰等发达国家在性别统计工作数据的收集、整理、分析、发布、展示等方面积累了丰富的工作经验，并定期出版一些性别统计资料，满足了国内妇女组织和研究机构对性别统计资料的需求，同时在性别统计资料的生产、分析、发布等方面形成了一套有效的工作机制和制度。如2004年，美国妇女政策研究所提出了纽约性别统计体系，其项目由政治参与、经济地位（就业、收入、妇女拥有企业数）、健康、教育等构成；2006年，伦敦市政府设计出一套性别统计指标体系来评价妇女发展水平的高低，其具体指标项有人口构成、婚姻状况、经济地位（就业和收入）、政治参与、犯罪与安全、生活条件（住房）、健康状况、教育。

自20世纪90年代初，我国开始引进性别统计的理念和方法。在20多年的发展历程中，社会各界、尤其是国家统计局和妇联给予了极大的支持，取得了不俗的成绩。1995年，国家统计局与国务院各有关部门共同合作，编辑出版了中国第一本性别统计资料《中国社会中的女人和男人——事实与数据（1995）》，第一次用两性比较的方法揭示了目前我国社会生活中存在的男女不平等问题，标志着性别统计工作在中国开始启动。2000年以来，国家重视对妇女状况的数据收集和分析研究工作，成立了实施纲要监测评估机构，制定了纲要监测统计指标体系和评估方案，各省（自治区、直辖市）建立了妇女状况监测统计网络和工作制度[28]。国家有关部门不断改进统计制度，增加分性别统计指标，不断完善性别统计制度。目前，国务院有关部门的分性别统计工作已有所改变，许多部门已开始重视和研究分性别统计工作，性别统计的意识在各部门的报表设计和数据加工中已有所体现。

3. 社会性别预算

社会性别预算（gender budget），也称为“社会性别敏感预算”（gender-responsive budget），是指从性别角度出发，对政府的财政收入和公共支出进行分析，研究其给妇女与男性带来的不同影响；社会性别预算帮助政府决定哪些资源需要再分配以实现人的发展和男女平等受益[29]。

社会性别预算自1984年在澳大利亚产生以来，作为公共政策特别是公共预算分析的一项重要内容，已被越来越多的国家所采纳。1995年第四次世界妇女大会形成的行动纲领，明确要求各国政府开展社会性别预算。迄今为止，全世界已有70多个国家和地区不同程度地开展了社会性别预算。

在中国，社会性别预算是贯彻落实男女平等基本国策和实现社会性别主流化的重要内容。2013年在上海举办的“社会性别预算在中国：理论、方法与实践”会议上，南开大学马蔡琛教授认为，社会性别预算研究与实践在中国已然完成了早期理念介绍和初步宣传倡导的萌芽阶段，进入了深入推进与技术难题攻坚的重要阶段，并呈现出从关注预算本身向关注全预算周期管理转变，从关注预算支出向关注预算收入转变，从聚焦地方实践向强调制度构建转变的特征。浙江大学郭夏娟教授提出了一系列策略框架与评估分析工具，形成了相对完整的体系。性别预算策略框架的内在体系与结构包括：三向分类法、五步法、对预算周期的阶段性分析框架以及性别预算三阶段分析过程[30]。天津大学张再生教授分别以张家口、焦作、温岭试点为例介绍非政府组织推动型、政府财政部门主导型、人大主导型三种社会性别预算的路径模式，提出中国社会性别预算要立足于本土的现实情况，积极争取高层领导的重视和支持，开发多部门的合作机制，促进动力机构与参与主体的有效合作，科学制定预算内容的大体框架和实施流程，以期形成可持续的发展模式，并通过严格的监督评估不断完善整个预算过程。

4. 社会性别分析框架

性别分析不只是对妇女的状况进行分析，而是对两性的社会属性及其相互关系和作用所进行的分析。因此，分析过程涉及社会生活中男性与女性共同构建的社会、政治、经济及文化的关系的总体。其理论假设在于，性别的差异除了受到性别的生物学影响之外，主要来源于社会发展过程中的社会性别关系。

美国哈佛国际发展学院的研究人员、美国国际开发署及妇女参与发展办公室于20世纪80年代形成的哈佛分析框架是探讨性别分析框架的开创之作。他们从性别与发展的角度探讨性别分析的理论与框架。性别分析的框架具有理论和实践两方面的含义。社会性别分析框架主要力图提供一个能使社会性别问题的争议建立在一个实证的框架范围之内，从而能使分析的结果作为干预计划的重要组成部分。

1.3.2 公共政策社会性别分析必要性研究

强调社会性别分析在公共政策中的必要性，是社会性别视角下政策研究立足与发展的前提。刘莉、李慧英认为妇女群体的劣势是由历史和社会文化积淀而成的，她们与男性竞争的历史起点不同，就会造成“结果的不公平”，这种不公平会日益形成“劣势积累”和“劣势叠加”，公共政策应凸显性别敏感以惠及处于劣势的妇女，实现“结果的性别正义”[31]。彭希哲认为公共政策中性别意识的缺失是对现实中性别歧视现象的放任，加剧了性别不平等，如果忽视性别不平等的社会现实，那么看似对所有人都一视同仁的政策却恰恰可能是对女性的不公平对待[32]。鲍静认为社会性别关系是最基本的社会关系。从方法论上看，社会性别理论可以作为强有力的政治、经济和社会文化的分析工具，为公共管理领域提供新的研究视角。所以，应将社会性别理论纳入我国公共管理的研究与实践中[1]。目前，我国女性学学者已将社会性别视角引入我国的历史和现实领域，开始用社会性别视角分析和研究我国的社会问题和女性问题，所涉及的研究领域已呈现多元化的发展态势，并渐成规模。

公共政策性别取向分析是从性别视角研究公共政策首先要解决的问题。从性别视角来看，目前中国公共政策主要有5种模式。①消极的差别对待政策。该模式的公共政策中存在对女性问题公开或隐蔽的歧视。②性别平等对待政策。该模式虽然强调平等对待，但容易将平等等同于平均化，忽视性别差异。③积极的差别对待/过度保护政策。该模式认识到两性的差异并制定相应的保护政策，但可能存在违背妇女真正利益的“弥补差别不当”。④性别中性政策。该模式假定两性为“无差别”的群体，容易产生忽视两性差异的性别漠视政策，其结果可能会同时损害两性权益。⑤社会性别意识政策。该模式被认为是最为可取的政策，是以“积极差别的恰当保护”为基础，推动两性均衡发展的政策[31]。

虽然我国政府采取了一系列措施试图解决男女不平等问题，但我国现行公共管理体系中主体层与客体层社会性别意识的缺失使得这些措施往往达不到预期效果。因此，应努力消化吸收社会性别理论的基本内容，并对之进行本土化的改造，努力将社会性别意识主流化的原则和观念纳入我国公共管理的研究与实践。

1.3.3 对公共政策社会性别分析的研究

社会性别的研究在我国处于刚刚起步的阶段，其终极目的是促进性别的平等。妇女在国家政治、经济和生活中的参与程度是社会性别研究的重要内容之一。其中，分析男女两性在社会资源、社会资本、公共资源和社会权利以及相应公共政策中的平等与否是社会性别分析的主要内容之一。

1. 社会性别与教育政策

教育政策是基于社会性别的视角分析公共政策的一个切入点。当前，我国女性受教育水平的最大缺陷存在于农村和贫困地区，解决城镇和农村女性受教育水平不平衡的问题是我国提高女性受教育水平的关键[33]。在以往的教育政策研究中，我们常常把人视为无性的个体，缺乏对教育政策过程中具体的有性别的“人”的关注。曹迪从教育政策研究的主题选择和方法出发，指出在教育政策的研究主题选择中存在社会性别缺失的现象，教育政策研究者所采用的力图追求“价值中立”的实证研究方法不但不能保持价值中立，还烙上了男性主义的意识[34]。崔春等认为在教育政策研究中，政策研究的主体缺乏对自身性别意识的反思，不可避免地会把自己的性别渗透在自己的研究行为中，这样就会导致研究主体缺乏对教育政策与社会性别问题的敏感性。将性别意识纳入教育政策研究的全部过程，就是将性别意识同文化意识和发展意识一样，作为一种指导性的意识形态在教育政策研究的基本步骤中发挥作用，使教育管理活动中的女性问题得以被关注，促进男女两性的性别平衡[35]。加强对女性教育重要性的宣传，营造一个有利于女性发展的、和谐的社会环境，使全社会都能来配合和促进女性教育的进步，保障女性教育各个环节的畅通十分必要。

2. 社会性别与就业政策

目前，我国保障女性就业权益的宏观政策主要是以《宪法》《劳动法》《妇女权益保障法》等相关条文为依据，并由国家劳动保障部门发布的相关规章、方案、通知等构成对女性平等就业权的保障体系[33]。虽然有了这些法律的保障，但是在现实就业过程中，歧视女性等问题还是时有发生。一些学者就对其中的原因进行了分析。沈梓欣认为，从这些法律或者文件本身出发，它们本身对性别歧视的认识不足，有关就业性别歧视的立法本身就相当抽象，实际操作性不强，原本是用来保护女性就业的政策，由于自身的漏洞和对性别视角考虑的不周，反而加剧了就业过程中的性别不平等[37]。王亚男等认为受中国"男尊女卑""男强女弱""夫唱妇随"等传统思想的影响，社会给女性戴上了枷锁，限制了女性就业的发展，并具体分析了女大学生就业的问题。女大学生就业时社会给她们设置了障碍，她们也承认了这种障碍的存在，认为自己先天存在一些缺陷或者不足，在就业的过程中性别歧视是正常的，这就大大限制了女大学生在就业中的发展[38]。张永红还从政策制定的决策层面分析了造成就业过程中性别歧视的原因，认为决策层面女性的参与度不够是主要的原因，这样就使得决策者缺少从女性自身出发考虑问题的角度[39]。此外，一些学者还从社会性别的角度，针对上述有关就业政策的问题提出了相应的对策。

3. 社会性别与社会保障

社会性别视角下的社会保障政策要区别对待，有些政策考虑了性别差异，使得女性的权益得到了保护，而有些政策存在性别差异。李莉、舒菲从具体的政策出发，研究了我国社会保障政策的社会性别差异问题：从退休制度来看，正视了现实生活中的性别差别问题，考虑了女性的不利条件，属于积极的性别差别政策；从社会保险（包括医疗保险、养老保险、失业保险、工伤保险）政策来看，女性的权益没有得到平等的保护，属于消极的性别差别政策[40]。从社会性别角度审视现行的生育保险制度，主要存在 3 方面的问题：一是生育保险中政府责任的履行尚不充分；二是对男性的生育责任缺乏足够的重视；三是生育保障的职工福利性质导致生育保险待遇的享有率更低，有悖社会公平。对于男性和女性所负生育责任的不同界定，会对社会政策的制定产生不同的结果，就生育保险政策而言，我们可以看出生育保险的主要责任在于女性而非男性，具体体现在产假与陪护假的差异上。此外，生育保险制度的覆盖范围是城镇企业及其职工，在此范围之外还有广大的农村女性、城镇未就业女性以及非正规就业女性，社会保障制度的公平性难以体现。女性弱势群体和女性社会保障边缘化状况，都受到性别不平等意识的影响。在构建社会主义和谐社会的进程中，只有实现性别的平等和公正，将平等的社会性别意识纳入我国社会保障政策，才能最终实现和谐社会。近年来，我国正在不断将性别平等意识引入社会保障的层面，缩小了由于政策、传统文化等造成的男女在享受社会保障上的差距，真正发挥社会保障制度公平地保障所有人权益的功能。

4. 社会性别与妇女参政

妇女参政已成为评价、衡量一个国家或民族民主进步、社会和谐程度的一个重要指标，是一个国家政治文明和民主法制的象征。近年来，相关组织和研究人员对妇女参政与社会性别等问题进行了更深层次的研究，分析了制约女性参政的原因，并且针对这些原因提出了相应的建议和措施。学术界从社会性别的角度分析了制约我国妇女参政的原因，受传统的“男尊女卑”思想的影响，社会不能够正确看待女性参政的问题，蒋永萍在《世纪之交中国性别平等与妇女发展状况》一书中认为：传统的性别观念及角色分工，使参政妇女面临工作和家庭双重压力；社会舆论对参政妇女的求全责备和双重评价标准，给参政妇女带来了巨大的心理压力[41]。此外，还有制度的制约，梁丽萍在《女性参政与公共政策的选择》一文中认为男女的差别对待政策和执行中的偏差也制约了女性参政的发展[42]。目前，我国正处于社会发展转型期，社会性别公正问题凸显，基于女性在社会生活中的重要作用，一些学者也对促进女性参政的发展提出了一些宝贵的建议，胡昇秀和梁旭光在《全面建设小康社会与妇女参政》一文中指出要通过加强对男女平等基本国策和妇女参政优秀代表的宣传，为妇女参政营造良好的社会环境。同时，要实施积极的性别保护政策，增强决策机构中的性别意识，健全女干部选拔培养制度等措施，为妇女参政提供强有力的政策支持[43]。

5. 社会性别与资源分配

改革开放以后，政府和市场成为了主导和支配社会资源的两大主体，在市场无法有效配置资源的时候，政府就会给予一定的干预，在政府干预的过程中，难免就会以牺牲一部分人的利益为代价来追求大局的利益。这种代价之一便是性别利益不对等、性别公平性缺失。学者研究发现，在社会资源分配的过程中，性别公平性缺失主要表现在两个方面：一是城乡二元体制的长期存在导致欠发达地区的广大农村女性土地权益的受损，进而影响到这些女性在家庭和社会中获得其他资源的能力；二是国家政策层面的“性别中立”与“性别盲视”，客观上造成农村男女两性在参与社会的政治、经济、文教、卫生等资源分配过程中机会的不平等[44]。

6. 社会性别与其他政策

1）社会性别与家庭养老

学者研究发现，家庭养老表现了较强的性别差异，存在较为明显的女性化趋势，这难免就会影响到女性在社会上的拼搏发展与地位的提高。这就提醒我们在关注老人的家庭养老问题如何解决的同时应该关注人口老龄化与妇女地位之间的关系问题，也应该考虑到女性照料者的事业发展问题[45]。

2）社会性别与扶贫开发

随着社会的进步与发展，我们现在所提到的贫困已经和以往有所不同，贫困的范围得到了很大的扩展，不再仅仅指经济上的贫困，还包括可利用资源不足、机会缺乏等。由于女性的一些不利条件，在社会转型发展的过程中，女性贫困人数的增加已经是一个非常重要的问题。将社会性别的概念引入扶贫领域也是客观现实的要求，一方面是贫困农村存在事实上的男女不平等，女性由于在利用关键的资源、服务以及获得机会、收入等方面受到限制，更容易陷入贫困危机之中，解决妇女贫困是实现扶贫目标的一大关键；另一方面是由于农村大量的男性劳动力涌入城市，妇女已经成为了广大农村的主要劳动力，只有在扶贫政策中关怀女性的切实需求，才能将扶贫政策落实到位，提高扶贫效率[46]。

1.3.4 社会性别意识纳入决策主流路径研究

党的十八大以后，构建社会主义和谐社会的呼声更高，而男女平等是社会主义社会协调发展的重要要义之一，通过上述分析，我们知道在公共政策的制定过程中，两性的不平等问题还依然存在，制约着两性平等的和谐发展。那么，公共政策的制定应该充分考虑社会性别的问题，应该将社会性别意识纳入公共决策主流，最大程度减少性别差异，确保公共政策平等地保护所有人民的权益。

1. 对社会性别意识的宣传和倡导

我们要在全社会宣传和倡导社会性别意识，让公共政策的制定者知晓在制定过程中充分考虑社会性别差异的重要性，让政策的执行者充分认识到在政策的执行过程中考虑性别差异的必要性，让广大老百姓在社会政治经济生活中充分享受应有的权益。研究学者认为首先我们要充分利用媒体、学校等多种宣传方式，提高整个社会的社会性别意识；其次我们要加强对政府领导、易受歧视的妇女群体以及社会媒体的工作人员进行社会性别的培训，强化他们对社会性别意识的认识，使决策者和执行者意识到妇女与男性目标诉求的差异性以及相应问题解决的差异性。

2. 加强性别检测、统计和分析工作

目前，学者认为，政府要确保社会性别意识渗透到政策制定和执行的各个环节中去，我们要建立健全社会性别统计常规机制，使分性别数据的收集和公布制度化，以利于社会性别主流化策略在政策范畴内的推进和发展。社会性别数据可以帮助决策者增进对社会性别情况的了解，促进决策者社会性别意识的强化，为法规、政策的制定提供社会性别分析的依据。同时，监测妇女地位发展状况和变化趋势，监测政策的执行和影响，能够作为政策评估指标的依据，为公共政策的修改提供真实可靠的统计数据和评估资料[47]。

3. 推进社会性别预算工作

推进社会性别的预算工作对我国社会性别主流化工作有一定的积极意义。社会性别预算计划既可以在我国省、市等各政府层面开展，还可以涵盖全部或选定部分的预算，从而能更深刻地了解性别差距，增强人们的性别观念，提高人们的性别意识，最终推动社会性别主流化[47]。

1.4 研究框架及内容

近些年来随着经济的持续发展和社会的不断进步，人们对于公共管理中的社会性别问题加大了关注的力度，也取得了一定的成果。本书的编写旨在继承现有研究成果的基础上进行系统性的分析研究，力求能够解决公共管理发展中出现和存在的社会性别问题，并提供有益的启示与指导。本节将就本书各部分内容进行概括性介绍。

1.4.1 教材的框架与思路

本书第 1 章为绪论，介绍了研究的背景、意义与主要内容。第 2 章就公共管理视野下社会性别问题研究的发展与沿革以及学界的研究成果进行了梳理，为本书内容的展开奠定理论和现实基础。在此基础上，本书将通过理论与方法篇、应用篇和发展篇 3 个部分对公共管理视野下的社会性别问题进行研究。理论与方法篇共由 5 章构成，内容涉及社会性别主流化、社会性别分析框架、社会性别统计、社会性别预算和公共政策的社会性别敏感性评估。应用篇包括 6 章内容，将关注劳动就业、婚姻家庭、健康政策、社会福利、公共基础设施和政治参与等问题和领域内的社会性别主流化问题，对各个领域内的相关政策现状进行总结，分析现阶段在各个领域内社会性别主流化的发展进程和状态，并对未来在相关领域内持续推动社会性别主流化提供指导与建议。在发展篇中，性别平等政策倡导与实现机制将会得到关注与研究，通过对国内外性别平等政策现状以及我国制定和发展性别平等政策的历程进行总结，构建性别平等政策的倡导机制和实现机制，对未来持续推动社会性别的平等和在公共管理视野下正确应对社会性别问题提供稳定的政策保障。最后，从社会性别主流化的推进路径、社会性别与公共管理的发展趋势与改革方向等方面对未来进行展望。图 1-1 为本书的研究框架图。

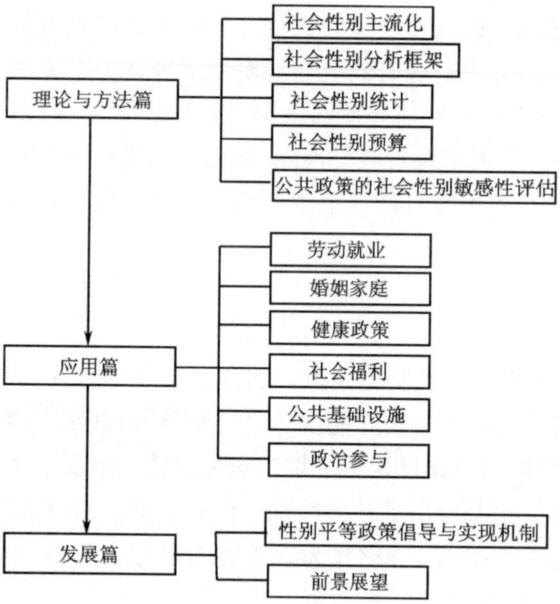

图 1-1 研究框架图

1.4.2 教材的主要内容

本教材第 1 章为绪论，介绍了研究的背景、意义与主要内容。

第 2 章就公共管理视野下的社会性别问题研究发展与沿革进行总结。在过去的西方，女性在社会上的地位非常卑微，在 17 世纪以前，英国在社会和宗教领域内完全承认男性对女性的绝对主导权和支配权，女性在社会生活中没有权利，除非得到了男性的许可。在这样的背景下，女性主义在18世纪的欧洲出现。在19世纪下半叶，欧洲出现了第一代女性主义，它们诉求在教育、立法和经济领域内实现社会性别的平等，经济方面是诉求的重点，对之后的女性主义运动产生了很大的影响。20世纪初至60年代，第二代女性主义产生和发展，这一阶段的女性主义又被称为“现代女权主义”，并呈现出了更加多元的发展方向。20世纪60年代到80年代，第三代女性主义产生和发展，这一阶段的女性主义又被称为“后现代女性主义”。西方的女性主义也逐渐经历了从“妇女研究”到“社会性别研究”的转变。中国大陆的社会性别研究开始于1993年在天津举办的“妇女与发展”研讨班，在随后的时期里，随着世界妇女大会在北京的召开以及政府承诺社会性别主流化，公共管理领域内的社会性别问题研究就此发展和丰富起来。

在理论与方法篇，第3章介绍社会性别主流化。1995年在北京举行的联合国第四届世界妇女大会上将社会性别主流化作为寻求性别平等的一项全球性策略，在该策略下，经济社会一切发展的第一目标就是性别平等。联合国经济及社会理事会在1997年对社会性别主流化进行了界定，所谓社会性别主流化就是在各个领域和各个层面上评估所有有计划的行动（包括立法、政策、方案）对男女双方的不同含义。作为一种策略方法，它将男女双方的关注和经验融合在设计、实施、监督和评判政治、经济和社会领域一切政策方案的过程当中，以使男女双方在社会生活中实现均等受益，杜绝不平等现象，纳入主流所追求的最终目标是男女平等。在本章中，社会性别主流化的原则、层次、策略以及对社会的影响都将是介绍的内容，此外社会性别主流化在我国的发展也将在本章中有所涉及。

第4章研究社会性别分析框架。社会性别分析框架是一种评估和促进各机构对社会性别问题的研究和计划方法。首先，在构建社会性别分析框架之前，需要对社会性别的有关概念进行解析和对比，明确社会性别与生理性别的区别、劳动的社会性别分工、社会性别需要等关键概念。其次，分析介绍几种较为流行的社会性别分析框架，对社会性别分析框架的研究目前呈现出多样性的特点，但相对较为经典的分析框架包括哈佛分析框架、摩塞框架、能力与脆弱性分析框架和社会关系分析法等。本章将对前人的研究成果进行整理和总结，并在此基础上提出具有现实意义的社会性别分析框架。

第5章介绍社会性别统计。在当前的社会性别统计研究中，对于此概念，不同的学者有不同的认识，相对较为权威的界定来自于国家统计局，即是一种分析、研究社会经济发展变化的统计方法，它从性别的角度描述、分析、研究、判断社会经济发展中的一些现象和问题，通过对比男女两性在社会经济发展中的地位、权力、作用和发展状况等方面的差异性，进而找出解决男女不平等发展的方法，推动两性和谐发展、共同进步。它不仅要求完成两性相关数据之间的对比，还要求保证对两性的社会参与率和贡献率做出正确的评估。本章将在社会性别统计的概念、作用、方法、应用等方面对社会性别统计进行介绍，使读者对社会性别统计有较为清晰的认知。

第6章介绍社会性别预算。社会性别预算是从社会性别的角度对社会公共预算的认知。所谓“社会性别预算”，又被称为“女性预算”“性别敏感预算”或者“实用性别预算分析”，是指从社会性别的角度分析和评估公共财政收支对于社会上男女两性的不同影响，从而从性别的视角对公共预算做出回应，以推动公共部门在分配资源的过程中更加公平，以此来满足不同群体的不同需求，并体现和促进社会性别平等的一种手段和途径。本章将对社会性别预算实施的意义、目的、应用以及在中国的发展进行详细的介绍，并结合国内外社会性别预算实践对我国今后的社会性别预算提供新的发展路径与有益建议。

第 7 章介绍和研究公共政策的社会性别敏感性评估。虽然目前我国的社会性别平等相关政策与法律法规正在不断完善与发展，但公共政策在制定过程中没有很好地体现社会性别敏感意识。本章旨在探讨公共政策性别敏感性评估的流程以及评估需遵循的原则，在此基础上试图对我国性别平等和公共政策的社会性别敏感性的现状加以分析和评估，通过案例分析剖析我国现阶段公共政策社会性别敏感性评估的缺失现状，从而推动公共政策社会性别意识的不断完善。

在应用篇，探讨公共管理领域内与社会性别相关的各子领域中社会性别主流化的进展情况，通过分析子领域中的相关政策，总结社会性别主流化的进展现状，通过寻找问题与总结经验，为下一步继续推进该领域内的社会性别主流化提供指导性建议，并结合具体实例进行说明。第 8 章介绍在劳动就业领域中的社会性别主流化进展。劳动就业在当前是我国面临的一个挑战较为严峻的社会领域。就业机会的不均等、就业地域的不平衡、就业结构的不协调等问题都使得当前的社会劳动力出现了表面化的“供大于求”，尤其是在应届大学生这一群体中，这些问题更加凸显。而在这其中，性别对于劳动就业的影响也是显著的，比如诸多研究发现在大学毕业生中女性的就业情况普遍不如男性，这说明社会性别主流化在劳动就业领域的推进仍然还有很长的路要走。

第 9 章探讨婚姻家庭中的社会性别主流化。婚姻家庭是经济社会的基础，婚姻家庭关系的稳定不仅涉及婚姻双方和子女的利益，还涉及社会的稳定和发展。在婚姻家庭中，如何使社会性别得以体现，实现两性关系的和谐，维护家庭的稳定，是整个社会都要关注和解决的问题。婚姻家庭和谐是构建和谐社会的必然要求，是实现社会公正的有效途径，是衡量社会进步的重要指标。因此，基于社会性别视角，运用社会性别统计、社会性别预算和社会性别审计等社会性别主流化的重要工具对婚姻家庭中的社会性别进行分析，具有非常重要的意义。

第 10 章探讨公共卫生领域中的妇女生殖健康问题。本章主要聚焦于对计划生育政策与妇女健康政策的梳理。在社会性别主流化的进程中，妇女健康政策从无到有，从不重视到重视，经历了漫长的时期。在梳理国内外妇女健康政策的发展进程的基础上，探索国内的妇女健康政策以及存在的不足，进而找出国内与国际上的差距，借鉴国内外的典型案例，提出可行性建议，完善我国现有的妇女健康政策。

第 11 章介绍社会性别主流化与社会福利领域的结合。所谓社会福利，可将其理解为为了提高广大社会成员在社会、组织、家庭等各个方面得到的满足感而产生的法律制度、社会政策和社会服务。随着我国经济的飞速发展与老龄化进程的不断加快，近些年我国出台了许多关于社会福利方面的政策，但这些政策并没有过多考虑到社会性别问题。例如，2008 年上海和北京相继出台了针对本市无保障老人的福利养老金政策。该政策规定，达到一定条件的未享受社会养老保障待遇的老人每月可领取一定的福利养老金。然而，由于老年妇女文化素质偏低，更容易丧偶，同等条件下有更高的经济依赖性，她们的经济和健康问题要比男性更为突出，是社会的脆弱群体，理应得到更多的社会福利。单亲家庭的贫困问题，一直是世界性的普遍现象。母子家庭中母亲的就业问题，子女的抚养费支付问题，子女受教育的优惠问题，国家对于母子家庭的补贴问题，都应该成为国家出台的福利政策的对象。然而，我国还没有推行母子家庭的相关福利制度。不得不说，这是一个极大的缺憾。目前，我国对社会性别主流化的社会福利问题的研究还处于摸索与缓慢发展阶段。如何更公平地保障社会中女性的社会福利依然是一个研究重点。

第 12 章介绍在公共基础设施中的社会性别主流化。公共基础设施是指为公众设置的，公众都可以共享，不允许某个人独占或排他的一些基础性设施，如医疗机构、教育机构、道路桥梁等。在我国，社会性别主流化视角下公共基础设施最突出的问题当属公共卫生系统的建设问题。基本公共卫生服务均等化强调的是不同地区、不同收入的城乡居民都能享受到基本的公共卫生服务。这种接近中性的政策及其实施过程看似平等，却忽视了男女因为生理差异而引起的各种社会差异，从而造成两性享有公共卫生服务的不均等，全社会基本公共卫生服务均等化更无法实现。例如，由于传统观念认为生育只是女人的事情，并且社会对男性生殖健康认知也不充分，一些地方计划生育服务站直接带有明显的性别色彩，使得男性在计划生育中的参与程度远远不够。在过去，由于对性别问题考虑不足，公共厕所的男女厕位比例通常为 1∶1。但由于生理条件和需要照顾小孩等原因，女性如厕难问题日益严重。2005 年，国家建设部首先颁布相关规定，要求女卫生间与男卫生间厕位比高于 1∶1，各地政府以及政协、人大代表也纷纷提出了应增加女卫生间的厕位数。对于公共基础设施的建设，如果在前期便对男女需求信息进行详细的调查与分析，并在实施环节就将男女两性区别开来，实行不同的服务提供方式，将大大降低公共基础设施重建的频率与成本。

第 13 章介绍政治参与过程中的社会性别主流化。政治参与就是普通的公民通过一定的方式去直接或间接地影响政府的决定和与政府活动相关的公共政治生活的政治行为，是公民的政治权利得以实现的重要方式，是政治文明进程的一个重要变量。原则上，我国公民的政治参与是平等的，但由于历史、生理状况等原因，男女两性在政治参与方面的表现是非常不同的，女性的政治参与程度远远低于男性。从 1978 年的第五届全国人大至今，女代表的比例始终在 20%~23% 徘徊。这种在政治参与上男女比例严重失调的现象已被现代社会看作是男女不平等的一个重要体现。20 世纪 90 年代，中国在促进妇女参政的法律政策方面进行了积极探索，并出台了一些促进妇女参政的法律法规和政策。例如在《妇女权益保障法》中，我国对妇女所享有的权利进行了明确的规定与不断的修改。其中，该法明确规定了妇女享有与男子平等的选举权与被选举权，并规定全国人民代表大会的代表中，女代表应当有适当的数量和比例。此后，我国妇女在民主参与度与权利参与度上虽与男性仍有差距，但都有了明显的提高。在思想观念逐步开放的今天，越来越多的女性愿意关心政治话题，并参与到政治决策中来。但是，一些旧的文化观念和社会习俗，两性不平等的社会地位和社会分工，依然遏制着女性参政的广度和深度，并且在短时间内无法完全改变。两性平等进行政治参与，依旧任重而道远。

在发展篇，第14章研究性别平等政策倡导与实现机制。早在20世纪七八十年代，许多发达国家及地区就已开始推行男女平等观念和政策，并建立了相关机构来监督国家所推行的各项政策，并且收效显著。根据国外的宝贵经验，我国可建立并逐步完善性别平等政策的倡导与实现机制。在性别平等政策的倡导机制方面，我国需要明确性别平等政策的倡导主体，优化性别平等政策的倡导模式，并建立成熟的性别平等政策的倡导效果评价。至于性别平等政策所倡导的内容，要包括平等就业与性别排斥、职业生涯与职业倦怠、社会保障与社会福利、弱势母亲与老龄女性、出生性别比严重失衡、性别意识与女性参政、土地政策与妇女权益等问题。在性别平等政策的实现机制方面，我国需要强化性别平等政策的落实主体，拓宽性别平等政策的实施路径，并对性别平等政策实施效果进行评估。

第15章对社会性别主流化在公共管理领域的发展进行前景展望。构建和谐社会，也是要构建社会性别平等的社会。在未来，我国想要在经济、政治、文化领域都走在世界的前列，推进社会性别主流化之路势在必行。想要推进我国的社会性别主流化，首先要在国家政策上体现出来。在政策制定时，须把性别意识纳入决策主流，并制定强制性、优惠性和福利性政策，保障妇女的合法权益，完善五大保险制度，减少性别亏损。对于妇女的保护，越来越多的刚性规定出现在法律法规中。比如，《国家公务员暂行条例》明确规定，男、女公务员的法定退休年龄分别是60周岁和55周岁；《劳动法》《矿山安全法》和《妇女权益保障法》都列有对女职工的职业禁忌条款；《婚姻法》从2001年开始，承认了家务劳动价值。但这些法律是否真正保护了广大妇女的权益，还不能一概而论。我们仍需要更多的时间在不断的探索中去检验并完善。无论是国家政策还是外部宣传，我们的最终目的还是要潜移默化地改变国人“重男轻女”的思想观念，让“男女平等”的观念深入每个人的心中。相信在不久的将来，在我国的各个领域中，“社会性别平等”一词将不会成为一纸空谈。

本章思考与讨论

1. 为什么要用社会性别理论的视角思考公共管理的问题？
2. 什么是“社会性别”？它与生理性别有什么不同？
3. 什么是“公共产品”？公共产品有哪些特征？

参考文献

[1] 鲍静.应把社会性别理论纳入我国公共管理的研究与实践[J].中国行政管理，2006(8)：33-39.
[2] 杨文明，张再生.倡导两性平等和谐，提高公共管理能力——中国首届“社会性别与公共管理论坛”会议综述[J].中国行政管理，2007(3)：107-108.
[3] 何兰萍.促进社会性别观念与公共管理实践的结合——首届“社会性别与公共管理论坛”综述[J].妇女研

究论丛，2006（5）：73-75.
[4] 谭兢嫦，信春鹰．英汉妇女与法律词汇释义 [M]. 北京：中国对外翻译出版公司，1995：145.
[5] 琼・W. 斯科特．性别：历史分析中一个有效范畴 [M]// 李银河．妇女：最漫长的革命——当代西方女性主义理论精选．北京：中国妇女出版社，2007:134.
[6] 盖尔・卢宾．女人交易：性的“政治经济学”初探 [M]// 王政，杜芳琴．社会性别研究选译．北京：生活・读书•新知三联书店，1998：24.
[7] 刘霓．社会性别——西方女性主义理论的中心概念 [J]. 国外社会科学，2001（6）：52-57.
[8] 尹旦萍．新农村建设公共政策的社会性别分析——兼论社会性别主流化的实现途径 [J]. 妇女研究论丛，2008（3）：5-11.
[9] 坎迪达•马奇，伊内斯•史密斯，迈阿特伊•穆霍帕德亚．社会性别分析框架指南 [M]. 社会性别意识资源小组，译．北京：社会科学文献出版社，2004.
[10] 安•奥克利．性别、社会性别和社会 [M]. 北京：社会科学文献出版社，2001：267.
[11] 师凤莲．社会性别视角下当代中国女性政治参与问题研究 [D]. 济南：山东大学，2010.
[12] 陈振明．公共管理学——一种不同于传统行政学的研究途径 [M]. 北京：中国人民大学出版社，2003.
[13] 刘熙瑞．中国公共管理：概念及基本框架 [J]. 中国行政管理，2005(7)：21-25.
[14] GARSON G D，OVERMAN E S. Public management research in the United States[M]. New York：Praeger Publishers，1983.
[15] 夏书章．现代公共管理概论 [M]. 长春：长春出版社，2000.
[16] 陈庆云．公共管理研究中的若干问题 [J]. 中国人民大学学报，2001（1）.
[17] 张良，何弘峰，郑卒．公共管理导论 [M]. 上海：上海三联书店，1997:22-28.
[18] 陈振明．公共管理学 [M]. 北京：中国人民大学出版社，1999.
[19] 帅学明．我国公共组织的性质与功能论析 [J]. 学术探索，2003(4)：40-43.
[20] 大卫•休谟．人性论 [M]. 北京：商务印书馆，1983.
[21] 约翰•穆勒．政治经济学原理 [M]. 北京：商务印书馆，1991.
[22] 孙学玉等．公共行政学 [M]. 北京：社会科学文献出版社，2007：221.
[23] BUCHANMAN J M. An economic theory of clubs[J].Economica，1965(32)：1-14.
[24] 徐双敏．公共事业管理概论 [M]. 北京：北京大学出版社，2007.
[25] 刘伯红．社会性别主流化的概念和特点 [J]. 中华女子学院山东分院学报，2009（6）：1-8.
[26] 联合国．第四次妇女问题世界会议报告 [R]. 北京：联合国第四次世界妇女大会，1995：23.
[27] 曾一帆，刘筱红．论社会性别统计的概念与名称 [J]. 统计研究，2007，9(64)：94-96.
[28] 国务院妇女儿童工作委员办公室．建立和完善中国特色性别统计工作制度对策研究报告 [EB/OL].[2005-04-05]http：//www.nwccw.gov.cn/html/03/n-139503.html.
[29] 闫东玲．浅论社会性别主流化与社会性别预算 [J]. 妇女研究论丛，2007(1)：10-15.
[30] 郭夏娟，吕晓敏．“性别预算”的策略框架与评估分析工具：国外的经验 [J]. 中华女子学院学报，2011，23(4)：58-64.
[31] 刘莉，李慧英．公共政策决策与社会性别意识 [J]. 山西师大学报：社会科学版，2003(3):103-108.
[32] 彭希哲．社会政策与性别平等——以对中国养老金制度的分析为例 [J]. 妇女研究论丛，2003(2)：25-30.
[33] 孙雨霞．女性主义视角下教育与社会性别公平 [D]. 天津：天津大学，2007.
[34] 曹迪．教育政策研究的社会性别视角的缺失 [J]. 教育学术月刊，2010(1)：3-5.
[35] 崔春，曹佩红，李天鹰．教育研究中的性别意识探析 [J]. 现代教育管理，2012(2)：70-72.
[36] 肖微，我国就业公共政策的现状分析与优化路径——基于性别公正的视角 [J]. 华中师范大学研究生学

报，2009，16（1）：140-142，150.
[37] 沈梓欣 . 社会性别视角下公共就业政策与女性发展 [J]. 中国城市经济，2010(11)：315.
[38] 王亚男，李薇，李永华 . 社会性别视角下的女大学生就业问题研究 [J]. 黑龙江教育学院学报，2010，29(11)：79-81.
[39] 张永红 . 社会性别视角下女大学生就业歧视研究 [D]. 杭州：浙江师范大学，2012.
[40] 李莉，舒菲 . 社会性别视角下的社会保障政策缺失及发展性对策 [J]. 学习与实践，2010(12)：110-114.
[41] 蒋永萍 . 世纪之交中国性别平等与妇女发展状况 [M]. 北京：中国妇女出版社，2008.
[42] 梁丽萍 . 女性参政与公共政策的选择 [J]. 当代世界与社会主义，2006(1)：90-93.
[43] 胡昇秀，梁旭光 . 全面建设小康社会与妇女参政 [J]. 中华女子学院山东分院学报，2005(2)：1-6.
[44] 段塔丽 . 西部欠发达地区农村女性在家庭资源分配中被“边缘化”问题探讨 [J]. 陕西师范大学学报：哲学社会科学版，2008，37(1)：122-128.
[45] 马焱 . 对老年人家庭照料者的社会性别研究评述 [J]. 中华女子学院学报，2011，23(2)：37-43.
[46] 黄晓 . 新阶段扶贫开发对社会性别的关注——来自贵州的实践 [J]. 贵州社会科学，2010（12）：15-19.
[47] 张爽 . 社会性别主流化与和谐社会建设 [J]. 重庆科技学院学报：社会科学版，2011(1)：64-65.

理论与方法篇

2 公共管理中的社会性别:发展与沿革

2.1 社会性别理论研究的发展历程

2.1.1 西方女性主义思潮

女性主义是对英文“feminism”一词的翻译,但到底是翻译成“女权主义”还是“女性主义”更合适,有过很长时间的争论:有人认为,从生存策略考虑,女性主义比起女权主义来,不形成对主流政治和男人的威胁,表面上比较温和;有人认为,女性主义是对女权主义的深化,不仅是表层的第一波女权运动争取的选举权、参政权和后来的各种与男人同等的权利,而是深化到对文化的批判和知识的重建,所以还是女性主义的内涵深刻、外延较广。

早期的女性主义理论是应女权运动的需求而产生并在女性主义运动的推动下日臻成熟和多元化。女性主义运动离不开人类追求解放和平等的人权运动,而人权运动是由于对女性作为平等的人的权利的忽视,促使女性发起自己的运动,并形成独立的知识体系,从要求妇女解放和两性平等,逐渐发展到要求变革不平等的法律、文化和社会制度,并从社会制度、文化和结构等方面分析父权制的生产与再生产[1]。随着时间的推移,女性主义领域大致产生了以下4个流派。

1. 自由主义女性主义

自由主义女性主义是最早的女性主义理论流派。它的思想渊源可追溯到西方启蒙运动,该运动把“人具有同等的理性潜能”这一假设作为其理论依据,赞成自由主义思想原则,提倡理性,主张人人生而平等。自由主义女性主义认为女性在社会中是受压制的群体,她们普遍遭受不公正的歧视,这有损于公平竞争的原则。与传统观点中认为女性智力低下难以从事社会政治事务相比,自由主义女性主义认为人人都有理性,如自由主义代表人物玛丽·沃斯通克拉夫特(Mary Wollstonecraft)认为理性是个人内在的神圣之光,是人的良知。理性没有性别之分,健全的头脑与性别无关。如果女性接受均等的教育,女人和男人将一样理性。沃斯通克拉夫特在《女权辩护》中指出将女人局限于家中使女人丧失了发展理性的一面,使其被迫只具备情绪化的一面,故她积极提倡社会应给女性提供平等的受教育机会、内容及方式。她认为每个人都是孤立的个体,是理智、独立的行动者,其尊严取决于这种独立性。总而言之,在本体论上,女人与男人是完全相同的[2]。自由主义女性主义并不是要为女性寻求特权,而是要求消除基于性别的歧视,使男女接受平等的待遇。它的全部目标是创造“一个公平而富有同情心的社会，在这样一个社会，人们享有充分的自由”[3]。

自由主义女性主义虽然是促进男女平等的一盏指路明灯，但也有致命缺陷。首先，自由主义女性主义没有找到男女不平等的原因，没有实现平等的途径，只是从人性上呼吁显得苍白无力。其次，自由主义女性主义没看到在男人社会中也有等级差别，同一等级的男女是平等的，没有用阶级观点分析问题。最后，自由主义女性主义没有看到私域的男女不平等。

2. 马克思主义女性主义

马克思主义女性主义诞生于20世纪60年代的西方女性主义运动第二次浪潮，是马克思主义与女性主义结合的产物。马克思主义女性主义对女性主义理论的发展有着举足轻重的作用，是理解女性和性别身份历史的一个宝贵的理论资源。马克思主义女性主义详尽地分析了历史上两种影响性别文化形成的社会力量：一是阶级关系；二是社会性别分工，其中以异化、实践及劳动价值论对女性主义最具影响力。女性主义学者指出，科学除了阶级特征之外，性别特征也不容忽视，因为在科技科学（technoscience）领域里，男性操控了科学的资源与发展，导致妇女无法接近并学习科学与技术，因此女性主义者主张以“性别”作为分析工具，重新检视性别与科学和技术之间的关系[4]。

马克思主义女性主义支持者认为自由主义的女性主义把争取妇女平等诉诸于人性是靠不住的，他们认为男女不平等是由于经济的不平等，经济问题解决了，男女不平等问题也就解决了。可以看出马克思主义女性主义认为经济落后是妇女受压迫的一个原因，但夸大了阶级和经济的作用。

3. 激进女性主义

激进女性主义是一种基于本质主义的女性主义流派，其坚持认为性别压迫是人类社会最古老、最普遍、最典型的压迫形式。激进女性主义者舒拉米斯·费尔斯通（Shulamith Firestone）指出，性别冲突是人类冲突最基本的形式，是其他所有冲突形式（包括阶级冲突）的根源。激进女性主义不像其他女性主义具有已经由男人发展了几十年的理论基础，如自由主义、马克思主义等。它反对将女性主义理论建立在由男性发展的男性经验和世界观理论的基础之上。它承认男性和女性本质上是有差别的，男女拥有的风格和文化不同，而女性的风格必须成为未来任何社会的基础。激进女性主义的理论必须建立在女性的经验之上，由女性来发展[5]。

但激进女性主义夸大了妇女的优越性，认为女人生育与性欲的特点表明了女人更懂得关怀，爱得更广泛。这在一定程度上陷入了本质主义，与认为男人天生优于女人并没有本质区别。

4. 后现代女性主义

在西方国家的后工业社会进程中，又出现了后现代主义理论学派，占据了社会思潮中的一席之地。“后现代”标示着现代人对自启蒙运动以来一直深信不疑的、作为确立知识和真理基础的"理性"所产生的根本性疑问。"后现代"是对理性予以质疑，甚至对其进行反扑的时代，后现代主义者认为近代以来所强调的知识的客观基础根本是不存在的。马克·麦德森和戴博拉·麦德森对后现代科学的特征做了一个清楚的概括，他们提出后现代科学的两个标准：首先，有资格称为后现代科学的一个简单的标准是它摆脱了对客观真理的概念的依赖；其次，对后现代科学来说，另一个基本点是抛弃本质的概念（essentiall）[6]。

后现代女性主义反对所有的大型理论体系，包括以往两性概念的划分和所有有关两性关系理论的批判，具有颠覆性的特点，被称为女性主义运动的第三次浪潮。它是反本质主义的，它的目标不是在现行体制中争取男女平权，也不是要把男人压迫女人的现行体制颠倒过来，而是要消解现行的两性观念，解构所有以往有关两性关系的理论。它强调话语即权力，强调身体、感情和直觉，抨击作为男性中心的精神、理性和逻辑，力图用一套新的话语来取代性别主义的话语[4]。

2.1.2 社会性别理论在女性主义中的发展

长期以来，人们普遍认为女性主义和发展似乎并无关系，那不过是一些女性对生活现状不满的发泄，但事实并非如此。一方面，恰恰是女性主义唤醒了世界各国当局对从社会性别的视角制定和实施公共政策的意识，发展的道路才因此变得更为广阔和长久。另一方面，社会性别理论作为理论指导也在不断的实践中日臻完善，形成了独具一格的理论体系。

社会性别理论发端于20世纪60年代的美国，在女性主义运动的实践中发展起来并成为对这一运动起着重要指导作用的核心观念体系，现已逐渐发展成为西方学术研究中的一个重要分析范畴，并逐渐形成了一些应用性较好的社会性别分析框架，在很多项目和公共政策制定过程中得到应用。

正是女性主义者一次次的抗争，才构成了社会性别理论的政治基础。根据女性主义运动不同阶段的特点，可以将其分为3个阶段。第一次真正意义上的女性主义浪潮是18世纪末至20世纪初，其起因是资产阶级成果没有在男女两性间进行合理分配，并且最后取得了丰硕的成果。这一时期女权运动的重点是改变公共领域中的性别不平等的统治规则。20世纪30年代，女性的选举权以法律的形式确定下来，教育和就业方面也取得了很大成就。这一阶段的女性主义运动带有一定的自由主义色彩，因为到这一阶段末期女性主义的概念才刚刚确立，所以女性主义的思想理论并未正式形成。

第二次浪潮是20世纪60年代末至80年代初，这一时期女权运动中知识女性参与者的比重增加，一方面，抵制不利于妇女的法律，并通过群众游行、政治游说，直接改变了西方社会的日常生活；另一方面，从理论层面分析女性受压迫地位的深层根源以及妇女解放问题。尽管几大流派在对两性不平等的根源问题的认识上并不完全相同，但都关注现存社会制度在塑造两性社会角色时的作用以及这种角色差异对两性关系和地位的影响，并向传统的父权制社会制度和结构提出挑战。自1972年社会性别的概念被提出以来，这一词汇得到了学术界的深挖和钻研，不但与生理性别做了深刻区别，同时分析了其在社会中产生的因素。由此，社会性别理论被广泛接受，在女性学者的努力下，社会性别理论得到继续发展和充实。

第三次浪潮是20世纪末至当代，这一时期女权运动的主导力量是有色人种、第三世界国家或殖民地国家的妇女。受到后现代主义的影响，第三次浪潮的女权运动注意到女性内部的差异和多样性，这一阶段女性主义理论开始走向多元化[1]。20世纪90年代，社会性别理论强调将性别维度与相关元素（政治、经济、社会、家庭、民族、种族、阶级等）进行交叉考察与分析，注重人们身份的多重性与差异性，追求建立一个没有任何歧视（包括性别歧视）和包容不同身份差异（包括性别差异）的公民社会，这标志着这一理论进一步走向成熟和完善，从此社会性别理论被广泛使用。

伴随着女权运动的发展，形成了态度鲜明的女性主义理论派别，但它们还是有其共同点的：①对普遍接受的、充满男权观念的"常识"和"知识"提出质疑和挑战；②强调要持续不断地对女性受到压迫的机制进行剖析；③要求改变不合理的社会现实，释放两性的潜能。

2.2 社会性别理论的内容

社会性别理论认为两性关系是社会关系的本质反映，是最基本的社会学关系。因此，从分析两性关系入手可以发现社会关系和社会制度的根源和本质，从而将社会性别理论变成强有力的政治经济和社会文化的分析工具。社会性别理论以社会性别差异、社会性别角色塑造和社会性别制度为主要内容，下面将对这3个方面进行逐一表述和剖析。

2.2.1 社会性别差异

为了了解什么是社会性别差异，需要弄清楚社会性别差异及其相关概念的定义。社会性别差异是指任何领域内，在参与程度、获得资源机会、权利、能力和影响力以及工资报酬和福利等方面，存在于男性和女性之间的差异。社会性别平等包含着这样的含义：所有人不论男女，都可以在不受各种成见、严格的社会性别角色分工观念以及各种歧视的限制下，自由发展个人能力和自由做出选择。社会性别平等意味着男性和女性的不同行为、期望和需求均能得到同等考虑、评价和照顾。它不是片面地要求男性与女性的完全相同，而是说两性之间的权利、责任与机遇并不因性别而产生差异。社会性别公正是指对男性和女性的不同需求给予公平待遇。这可以包括同等待遇或在权利、福利、义务和机遇等意义上被视为平等但表面上有所不同的待遇。

社会性别差异是具有历史性的，不同社会存在的性别差异通常是很长一段时间文化积淀的结果。比如我国封建时代长期奉行宗法制度，国君地位由嫡长子继承；农耕社会劳动力的需求导致家庭偏好男子；儒家思想倡导性别差异观念，强调男子地位高于女子。虽然我国早已不再遵从封建社会制度，科技发展程度位居世界前列，男女平等的舆论宣传遍地开花，但这些封建时代产物依然使我们无法完全消灭男尊女卑、重男轻女的封建守旧思想。

2.2.2 社会性别角色塑造

社会性别角色是指在某一既定社会、社区或人群中，被人们所认为的女性或男性的行为。因为社会给男女分配了不同的角色和机会，所以人们的角色也被打上了社会化的烙印。社会性别角色描述了哪些活动、任务和职责被视为男性行为，哪些被视为女性行为。它不仅受到年龄、阶层、种族、民族和宗教信仰的影响，也受到地理、经济和政治等环境因素的影响。社会性别角色往往容易被固定和强化，进而成为一种社会期待、规范和评价，这个过程就被认为是社会性别角色的塑造。

虽然社会性别角色被社会定型强化了，但实际上也在不断发生变化。许多因素如教育、技术、经济变化和突发性危机等都会引起社会性别角色和劳动分工的变化。社会性别角色的塑造是一个社会学习和社会教育的社会化过程。社会性别关系常常在社会制度（如文化、资源分配、经济体制等）以及个人社会化的过程中得到传递、巩固和复制。传统的性别观念、行为和关系限制了男女两性生存和发展的空间，平等而公正的社会性别观念能够促进男女两性和社会的发展。

2.2.3 社会性别制度

目前，学界对社会性别制度没有清晰的定义，我们可以理解为社会性别制度是国家通过制定公共政策等方式影响男女两性在社会生活和家庭生活中的方式和地位的制度。

当前各国政府在公共决策和实践中对社会性别问题分别采取了大致五种社会性别制度。①性别歧视。持这种态度的政府决策层，往往以现有社会中的性别分工为依据，巩固和强化男女不平等的社会性别制度，并通过强制措施进一步剥夺女性权益。②性别平等。每个人，无论男女都拥有人的基本权利，政府的基本职责是确保每个人得到平等对待的政策保障。然而这种制度十分容易抹杀性别差异，政府往往用男性的标准衡量女性。③积极差别对待。政府正视男女在实际生活中存在的生理和社会差别，对女性所处的不利环境采取积极的纠正和保护措施。但是基于这种态度的行动只是一种治标不治本的补救措施。④性别中性。政府没有意识到整体社会利益格局中男女两性的差异，将其视为无差别的利益群体，政府政策可以无差别地对待，既不需要采取任何保障女性权益的措施，也不需要有意识地强化性别政策。性别中性是世界许多政府公共管理行为中的普遍问题。⑤社会性别意识。政府意识到男女性别的差异，认识到这些差异与社会的性别制度密切相关，政府的职责不仅仅是帮助女性解决具体的权益受损问题，而且要积极改变根深蒂固的社会性别结构，从而改变社会性别秩序。这一态度强调男女两性共同参与公共管理和共同发展是性别平等的最高境界[7]。目前，国际社会和越来越多的国家逐渐认识到两性关系中诸多以前被人忽视的理论和现实问题的盲点，并积极采取措施推动社会性别意识进入公共决策，努力使社会性别意识主流化。

总而言之，社会性别理论的任务就是解构男性话语，对男性话语主导的政治重新进行审视和界定，从而解构现实中不平等的两性关系，重建整个社会关系和社会制度。

2.3 社会性别理论的研究意义

2.3.1 社会性别理论的学术价值

社会性别理论从分析两性关系入手，挖掘社会关系与社会制度的根源，从而将社会性别理论变成强有力的政治、经济和社会文化的分析工具，在这一点上与公共管理学科的研究领域不谋而合。目前，我国对社会性别的研究主要集中在社会学和女性学领域，而公共管理学科却在社会性别的领域出现了缺位。在我国公共管理的学科设置中，主要突出了行政管理、社会保障、教育管理等政策形成过程和政策领域，往往把社会性别问题简单地看成是社会学和女性学的问题。事实上，社会性别关系是最基本的社会关系，这些都是公共管理领域所不能忽视的问题。从方法论来看，社会性别理论可以作为强有力的政治、经济和社会文化的分析工具，为公共管理领域提供新的研究视角。所以，社会性别理论为我国公共管理领域开辟了新的研究方向。

由于社会性别理论关注的问题极具现实性和针对性，同时其观察问题的视角迥异于其他社会理论，因此这一理论对于公共管理来说有着巨大的方法论意义。从总体上讲，社会性别理论有以下要求。①用发展的眼光看待社会性别。人的社会性别是在对家庭环境和父母与子女关系的反映中形成的，并在社会文化的变化中不断改变。人的社会性别因时间、民族、地域的不同而不同。社会性别理论打破了性别不可改变的宿命观，对传统的性别观念提出了挑战。②将女性视为发展的主体。社会性别理论认为，在社会发展中，女性与男性处于平等的主体地位。因此，在精神上，女性应该独立自主，摆脱依赖男性的软弱心理；在处理与男性的关系上，应当与男性结成彼此尊重、平等相处的伙伴关系；在对待国家和组织的态度上，应该主动争取自己的权益，不能成为一种工具。③反对孤立地研究女性和女性问题。社会性别理论认为，考察女性问题，应该将其放在男女两性共同塑造的社会角色和权力结构中，不能将女性孤立地割裂开来。④注重不同政策或项目中对男女两性影响的分析。社会性别理论注重分析哪些政策和项目能真正使男女不平等的社会性别关系有所改善，哪些反而强化了传统的社会性别角色和加剧了男女两性之间的不平等关系，从而旨在消除性别不平等或性别歧视[7]。

由此可见，社会性别理论不仅解释了传统性别关系和性别观念，也在努力建构新的社会性别关系和社会性别观念。从根本上来看，社会性别理论以探寻两性关系的奥秘为切入点，在认识人的本性的基础上寻找构建良善社会关系、提高社会整体福祉的新途径，并由此形成社会性别分析范畴。社会性别理论从根本上回答了一系列的社会问题，从而对我们全面了解公共管理的价值、手段和目标有着极大的启发意义。它提出的一系列问题，例如社会性别不平等的根源，经济生活、社会关系、社会制度、权力关系都可能依靠自身的分析范畴找到答案，从而帮助提醒人们在制定公共政策、从事公共管理的活动时，必须深入理解问题的本质，把正义、平等、公正的价值观纳入性别构成的实践。

2.3.2 社会性别理论的实际运用价值

虽然社会性别理论有着不容忽视的理论价值，但不可否认的是，它产生的历史较为短暂，且随着社会的发展变迁而不断变化，如何运用它来指导现实的实践活动也应是一个不断探索的问题。由于社会性别理论产生于西方，与西方历史文化息息相关，因此社会性别理论提出的一系列概念、范畴，一方面是基于解决世界范围内人们所关心的共同问题，因而具有价值上的普适性；另一方面又由于它的西方知识身份，其产生、发展和对于解决社会问题的指导作用又与西方语境密不可分。由于我国有着独特的历史传统，社会制度和文化价值观与西方也有着很大差别，因此在引进社会性别理论时，必须要与中国社会的实际相结合，并对其进行本土化的改造。在借鉴、吸收西方社会性别理论资源的基础上，做好中国特色的理论建设工作，同时强化社会性别的学术研究，在项目、资金、学科、学术队伍建设方面加大投入，加强社会性别理论的宣传和普及，通过文化传播将新型社会性别观念和意识内化在政策制定者、公共管理实践者和一般民众的思维方式与行为模式之中，从而贯彻、深入社会性别主流化这一研究价值导向。

1. 在公共政策的制定中融入性别意识

公共政策作为对社会公共利益权威性的调节、控制和分配，一旦形成，依靠切实有效的行政管理机制，就具有一定的权威性、强制性、持续性，会对一代乃至几代人的生活方式和命运产生深刻影响。当我们用性别意识的眼光来审视公共政策对两性状况的影响时会发现，在仍然存在性别不平等的社会环境里，缺乏性别意识的政策方案在实施过程中，不可能保证对男女两性平等对待，往往会因原有差异而导致进一步的不平等，使一项原本不具有性别歧视的政策产生对女性不公正的负面效果，从而影响和谐社会的构建[8]。

目前，将性别意识纳入公共政策已经成为国际社会的重要发展趋势，我国公共政策存在性别意识缺失的现象，许多女性发展问题必须从公共政策的层面上得到根本性的解决。从这个意义上讲，在和谐社会的构建过程中将社会性别意识纳入公共政策，使我国公共政策能体现性别意识十分必要。

2. 将社会性别意识主流化纳入公共管理实践

根据 1997 年联合国经济及社会理事会的报告，所谓“社会性别意识主流化”，是指“在各个领域和各个层面上评估所有有计划的行动（包括立法、政策、方案）对男女双方的不同含义。作为一种策略方法，它使男女双方的关注和经验成为设计、实施、监督和评判政治、经济及社会领域所有政策方案的有机组成部分，从而使男女双方受益均等，不再有不平等发生。纳入主流的最终目标是实现男女平等。”社会性别意识主流化的实践活动，并非仅仅是在公共管理现有的活动中添加“女性成分”或“两性平等成分”，而是在注重提高女性各层次、各领域参与度的同时，还要把男女双方的经验、知识和利益应用于符合共同发展的公共管理日程中。它强调的重点在于追求两性平等，通过公共政策和公共管理活动确保两性平等成为经济社会发展领域的首要目标。它并不仅仅专指女性，当男女有一方处在极其不利的位置时，主流化就会成为有性别区分的活动和平等权利行动。这些有性别区分的干预对象可以全部是女性，或男女都有，或全部是男性，使他们有能力参与发展活动，并从中获益。其目标是改变不平等的社会和体制结构，使之对男女双方都公平和公正，并获得平等的发展。

社会性别意识的主流化对于我国公共管理的研究和实践而言，不仅是一个理论问题，也是一个实践问题。首先在实践方面，可以从社会性别理论应用于公共管理的实践入手，提高政策制定者、实践者和一般群众对社会性别问题的敏感性，通过交流培训、标杆示范、试验推广等一系列方式，启发人们在社会性别问题上的自觉意识，帮助界定社会性别问题，推动社会性别的政策实践。其次是营造新型社会性别的观念氛围，塑造新型社会性别的行为规范，提高对社会性别问题的认知能力、表达能力和规范能力，构建新型的社会性别关系，并在实践中将社会性别理论作为公共管理的基本意识和基本知识加以倡导和运用[7]。

2.4 社会性别理论在我国的传播和发展及研究现状

2.4.1 社会性别理论在我国的传播和发展

20 世纪 90 年代前后，西方社会性别理论逐渐进入中国学者的视野。社会性别理论在我国的传播和发展大致经历了启蒙、传播和发展三个阶段。

对于社会性别理论的启蒙可以追溯到 20 世纪初。20 世纪初，女性发展研究文献比较重要的有金天翮的《女界钟》(1903)，这是最早的论述女性问题的专著，还有秋瑾的《敬告中国二万万女同胞》(1904)和《精卫石》(1905—1907)、何大谬的《女界泪》(1908)以及陈以益的《女论》(1909)，都成为了中国男女平等的思想启蒙著作。到了“五四运动”时期，女性问题的研究得到了第一次发展。在妇女运动研究方面，有李大钊的《战后之妇人问题》《废娼问题》《妇女解放与 Democracy》和《物质变动与道德变动》(1919)、陈独秀的《妇女问题与社会主义》(1921)、向警予的《女子解放与改造的商榷》《中国最近妇女运动》《中国妇女宣传运动之新纪元》《妇女运动的基础》《今后中国妇女之国民革命运动》(1920—1928) 等一系列论述我国妇女运动的文章，用马克思主义理论阐释了中国女性问题。在中国妇女史方面，有陈东原的《中国妇女生活史》(1928)、吕思勉的《中国制度史》(1929)、谈社英的《中国妇女运动通史》(1936)、陈顾远的《中国婚姻史》(1936)、程谪凡的《中国现代女子教育史》(1936)、梁占梅的《中国妇女奋斗史话》(1942)、王书奴的《中国娼妓史》(1932)等著作。

到了“文革”时期，对社会性别问题的研究被中断，接下来的改革开放则让中国女性问题研究迎来了第二次发展。这一时期的女性发展研究才真正涉及社会性别理论研究。与改革开放前的女性发展研究不同，此时许多问题的研究已带有女性自身的特点，由女性本身向社会提出问题，理论研究向更深层次发展[9]。

概括起来，自20世纪80年代以来，国内学术界对女性问题的理论研究主要集中在以下几个方面。

1. 对现实热点问题的研究

改革开放后，过去腐朽的观念与当时依靠男女共同促进经济发展的现实发生碰撞，很多女性问题爆发。但是，这一阶段的社会性别研究只是将女性“问题化”，还停留在妇女参与发展（Women in Development，WID）的状态中。这一时期关注的问题主要有女性就业问题、女性教育问题、女性参政问题、婚姻家庭问题、女性健康问题、农村女性问题、女性发展与改革开放的关系问题、女性发展与现代化问题、女性与环境问题等。学者们主要从社会转型时期女性发展中热点问题的现状、问题出现的原因、应对对策及出路等维度进行探讨和争论。在女性就业问题上，学者们重在探讨女性是否应该就业，女性就业的状况及存在的问题，女性就业难的根源何在，如何解决女性就业问题。其中，比较多地关注女工下岗及再就业问题、女大学生就业难问题、女性就业遭遇性别歧视问题、女性劳动保护问题、职业女性的角色冲突问题等。在女性教育问题上，学者们重在探讨女性受教育的状况及存在的问题，受教育性别差距的根源何在，如何解决女性教育等问题。其中，比较多地探讨女性文盲、女性参与高等教育、农村女性教育、女童失学等问题。在女性参政问题上，学者们主要探讨了女性参政的内涵，女性参政的状况及存在的问题，女性从政的优势及制约因素，女干部成才的特殊规律，提高女性参政水平的对策建议，女性团体的参政等问题[10]。在婚姻家庭问题上，女性研究的内容较多，成果也很丰富，主要探讨了“婚外恋”问题、“离婚”问题、独身问题、人口政策与生育模式问题、女性在婚姻家庭中的地位等问题。在女性健康问题上，主要探讨了女性健康的含义、女性健康的现状及影响因素，其中较多地关注女性的生育健康、心理健康及与工作环境相关的女性健康等问题。在农村女性问题上，早期的农村女性研究集中在婚姻家庭领域，主要关注的焦点是买卖婚姻、女性外流和拐卖妇女等社会问题。改革开放以来，农村女性研究主要关注农村女性的非农转移问题、农业女性化问题、女性与农村发展等问题。在女性发展与改革开放的关系问题上，主要探讨了改革开放给女性带来了什么，而女性又能为改革开放、市场经济发展做什么。中国改革开放后，市场经济的建立和发展不仅给女性带来了机遇与平等，也带来了危机与困惑。这一点为大多数学者所认同，他们认为女性只有不惧怕竞争、积极进取，在适应改革开放、市场经济的前提下才能实现自身的发展[12]。在女性发展与现代化问题上，主要涉及女性发展理论研究、现代化及经济发展对女性发展的影响、女性在现代化过程中的作用研究、现代化进程中女性发展战略及对策研究、社会性别发展规划等问题。在女性与环境问题上，由于这是一个随着经济发展和环境保护问题而出现的新问题，学者们主要探讨了女性参与环境保护、管理和决策的必要性及现状，女性贫困和资源退化问题，环境与女性健康问题，女性与环境教育等问题。

2. 女性解放的标志

女性解放的标志，即以什么样的标准或尺度衡量女性解放状况，是中国社会性别理论和女性发展研究中最基本的议题，这关系到对女性解放程度的认识以及女性发展目标的确认。学者主要有以下几种不同的观点：首先是男女平等，持此观点的学者认为，两百多年来，世界女性解放运动一直以“男女平等”为口号，这一词汇能够简洁而准确地表现出女性解放运动的实质；其次是重返社会，此观点认为，人类解放的前提是人与社会的统一，这其中包括男人也包括女人，让女人拥有人类在社会中应该拥有的，才能实现女性的解放；再次是性别公正论，此观点主张用“性别公正”代替“男女平等”，认为公正可以用来说明社会制度的性质和各种社会关系的特性，也可以作为社会对其成员及成员对社会提出的规范要求，而作为规范要求的平等则只限于人格与法律权利；[10] 最后是人的自由而全面发展论，此观点认为在国家的强制力方面和经济发展方面的改善并不能实现女性的真正解放，真正的女性解放是“人”的解放，不仅仅是在国家赋予的权利和义务上做到女性与男性平起平坐，最主要的是让人类从思想上不再将女人归为“无可救药”的卑微属性，并通过女人为之正名的抗争，伸张长期以来被社会文明价值尺度贬抑了的人性和人的生命价值部分，既肯定人的社会价值，并为个人对自我社会价值的充分实现提供机会，也肯定人的生命价值，并为个人对自我生命价值的充分占有提供自由[8]，女性解放的最终标志，归根结底其实就是人的自由而全面的发展[11]。

3. 女性解放程度的争论与反思

关于女性解放程度的争论，在我国出现过两次高潮：一次是20世纪50年代末，当时女性在社会中的地位相较于封建社会时期已经有了大幅改善，因此社会舆论普遍认为中国男女平等目标已经实现，只有少数群体对此并不认同；另一次是在改革开放后，人们的思想变得活跃，女性的权利意识觉醒，而经济的发展又给中国社会带来了越来越多新的问题和关注点，在这种情况下，中国女性是否得到“解放”的问题被提出来，学界对此进行了探讨和反思[1]。一些学者持超前论和恩赐论的观点。李小江认为，中国女性的社会解放程度很高，但中国女性社会权利的获得，主要是通过社会主义革命在立法形式上超前实现的[12]。新中国成立后，中国的女性解放措施都属于“自上而下”的方式，将女性解放变成了社会主义的“恩赐”。初步解放论认为，中国女性已获初步解放，与发达国家相比也取得了很大的成就，女性解放的进程还将随着社会主义建设的发展不断深化。而倒退论则认为，改革开放后，女性发展面临诸多问题，传统的封建意识有抬头的倾向，女性地位较之改革开放前有倒退的趋势。代价论则认为，“男女平等”被片面理解并践行为“男女一样”的做法并没有考虑社会性别的差异，这使得我国女性解放实质上是以男性的尺度作为参照标准的，在我国生产力水平不高、家务劳动没有实现社会化的情况下，女性地位的上升是以扭曲自身为代价的[9]。

4. 男女不平等的根源

对男女不平等根源的探讨由来已久。在中国，随着改革开放的推进，私有经济成为社会主义市场经济的重要组成部分。新的历史条件下，学界对男女不平等、女性受压迫和受歧视现象的根源进行了探讨，主要观点如下。①私有制根源论。马克思和恩格斯支持这一观点，他们考察了女性地位的演变后指出，女性受压迫并非自古有之，而是随着生产力发展、私有制产生并发展的结果。因此，私有制是女性受压迫的根源。女性解放的必要条件是私有制的消亡，这是一个相当漫长的过程。②生产力根源论。此观点认为男女地位不平等，从其最初产生来说，是生产力发展造成的。而从人类历史的整个发展过程来看，男女不平等又是生产力不够发展的结果。生产力是一个历史变量，它总是属于特定的历史范畴，由此决定了受生产力制约的人类一切社会关系，包括男女两性之间的关系，也将随其发展而变化[13]。③经济因素和自然分工决定论。此观点认为女性的社会地位既和在社会生产与分配中能否占有一席之地有关，又和自然分工有关。虽然在社会分工中，我国女性已经参加社会劳动并取得了参与社会分配的权利，但生育上的自然分工依旧存在，无论是在社会或是家庭中，女性依然从属于男性，因此男女不平等是经济因素和自然因素相互作用的结果。④文化根源论。此观点认为现实中存在的男女不平等现象，其根源并不是社会制度的问题，而是轻视、歧视女性的父权文化造成的。女性的悲剧不是生理悲剧，而是一场文化悲剧；男女不平等，不仅是性别的不平等，而且是文化的不平等[14]。⑤多因素影响论。此观点认为当代社会中女性受歧视的根本原因，应该说是多方面的，既要看到它的私有制的历史根源，又不能忽略现实中由于社会经济结构的高速转型而带来的一些非经济因素的影响，同时还与“男性本位”文化传统在现代社会的延续分不开。

5. 女性解放的途径

改革开放后，女性发展面临的困境及女性问题的不断涌现促使人们思考女性解放的途径，主要观点如下。①就业论。马克思和恩格斯认为，女性解放的前提是其参加社会生产劳动。参加社会生产劳动使女性经济上独立，不再依附于男性，为女性解放开辟了可能性道路；参加社会生产劳动使女性建立了与外部世界的广泛联系，使她们在社会交往中按照美的规律重塑和完善自我[12]；参加社会生产劳动使女性体验到自身的本质力量，是唤醒和发展女性主体意识进而提高女性改造世界能力的根本途径。②生产力发展和家务劳动社会化论。此观点认为，发达的社会生产力创造了先进的物质文明，这为实现家务劳动社会化创造了条件，为女性走上社会解除了后顾之忧。③物质文明发展和女性主体意识觉醒论。女性解放既要有物质文明高度发展的社会条件，又要有女性自觉要求发展的主观条件，即女性主体意识的觉醒。一方面，在生产力水平较低的社会条件下从事双重生产，女性的负担更加繁重，身心俱疲；另一方面，女性要解放必须首先自我解放，从精神到情感，女人必须首先清除自身的依附性，才能真正在现实生活中站立起来。④生产力和意识形态论。此观点不仅强调了生产力对女性解放的决定作用，还强调了意识形态的作用。社会主义社会的男女不平等，更多的是反映在社会观念上，因此女性解放必须伴随整个社会思想观念的解放。⑤综合条件论。要实现女性的彻底解放，必须具备客观的、主观的、物质的、精神的、国内的、国际的诸多方面的条件[9]。

2.4.2 社会性别理论在我国的研究现状

目前，我国女性学学者已将社会性别视角引入我国的历史和现实领域，开始用这一视角分析研究我国的社会问题和女性问题，研究社会性别结构、社会性别文化、社会性别制度甚至社会性别关系与民族、阶级、国家和经济体制的互动关系，所涉及的研究领域逐渐多元化、规模化。首先，形成了以中共党校、各地社会科研机构、高校和妇联组织等机构为主的学术研究网络。据有关资料统计，1999 年全国性的中国妇女研究会成立，有团体会员 109 个，国家和省级的社科院成立了 9 个女性研究机构，全国近 50 所高等院校成立了女性研究中心。其次，涌现了一大批具有较高学术价值和社会效益的研究成果，同时女性学逐渐作为一门学科被纳入高校教育。许多高校都在本科与硕士的课程中开设了女性或社会性别研究的课程，并设立了女性研究方向，有力地推动了女性学的学科建设与发展。最后，国内国际项目合作取得实质性成效。在我国，教育部门越来越支持高校的女性和性别研究，在相关的哲学社会科学研究规划及课题指南中设立了一些女性和性别研究的项目，如“国外性别问题理论”“中国性别问题研究”“女性参与社会发展与女性社会支持网络”等。在国际上，我国的女性研究机构得到许多基金支持，如福特基金会在 2001—2005 年对我国资助的课题就有“发展中国的女性与社会性别学”等。社会性别理论在中国的传播也在现实层面上产生了积极的影响和作用：①促进了我国公民社会性别意识的觉醒；②促进了社会科学领域的交叉，中国女性研究优秀成果奖评选发现，近五年的女性研究成果已涉及哲学、社会学、经济学、人口学、法学、历史学、文学、教育学、伦理学、心理学、人类学、政治学等多个学科；③促进了社会性别意识向决策主流迈进，女性研究学者的许多研究成果已受到决策层的重视，其所提出的一些政策建议也被采纳，社会性别意识正在向政府决策层渗透[7]。

本章思考与讨论

1. 社会性别理论是如何在女性主义中发展起来的？
2. 社会性别角色是否是一直不变的？请举例说明。

参考文献

[1] 高洁 . 论我国社会性别主流化对公共政策的影响 [D]. 南京：中共江苏省委党校，2007.

[2] ADDELSON K P. Impure thoughts：essays on philosophy，feminism，and ethics[M]. Philadelphia，PA：Temple University. Press，1991.

[3] JAGGAR A M. Feminist politics and human nature[J]. Political Science Quarterly，1988，99(3)：293-295.

[4] 董美珍 . 女性主义科学观探究 [M]. 北京：社会科学文献出版社，2010.

[5] GILBERT G N，MULKAY M J. Opening Pandora’s box：a sociological analysis of scientists’ discourse[J]. Contemporary Sociology，1984，14(1)：3-14.

[6] 殷杰 . 当代社会科学哲学：背景、理论和意义 [J]. 哲学研究，2008(6)：93-99.

[7] 鲍静 . 应把社会性别理论纳入我国公共管理的研究与实践 [J]. 中国行政管理，2006(8)：33-39.

[8] 梁华林 . 和谐社会与公共政策的社会性别意识主流化 [J]. 中共山西省委党校学报，2008(3)：93-95.
[9] “有中国特色社会主义妇女基本理论”课题组 . 改革开放以来妇女解放基本理论观点综述 [J]. 妇女研究论丛，2002(5)：54-61.
[10] 全国妇联妇女研究所 . 中国妇女研究年鉴 (1991—1995)[M]. 北京：中国妇女出版社，1997：138.
[11] 杨凤 . 当代中国女性发展研究 [M]. 北京：人民出版社，2007：13.
[12] 李小江 . 女人的出路——致 20 世纪下半叶中国妇女 [M]. 沈阳：辽宁人民出版社，1989：72-73.
[13] 郑祖泉 . 社会主义本质与妇女解放 [J]. 道德与文明，1995(4)：7-9.
[14] 王晶 . 性别不平等根源的多重视角透视 [J]. 中华女子学院学报，2004，16(3)：34-37.
[15] 佟新 . 社会性别研究导论——两性不平等的社会机制分析 [M]. 北京：北京大学出版社，2005.

3 社会性别主流化

“社会性别主流化”（gender mainstreaming），这一英文术语又可被译为“社会性别观点主流化”“社会性别平等主流化”“把社会性别意识纳入决策主流”等①。社会性别主流化是联合国在1995年第四次世界妇女大会上确定的促进性别平等的全球性战略，也是中国促进性别平等的一项战略行动。1995年中国政府将男女平等列为促进我国社会发展的一项基本国策，承诺社会性别主流化是中国促进性别平等的一项战略行动；[1]2005年修订后的《中华人民共和国妇女权益保障法》，首次把男女平等的基本国策以法律条文形式固定下来，明确了基本国策的法律地位；2012年中国共产党第十八次代表大会明确提出“坚持男女平等基本国策，保障妇女儿童合法权益”，第一次将坚持男女平等的基本国策写入执政党的纲领性文件。20年来，社会性别主流化逐渐成为各个国家、地区减少性别歧视的普遍行动方式。了解社会性别主流化的由来和意义，理解社会性别主流化的内涵，知晓社会性别主流化的策略与方法，是我们学习社会性别与公共政策和管理课程的基础。

3.1 社会性别主流化的由来

随着国际社会发展观的变化和妇女运动的进程，对于实现性别平等的战略、途径和方式的探索和思考逐渐深入，社会性别主流化是国际社会在理论和实践两个层面积极探索妇女发展和性别平等战略的智慧结晶。从20世纪六七十年代探讨妇女发展模式，到1985年联合国第三次世界妇女大会初次提出性别平等主流化概念；从20世纪90年代一系列有关人类发展大会所取得的推进性别平等和可持续发展的基本经验，到建立一系列使妇女获益的全球性的指数标准，社会性别主流化逐渐成为国际社会的基本共识。

第一，对以往妇女发展模式的反思。第二次世界大战结束后，“发展”成为全世界关注的主题，在联合国“发展十年（1961—1970）”规划中，“发展”被定义为以促进经济增长为核心来促进社会的发展，此时妇女发展还没有成为联合国第一个十年规划关注的主题。20世纪60年代末70年代初，西方社会不得不正视粮食危机、人口问题、环境污染和贫富差距等全球性社会问题，批评和反省以国内生产总值（Gross Domestic Product，GDP）增长为核心的发展观，“发展”的概念开始从经济领域向政治、社会、文化和人的全面发展等诸多方面扩展，人们逐渐关注妇女发展和性别平等。从事发展学和妇女学的一些学者在深入研究妇女发展问题时获得了如下新发现：妇女是世界粮食生产的主力军；妇女的工作场所多在非正规就业部门和家庭，然而妇女对经济发展的贡献却没有在官方统计中表现出来；妇女的基本生存和发展需求往往被忽略，在社会经济发展系统中，妇女一直处于边缘位置。这些重大发现导致了“把妇女纳入发展

① 在此，我们使用意译的“社会性别主流化”来表述。

之中”的呼声日益高涨。

妇女参与发展观点认为：现行的社会系统不能使妇女充分参与发展，因而妇女没能充分发挥作用；如果强调妇女参与现代化进程，妇女的作用便能够得到充分发挥。为了让妇女参与社会发展进程，妇女参与发展提供了福利政策、平等政策、反贫困政策和效率政策等四条途径，被称为妇女参与发展模式，这一模式在推进第三世界的妇女参与社会发展时发挥了积极作用。然而，随着国际社会妇女运动的不断深入，妇女参与发展模式的不足逐渐显示出来，妇女在参与社会发展过程中，其劳动价值仍然被低估，并未与男性同等受益，社会上仍然广泛存在着性别不平等现象，如男女同工不同酬、女童辍学等现象，这些现象一方面影响了妇女参与发展的积极性，妨碍了妇女充分参与发展；另一方面低估妇女的价值在很大程度上影响了妇女潜力的发挥，从而影响经济和社会发展的效率和质量[2]。

与此同时，在发展学领域，人们越来越多地批评以西方发达国家为样板、以经济增长为目的的发展模式，已经意识到经济增长并不一定自然而然地带来社会的全面进步、社会平等和人的解放。在妇女学领域，女权主义提出了作为其理论基石的新概念，即社会性别。社会性别（又名性别）概念包括如下基本含义：①人们现有的性别观念是社会化的产物，男女之间在社会各领域的差距主要是由社会因素而不是由生理因素决定的；②制度因素和文化因素是造成男性和女性社会角色和社会行为差异的原因；③社会对妇女角色和行为的预期往往是对妇女生理性别角色的延伸；④两性的社会性别角色和社会行为是后天适应和习得的，因而是可以改变的。

用社会性别视角来看待妇女发展，可以解释甚至可以在一定程度上解决妇女参与发展模式遇到的问题。妇女参与发展问题不只是与发展和妇女相关，更重要的是与性别关系相关。促进妇女参与发展，不能就妇女问题谈妇女问题，而且要关注社会性别结构，即在不同社会条件下的男性与妇女之间的关系。如果把人的发展放在发展的中心位置，就不应当仅仅强调经济增长，而要强调男女共同发展，为了达到男女共同发展，就应当调整原有的社会性别结构。也就是说，改变传统的性别结构是社会发展和进步的内在内容。另外，妇女是社会发展的积极参与者，无论妇女对自己的社会地位是否有全面的认识与理解，也应该把妇女看作社会发展进程中积极的参与者而非被动的接受者。只有致力于改变不平等的社会性别关系，才能让妇女积极主动地充分参与社会发展，才能减少性别歧视，在社会发展和经济建设中发挥妇女的潜能。

这个视角促使发展学与妇女学两个领域的研究者共同建构了一个新的概念——“社会性别与发展（Gender and Development）”，并取代“妇女参与发展”，而逐渐成为妇女发展的新模式。社会性别与发展观点认为，发展是个人与社会的经济、政治和文化进步之间复杂的互动过程，要了解法律和公共政策对不同社会群体的影响，就应该关注下列问题：在发展过程中，哪些群体受益？哪些群体受损？在男性与妇女之间，权利与义务、权力与责任的平衡结果如何？妇女是否与男性同样公平地分享社会发展成果？同时，社会性别与发展关注各种社会组织中的性别关系以及各种组织形式之间关于性别的联系，特别强调妇女赋权（Women’s Empowerment），即增强妇女的权力和能力。妇女发展模式从“妇女参与发展”转变到“社会性别与发展”，为后来的社会性别主流化战略提供了丰富的经验。

第二，1985年联合国第三次世界妇女大会提出社会性别主流化。同年出台的《内罗毕战略》是一份经过修订的20世纪最后15年世界妇女发展蓝图，其中不仅首次出现了社会性别主流化的提法，而且以其一系列有关国家级别的促进平等、发展、和平的措施，初步展示了社会性别主流化的细分领域。在平等方面，确立了在三个基本领域采取的策略，包括宪法和法律层面的步骤，如何实现社会参与、政治参与和决策参与的平等；在发展方面，除要求建立政府一级机构来实施、监督、评估促进妇女平等参与发展的系统、计划、方案和项目的有效性外，还建议在妇女发展的主要领域——就业、保健、教育、粮食、水和农业、工业、贸易与商务服务、科学与技术、通信、住房、社区发展以及运输、能源、环境和社会服务设施等领域采取具体措施；在和平方面，提出了促进妇女参与倡导和平以及和平教育措施的指导方针，这些方针涉及处于种族隔离下妇女与儿童的状况，并且第一次把家庭中反对对妇女的暴力行为作为一个与和平有关的问题列入其中。

第三，社会性别公正逐渐成为国际社会的基本共识。进入20世纪90年代，通过联合国一系列有关人类发展大会，国际社会将妇女发展与全球政治、经济发展紧密相联，为促进妇女发展与进步达成了多项协议，逐渐积累了推进性别平等和可持续发展的基本经验并达成了基本共识。1990年召开的“联合国世界儿童问题首脑会议”，从社会性别视角提出了女童的发展问题；1992年召开的“联合国环境与发展大会”，提出了妇女参与环境发展和决策的问题；1993年召开的“联合国世界人权大会”，提出了妇女权利就是人权的理念；1994年召开的“国际人口与发展大会”，提出了提高妇女地位和实现妇女赋权是实现人口可持续发展的关键；1995年召开的“联合国社会发展世界首脑会议”，在消除贫困、促进就业和社会融合三个议题中共同提出了性别平等的问题；1995年召开的“联合国第四次世界妇女大会”认为“妇女赋权和实现男女平等是各国人民实现政治、社会、经济、文化和环境保障的先决条件”[3]。随着20世纪90年代社会性别公正全球化，消除经济全球化进程对妇女产生的不利影响，逐步被纳入各国政府的重要议程[4]。

第四，国际社会在探索发展战略的过程中，逐步建立并执行一系列促进性别平等和妇女发展的全球性标准。除了联合国《消除对妇女一切形式歧视公约》（*The Convention on the Elimination of All Forms of Discrimination Against Women*，CEDAW）已得到越来越多国家的签约支持之外，20世纪90年代以来，国际社会逐渐建立起一系列综合测量各国人文发展和性别发展状况的指标体系。

1990年联合国提出的人文发展的概念，改变了以往将社会发展等同于经济增长的观点，开始关注人类自身，包括教育、识字率、健康和媒体等社会指标，用人文发展指数（Human Development Index，HDI，也称作“人类发展指数”）来测量各国人文发展状况。自1995年起，在几乎每年一期的《人类发展报告》中，联合国都会公布各国和地区性别平等测量值，即使用社会性别发展指数（Gender-related Development Index，GDI，由平均寿命指数、教育水平指数和人均 GDP 指数这三个单项指数复合组成)、社会性别赋权尺度(Gender Empowerment Measure，GEM,由参与政治和决策权力指数、参与经济和决策权力指数及对经济资源的支配权指数复合而成)和性别不平等指数(Gender Inequality Index，GII,用以测量妇女和男性在寿命、教育和收入三个领域中的差异),测量出各国和地区的相关结果,并以此为依据在全世界范围内进行排名,比较和评价各个国家、地区的性别平等状况,进而报告和评述全球性别平等进展①。如今,使用这些指标评价性别平等状况已是国际社会的惯例,促进性别平等和妇女发展的全球性标准的建立和使用已成为将社会性别纳入国际社会发展主流化的重要标志。

3.2 社会性别主流化的内涵

有关社会性别主流化的界定,联合国文件的明确表述有两处。一处是在 1995 年第四次世界妇女大会通过的《行动纲领》中,明确倡导社会性别主流化:"在处理提高妇女地位的机制问题时,各国政府和其他行动者应提倡一项积极鲜明的策略,将社会性别观点纳入所有政策和方案的主流,以便在做出决策之前,分析对妇女和男性各有什么影响。"[4] 另一处是 1997 年联合国经社理事会一致通过的关于社会性别主流化的定义,即"把社会性别纳入主流是一个过程,它对各种领域各个层面上的所有计划行动,包括立法、政策或项目计划,对妇女和男性产生的影响进行分析。社会性别主流化是一个战略,把对妇女和男性的经验和关注事项作为不可分割的整体,纳入政治、经济和社会等所有领域的政策和方针的设计、落实、监测和评估,使男女都能平等受益,终止不平等现象,最终目标是实现两性平等"②。

对于社会性别主流化的内涵,可以从以下几个方面来理解。

第一,社会性别问题的实质不仅仅是妇女问题,也是社会问题,它涉及政治、经济、文化、社会的方方面面,是两性共同面对的问题。因此,如果没有全社会的关注和行动,没有男性的参与和改变,不可能从根本上解决社会性别平等问题。如果把社会性别问题单纯地看成是妇女问题,妇女组织问题,或某一部分人、某一个具体领域的问题,就会导致将社会性别问题妇女化[3]。

社会性别主流化,意即把性别问题纳入政府工作和社会发展宏观决策的主流。把社会性别主流化作为社会发展战略,贯穿社会发展全过程以及国家和政府在任何领域、各个层面上的发展计划包括立法、政策或发展项目中,都应体现出对社会性别议题的关注,通过改变社会政策、制度、法律、文化和社会环境,使两性平等地参与社会发展并从中受益,防止出现社会性别问题的边缘化现象。

第二,政府是实现社会性别主流化的责任主体,意味着包括各级政府主要领导者在内的政府主体都要将促进社会性别平等、实现社会性别主流化作为首要责任。若将妇女组织定义为社会性别主流化的责任主体,由妇女组织取代政府履行职责,那么非但不利于政府履行对性别

① 另一些国际组织也提出了测量、比较和评价社会性别平等和妇女发展的指标体系,如达沃斯世界经济论坛发布的"社会性别差距指数"(Gender Grap Index,GGI,指数综合经济地位、教育机会、政治参与及卫生福利四个领域的性别差距)、经合组织发布的"社会制度和性别指数"(Social Institutions and Gender Index，SIGI)等。

② Bureau for Gender Equality，ILO，Gender：A Partnership of Equal Geneva，2000，p5。

平等的承诺，还会削弱政府在提高妇女地位机制方面的权威性和影响力。

第三，在对平等标准的认识上，社会性别主流化强调破除传统性别角色定型后的平等标准。传统性别观念以男性行为作为标准，将妇女变得和男性一模一样，或者缺乏社会性别敏感性，把“男主外，女主内”当成社会性别平等。社会性别主流化的内涵认为，所有人都不受各种成见、传统角色分工和歧视的限制，能够自由地发挥和做出选择，男性和女性享有平等的权利、义务、责任、机会、资源、待遇和评价。

第四，社会性别主流化强调男性和女性应享有基本人权框架下的所有平等权利。妇女和儿童的权利是所有人权和根本自由中不可剥夺的一部分，男性和女性享有基本人权框架下的所有平等权利，不受性别、城乡、年龄、生产力发展水平等限制。

第五，社会性别主流化强调导致性别不平等的重要原因是社会性别角色分工及与其相对应的社会性别机制。也就是说，导致性别不平等的原因不仅包括社会性别分工的影响，还包括政治、经济、文化、阶级、种族、民族、年龄或残疾等对性别差异的复杂作用。如果仅仅认为导致性别歧视的原因是私有制、阶级压迫、生产力发展水平和传统观念，就难以全面认识导致社会性别歧视的真正原因。

第六，社会性别主流化强调使用社会性别分析方法，认为在一定的社会性别机制下，所有的政策、法律、计划、项目对男性和女性的影响不尽相同。只有坚持对各项法律、政策、观念和行为进行社会性别分析，才能提高现有制度促进社会性别平等的能力。如果仅仅采用对妇女的过去和现在进行纵向比较的方法来展示妇女取得的社会进步，或用简单描述的方法把妇女本身当作问题，就容易把社会性别问题简单化，难以发现解决社会性别问题的有效方法。

第七，社会性别主流化强调妇女是参与发展的主体，认为妇女赋权是实现社会性别平等的关键所在，主张倾听妇女的声音，发动妇女参与决策，注重增强妇女的权力和能力。如果以某项社会发展目标或某项工作为主体，把妇女作为客体加入发展，或代替妇女做决策或选择，妇女无形中就会成为实现某一特定社会目标的工具[5]。

第八，社会性别主流化强调经济发展不能简单替代性别平等。性别平等程度并不完全取决于社会收入水平和经济发展水平，它需要坚定的政治承诺和可持续发展的政策机制。如果认为生产力的发展自然而然带来妇女地位的提高，或把经济发展和性别平等对立起来，通过牺牲弱势群体的利益以求得经济发展，那么这种片面发展观和经济决定论不但会导致性别平等事业的停滞和倒退，而且会不利于经济进一步发展。

总之，社会性别主流化是把社会性别平等作为基本的价值观，从组织上、制度上、纲领上以社会性别视角开展工作。在地区、国家、地方和社区各个层次，在国家计划、立法、政策和项目各个层面，贯穿社会性别平等意识，从追求立法形式上的性别平等转向追求实际上的性别平等。

3.3 社会性别主流化的意义

社会性别主流化既是社会发展和进步的产物，也是社会可持续发展和社会进步的要求。社会性别主流化以实现社会公正和可持续发展为目标，以基本人权框架为基础，以消除性别歧视、实现性别平等为目的，重视社会性别角色分工和社会性别机制对社会、经济、政治、文化以及人们观念与行为的影响和作用，注重通过改革制度、法律和政策来消除性别歧视，把妇女赋权作为实现性别平等的中心，强调男女共同参与和受益[①]。作为联合国确立的一项推进性别平等的战略，社会性别主流化具有如下意义。

3.3.1 社会性别主流化是实现社会可持续发展的需要

以人为本的可持续发展是当今国际社会的主流价值观，也是国际国内社会发展战略。实现性别平等，使男女两性平等地参与发展并从发展中受益，是可持续发展的核心内容与终极目标之一。社会性别主流化充分体现了以人为本、尊重和保护人权、实现社会公正、真正体现效率和公平的新的可持续发展模式和发展观。

首先，社会性别主流化有利于尊重和保护人权。妇女的人权是所有人权中不可剥夺、不可缺少、不可分割的部分，保障和促进男女平等的理念构成了国际人权标准的基础，是否致力于实现社会性别主流化反映了一个国家对人权的认识。保障妇女的权利是实现社会可持续发展的必要前提，实现社会性别主流化是保证妇女和男性平等地享有人权的重要手段。

其次，社会性别主流化是实现社会公正的重要方式。社会公正是衡量社会全面进步与发展的一个重要指标，而社会公正理所当然包含社会性别公正，即男性和妇女平等地参与、贡献、获益于社会发展，同时社会性别公正还意味着对男性和妇女的不同需求给予公平对待，包括制定可行性措施甚至倾斜性措施，以减少由于社会及历史原因造成的妨碍某一性别生存和发展的不利因素。

另外，社会性别主流化有利于真正实现经济效益。妇女占世界总人口的一半，是重要且特殊的人力资源，充分重视妇女创造经济效益的能力和潜力，重视妇女在人类再生产活动中的重要作用，是减少贫困、提高经济效益的重要前提。

社会性别主流化的目的是实现社会性别平等，社会性别平等是以人为本的全面、协调、可持续的发展不可分割的重要组成部分。建立在男女平等基础上的新型伙伴关系是实现以人为本的可持续发展的前提条件。实现社会性别主流化，使两性平等地参与发展并从中受益，才能使整个社会实现良性循环和可持续发展。

3.3.2 社会性别主流化是促进男女两性平等发展的有效途径

作为促进男女两性平等发展的有效途径，社会性别主流化的作用表现如下。

第一，社会性别主流化是促进两性平等地参与社会发展的重要方式。实现妇女充分参与

① 加拿大国际开发署（CIDA），加拿大国际开发署性别平等政策，渥太华，1999。

社会发展和社会性别平等，首先要求制度和政策的保障，社会性别主流化就是从人的基本权利出发，重新审视和反思现存的两性关系和性别规范，清理和消除不利于两性平等发展的政治、经济和文化障碍，采取更为积极的制度、政策和措施，扩大两性的选择自由，促使两性的全面健康发展。只有将推进性别平等的策略和措施纳入所有法律、政策和制度的主流，才能确保妇女平等、充分、全面参与的权利和机会。

第二，社会性别主流化有利于改善妇女的生存和发展条件。社会性别主流化有助于充分认识妇女对于社会发展的贡献。以妇女为主的家庭领域的劳动往往是无酬劳动，不被计入国民生产总值，没有得到社会的承认。即使是那些以市场为导向的家庭场所的工作，因为不具有工薪就业或独立企业生产的形式，其贡献也往往不为人们所察觉，进入不了正规的统计范围。此外，妇女所做的工作更易受到过低评价，一旦妇女成为某种职业或某一部门的主体（妇女化），该职业和该部门的工作往往会被视为无足轻重、低技术要求和低经济价值的工作。社会性别主流化强调要充分尊重妇女和男性在家庭领域所从事的无酬劳动，正视他们对人类可持续发展做出的重要贡献，并且给予同等价值的工作以同等报酬，这对于全社会正确评估妇女的贡献、改善妇女生存环境、促进妇女发展具有积极的意义。

第三，社会性别主流化有利于妇女与男性平等分享社会发展成果。由于以往政策没有充分考虑不同性别的利益和需求，在实施过程中往往难以充分满足边缘人群特别是处于不利地位的妇女的利益和要求，甚至对她们的发展造成不利影响。实现社会性别主流化，即意味着在制定和执行任何一项法律、政策和措施时，要充分考虑和评估这些法律、政策和措施对男女两性的不同影响，以满足不同性别的利益和需求，使男女两性从社会发展中平等获益。

3.3.3 社会性别主流化是推进性别平等的加速器

社会性别主流化的目的是为了实现社会性别平等，而实现社会性别平等的目标是一个长期的艰苦的过程。一方面，消除制度性性别歧视的影响是一个长期过程。在历史上，不论哪个国家，制度性性别歧视均曾长期存在。所谓制度性性别歧视，是指从国家制度方面剥夺妇女在社会政治、社会经济、社会教育等方面参与社会的平等权利。制度性性别歧视是社会化过程的结果，它不仅仅是通过“合法”的制度将妇女置于社会的最底层，还由于“合法”制度不间断的社会作用，将性别歧视的观念深深地烙印在社会各阶层人士的头脑中，并指导他们进行“合法”的性别歧视行为。因此，根除几千年来形成的性别歧视观念往往需要一个长期的过程。

另一方面，根除非制度性性别歧视的过程也是一个长期过程。非制度性性别歧视包括人们观念上的以及由观念指导下产生的行为上的性别歧视。例如对于性别不平等现象，在不同的社会决策层中，人们并不否认它是一个重要的社会问题，但是当决策者们在对诸如经济问题与性别平等问题进行比较时，性别平等问题往往被视为非紧迫性问题而被排斥在社会决策的主流之外，难以为决策者所关注，这就是有关性别平等的社会决策滞后性。性别平等的社会决策滞后性还表现为忽视妇女的利益：在社会决策过程中往往因为种种原因，如男性决策者占绝大多数，或者是妇女的利益诉求呼声较低，决策中往往用一种泛指的“公众利益”代替妇女的利益作为社会决策的依据。社会性别主流化要求在决策全过程中，充分体现男女两性的利益和需求，社会性别主流化战略强调将性别平等观念纳入法律、政策、计划和项目的制定和执行的全过程，强调增强妇女获得资源和机会的权利和能力，因而自上而下地为消除制度性性别歧视和非制度性性别歧视创造了良好的社会机制和环境，从而推进实现性别平等的进程。

3.4 实现社会性别主流化的策略与方法

按照联合国经社理事会的定义，我们可以把社会性别主流化理解为实现性别平等和妇女发展的一个战略框架，这个战略框架包括一系列行动方案。同时，社会性别主流化也是一个过程，实现社会性别主流化，意味着采取如下的一系列策略和方法。

3.4.1 明确而坚定的政治承诺

国际和国家最高层面对于性别平等的政治承诺是最重要最坚定的政治信念：国家把实现社会性别平等作为主要目标之一，对实现性别平等有强烈的使命感，并制定明确的目标，有意识地提高公众性别平等意识，为性别平等创造良好的政策环境。社会性别主流化意味着政府应借鉴联合国在推进社会性别主流化过程中的战略思路和经验，将男女平等真正纳入政府的各项工作。

明确而坚定的政治承诺是实现性别平等的前提条件。许多国际社会的经验证明，社会性别主流化的进展与国家部门决策者的重视程度成正比，社会性别主流化最重要的前提是决策者有高度的实现性别平等的使命感和促进性别平等的意志和决心。只有责任主体有了社会性别平等的使命感和责任感以及坚定的政治承诺，才会不遗余力地做出一系列努力，如积极促进相关政策的出台，建立分性别的数据、资料系统，拨付资金进行性别培训，促使更多妇女进入决策层等。有坚定的意志和决心，才能够不怕困难，克服一切阻力，推动社会性别平等。相反，即使其他条件都具备了，如出台了专门的政策，有了分性别资料、数据和资金的保障以及一定数目的妇女参与决策等，但是由于没有崇高的使命感和明确的政治承诺，有关社会性别平等的行动可能只是一种象征，有关性别平等的机构可能只是一种摆设，性别平等的政策也只能是一纸空文——政策虽然完备但并未执行，妇女参与决策却不关注妇女权益等①。

明确而坚定的政治承诺包括如下两方面。

一方面，政治承诺包括制定本组织 / 机构的宣言或战略。这种战略应该在本组织 / 机构的宏观层面，明确地就性别平等做出高层承诺。政治承诺可以有三种方式。①在国家 / 部门 / 组织的发展规划或纲要中明确提出："关注性别平等，将性别平等纳入所有领域 / 工作的主流，并确保投入一定的资源，发展切实的措施，推进性别平等。"②发布专门的权威性的有关性别平等的声明或战略。如我国在 1995 年、2001 年和 2010 年制定了《中国妇女发展纲要》，地方也出台了地区性的《妇女发展纲要》，这是中国政府在国家层面上对男女平等的承诺。③用本机构

① 提高社会性别平等主流化能力培训项目组，提高社会性别平等主流化能力培训手册，2008。

/ 组织最高领导讲话 / 声明的形式，做出明确而坚定的政治承诺。如前国家主席江泽民在 1995 年第四次世界妇女大会欢迎仪式上，代表中国政府向全世界郑重声明："中国政府一向认为，实现男女平等是衡量社会文明的重要尺度。我们十分重视妇女的发展与进步，把男女平等作为促进我国社会发展的一项基本国策。我们坚决反对歧视妇女的现象，切实维护和保障妇女在国家政治、经济和社会生活中的平等地位和各项权益。"这即是中国政府对国际社会做出的关于性别平等的承诺。

另一方面，政治承诺包括政府和相关机构承诺提高对社会性别平等的认识。提高社会性别平等认识、转变传统观念是高度重视性别平等的前提。从我国的状况来看，领导者提高对社会性别问题的使命感可以包括：对社会性别平等状况的把握，掌握一定的社会性别分析方法以及学会从社会性别视角认识问题和解决问题等。

一个典型的例子是加拿大政府对于性别平等的承诺。1995 年在北京召开的联合国第四次世界妇女大会上，加拿大政府发表了《迈向 21 世纪中央政府性别平等规划（1995—2000）》的文件。该规划的制定是由以提高加拿大妇女地位为主的联邦政府的 24 个有关部门和机构合作完成的。在规划中清楚地指明了政府部门在促进和实现性别平等过程中所承担的责任和义务。加拿大遵循基本人权框架，将性别平等视作实现人权的一部分，强调两性在机会平等、获得和支配资源方面的权利。随即，在国家性别平等监督机制方面，加拿大司法部启动"性别平等项目"，派出社会性别顾问到各部委，对所有的政策进行把关审查，以防有性别歧视的政策出台。另外，1995 年加拿大政府声明指出：要将社会性别平等贯穿于加拿大国际援助项目之中，在世界范围内把性别平等列为加拿大发展援助优先考虑的重点之一[①]。同时，加拿大政府也已经将采用社会性别分析的方法作为一项政府承诺，并用于工作实践中。

3.4.2 设置专门机构和配置专门人员

贯彻性别平等必须由专门的机构和人员来具体实行，否则对性别平等的承诺只能是空洞的。

1995 年联合国第四次世界妇女大会的《行动纲要》要求，提高妇女地位的机构应设在高层，并应有相应的资源和人员配备。会后，许多国家设立了促进性别平等委员会，为了使提高妇女地位的机构设在高层，一些国家将此机构设在总理办公室，直接由总理统管。经验证明，这样的设置使此机构具有一定的权威，便于协调相关部门就性别平等问题采取行动。然而，大多数国家的妇女地位机构都面临着资金短缺和人员配置不足等困境。中国的相应机构为国务院妇女儿童工作委员会，最初于 1990 年设立。相对来说，中国国务院妇女儿童工作委员会的资源和人员配备还不能满足现实的要求。

为贯彻性别平等的宏观政策，确保它们落实到具体的部门和领域，在部门 / 组织层面建立性别平等机制应包括两个方面。一方面是在组织 / 机构内的设置，即建立有关性别平等的机构，设立专门的人员，以确保将性别平等的关注点纳入所有工作或项目。

① 加拿大国际开发署（CIDA），加拿大国际开发署性别平等政策，渥太华，1999。

第一，设立专门的协调机构。这种机构应该与国家提高妇女地位委员会相似，是一种跨处室、跨领域的合作机构。而且该机构应该有参与本组织 / 机构高层决策的渠道，可以影响决策，将性别平等纳入组织 / 机构主流。这是在组织 / 机构内部实现社会性别主流化重要的机制保障。

第二，设置有关性别平等的人员。性别平等委员会或者性别平等工作小组不能取代专门的性别平等的机构或人员。有条件的组织 / 机构，可以设立专门的性别平等的处室，如中华全国总工会女职工委员会。如果没有专门处室，也可以指定性别平等联络员（Gender Focal Point），负责推动专门委员会决议的落实，并及时向专门委员会通报有关信息和情况。这个协调员应该能够参与本机构内部的重要决策，以保证他 / 她影响决策，并有一定权威。一般地，许多机构除了有性别平等联络员，还配有助手，以便协调和联络。

第三，强化性别平等机构小组成员的意识，提高他们的技能。所有的性别协调委员会的领导和成员以及性别平等协调员都应该具有性别平等意识，关注性别平等问题，有维护性别平等的意志和决心。同时，他 / 她们都应当比其他同事对社会性别有更深的理解，并应该掌握一定的社会性别分析和计划的技能。

另一方面，除了在组织 / 机构内部建立性别平等机制，还可以利用组织 / 机构之外的人力资源，从一些具有社会性别意识的专家学者和社会性别活动家那里获益。

首先，设立常设的本机构的性别平等专家委员会 / 顾问团，或常设的专家 / 顾问。这些专家必须是既具有组织 / 机构所关注领域的专业知识，又具有性别敏感度的人士。其次，就一段时期内具体的工作 / 项目，聘请相关的社会性别专家。这种方法目前被国际机构和许多国家机构广为应用。最后征询目标人群的意见和建议，推动成立以目标人群为成员的组织或小组，使他们能够选举代表，与政府和相关组织对话。

3.4.3 社会性别培训

社会性别培训的内容包括以下几个方面。①提高参与者的社会性别意识：启发参与者开始进行反思和思考。②掌握社会性别分析方法：参与者在了解基本概念基础上，学习掌握社会性别分析工具，学会从社会性别视角发现和分析问题。③进行社会性别计划：参与者在了解基本概念、掌握基本分析方法基础上，根据社会性别分析的结果，结合自己的工作实际，寻找解决问题的对策，制定具有社会性别敏感度的计划和方案。对各级决策者 / 工作人员进行社会性别培训是从 20 世纪 90 年代开始的。实际的经验表明，提供社会性别知识和技能是社会性别主流化的基础工具。许多国家和机构的经验表明，一个成功的社会性别培训可以有效地促进组织 / 机构社会性别主流化的进程，可以起到催化剂的作用。

“提高社会性别主流化能力项目”是国际劳工组织于 2002 年 8 月在北京启动的，其目的是在“3+1 机制”（即国际劳工组织三方机制——政府、工人和工人的组织、雇主和雇主的组织，再加上妇女组织）中提高社会性别主流化能力和就业政策中的性别平等。在中国，该项目由劳动和社会保障部、中华全国总工会、中国企业家联合会和全国妇联共同实施，截至 2006 年

4月顺利完成。这也是第一个在我国推进劳动就业领域中的社会性别主流化项目。四年期间，该项目组通过举办一系列“提高社会性别主流化能力”培训班、高级研讨班和战略研讨会，对下岗失业妇女自主创业情况、大学生就业中的性别歧视问题、自谋职业/自主创业中的性别平等状况及企业妇女用工状况等进行调查，建立专门的妇女就业网站等，各级工会将以往的女职工维权工作扩展和纳入各个部门主流的日常工作，成效突出，有效推进了社会性别主流化进程[6]。

3.4.4 社会性别分析

社会性别分析是识别和理解社会性别不平等原因的工具，其目的在于找出影响妇女不利地位的社会、政治、文化等结构性原因，以利于制定从根本上促进性别平等的政策和措施。

在以往对妇女处于不利地位的认识中，往往将妇女的素质低作为主要原因，而忽视了影响妇女素质的更深层次的社会、政治和经济影响因素，特别是不平等的社会性别关系对妇女受教育、就业等机会的限制。如果我们不能发掘影响妇女参与的根本原因，就很难提出有针对性的政策和措施，并从根本上解决性别不平等问题。反思以往的经验，人们越来越认识到仅仅分析妇女自身的原因不能全面地把握问题，社会性别平等政策的制定、执行等机构也应该成为关注点，应当用社会性别视角分析这些机制实现性别平等的能力。因此，对机制/机构的分析方法应运而生。这种机制/机构分析可以帮助我们看清社会性别是如何在机制/机构中运行的，机制/机构是否存在着社会性别盲点和障碍。只有根据这些障碍制定相应的改进措施，才能真正将社会性别平等纳入决策主流。

社会性别分析不仅可以帮助我们及时准确地发现问题所在，更重要的目的是帮助我们全方位地制定更有针对性的政策和措施，以促进现实中的社会性别平等。

3.4.5 社会性别计划

社会性别计划是在性别分析的基础上，形成的全面的有针对性的政策和措施，以促进现实中的社会平等。社会性别计划方法包括：①在性别分析的资料/信息基础上，识别现实性的性别需求和战略性的性别需求；②识别政策/工作/项目所发展的策略/政策/措施/行动主要采用哪种发展策略（是“妇女与发展”策略，还是“性别与发展”策略）；③考虑在性别平等的框架下，如何满足妇女的现实性性别需求而制订工作计划。

许多国家的经验证明，虽然妇女不是天生的性别平等促进者，且在机构和决策过程中增加妇女比例不会自动地产生无性别歧视的政策、项目、组织和机制，但与男性相比，大多数妇女倾向于成为性别平等的积极推动者，其中最简单的原因是她们和社会中的其他妇女一样，在生存和发展中遭受过基于性别的束缚和障碍。因此，在各种层次的规划中，规定妇女参与的比例是十分必要而且有效的。妇女参与必须达到一定比例，她们的声音才会被听见，才能形成将性别关注纳入决策的社会势力。相反，只有零星的妇女参与决策，不能有效地将妇女的需求带入决策。联合国规定了妇女参与决策的比例不得低于30%[3]，确保每一性别的代表率至少占30%

左右，否则参与者低于 30% 的群体很难有效地发出声音。

3.4.6 确保性别平等政策、法律、计划和项目的执行

为了更好地执行社会性别主流化的政策措施，我们应当特别关注有关性别平等的法律、政策、计划的实施过程。可供借鉴的国内外经验主要有以下几条：①在执行过程中不断提高执行者的认识和技能；②建立咨询和研究机构，及时提供有效的信息服务和技术指导；③建立信息和经验交流机制；④重视监测评估，将执行表现列入政绩考核。

3.4.7 性别统计

分性别的资料 / 数据是指有关妇女和男性之间的差距和不平等的数据信息。分性别的数据 / 资料准确地反映了两性的生存状况和社会地位，为制定决策提供依据。如通过分性别的资料，我们可以了解男女就业率的差异、男女职业分布的不同及其收入的差距等，并就提高妇女地位提出相应的发展政策 / 策略。

目前，在就业和收入方面，世界各国国家级劳动统计中普遍地忽略了一些方面的问题，正是由于这种状况，往往难以正确了解劳动力市场上男女的工作状况及其相互关系。国际劳工组织相关资料中显示，传统统计的重点主要是放在劳动力市场的运作状况上，而劳动力市场的统计数据从来都是不完善的。其结果就是，国家劳动统计资料大体上成功地区分和描述了“核心”的就业和失业状况，反映出传统观念上“有工作”（在正规的部门或企业上班的专职工作人员）与“无工作”（正在寻找以上工作的人）的情况，但没有区分和描述其他工作状况[①]。事实上，妇女常常从事那些在劳动统计资料中被忽略或没有被准确地描述出来的工作。这样，劳动统计中对妇女状况的描述就没有男性的全面和精确。再如，劳动统计资料确定的范围将家庭内部的无偿服务排除在外，其结果是大量从事这种劳动的人被忽略，而其中多数为妇女。此外，由于对就业和失业人口进行区分和描述所用标准以及资料收集方法范围的局限性，某些工人群体就被排除在统计范围之外，因此建立性别敏感指标并组织力量收集相关资料是非常必要的。

3.4.8 社会性别预算

社会性别预算，或称“性别敏感预算”，在实行性别平等中有特殊的重要作用。社会性别预算之所以重要，是因为它是实施性别平等措施的资金保障。对性别问题有敏感认识的预算分析法以男人和男童为比较对象，就政府对妇女的支出和收入进行分析。该方法可以帮助各国政府明确现有政策应如何调整、哪些资源需要重新分配。作为一种手段，预算分析可以强化问责机制和有关方法，使全球行动者对政策影响妇女生活的方方面面的问题负责。社会性别预算评估不仅是政府 / 组织 / 机构内部的事，也是社会各界尤其是受益人群广泛参与的过程。事实上，社会性别评估的过程也是为了使公众更好地监督政府 / 组织 / 机构决策，特别是资金

---

① 国际劳工组织社会性别平等局，社会性别平等的伙伴关系，劳动统计中的社会性别问题，2002。

管理，防止腐败，使治理过程透明化、民主化。因此，社会性别预算虽然以具体部门为主要执行者，但需要广泛邀请有关专家（如性别专家）、公民社会（如妇女组织）参加。

3.4.9 社会性别评估

社会性别评估是贯彻和落实性别平等的政策 / 措施，切实有效地促进性别平等的保证。有关执行社会性别主流化的政策 / 措施的过程，我们可以从以下 4 个方面进行性别评估。

第一，明确在不同领域中的工作重点，如基本原则和权利（逐步消除法律上和事实上的不平等的差距）、就业和收入、社会保护等问题。

第二，发放方法论指南，如手册、小册子甚至单页传单。如菲律宾国家妇女地位委员会将项目中有关社会性别主流化的指南和清单编辑成册，散发给所有的相关人员。这些具有可操作性的材料非常实用，它们可以直接为执行性别平等的政策 / 措施的行动提供更好的服务。

第三，建立和发展性别敏感评估指标，社会性别敏感指标可以监测和评估工作 / 项目的执行情况和成果。社会性别指标应当包括两大方面：一方面是针对政策 / 措施的目标人群的影响，特别是对妇女的影响，例如评估主要工作 / 项目是否赋权于妇女；另一方面，对执行单位来说，要看执行单位 / 人员有无将性别平等纳入各项工作，例如有无进行社会性别分析和计划，有无倾听妇女的声音，等等。

第四，对指标执行的情况和成果进行评估。

3.4.10 社会性别审计

社会性别审计是指审查和评估组织 / 机构促进性别平等的工作情况，有助于整个机构包括个人、部门和机构各个层次，学会如何在政策、项目和机构中有效地实施社会性别主流化战略。

例如国际劳工组织（Interrational Labour Organization，ILO）在性别审查方面为我们做出了榜样。国际劳工组织已经出版了它的第一个性别审查报告（2001 年 10 月—2002 年 4 月）[①]。它采取的是参与式的方法，通过两种途径：一是在 15 个工作部门的员工和负责人中进行参与式的性别审查；二是在全球对 ILO 的重要出版物和文件进行案头评审。审查的内容包括：关于性别平等和社会性别主流化的政策陈述；ILO 工作中的社会性别主流化；ILO 结构中的社会性别主流化；为社会性别主流化而进行的能力建设；性别敏感的人力资源和员工政策。

本章思考与讨论

1. 社会性别主流化的内涵是什么？

① First ILO Gender Audit Report，http//：www.ilo.org/gender。

2. 什么是制度性性别歧视？什么是非制度性性别歧视？

3. 实现社会性别主流化有哪些策略和方法？

参考文献

[1] 人民网 . 江泽民：在联合国第四次世界妇女大会欢迎仪式上的讲话 [EB/OL].[1995-09-04].http：//www.people.com.cn/GB/99013/99043/6188135.html.

[2] 李小云，林志斌 . 性别与发展理论评述 [J]. 社会学研究，1999(5)：3-12.

[3] 联合国 . 第四次妇女问题世界会议报告 [R]. 北京：联合国第四次世界妇女大会，1995：23.

[4] 陈方 . 全球化、性别与发展 [M]. 天津：天津大学出版社，2009.

[5] 刘伯红 . 社会性别主流化的概念和特点 [J]. 中华女子学院山东分院学报，2009(6)：1-8.

[6] 刘伯红 ."在国际劳工组织机制中提高社会性别主流化能力" 中国项目介绍 [J]. 妇女研究论丛，2006(2)：134-138.

4 社会性别分析框架

本章主要回答社会性别分析框架有哪些及如何应用的问题。首先，围绕社会性别分析框架的几组关键概念进行解析和对比。然后，对较为流行的哈佛分析框架、摩塞框架、社会性别分析模型、能力与脆弱性分析框架、妇女赋权框架及社会关系分析法这六种社会性别分析框架的定义、特点、适用范围及优缺点进行分析与介绍[1]。最后，通过案例简要展示社会性别分析框架的操作与应用。

4.1 基本概念

要想理解与应用社会性别分析框架，首先必须明确一些基本概念。这些概念是社会性别分析框架中的基础环节和要素。

4.1.1 生理性别和社会性别

在第1章中我们已经知道，生理性别与社会性别是两个不同的概念。生理性别是男女生理上的差异，这种差异是人类生理上的客观事实。社会性别是由社会形成的男性和女性的群体特征、角色、活动及责任，它决定了社会如何看待男人和女人的不同角色以及社会期望。

在生理性别与社会性别概念的基础上，继续衍生出两个概念：一是社会性别关系；二是社会性别分析。社会性别关系关注两性之间的权力分配，是生理性别意义上的男性和女性之间的社会关系。社会性别关系是合作、联系与相互支持的关系，同时也是冲突、分离与竞争的关系，是差异和不平等的关系。这些关系制造并再生产男人和女人在某一特定社会地位上的系统差异，还规定了责任和权利分配的方式以及赋予其价值的方式。社会性别关系因时间和地点的不同而不同，在不同的群体间也有所不同，也会因阶级、种族、民族等其他社会特征而有所不同。社会性别分析是指通过提出"谁做什么？谁拥有什么？谁来做决定？谁得益？谁受损"等问题，强调了社会中两性之间的关系以及存在于这些关系中的不平等问题。

4.1.2 劳动的性别分工

劳动的性别分工，即男人和女人通过生理性别来分配工作、活动和责任。在大多数社会中，社会性别权力关系都赋予男性更多的权力，男人和女人的工作被赋予不同的价值。劳动的性别分工包括生产性工作和再生产性工作两类。生产性工作包括为创收或为生计所进行的物品生产和所提供的服务。个人和社会所承认的工作主要就是这种，它也常出现在国民经济统计数字之中。再生产性工作包括维持家庭正常运转的家务以及对家庭成员的照料，如做饭、洗衣、生养孩子、看护老人等。这些工作是必不可少的，但是它们很少被视为与生产性工作同等重要。这种工作通常是无报酬的，而且不被算入传统的经济统计中。然而，这些工作却大多是由妇女承担的。

4.1.3 实用性和战略性的社会性别需要

这组概念是由马克辛·莫利纽克斯首次提出的。其中，实用性社会性别需要指的是当这些需要得到满足，那么女人（或男人）的生活就会得到改善而不必改变现存的基于社会性别的分工，妇女在社会中的从属地位也不必受到挑战。满足这类需要所采取的干预通常表现在对生活条件匮乏（如供水、健康保健及就业）的关注。战略性社会性别需要指的是当这些需要得到满足，那么现存的男女间不平等的关系就会有所改变。这些需要往往和社会性别分工、权利及控制有关。实用性社会性别需要与战略性社会性别需要并不是完全割裂开的，因为每一个实用性社会性别需要的满足，都可能对战略性社会性别需要产生影响[2]。

4.1.4 政策的社会性别分类

基于社会性别视角，奈娜·卡比尔将公共政策划分为两类：①社会性别盲视政策，即不承认社会造成的两性之间的差异，倾向于排除妇女；②具有社会性别意识的政策，承认女人和男人一样是发展的参与者，妇女参与的方式是由社会性别关系决定的。在这一类别下，又可进一步区分社会性别中立、针对特定性别和社会性别再分配三种政策[3]。其中，社会性别中立政策是指在某一特定社会中应用社会性别差异的知识来克服发展项目中的偏见，目的是为了保证所进行的干预有效地针对两性，并使两性在他们的实用性社会性别需要上均得益。针对特定性别政策是指在某一特定环境中运用社会性别差异知识来对女人或男人的实用性社会性别需要做出回应。社会性别再分配政策是旨在改变现存的权力和资源分配，令女性和男性间的关系趋向平衡，因而触及战略性社会性别利益。

4.2 基本理论与方法介绍

当前在社会性别研究领域，较为常用的社会性别分析框架包括哈佛分析框架、摩塞框架、社会性别分析模型、能力与脆弱性分析模型、妇女赋权框架及社会关系分析法等。

4.2.1 哈佛分析框架

哈佛分析框架（Harvard Analytical Framework，HAF）又叫社会性别角色框架或社会性别分析框架，产生于1985年，是由美国哈佛国际发展学院的研究人员与美国国家开发署（United States Agency for International Development，USAID）和妇女参与发展办公室合作发展而来。哈佛分析框架，主要是列出男女在社区中所从事的工作和所拥有的资源以及强调其主要区别，其设计主要是为了说明将资源分配给女人与分配给男人一样都有经济方面的依据，目的在于设计出更高效的项目和提高总体生产率。哈佛分析框架是为了在微观层面（即社区和家庭层面）收集材料而开发的一个图表或模型。它是一个组织材料的有效方法，而且可加以修订，适用于许多情况。

哈佛分析框架由 4 个分析图表组成。

（1）活动表（见表 4-1）：列出了所有相关的生产和再生产任务，并回答了“谁做什么”的问题。

表 4-1　哈佛分析框架之活动表

活动	女人 / 女孩	男人 / 男孩
生产活动： 农业　活动 1 …… 就业　活动 1 …… ……		
再生产活动： 与燃料相关的 食物准备 照看孩子 …… 与健康有关的 扫除修理 …… ……		

（2）使用和支配表（见表 4-2）：列出了人们使用何种资源来完成活动表中所列出的任务。

表 4-2　哈佛分析框架之使用和支配表

	使用		支配	
	女人	男人	女人	男人
资源： 土地 设备 劳力 现金 教育 / 培训 …… 其他				

续表

	使用		支配	
	女人	男人	女人	男人
收益： 外来收入 资产所有权 基本需求（衣、食、住等） 教育 政治权力 / 声望 …… 其他				

（3）影响因素分析表（见表4-3）：列出了影响两性在劳动分工、使用和支配资源方面的差异因素。其目的是为了考虑哪些因素影响女人或男人的活动或资源，而它们又是如何反过来影响这些因素的。

表 4-3　哈佛分析框架之影响因素分析表

影响因素	制约因素	机会
社群规范和社会等级 人口特点和状况 制度体系 经济因素 政治因素 法律界限 培训 社区对发展工作人员的态度 ……		

（4）项目周期分析表（见表4-4）：从社会性别的角度去审视一个项目建议或干预领域，旨在显示社会变化对男女的不同影响。

表 4-4　哈佛分析框架之项目周期分析表

以下几个问题适用于项目周期中四个主要阶段：立项、设计、实施、评估。
【项目立项中有关妇女的考虑】
评估妇女的需求
1. 要达到提高妇女生产力或生产量的目的，有哪些需求和机会？
2. 为促进妇女对资源的使用及支配，有哪些需求和机会？
3. 为促进妇女对收益的使用和支配，有哪些需求和机会？
4. 这些需求和机会如何与国家其他总体及部分的发展需求和机会相关联？

续表

5. 在确认这些需求和机会时，是否已直接同妇女商讨？ 界定项目总体目标 1. 项目目标是否明确地与妇女的需求相关？ 2. 这些目标是否充分反映妇女的需求？ 3. 妇女是否参与设定了这些目标？ 4. 过去是否有类似的项目？ 5. 目前的提议是如何建立在较早时的活动之上的？ 识别可能的负面效果 1. 项目有可能会减少妇女对资源和收益的使用和支配吗？ 2. 它可能会从其他方面对妇女的处境产生不利的影响吗？ 3. 从长、短期来看，对妇女的影响会是什么？ 【项目设计中有关妇女的考虑】 项目对妇女活动的影响 1. 项目影响到哪些活动：生产、再生产和生计的维持以及社会政治？ 2. 所计划部分是否与目前该活动对社会性别问题的理解一致？ 3. 如果计划改变，妇女该如何从事该项活动（即活动地点、报酬方式、技术、活动方式）？这是否可行以及对妇女的正负面影响是什么？ 4. 如果该项目不改变上述事情，这会不会使妇女的角色在发展过程中失去了一次机会？ 5. 如何对项目设计进行调整以增进上述正面影响，减少或消除负面影响？ 项目对妇女使用权与支配权的影响 1. 项目的每个部分如何影响妇女使用及支配那些用于商品和服务生产的资源以及从这些生产中所获得的收益？ 2. 项目的每个部分如何影响妇女使用及支配那些用于人力资源的再生产与维持的资源以及从中所获得的收益？ 3. 项目的每个部分如何影响妇女使用及支配那些用于社会政治目的的资源以及从中所获得的收益？ 4. 哪些力量被推动去进一步探索现存的限制和可能的改善？ 5. 如何调整项目的设计以增进妇女对资源和收益的使用及支配？ 【项目实施中有关妇女的考虑】 人事 1. 项目人员是否意识到并认同妇女的需求？ 2. 妇女习惯于为女性受益者提供商品及服务吗？ 3. 工作人员是否有必需的技能，向妇女提供她们所需的特殊资源？ 4. 为改进供应系统需要用到哪些培训技术？ 5. 妇女是否有合适的机会参与项目管理？ 组织结构 1. 这种组织形式是否能增进妇女对资源的使用？ 2. 这个组织是否有足够的力量从其他组织中获得妇女所需的资源？ 3. 这个组织是否有制度上的能力去支持并保护变化进程中的妇女？

续表

运作与后勤
1. 从人员、地点、时间方面来看，妇女是否可以接触到此组织的供应渠道？
2. 是否有控制程序确保商品及服务的可靠供给？
3. 是否有机制确保项目资源与收益不被男人侵占？
财政
1. 是否有确保能继续获得基金的机制来保证活动的连贯性？
2. 现有基金水平相对于所提议的工作是否允许？
3. 是否避免了男人优先使用资源的情形？
4. 有没有可能较为精确地追踪为妇女提供的基金从拨款到分发的去向？
灵活性
1. 项目是否有管理信息系统可以检测活动对妇女的影响？
2. 此组织是否有足够的灵活度能为应付妇女变化中或新出现的情况而改变其结构和运作？
【项目评估中有关妇女的考虑】
对资料的要求
1. 项目的监察和评估系统是否明确地衡量项目对妇女的影响？
2. 它是否收集资料来更新“活动分析”与“妇女使用权与支配权分析”？
3. 妇女是否参与制定决策需要收集什么？
资料的收集与分析
1. 资料收集的频繁程度是否足以让项目在有必要时做出调查？
2. 资料是否在可理解性和及时性的基础上被反馈给项目人员及受益者，以便对项目做出调整？
3. 妇女是否参与资料的收集与解释？
4. 资料是否经过分析以便为其他项目的设计提供指导？
5. 是否可以识别妇女参与发展 / 社会性别与发展（WID /GAD）研究的重点领域？

4.2.2 摩塞框架

20 世纪 80 年代初，卡罗琳·摩塞在英国伦敦大学的发展计划部（Developing Planning Unit，DPU）将这个框架发展成为一种分析社会性别的方式[4]。她与卡伦·利维（DPU 成员）又将它进一步发展成为有关社会性别的政策和计划方式，从而将分析变成行动。摩塞的方法被描述为一种诸如城市及交通计划一样的主流计划方法。这种方法主要是将社会性别纳入各类干预措施中，并且对抗组织、社区及机构中的权利关系。摩塞框架（Morser’s Framework）的目的是将“社会性别计划”发展成一种独立的计划：“社会性别计划的目标是令妇女得以从其附属地位中解放出来，并在争取平等、公平及赋权方面取得成就。该目标在不同环境中有所不同，取决于妇女作为一个群体在多大程度上附从于男性。”[5]

摩塞框架中心内容包括 3 个概念，即妇女的三重角色、实用性及战略性社会性别需要、妇

女参与发展 / 社会性别与发展政策路线的归类。

摩塞工具 1:识别和认定社会性别角色

该工具通过"谁做什么?"的问题来描绘基于社会性别的劳动分工。多数社会的低收入妇女有三重角色,即本框架中的三重角色,包括再生产、生产及社区管理活动。而男人则主要从事生产及社区政治活动。男人、女人、男孩和女孩都可能在某种程度上从事这三个领域的工作,但男人从事再生产工作的情况却少得多。在许多社会里,妇女和女孩承担了很多生产性工作的同时,还承担着几乎所有的再生产工作。虽然再生产工作对于人的生存及劳动力的维持是至关重要的,但它却很少被看作"真正的"工作。

由于在某一领域的任何发展性的干预措施都会影响另外两个领域的活动,因此使用三重角色的分析是很合理的。例如,妇女从事再生产工作的负担可能阻碍她们参加发展项目;反之,她们花更多的时间从事发展项目,就意味着只能余下很少的时间从事诸如照顾孩子或操持家务等任务。

摩塞工具 2:社会性别需要评估

摩塞框架有一个基本出发点,即妇女作为一个群体有着与男人不同的特殊需要,这不仅是由于她们的三重角色,更是由于在多数社会中,女性地位从属于男性。与前文提到的实用性和战略性的社会性别需要概念一样,摩塞框架也划分了两种社会性别需要。①实用性社会性别需要,即满足这些需要会帮助女性面对她们现实的生活,如水的供应、挣钱养家的机会、健康、住房以及基本服务的提供等。实用性社会性别需要通常与生活条件的匮乏相联系。本来家庭中所有成员都有这些需求,但是因为妇女承担着满足家庭成员的需要的责任,因此她们经常把这些当作她们的特殊需要。②战略性社会性别需要,即一旦满足妇女的这些需要,她们将可以改变存在于两性之间的权利不平等的关系,如减轻家务劳动、照顾孩子和看护老人的负担,改变基于社会性别的劳动分工,反对男性暴力的措施等。战略性社会性别需要往往与性别分工、权利与控制有关,将帮助妇女实现更大程度上的平等,并且挑战妇女在社会中的从属地位。

摩塞工具 3:家庭内部对资源的支配及决策分析

摩塞框架还把家庭内部对资源的分配(家庭内分配)与决定如何分配的商讨过程联系起来。该工具主要是分析"谁支配什么?谁决定什么?怎样支配及怎样决定?",在家里谁支配什么资源,谁就有什么样的决策权。

摩塞工具 4:平衡三重角色的计划

由于妇女必须平衡来自再生产、生产及社区责任三方面的不同要求,因此有必要注意一个计划中的项目会不会加重妇女在某一角色上的负担并因此损害她们的其他角色。

摩塞工具 5:区别不同的干预项目的目的

这个工具主要是用来考察现存项目、方案或政策的模式,如不同的政策模式如何满足实用性及 / 或战略性社会性别需要?其目的在于考量项目或计划性质的干预是怎样改变妇女的从属地位。因此,摩塞分析了过去几十年里在发展计划中占统治地位的五种政策模式,并将其分别确定为福利、公平、反贫困、效益及赋权模式。第一,福利模式。该政策模式只看到妇女在再生产中的角色，把妇女看作发展干预的被动受益者。它的目的是满足妇女作为母亲这个角色的实用性社会性别需要，如提供食品援助、采取措施克服营养不良及倡导计划生育等。第二，公平模式。该模式的目的是为妇女赢得公平待遇。它把妇女看作发展的积极参与者，认识到妇女的三重角色，并寻求通过直接的国家干预，令妇女获得政治及经济自主权以及减少她们与男性间的不平等，从而满足妇女的战略性社会性别需要。但这种模式常被批评为对男性的威胁，较少政府采用这种方式。第三，反贫困模式。由于妇女在最贫穷人口中所占比例高于女性在全体人口中所占比例，因此该模式提出必须协助贫困妇女提高生产力来摆脱贫穷，它在非政府组织中颇受欢迎。第四，效率模式。这是占主导地位的方式，其目的是通过鼓励妇女在经济领域做出贡献，从而保证发展更具效率和成效。它承认妇女的三重角色并努力满足妇女的实用性社会性别需要。虽然该模式经常错误地将妇女的"参与"与社会性别平等和妇女决策权的提高相提并论，但它仍是一个较受欢迎的方式。第五，赋权模式。该模式的目的是通过支持妇女自我计划来增强妇女的权利和能力（即为妇女赋权），从而培养她们的自立。这种政策方式认为妇女的从属地位不仅是男性压迫的结果，也是殖民主义及新殖民主义压迫的结果。

摩塞工具 6：鼓励妇女、有社会性别意识的组织及计划人员参与制订计划

摩塞框架还提示需考虑鼓励妇女、有社会性别意识的组织及计划人员一起制订计划。这些个人或组织不仅必须参与分析，而且必须参与制定干预的目标及实施的过程。这样有利于保证识别真正的实用性及战略性社会性别需要并将其包括在计划进程中。

4.2.3　社会性别分析模型

社会性别分析模型（Gender Analysis Model）是兰妮·帕克等人的团队提出的，旨在通过提供以社区为基础的技巧来识别和分析社会性别差异，从而分析判断发展干预对女人和男人的不同影响。本框架具有改造作用，目的在于发动社区成员自己进行分析，鼓励社区居民识别并建设性地挑战自身的社会性别观念。社会性别分析模型最好由社区内数量相等的男人和女人所组成的小组填写。在项目的不同阶段，都可以利用这个分析模型来评估外界干预对社区内社会性别关系的潜在及实际影响。每个阶段的目标如下："在计划阶段，判断潜在的社会性别作用与项目目标是否一致；在设计阶段，了解社会性别方面的考虑是否会改变项目的设计；在监测及评估阶段，关注项目更广泛的影响。"[1]

社会性别分析模型示例见表 4-5。

表 4-5　社会性别分析模型示例

	劳动	时间	资源	文化
女人				
男人				
家庭				
社区				

社会性别分析模型工具 1:在社会的四个层面进行分析

社会性别分析模型在四个层面上分析发展干预的影响：女人、男人、家庭、社区。其他层面，如年龄组、阶级、民族等，也可放入其中。其中，女人指目标群体中不同年龄的妇女或者指社区内所有的妇女；男人指目标群体中不同年龄的男人或者指社区内所有的男人；家庭指所有生活在一起的女人、男人和孩子，即使他们不是核心家庭成员；社区指项目覆盖地区内所有的人。

社会性别分析模型工具 2:四种影响的分析

社会性别分析模型观察四个方面的影响：劳动、时间、资源（包括资源使用和支配）以及社会文化因素。其中，劳动指工作的变化、所需技能的水平（有技能或无技能，接受正规教育或培训）以及劳动能力（有多少人从事这项工作？他们能完成多少？需要雇佣帮工吗？或者家庭成员能够承担此工作吗?）；时间指完成跟项目有关的工作所需的时间的变化（三小时、四天等）；资源指项目导致的资源（收入、土地、贷款等）使用的变化以及被分析的每一个群体对资源变化控制的程度（增大或减少）；社会文化因素指项目导致的参与者生活中社会性别角色或地位等方面的变化。

社会性别分析模型工具 3:运用社会性别分析模型

社会性别分析模型适用于社区成员组成的小组（由相同数量的女人和男人代表组成），通常由小组进行分析。前三个月内，应每月检查、修改一次分析结果；以后时间内，每三个月一次。每次回顾时，都应该核实表格中的每一栏。意料之外及意料之中的结果都应加到表格中。填完表格后，小组通过回答下列问题来讨论调查结果：①表格中所罗列的结果是期望中想达到的吗？它们与项目目标一致吗？②项目对没有参与的人有什么影响？③意料之外的结果有哪些？（项目进行过程中或结束后，应将答案填写在表格中）。在表格上填满由项目带来的变化后，小组成员应回到表格开始处并加上下列内容：①如果结果与项目目标一致，写加号（+）；②如果结果与项目目标不一致，写减号（-）；③如果拿不准结果是否与项目目标一致，写问号（?）。这些符号在于描绘发展干预的不同效果，并不是用来累加起来以决定最后的结果。

4.2.4 能力与脆弱性分析框架

能力与脆弱性分析框架（Capacities and Vulnerabilities Analysis，CVA）的设计主要是用来对紧急情况进行人道主义的干预以及为可能出现的灾难做预备。能力与脆弱性分析旨在帮助外部的机构规划紧急援助，所采取的方式除了令外部干预能满足有关社群眼前的需要外，又鼓励依靠人民的力量和努力来促进社会与经济的长期发展。其分析的基础是，人们现有的力量（即能力）与弱势（即脆弱性）决定危机带给他们的影响以及他们对待危机的方法。当危机超越了社会所能应付的限度时，就成为灾难。从长期而言，紧急救援应以增强人们的能力、降低他们的脆弱性为目标。在这个框架中，所谓能力，是描述个人或团体现有的力量。能力随着时间的推移而形成，并影响人们应付危机以及复原的能力；所谓脆弱性，是指削弱人们应付突发的灾难或持续的紧急情况的能力。它们使人们更易受灾难的影响。它们先灾难而存在，使灾难更严峻，令人更难做出有效的反应。比如，那些住所坍塌的人们或许需要暂时的房舍与医疗服务，但是他们的“脆弱性”与直接促成房屋坍塌的因素，如拥挤、房屋建筑质量等有关，并且与间接影响社区应付严重危机的能力的那些因素，如建筑规章治理的法律法规缺位、缺乏有力的社区组织等也有关[6]。

能力与脆弱性分析工具 1：能力与脆弱性的类别

首先是有形的或物质上的能力与脆弱性。这包括气候、土地以及人们现在或危机前的生活环境的特点；他们的健康状况、技能以及工作；房屋、技术、水与食物供应；可供使用的资金以及其他财产。男人和女人在所有这些方面都会有差异。能力与脆弱性分析要求思考以下几个主要问题：过去 / 现在社区中的男女的有形或物质上的脆弱性表现在什么地方？过去 / 现在存在什么生产性资源、技能以及危险？谁（男人 / 女人）过去 / 现在对这些资源有使用和支配权？

其次是社会或组织层面的能力与脆弱性。这是指一个社群的社会构造，包括正式的政治结构以及人们做出决定、确立领导人员或组织各种社会与经济活动等的非正式体系。在各种形式的组织里，男女角色差别颇大，如社会团体里的决策过程很可能将妇女拒于门外。因此，能力与脆弱性分析要求思考以下几个主要问题：灾难前一个社群的社会结构是怎样的？这种社会结构如何在灾难时帮助他们？灾难对一个群体的社会组织造成什么影响？人们在什么层面和什么程度上参与这些社会组织？

最后，是动机和态度上的能力与脆弱性。这包括文化与心理因素，这些因素或许基于宗教因素、团体经历的危机的历史以及人们对紧急救援的期望。危机或许会激发一个社群做出非同寻常的努力，但当人们感受到伤害和无助时，他们会变得消极，对付危机以及复原的能力会受到削弱。那种不适宜的救援，不能提高他们的能力、增强他们的信心或向他们提供改变的机会，相反会加深他们的脆弱性。因此，能力与脆弱性分析要求思考以下几个主要问题：社区中的男性与女性如何看待自己及其有效地应付其社会 / 政治环境的能力？灾难前人们的信念与动机是什么？灾难如何影响这些信念与动机——包括对社会性别角色和关系的信念？人们是否感受到有能力塑造自己的生活？男性与女性是否认为其能力相同？

能力与脆弱性分析工具 2：其他层面

为了使能力与脆弱性分析框架反映现实的复杂性，该分析必须附加另外五个层面。①依据社会性别来划分社区。能力、脆弱性以及需要因社会性别不同而存在差异。女人与男人根据其社会性别角色而对危机有不同体验，也有不同的需要与利益。妇女因为经济、社会以及政治地位较低，更易遭受危机的伤害。她们或许也更乐于接受变化——紧急情况确有可能导致性别角色发生急剧变化。②根据社会关系的其他层面进行分析。根据使社区分层的其他因素，如经济水平、政治倾向、民族或语言群体、年龄等，也能对社区加以划分。这有利于揭示危机和干预如何对不同的人和群体产生不同的影响。③随着时间的推移而发生变化。能力与脆弱性分析框架可以被重复使用，以便考察社会变化并评估其影响，如在救援前后的能力与脆弱性差异。④不同的分析范畴间的“互动”。不同范畴的能力与脆弱性彼此相互联系。在某一范畴能力的提升，可以减轻另一范畴的脆弱性。如增加人们的社会组织，可以减少他们因物质损失导致的脆弱性，并且可以增强集体的信心。⑤在不同范畴和不同层面上对社会进行分析。能力与脆弱性分析能用于小村落及邻近地区、较大地区、整个国家，甚至更广大的区域。

4.2.5 妇女赋权(朗维)框架

妇女赋权框架（Women's Empowerment Framework，WEF）是由萨拉·朗维创立的，因此又称为“朗维框架”[7]。该框架旨在探究妇女赋权与平等在实践中的意义，从而批判性地评估发展项目在何种程度上支持妇女赋权。朗维认为，妇女赋权就是使女人获得与男人同等的地位，平等参与发展过程，从而与男人在平等基础上控制各种生产资料。妇女赋权框架建立在五个“不同层面的平等”的概念之上。其程序是，首先确定某一特定发展项目针对的是哪一个“层面的平等”，之后评估项目目标确认了哪一个层面的妇女问题。也可以给整个发展项目做一个图表，根据项目所针对的平等层面以及所确认的妇女问题进行分类。

妇女赋权框架工具 1：不同层面的平等

朗维框架的核心是五个“不同层面的平等”概念。这个概念显示出男女达到平等和妇女赋权的程度。这个概念可用来评估推行特定的、促进平等和妇女赋权的发展项目的可能性。

这五个平等层面是资源支配、参与、觉悟、资源使用和福利。①福利层面：即与男人相比，妇女的物质福利的水平。妇女在获得实物、收入和医疗等资源方面是否享有平等机会？②资源使用层面：即在与男人平等的基础上，妇女使用生产资料的权利；平等地使用土地、劳动、获得贷款、培训、使用营销设施和所有的公共服务以及获得应有的权益。③觉悟层面：即对生理性别和社会性别差异的认识以及认识到社会性别角色是文化因素造成的，能够加以改变。④参与层面：即妇女平等参与决策过程和参与制定政策、参与发展项目意味着参与对需求的评估、项目制定、实施及评估。所谓平等参与，是妇女根据她们在社区所占的比例相应地参与影响她们社区的决策。⑤资源支配层面：即妇女通过觉悟和动员控制决策过程，从而达到平等地支配生产资料和利益分配。所谓平等地支配资源，是指两性之间的支配权达到平衡，从而避免男性统治女性或女性统治男性。

妇女赋权框架工具 2：确认“妇女问题”的层面

评估发展项目针对的妇女赋权的层面固然很重要，但鉴定项目目标与妇女发展的相关程度以及妇女问题是否得到确认也很重要。所谓“妇女问题”，是考虑男人和女人的关系问题，而不是简单地考虑妇女传统的、从属的、带有性别成见的社会性别角色。该框架认为，妇女赋权必须成为男女共同关心的问题，项目的妇女赋权程度是由项目对妇女问题的重视程度来决定的。对妇女问题有以下三个不同层面的认同。①消极层面：属于消极层面的项目，往往其目标没有提及妇女问题，并且极有可能使妇女的状况进一步恶化。②中立层面（保守层面）：属于保守层面的项目，其目标认识到了妇女问题，可是其关注点仅仅在于保证发展干预不会使妇女的状况进一步恶化。③积极层面：属于积极层面的项目，其目标十分关注妇女问题，并关心改善妇女相对于男人的地位。

妇女赋权框架工具 1、2 的示例见表 4-6。

表 4-6　妇女赋权框架工具 1、2 的示例

认识层面＼平等层面	消极	中立	积极
资源支配			
参与			
觉悟			
资源使用			
福利			

4.2.6　社会关系分析法

该分析框架是由英国萨塞克斯大学发展学研究所的奈娜·卡比尔与一些决策者、学者和社会活动家合作创立的。其核心内容是：发展的目标是为人类谋福利，社会关系的概念以及制度分析[8]。社会关系分析框架是用来分析在资源、责任和权力的分配方面存在的性别不平等，并用来设计一些政策和计划以帮助妇女成为发展的能动者。社会性别分析法涉及的主要概念有以下几点。

社会性别分析法概念 1：发展即为人类谋取更多的福利

在社会关系分析法中，发展的主旨是为人类谋取更多的福利，而不仅仅是经济增长或生产力的提高。生产的概念不仅局限于面向市场的生产，还包括所有为人类的福利做出贡献的活动，也包括人们为了延续劳动力所承担的所有工作，如照顾老人、养育子女等。

社会关系分析法概念 2：社会关系

社会关系决定了我们是谁，我们的角色和责任是什么，我们能提出什么样的权利要求。这些关系还决定了我们的权利以及我们对自己生活和他人生活的控制程度。社会性别关系正是社会关系的一种。

社会关系分析法概念 3：制度分析

性别不平等背后的深层原因并不局限于家庭。各种制度都有可能产生性别不平等问题。这些制度包括国际社会、国家和市场。因此，必须注意各个制度间的互动关系。社会关系分析法指出所有制度均包含五种显著不同却又互相联系的范畴：规则、活动、资源、人和权力。①规则：事情是如何做的？制度化行为受规则的支配。这些规则可能是正式的，也可能是非正式的。规则的作用就是允许或限制“做什么”“如何做”“由谁来做”以及“谁会得益”。②活动：做了些什么？不同的制度各司其职，它们通过遵循自己的规则达到一定的目标。这些活动可以是生产性的、分配性的或调节性的。需要梳理有关活动的几个问题，即“谁做什么？”“谁得到了什么？”“谁有权要求什么？”“制度的规则是否保证了在做任何事情时都有一套现成的模式可以遵从？”。③资源：“使用了什么，生产了什么？”制度还动员和分配资源，其中包括人力

资源（劳动力、教育和技能）、物质资源（食物、资产、土地或金钱）和无形资源（信息、政治权、影响力、人际关系）。④人：制度在处理与人有关的问题时，必须回应“把谁包括在内，把谁排斥在外？”“谁分配到什么资源、工作和责任？”“在社会等级中谁被放置在什么位置上？”等。⑤权力：“谁做出决定，为谁的利益服务？”制度体现权力与控制关系。

社会关系分析法概念 4：制度化的社会性别政策

奈娜·卡比尔根据政策对性别问题的认可和重视程度将其分为以下两大类。①社会性别盲视政策：即认为两性之间没有差别，接受有利于维护现存性别关系的偏见，因而倾向于将妇女排斥在外。②具有社会性别意识的政策：承认妇女和男人一样是发展的参与者，作为潜在的参与者和受益者，他们在发展进程中受到不同的、通常是不平等的限制。他们由此可能有不同的、有时甚至是互相冲突的需求、利益和优先考虑的问题。具有社会性别意识的政策又可进一步划分为三种类型。其一为社会性别中立政策，致力于确保发展干预项目的对象为男女两性并且使两性都有效地从中受益，并满足他们的实用性社会性别需要。中立政策并不挑战现存的资源与责任的性别分工模式。其二为针对特定性别政策，运用对特定环境下性别差异的理解来对妇女或男人的实用性社会性别需要做出回应，它们也是在现存的资源与责任的性别分工模式下运作的。其三是社会性别再分配政策，指为了改变现存的分配模式，以便在两性之间建立更加平衡的关系而进行的各种干预政策。这种方式将有助于创造有利于妇女自我赋权的条件。

社会关系分析法概念 5：直接的、隐含的和结构的原因

该框架可用于探究导致问题出现的直接的、隐含的和结构的因素及其对所涉及的人的影响。这一分析可以用图表的方式记录（见表 4-7）或以报告的形式提交。

表 4-7　社会关系分析法概念 5 示例：原因和结果

长远结果	
中期结果	
当前结果	
核心问题	
直接原因 ● 家庭层面 ● 社区层面 ● 市场层面 ● 国家层面	
间接原因 ● 家庭层面 ● 社区层面 ● 市场层面 ● 国家层面	

续表

结构原因 ● 家庭层面 ● 社区层面 ● 市场层面 ● 国家层面	

4.2.7 不同社会性别分析框架的差异比较

哈佛分析框架、摩塞框架、社会性别分析模型、能力与脆弱性分析框架、妇女赋权框架和社会关系分析法是目前较常使用的几种社会性别分析框架，它们之间既有相同点也有不同点，在适用范围上也存在着不同，表 4-8 列出了这几种方法在用途、优点和缺点上的差异。

表 4-8 不同社会性别分析框架的差异比较

	用途	优点	缺点
哈佛分析框架	1. 数据的收集与分析； 2. 培训； 3. 作为一个性别中立的“切入点”； 4. 交流； 5. 可与摩塞框架结合	1. 实用且灵活； 2. 清晰描绘出基于社会性别的劳动分工； 3. 将对资源的利用及支配区别开来； 4. 容易因地制宜； 5. 没有威胁性，在社会性别问题上持有中立态度； 6. 从效率角度而非公平角度发展而来	1. 过于注重物质； 2. 过于简化使用权与支配权的概念； 3. 未考虑随时间推移而发生的变化
摩塞框架	1. 用于各个层面的计划； 2. 有关提高意识、项目计划及实施的培训	1. 易懂、易操作； 2. 使计划超越技术层面的关注； 3. 挑战不平等； 4. 实用性与战略性社会性别需要是强有力的分析工具； 5. 三重角色概念能引起人们的关注； 6. 区分政策方式，从而鼓励对干预项目的目的提出质疑	1. 三重角色概念并未完全捕捉到两性间的权利不平衡； 2. 强调两性各自进行的活动而非两性之间的关系； 3. 没有突出其他形式的不平等； 4. 战略性和实用性的划分是人为的； 5. 未将随时间推移而发生的变化当一个变量来考量
社会性别分析模型	1. 参与式计划工具； 2. 改革性的社会性别培训； 3. 为特定目的而设计的培训手册	1. 针对性强，能迅速收集资料； 2. 简单、系统化，具有改革性与技术性； 3. 通过社会参与，培养“自下而上”的分析； 4. 考虑两性的社会性别关系，同时分别考察男、女、家庭、社区每一个范畴的经验； 5. 可用来捕捉随时间推移所发生的变化； 6. 可用于针对男性的干预项目	1. 需要出色的协作者； 2. 容易遗漏因素； 3. 需要不断重复分析； 4. 未识别社区最脆弱的成员； 5. 不包括宏观和对制度的分析； 6. 从属地位通常并不明显

续表

	用途	优点	缺点
能力与脆弱性分析框架	1. 用于紧急情况及发展工作； 2. 作为计划与评估工具； 3. 在不同层面上均可用	1. 能对环境形势复杂性一目了然； 2. 能运用于不同的阶段； 3. 鼓励以一种长远的眼光看待事物； 4. 研究社群的互动及心理； 5. 易懂但不过于简单； 6. 包括其他形式的不平等； 7. 可用于微观分析； 8. 向社会现状挑战； 9. 突出人们的能力及脆弱性	1. 可能排除了社会性别分析； 2. 不包括妇女赋权的明确议程； 3. 可令使用者做出猜测； 4. 不是一个参与性的工具
妇女赋权框架	1. 适用于改革性的计划、监督和评估； 2. 适用于有关技术和改革问题的培训	1. 超越实用性和战略性社会性别需要的概念，将二者视为一个进展过程； 2. 强调赋权； 3. 意识形态色彩强烈； 4. 有助于识别发展项目中理论和现实的差距	1. 不是一个"完整"的框架； 2. 将不同层面作等级的划分可能会使使用者认为赋权是一个直线型发展过程； 3. 将不同层面作等级的划分令人不能考虑不同资源的相对重要性； 4. 意识形态色彩较强
社会关系分析法	1. 适用于多种目的和各个层面； 2. 能够令人更意识到分析制度的重要性，因此可用于培训中	1. 提供了一个关于贫困的全面的分析； 2. 致力于将社会性别置于一个全新的发展理论和实践框架的中心； 3. 注重制度； 4. 把各个层面的分析联系起来； 5. 可用于动态分析； 6. 突出社会性别关系，强调两性不同利益与需求	1. 强调体制结构而非个人的能动性； 2. 对妇女的关注可能被归入种种不平等现象的研究中； 4. 过于复杂； 5. 难以通过参与式方法在社区加以应用； 6. 在现实中，制度间并无明显的分界线； 7. 难以确定什么属于制度

4.3 操作程序

本章选取汶川地震救灾中社会性别盲点现象作为案例①，应用摩塞框架对案例中女性的实用性社会性别需要与战略性社会性别需要进行分析。联合国社会性别主题工作组和四川省委党校关于汶川地震后的调研发现了以下问题。

1. 救灾物资发放上存在的社会性别盲点

（1）在救灾抗灾中，女性特殊用品的供给与其他物质相比提供稍有滞后。汶川地震后，约3成的女性被访者表示2周内才得到妇女用品。在问到"志愿者提供的服务是否考虑到了女性的特殊需求"时，只有22.6%的被访者认为志愿者提供的服务考虑到了女性的特殊需求，而

① 案例《救灾管理中的社会性别盲点——汶川地震为例》节选自：马雷军，救灾管理中的社会性别盲点及改进建议，理论与改革，2011，3。

认为没有考虑到女性特殊需求的比例则达到 67.8%（原引中没有说明 9.6% 的比例情况，推测应为态度中立或“不清楚”的比例，但由于原文没有解释，因此在此不多解释）。有些地方妇女内衣和卫生用品是在由男性工作人员或者有男性围观的场合发放的。

（2）很多的物资发放是以家庭为单位发放的，而妇女往往会让家里的重要成员先用这些物资，这就造成了家庭成员中的妇女不能得到同等充足的物资。

2. 临时安置阶段未关注到两性资源需求上的差异

由于生理结构的不同，汶川地震前后女性的洗澡时间都长于男性。而很多的安置点规定了每人的洗澡时间，未分性别，这就会普遍地造成女性洗澡的时间不够，而男性洗澡的时间又太长。这样，既浪费社会资源，又使救灾的效果降低。

3. 对于政府提供的心理援助，男性利用率显著高于女性

灾害发生后，灾区震后心理帮助开展得比较及时。在震后一个月内心理帮助就开展了活动。心理帮助的作用得到灾区群众的普遍肯定。对于心理需求，女性的需求明显比男性大，但是由于社会原因、男尊女卑和男女的角色定位等原因，对于这些心理援助的利用，男性明显高于女性。

4. 灾后重建的决策中缺乏女性参与

有 40.2% 的男性明确表示参加过政府组织的有关灾后重建工作的决策、管理等方面的讨论会议，而女性的参与比例显著低于男性，仅为 19.1%。

运用摩塞框架，需要识别妇女的实用性及战略性社会性别需要——哪些是基于她们的社会性别角色、任务及责任而产生的需要；哪些需要一旦被满足，将使她们更加有能力改变她们相对于男性所处的不平等地位。

在汶川地震救灾项目中，应用社会性别需要评估工具，可将处于地震灾害中的妇女的社会性别需要分成以下几类。

（1）妇女的实用性社会性别需要。包括：①特殊救灾物资，如女性卫生用品等；②个人私密性受到尊重；③救援物资充足的分配；④更充裕的洗澡时间；⑤更多的心理援助。

（2）妇女的战略性社会性别需要。包括：①集体组织的呼声；②参与决策；③发言权；④家庭内部对资源的支配与决策权；⑤教育。

通过对身处地震灾害中的妇女进行实用性及战略性社会性别需要的分析，可以提醒救灾政策制定者及工作者，在处理妇女短期实用性需要时，必须同时考虑从长远来看，救灾援助计划是否能促成更平衡的男女关系。

本章思考与讨论

1. 不同社会性别分析框架有何异同点？
2. 不同社会性别分析框架都有哪些局限性？在使用这些框架时如何弥补其局限性？
3. 在进行社会性别分析框架的选择时，标准是什么？

参考文献

[1] 坎迪达·马奇，伊内斯·史密斯，迈阿特伊·穆霍柏德亚．社会性别分析框架指南 [M]. 社会性别意识资源小组，译．北京：社会科学文献出版社，2004.

[2] MOLYNEUX M. Mobilisation without emancipation? women's interests，the state and revolution in Nicaragua[M]. London：Palgrave Macmillan，2001.

[3] KABEER N. Reversed realities：gender hierarchies in development thought[EB/OL].London：Verso，1994. http://lib.icimod.org/record/4437.

[4] MOSER CON. Gender planning in the third world：meeting practical and strategic gender needs[J]. World Development，1989，17(11)：1799-1825.

[5] MOSER CON. Gender planning and development：theory，practice and training[M]. New York：Routledge Press，1993.

[6] ANDERSON M，WOODROW P. Rising from the Ashes：development strategies in times of disaster [M].Boulder：Westview Press，1989.

[7] LONGWE S. Supporting women's development in the third world：distinguishing between intervention and interference[J].Gender and Development，1995（1）.

[8] KABEER N，SUBRAHMANIAN R. Institutions，relations and outcomes：framework and tools for gender-aware planning[J].IDS Discussion，1996(19).

5 社会性别统计

1993 年联合国第一本性别统计资料《1970—1990 年世界妇女状况——趋势和统计数字》序言中指出“数字可以给言辞以相当大的力量——改变政策进而改变世界的力量”[1]。社会性别统计为国家乃至全球性别平等目标的实现发挥了巨大作用，它是保证政府承担相关责任的工具，可以提高政策制定者和执行者的性别敏感度，深化政府在推进性别平等方面的作用与功能；[2] 社会性别统计为政府制定和调整政策指明了方向，能够防止性别不平等问题的发生，避免中立的政策可能对女性发展造成的阻碍；同时，社会性别统计还具有监督和引导功能，有助于女性对政府推动女性发展相关政策的实施进行监督，引发社会公众对性别平等问题和两性协调发展的关注，为推动性别平等和女性的发展集聚全社会的力量。

5.1 社会性别统计的含义

伴随着性别主流化的提出与性别平等意识的日益增强，社会性别统计应运而生。1975 年在墨西哥召开的联合国第一次世界妇女大会，第一次对妇女统计的重要性给予肯定，呼吁各国政府对妇女统计资料的生产加以重视，并要求联合国统计事务组为妇女汇编和监测家庭主要类别的指示数字。1985 年在内罗毕召开的联合国第三次世界妇女大会，初次提出性别主流化的概念，再次强调各国政府需对妇女统计资料的生产加以重视，妇女统计的实行和监管由妇女机构全权负责。1995 年在北京举行的联合国第四次世界妇女大会，指出各国政府应强化性别统计工作的实施，需把性别统计纳入官方统计体系，在权利和决策、劳动和经济、暴力和犯罪、健康和残疾等方面改进分性别统计的概念、定义、分类、测量和数据收集，生产和发布按性别分组的数据和信息。至此，统计机构从传统的妇女统计方法开始转向性别统计方法，生产和发布国家和社会关注的有关男女平等发展的分性别统计数据。

20 世纪 90 年代初我国性别统计工作开始起步。1992 年，国家统计局引进性别统计的概念和方法，并逐步引入统计工作中。1995 年，在国家统计局与国务院各有关部门共同合作下，《中国社会中的女人和男人——事实与数据（1995）》出版，这是中国第一本性别统计资料。其首次使用了将男女两性进行对比的方式来反映现在我国社会生活中存在的性别不平等状况，象征着中国性别统计工作的正式开启。国务院印发《中国妇女发展纲要和中国儿童发展纲要性别统计重点指标目录的通知》首开中国性别统计工作以政府文件形式明确的制度建设先河。

5.1.1 社会性别统计的定义

什么是社会性别统计？目前，学术界和实践部门对此概念的界定还未达成一致的看法。

有代表性的定义有以下几种。

林志斌等认为社会性别统计概念的定义是“性别统计在提供女性与男性之间一般的可比数据的同时，还对女性和男性的社会参与和贡献做出测算和评价”[3]。若是将此种解释作为社会性别统计的定义，将过于简单。

国务院妇女儿童工作委员会办公室、国家统计局性别统计课题组起草的《建立和完善中国特色性别统计工作制度对策的研究报告》修改稿对性别统计概念的阐述为“性别统计是分析、研究社会经济发展变化的一种统计方法，它是从性别角度，描述、分析、研究、判断社会经济发展中的一些现象和问题，通过对比男女两性在社会经济发展中的地位、权力、作用和发展状况等方面的差异性，进而找出解决男女不平等发展的方法，推动两性和谐发展、共同进步。性别统计不仅要求提供妇女和男子之间一般的对比数据，还要保证对妇女和男子的社会参与率和贡献率做出正确的测算和评估。”[4] 此概念比较权威，它明确地将社会性别统计划分为统计的一个分支领域，指出性别统计包含性别统计生产与性别统计展示两个部分，它除了规定所收集的数据要依据性别进行分类之外，还强调在数据收集和展示时所用到的概念和方法可以充分体现社会上存在的各种性别问题。

基于以上概念界定，结合社会性别统计自身的特定属性和重要价值，本书将社会性别统计界定为“社会性别统计是为实现社会性别平等目的，运用统计的特有定量分析方法和手段，设定有性别意识的统计指标、变量，描述、分析和测评男女两性的社会参与、社会贡献及社会性别差异，为社会特别是政府决策提供数据和事实的定量研究的科学理论与方法。”[5] 这种定义的界定把政府的管理和决策纳入其中，并且将社会性别统计的终极目标进行了延伸。

此外，社会性别统计与性别统计、妇女统计、分性别统计这三个概念之间均存在一定的区别。

性别统计指的是以生命形态为基础的统计，是在生物学的角度上根据性别的不同来展开的统计，在进行统计时的关注点是男性和女性在生理上的差别。性别统计不是以维护女性的权利为目标，也不是为了促进两性的平等发展，而是为了生理分类的其他利益和原因。

妇女统计是社会性别统计的前身，它由妇女统计机构负责，以妇女作为统计对象，对妇女的状况开展统计、研究、管理和展示，此种统计方法仅仅关注与妇女有关的独立数据，而社会性别统计则是站在男女两性的角度来对待性别之间的关系。

分性别统计则是在现有统计指标的基础上纳入分性别的统计项目，而不是重新设计具有社会性别意识的统计指标[6]。因此，这种统计方法无法真正地做到将男女两性的差异状况与男性和女性对社会所做的贡献加以反映，也无法显示男女两性在利益和需求上的差别，因而不能真正体现性别公正的价值诉求。

5.1.2 社会性别统计的特点

从社会性别统计的定义可以看出，社会性别统计具有如下特点。

（1）社会性别统计将追求社会性别平等作为最终目标。社会性别统计并不是仅仅服务于女性发展的工具，它的目的是实现社会平等。社会性别统计借助一种量化的客观性指标，收集和展示与性别发展有关的数据，将社会中男女两性面临的地位与现存的问题客观地反映出来，力争让政府和社会了解两性发展的状况和差别。它通过强化各学科和政府部门认识和理解性别研究，提高了全社会对性别平等的重视程度，有助于政府制定和实施有性别意识的公共政策，服务于社会的可持续性发展。

（2）社会性别统计需建立专门的、具有社会性别敏感性的统计指标。社会性别统计既要呈现各个领域和层面上的性别差异，又要挖掘性别差异的影响因素，因此它既要求在现有的官方统计系统中加入性别分类，又要求在性别统计指标与变量的制定中涵盖男女两性的现有差别、不同需要以及导致性别偏见出现的社会、政治、经济和文化等方面因素。

（3）社会性别统计不仅仅是要求展示所收集的数据，还必须依此对社会性别展开深层次的解释，使性别统计结果能够真实、深刻地反映和揭示性别问题，并且可以密切监测和准确评估相关指标的完成状况。

（4）社会性别统计是统计学的一个分支，保留了统计学研究决策的学科特点。统计学是研究波动性、不确定性和在不确定情况下决策的一门学科[4]。作为统计学的一个新领域，社会性别统计的基本特性不会发生变化，它通过建立能反映社会性别的指标，收集数据并加以分析，促使政府在进行决策时有意识地将性别因素考虑在内。

5.2 社会性别统计的步骤

5.2.1 统计对象确定

实现社会性别平等要注重社会的总体全面发展，社会性别统计不光在研究与市场联系密切的经济领域发挥了重要的作用，在社区治理、就业、教育、公共卫生及医疗、计划生育、社会保障等社会的生产和再生产的其他领域中也是一个必不可少的工具，依此来显示现实社会中存在的性别问题，政府可以根据反映出来的性别问题制定相应政策和措施，同时对政策和措施的执行与成果进行监督和评价。

然而，由于受到目前常规报表中现有的统计指标和项目的限制，传统上的统计工作将经济与部门的工作绩效作为中心，专业的统计部门和统计人员非常缺乏社会性别意识，性别统计人员和政策制定者、研究机构等各方互助合作不到位等原因，造成了严重缺乏社会性别统计数据的现状。统计和研究人员应该牢牢抓住社会发展过程中所产生的问题、面临的情况以及热点和难点，对已有的统计成果进行回顾和评估，以此为依据来评估现有性别统计数据的全面性、可靠性和有效性，就现存数据对完成性别分析的支持度进行判别。根据对现有社会性别统计数据的重新定位，来找出目前的数据缺口，进而确定社会性别统计的对象[2]。

5.2.2 统计人员培训

在社会性别统计中，统计人员的培训是非常重要的一环，统计人员的能力对性别统计结果的高质量起着至关重要的作用。

1. 培训的内容

任何培训的本质都是利用一定的方法对受训人员进行改进，使他们在知识、技能与态度等方面达到既定的标准。社会性别统计人员培训应涉及以下 3 个方面的内容。

1）统计人员的知识培训

对统计人员展开社会性别理论、性别统计的相关概念、指标等知识的培训，使员工具备完成社会性别统计工作所必需的基本知识。

2）统计人员的技能培训

对统计人员的社会性别问题的辨别能力、性别数据的获取能力、性别统计的分析能力和展示能力进行培训，使统计人员掌握完成社会性别统计工作所必备的收集和使用数据的能力。

3）统计人员的态度培训

通过培训使性别统计人员充分认识实现性别平等的必要性，全面了解性别统计是实施社会性别预算、社会性别分析等推进社会性别主流化方法的基础，有助于制定良好有效的社会政策和计划，从而提高性别统计人员社会性别意识和性别敏感性。

2. 培训的流程

培训是一项包含内容众多的系统工程，要使培训活动取得实效，必须精心设计，并遵循科学的流程。统计人员培训的流程包括 3 个阶段，即前期准备阶段、培训实施阶段和培训评价阶段，下面对 3 个阶段分别进行简要阐述。

1）前期准备阶段

前期准备阶段主要是制定培训计划，培训计划是培训目标的具体化，要有可操作性。其主要包括以下几个方面：培训时间、培训地点、培训对象、培训所用材料、培训的具体方式以及培训预算等。

2）培训实施阶段

怎样实施培训计划对培训效果的好坏有着举足轻重的影响。培训计划做得再好，如果在实践中得不到有效的执行，培训也就没有什么意义。所以，培训计划的执行是整个培训过程中实质性的阶段。培训的实施主要包括以下几个方面内容。

（1）确定培训师。培训师水平的高低将对培训的效果产生最直接的影响。作为一个优秀的培训师，渊博的理论知识和丰富的实践经验是必不可少的；同时，还要掌握坚实的培训技能、良好的表达沟通能力，以便在课堂上随时挖掘培训需求，进行有效的信息沟通。

（2）确定教材。通常由培训师根据培训的内容来确定。优质的教学材料应当牢牢把握住培训目标，简单明了、抓住要点，并且要有丰富多彩的图片作为陪衬，激发受训者的学习兴趣。

(3)确定培训地点。要注意培训地点的选择与布置也会对培训的效果产生一定的影响。

(4)准备好培训设备。准备好黑板、纸等用具,提前调试好电脑、投影仪、幻灯机等设备。

(5)确定培训时间。要考虑培训的时间是在白天还是晚上,是在工作日还是周末,什么时候开始,什么时候结束等。

(6)发通知。保证所有的受训者都提前收到培训通知。

3)培训评价阶段

在培训结束后,要对培训的效果进行评价。征求受训人员的意见,对已进行的培训活动所取得的经验和教训进行总结,在此基础上发现新的培训需要,调整培训方法,提高培训水平。

5.2.3 统计指标确定——社会性别指标的加入

1995 年第四次世界妇女大会通过的《北京宣言》《行动纲领》明确提出:各国政府要加强性别统计工作,把性别统计纳入官方统计体系,生产和发布按分性别分组的数据和信息,供政府计划和评估使用。一方面,社会性别统计突出体现社会性别平等这个目标,这就表明社会性别统计指标的制定既不是单纯地加入分性别指标,也不是一般的"分析、研究社会经济的变化",而是建立在对两性充分了解和认识的基础之上,并能真实、深刻反映和揭示社会性别问题,推动社会性别平等的发展进程[7]。另一方面,社会性别统计指标体系既是健全我国统计指标体系、提高科学决策的需要,也是更好地实现性别平等发展、分享社会成果的基础工作,同时也是监测和评估男女在政治、经济、教育、健康、法律等方面差异的重要依据。

在第四次世界妇女大会后,国际社会与西方比较发达的国家已经建立起一些具体的指标。

1. 联合国开发计划署定期发布的三个社会发展与性别发展指标

1995 年,联合国开发计划署开发了三个与性别相关的发展指标,已得到国际社会的广泛认可。

(1)人文发展指数(Human Development Index, HDI),是指测量一个国家在人类基本能力方面的平均成就。它由预期寿命、受教育水平和经济发展水平三组指标构成,表示人们是否过着长久、健康的生活,是否受到教育和具有知识,是否享受体面的生活标准。人文发展指数强调全社会成员共同参与发展并共同分享发展成果,测定一个国家所有成员的平均状况。

(2)性别发展指数(Gender Development Indicators, GDI),是指与性别相关的发展指数,测量与人文发展指数相同的基本能力与成就,但将重点放在男女两性在成就方面的不平等状况。性别发展指数基于三个变量的指标(分性别的预期寿命、分性别的受教育程度和男女两性的实际收入),分别反映妇女在基本能力的性别差异越大,在一个国家中与其人文发展指数相比的性别发展指数就越低。

(3)性别赋权指数(Gender Empowerment Measure, GEM),是性别不平等的度量,但它更加关注妇女和男人是否积极参与经济和政治生活以及参与决策。这些参与的性别差异越大,妇女权力指数值就越低。性别赋权指数基于三个变量的指标,分别反映妇女的政治决策参与、获得职业的机会以及收入能力，显示了不同国家的妇女在主要发展领域中权利与能力情况。

GDI、GEM 计算指标见表 5-1 和表 5-2。

表 5-1　GDI 计算指标

<table>
<tr><td rowspan="4">性别发展指数（GDI）</td><td>内容层次</td><td>健康且长寿的生命</td><td colspan="2">知识</td><td>体面的生活</td></tr>
<tr><td>指标</td><td>男女两性各自出生时的预期寿命</td><td>男女两性各自的成人识字率</td><td>男女两性小学、中学、大学的总入学率</td><td>男女两性大约的收入，以购买力平价指数衡量</td></tr>
<tr><td>各层指数</td><td>男女两性分别的预期寿命指数</td><td colspan="2">男女两性分别的教育指数</td><td>男女两性分别的收入指数</td></tr>
<tr><td>两性平均分布指数</td><td>平均分布预期寿命指数</td><td colspan="2">平均分布教育指数</td><td>平均分布收入指数</td></tr>
</table>

表 5-2　GEM 计算指标

<table>
<tr><td rowspan="3">性别赋权指数（GEM）</td><td>内容层次</td><td>政治参与和决策</td><td colspan="2">经济参与和决策</td><td>支配经济资源的权利</td></tr>
<tr><td>指标</td><td>男女两性分别拥有的议会席位比例</td><td>男女两性在立法者、高级官员和管理者中分别占有的比例</td><td>男女两性在专业技术人员分别占有的比例</td><td>男女两性分别的估计收入</td></tr>
<tr><td>平均分布的相应百分比</td><td>议会参议的相应百分比</td><td colspan="2">经济参与的相应百分比</td><td>收入的相应百分比</td></tr>
</table>

2. 联合国 2013 年颁布的按领域排列的最基本性别指标（52 项量化指标）

2013 年 3 月，联合国秘书长在关于“性别统计”的报告中，公布了联合国统计司和联合国妇女署在审查各国性别统计方案以及统计委员会讨论的基础上，根据《行动纲领》和《千年发展目标》要求商定的最低指标，作为国家编制和国际汇编性别统计数据的指南。在“北京+20”的回顾和评估中，被国际社会广泛使用。这些量化指标主要涉及经济结构、参与生产活动的情况及获得资源的机会、教育、保健及相关服务、公共生活与决策、妇女和女童的人权几个方面[8]。

基于目前我国社会性别统计的发展状况，有学者在国际指标的基础上建立了基于中国特色的社会性别指标体系。

1）有机融入全面小康指标的性别评价指标体系

该体系创造性地在小康指标测评体系中系统、全面、有选择地纳入社会性别意识。整个指标体系分为基本性别发展指标层和结构性持续性指标层，其基本性别发展指标层的测评内容参照了《人类发展报告》中的方法，将国际经验与中国实践相结合。该体系不是简单地增加或减少某些指标，而是分层、系统地在全面小康评价指标体系中纳入性别因素；同时，该体系并没有在所有指标中都引入性别概念，而是有选择地引入，保证了指标体系的可行性与有效性（见表 5-3）。

表 5-3　全面小康评价指标的性别评价指标体系[9]

<table>
<tr><td rowspan="6">基本性别发展指标层</td><td rowspan="2">人均 GDP</td><td>人均 GDP（女）</td></tr>
<tr><td>人均 GDP（男）</td></tr>
<tr><td rowspan="2">小学、中学和大学综合入学率</td><td>小学、中学和大学综合入学率（女）</td></tr>
<tr><td>小学、中学和大学综合入学率（男）</td></tr>
<tr><td rowspan="2">预期寿命</td><td>预期寿命（女）</td></tr>
<tr><td>预期寿命（男）</td></tr>
<tr><td>结构性持续性指标层</td><td colspan="2">恩格尔系数
出生性别比
基尼系数
城市化水平（城市人口占总人口比例）</td></tr>
</table>

2）性别敏感统计指标

性别敏感指标的开发包括两个方面的内容。一是性别敏感指标的确定，在性别平等发展指标项目下开发一级性别敏感指标、二级性别敏感指标。一级性别敏感指标的开发在于界定性别平等发展项目的边界，确定外延范围。而二级性别敏感指标是丰富内涵，通过细化的目标确保敏感统计指标的监测和评估。二是确保性别敏感指标可量化，并且在量化中体现妇女的地位、权利和社会参与程度等方面的内容。性别发展项目指标确定了性别平等的范围，但是要实现性别平等的目标，还需要一系列指标作为支撑。

5.2.4　统计数据应用——公共政策的制定

社会性别统计的目的就是突出体现社会性别平等，所收集的数据与资料用于社会性别政策的制定与规划，因此统计数据首要的应用就是为公共政策的制定提供依据。将社会性别纳入决策与社会发展的各个领域与层面，已经是一种国际潮流。社会性别统计是将社会性别纳入决策主流与指导行动的重要环节，是工具性要素，这是毋庸置疑的。

1. 为政策和措施的制定提供参考

政府决策的基础大部分来源于统计与核算，它帮助政策制定者了解现实社会状况。在性别研究领域内，利用性别统计资料与数据对社会中的女性与男性的实际情况进行比较，在政府需要制定分类别的政策时，以统计资源作为政策制定的参考，不仅提高了政策制定的科学性，而且更加有针对性。并且随着社会的发展，人们的社会性别平等意识不断增强，性别平等逐渐成为社会公平的一项重要指标，是当今社会发展战略必须要考虑的因素之一。

2. 增强政策制定者的性别意识，提高发展政策的可持续性

在以往的政策制定过程中，制定者往往因为“性别中性”而缺乏“性别敏感性”，忽视了社

会性别差异。女性与男性在社会上承担着不同的角色和责任，以不同的方式影响着政策和措施的制定。社会性别统计的最终目的就是直观地将社会中男性与女性的地位和所面临的问题揭示出来，通过对性别与发展客观的、量化的数据显示，引起政府部门、社会对社会性别的理解和重视，使政府在政策制定和实施中有意识地将社会性别因素纳入其中，考虑到政策对女性的发展会造成何种影响，进而增强政策和措施实施的可接受性。

5.3 我国社会性别统计的特点及问题

5.3.1 我国社会性别统计的特点

社会性别统计的目标就是消除性别歧视，实现性别平等。在对我国社会性别统计特点的认识上，应该强调以下几点。

（1）实施社会性别统计的主体是政府，即努力实现社会男女平等，将社会性别意识纳入决策主流的责任主体是政府，而不应该局限于妇女或妇联工作。我国的社会人口数量众多，仅仅依靠社会组织参与实施社会性别统计的工作达不到帮助政府政策制定的作用，政府理应承担在推进社会公平进程中的责任，积极参与社会性别统计过程的相关事宜。

（2）实施社会性别统计体现了人性化的特点。基于我国目前的国情，实施社会性别统计工作，调整政策制定中的性别平等的比重，有利于构建社会主义和谐社会，从社会性别的角度入手可以增强政策制定的科学性。

（3）社会性别统计是建立在破除传统性别角色定型后的平等标准的基础之上的，即所有的统计标准、统计方法都是以男女在权利、责任、义务、资源和待遇平等为基础。只有实现各个基本层面上的平等，才有资格谈及社会公平。

5.3.2 我国社会性别统计的问题

中国的性别统计始于20世纪80年代后期，而后稳步发展。进入21世纪后，中国社会性别统计获得关键性发展，不仅建立了比较健全的调查制度，而且成立了专门的研究机构，定期编辑出版统计数据资料。但是在发展的进程中，仍然存在一些局限和问题，对我国社会性别统计问题的研究有利于扫清未来社会性别统计的障碍。

1. 充分反映性别差异的、系统性的、与国际接轨的指标较少

中国政府在性别统计中所作的努力毋庸置疑，但是并没有覆盖所有的问题。首先，从目前各有关部门每年收集的妇女发展纲要监测统计数据来看，在涉及人口方面的统计指标中，有很大比例的指标没有进行分性别的数据统计。此外，现有指标中也有许多指标不具有实际操作性，同国际指标相比差距甚远。其次，由于国家官方统计部门没有正规的统计报表或组织正规的统计调查，有很多重要领域的指标，如时间利用分配、同工同酬、家庭暴力、性骚扰、分性别劳

动报酬和无报酬劳动、非正规领域男女就业状况、非农领域男女就业状况等重要指标的分性别统计数据还比较短缺，导致无法对很多妇女发展中的问题展开两性对比研究与定量分析[10]。

2. 社会性别统计纳入决策主流有待推进

一方面，我国社会性别统计工作起步较晚，而且统计指标的不健全，致使在推进社会性别主流化的过程中缺乏依据。另一方面，社会性别统计与社会决策之间的联系比较薄弱，社会决策的制定并不是建立在系统考虑统计基础之上的，社会决策过程与社会性别统计脱轨。有关政府部门对社会性别统计不够重视，没有将社会性别统计结合到日常的工作中，对其统计工作实施的过程以及统计工作后的行为漠不关心，致使统计工作未能真正发挥出统计分析应有的政策制定依据的作用。

1）社会性别统计体系缺乏可操作性

在实际操作过程中，社会性别统计体系存在很多问题，具体体现在性别统计数据管理比较松散，其数据涉及的部门较分散，不利于数据的查询与统计，更加难以适应各级政府部门社会性格平等发展的需要[11]。此外，社会性别统计指标的量化性不强，存在一部分的指标只是简单的定性描述，可操作性不强，无法量化评估与监测。同时，社会性别统计信息资源配置和有效整合不高，信息化程度较低，更缺乏专业的社会性别统计数据库。

2）社会性别统计缺乏制度保障

长期以来，中国社会性别统计得到了快速的发展，但其力度和整合度却远远不够，缺乏制度保障导致社会性别统计指标体系的整体性受到了影响，而且致使有关部门统计工作的针对性难以提高。更为重要的是，制度机制的缺乏还使得一些具有性别意义的新增统计项目从建立之初起就带有性别盲视的先天缺陷，另一些坚持多年的重要性别统计项目在统计项目调整中不仅难以被优先考虑而且往往容易被忽略。比如，分性别专业技术人员数据 2007 年后悄然消失于《中国劳动统计年鉴》[12]。

5.4 案例分析

河北省石家庄建立社会性别统计数据库初探

为了贯彻落实《国务院办公厅关于印发中国妇女发展纲要和中国儿童发展纲要性别重点指标目录的通知》精神，进一步发展完善中国的性别统计制度，提高政府相关机构工作人员的性别意识和利用统计数据进行社会性别分析和评估的能力，推动两性平等和谐发展。

河北省石家庄积极开展建立性别统计数据库的工作，经过专家长时间研究讨论，确定了相对完整的指标体系，并通过灵活的倡导，争取到政府的 50 万元专项资金和每年 5 万元的监测统计经费。同时，还组织专家力量开发了数据库软件，通过培训提高业务人员的能力，实现网络的数据直报。其展开的具体工作如下。

1）展开培训，提高能力和认识

石家庄市妇儿工委办公室和市统计局联合举办“石家庄市分性别统计培训”，全市各县（市）区政府妇儿工委负责人、统计局局长、市直有关成员单位联络员、各县（市）区政府妇儿工委有关成员单位工作人员230余人参加了培训。此次培训共两期，为期三天，培训内容包括建立分性别统计数据库的意义，分性别统计数据基本知识，分性别统计数据的收集、使用、上报及数据库的管理和维护。

2）明确责任，将各项工作落实到位

妇女儿童监测统计工作是政府行为，由各级妇儿工委办公室承担本级妇女儿童监测统计及分性别统计工作的组织、协调、经费筹措等相关责任；统计部门负责监测统计工作的具体实施；其他成员单位负责本部门指标的统计和报送工作。市、县级各单位各负其责，完成本职工作。

3）紧密配合，协调联动，做好妇女儿童监测统计工作

妇女儿童发展规划的监测统计工作是一项系统工程，涉及教育、卫生、公安、司法等三十几个部门，各部门分别负责相关指标的统计工作，并相互配合、协调联动，把监测统计工作做实做好。妇儿工委办公室是这项工作的牵头单位，负责做好组织协调工作，加强与各成员单位沟通，建立良好的部门协作机制，给予统计部门相应的经费支持，提供必备的工作条件，保障监测统计工作的顺利开展；统计部门作为监测统计工作的实施单位，依托妇儿工委办公室创造的条件，负责做好监测统计数据的收集、整理工作。

4）开拓创新，做好分性别统计数据的报送工作

分性别统计工作是妇女儿童监测统计工作的重要组成部分，各级妇儿工委办公室和统计局负责组织好本级的分性别统计工作，包括对本级各部门分性别统计数据库软件的培训、分性别统计数据的审核报送以及分性别统计数据库的建设等。

分性别统计实现了以数据为支撑，从性别角度描述、分析、研究、判断社会经济发展中的一些现象和问题，通过对比男女两性在社会经济发展中地位、权利、作用和发展状况等方面的差异，找出解决男女不平等发展的方法，从而推动两性和谐发展，共同进步。

（资料来源：石家庄市举办分性别统计培训班，http://news.qq.com/a/20080727/000774.html）

思考：

1. 石家庄市建立性别统计数据库如何支撑了社会性别主流化？

2. 在开展工作的过程中各个组织机构之间如何协调？

本章思考与讨论

1. 不同社会性别统计概念间有何共同点？
2. 如何进一步完善我国社会性别统计指标体系？指标确定的标准是什么？
3. 如何解决目前我国社会性别统计出现的问题？

参考文献

[1] 联合国 .1970—1990 年世界妇女状况——趋势和统计数字 [R]. 纽约：联合国，1993.
[2] 蒋永萍 . 性别统计：发展、局限与改进 [J]. 中国行政管理，2015(3)：21-25.
[3] 林志斌，李小云 . 性别与发展导论 [M]. 北京：中国农业大学出版社，2001.
[4] 国务院妇女儿童工作委员会办公室 . 建立和完善中国特色性别统计工作制度对策的研究报告 [DB/OL]. [2005-04-05].http: //www.cinfo.org.cn/sub-ject/adjunct/59017-103434.
[5] 曾一帆，刘筱红 . 社会性别统计若干问题辨析 [J]. 科技进步与对策，2007，24(9)：81-83.
[6] 刘中一 . 试论性别统计的理念创新 [J]. 中华女子学院学报，2010，22(3)：45-49.
[7] 李燕萍，刘宗华，罗静子 . 我国性别统计指标体系的构建 [J]. 统计与决策，2014(14)：24-28.
[8] 刘伯红 . 社会性别统计：促进性别平等的有力工具 [J]. 中国妇运，2015(12)：8-11.
[9] 汪力斌，姜绍静 . 性别平等指标体系研究 [J]. 中国农业学报，2006(2)：24-28.
[10] 徐海漪 . 对我国现行有关妇女权益保障政策的性别缺失分析 [D]. 上海：复旦大学，2009.
[11] 张再生，强馨元 . 社会性别主流化进程中的公共政策困境与对策研究 [J]. 天津大学学报：社会科学版，2015(5)：425-430.
[12] 刘中一 . 从国际比较视角看我国性别统计创新 [J]. 中华女子学院山东分院报，2010(4)：1-6.

附录：联合国 2013 年颁布的按领域排列的最基本性别指标

（1）经济结构、参与生产活动的情况及获得资源的机会

1）经济结构、参与生产活动的情况及获得资源的机会

2）按性别分类的投入在有酬和无酬劳动上的总小时数

3）按性别分类的 15 至 24 岁之间及 15 岁以上人口的劳动参与率

4）按性别分类的就业人员中自营就业者比例

5）按性别分类的就业人员中为家庭收入做贡献的人员比例

6）按性别分类的就业人员中雇主比例

7）按规模分类的雇主为女性的企业百分比

8）各部门就业人员中男女百分比分布

9）按性别分类的总体非农就业中非正规就业百分比

10）按性别分类的青年失业情况

11）按性别分类的可获得信用服务的人口比例

12）按性别分类的拥有土地的成年人比例

13）工资中的性别差距

14）按性别分类的就业人员中兼职者比例

15）按性别分类的年龄在25至49岁之间，家中有3岁以下儿童（或没有儿童）人员的就业率

16）3岁以下儿童中有正式看护的儿童比例

17）按性别分类的使用因特网的人口比例

18）按性别分类的使用移动电话/手机的人口比例

19）按户主性别分类的能够获得大众媒体服务的住户比例

（2）教育

20）按性别分类的15至24岁人口识字率

21）按性别分类的初等教育净入学率

22）按性别分类的中等教育毛入学率

23）按性别分类的高等教育毛入学率

24）初等教育、中等教育和高等教育中性别均等指数

25）科学、工程、生产和建筑专业高等教育院校毕业生中女生比例

26）高等教育教师或教授中女性比例

27）按性别分类的初等教育一年级净招生情况

28）按性别分类的初等教育毕业率

29）按性别分类的初中教育毕业生人数

30）按性别分类的从初等教育到中等教育的升学率

31）按性别分类的25岁及以上人口教育程度

（3）保健及相关服务

32）年龄在15至49岁之间的已婚或有伴侣的女性的避孕普及率

33）按性别分类的5岁以下儿童死亡率

34）产前护理覆盖率

35）由熟练的专业卫生人员接生的婴儿比例

36）按性别分类的15岁及以上人口的吸烟率

37）按性别分类的肥胖成年人口比例

38）15至49岁感染艾滋病/艾滋病毒人口中妇女比例

39）按性别分类的获得抗逆转录病毒药物的机会

40）按性别分类60岁人口预期寿命

41）按死因和年龄段分类的成年人死亡率

（4）公共生活与决策

42）政府部长级官员中妇女比例

43）国家议会中妇女所占席位比例

44）管理人员中妇女比例

45）女警察比例

46）女法官百分比

（5）妇女和女童的人权

47）年龄在15至49岁之间、过去12个月内遭受亲密伴侣人身暴力或性暴力的妇女比例

48）年龄在15至49岁之间、过去12个月内遭受非亲密伴侣人身暴力或性暴力的妇女比例

49）残割女性生殖器的发生率（仅限相关国家）

50）20至24岁妇女中，18岁之前结婚或有性伴侣的妇女占比

51）青少年生育率

6　社会性别预算

6.1　基本概念及理论

6.1.1　基本概念

1. 相关概念的界定

现实中“国家预算”“政府预算”和“公共预算”这三个概念的界定模糊不清。我们认为，国家预算是与计划经济相对应的范畴，在计划经济背景下，国家与政府的概念涵盖范围基本一致；政府预算则是与市场经济相对应，突出政府与公民之间的委托—代理关系；公共预算则是随着公民社会理念的复兴，从满足社会公共需要出发，将第三部门公益性预算纳入研究视野，从而形成以政府公共预算为主，第三部门公益性预算为辅的公共预算格局[1]。

从预算公共化的改革取向出发，本章选用了公共预算的概念，并强调公共预算不仅是单纯的表格或报告，而是包括预算编制、审议、执行、决算及审计结果的公布与评估等全部环节在内的全周期预算管理体系，是具有政治性和法律性的解决公共资源配置问题的重要管理工具。

本章主要从社会性别的视角出发，考察社会性别因素与政府公共预算的结合，评估政府总体预算如何满足女性和男性、女童和男童的不同需求以及女性和男性、女童和男童中不同群体的需求；也会涉及社会性别因素对社会保障预算可能产生的影响。公共预算不仅包括政府公共预算也包括民间非营利组织预算，政府预算除包括政府公共预算外，还包括社会保障预算、国有资产经营预算（资本预算）等其他预算（见图 6-1）。我们这里主要研究的是政府公共预算，即在纵向层级上既包括中央预算也包括地方预算。

2. 相关研究简述①

社会性别预算具有明显的实践性和工具性，加之国际社会在众多问题上也是先有实践再有理论研究，所以对社会性别预算的研究一般是与各国实践相联系的。但随着社会性别预算发展和演进以及更广泛领域的学者认识到社会性别预算的积极意义，近年来对于社会性别预算的研究，开始呈现出向更广阔领域扩展的趋势。

1）国内研究现状

国内社会性别预算研究是进入 21 世纪以后才开始的，主要分为理论与实践两个层面。

---

①　摘自本章执笔人马蔡琛《中国社会性别预算：中国公共预算改革的重要一维——亚洲模式及其挑战之借鉴》。

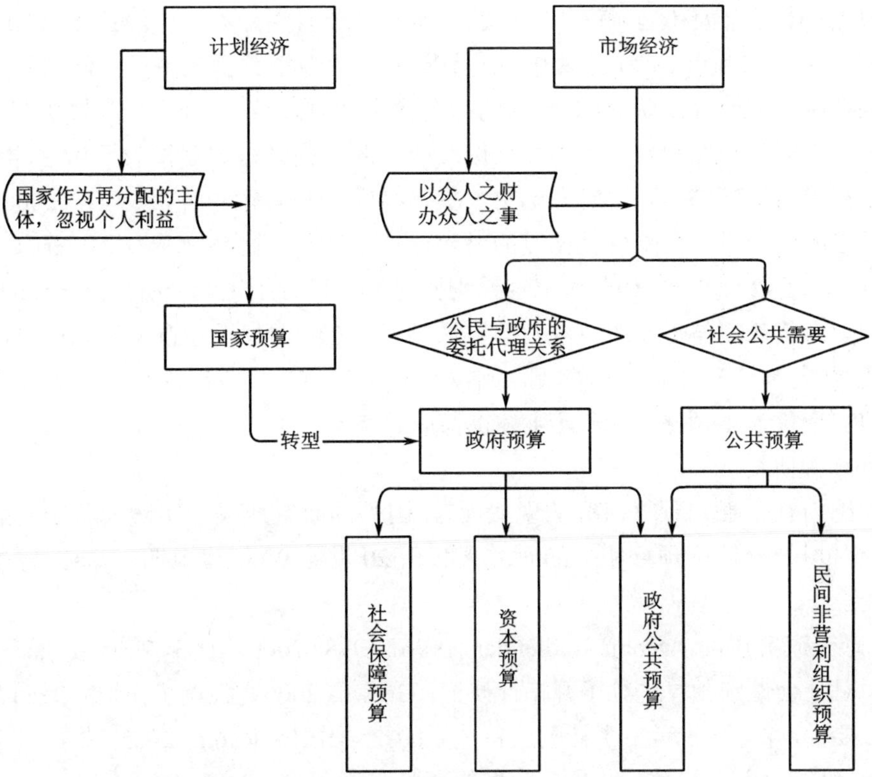

图 6-1　政府预算、国家预算和公共预算的关系

（1）在理论分析层面，闫东玲（2007），马蔡琛、季仲赟（2009），张永英（2010）从社会性别主流化的视角对性别预算进行了研究。刘筱红、田野（2013）从功能价值、实施困境和推广策略三个方面，对社会性别预算的内涵和实践进行了考察。李兰英、郭彦卿（2008），凌岚等（2008），马蔡琛、李红梅（2010）分析了社会性别预算与参与式预算的互动影响。

随着研究的深入，社会性别预算的重点关注内容开始从预算支出转向预算收入（马蔡琛、刘辰涵，2011），例如对社会保障税政策的性别影响进行差异分析（马蔡琛、刘辰涵，2012）以及从增值税、营业税、公司所得税等税种出发考察税收制度的性别敏感性（马蔡琛、刘辰涵，2012）。高焕清、汪超（2013）分析了社会性别预算作为农业现代化政策工具的可行性以及面临的挑战，并讨论了相关的制度框架、组织平台搭建以及技术方案选择等问题。

就国际经验介绍而言，马蔡琛、季仲赟（2009）基于澳大利亚、南非和韩国的社会性别预算改革，分析了社会性别预算改革的典型模式；马蔡琛、王思（2010）考察了“金砖四国”的社会性别预算改革；邓梵、蒋莱（2013）介绍了德国社会性别主流化框架下的性别预算，总结了德国性别预算的发展及模式；马蔡琛、张莉（2013）重点剖析了社会性别预算亚洲模式的典型特征与发展路径；郭夏娟、吕晓敏（2011）考察了社会性别预算在政策框架与评估工具方面的国际经验。

（2）在实践探索层面，如果从 2005 年河北省张家口市参与式性别预算改革试点算起，社会性别预算在中国已然走过了萌芽阶段，进入加速发展时期[2]。目前，在河南省焦作市、浙江省温岭市和广东省深圳市等地，已然开始了不同形式的性别预算改革试点。南开大学经济学院马蔡琛教授带领的研究团队，针对中国的社会性别预算改革，展开了追踪性研究，于2009年出版了国内第一部社会性别预算研究性著作《社会性别预算》，先后发表了初论、再论、三论社会性别预算在中国的推广等系列研究论文。主要包括：马蔡琛、季仲赟、王丽（2008）通过对张家口市这一当时国内唯一性别预算试点的考察，提出了中国社会性别预算的三阶段实施路线；马蔡琛（2010，2012）针对焦作和张家口性别预算试点进行了比较分析，并进一步指出当前的性别预算试点面临长期与短期改革成效的协调、公共政策与性别预算的整合、妇联组织项目执行力、地区间横向推广等挑战。此外，郭夏娟、吕晓敏（2012），陈鼎（2012）分析了温岭参与式性别预算的实施背景、动力机制、多元主体以及成效与不足。

2）国外相关研究

相对于国内社会性别预算研究的现状而言，国外的研究成果和实践经验则更显丰富且深入。国际上对于社会性别预算相关的研究兴起于20世纪90年代中期，其研究成果主要分为以下两大类。

（1）在理论研究层面，Debbie Budlender（1996，1998，2000，2003，2005）从照料经济、无酬劳动等方面对社会性别预算进行了开拓性研究；Grown（2006）强调了在地方层面开展社会性别预算的必要性，并进一步考察了社区监督体系的推动作用；Rubin（2005）指出社会性别预算模式的形成，可能会引起整个公共预算领域的变革。

2）在实践研究层面，对于社会性别预算的实践总结和推广，许多国际组织提供了十分有益的研究，并在组织专家学者、提供研究资助、实践技术支持、跨国跨区域交流等方面都开展了许多有成效的工作，如联合国人口基金、联合国妇女发展基金（United Nations Development Fund for Women，UNIFEM）、英联邦秘书处等。

近年来，世界范围社会性别预算的研究重点，主要体现为应对全球金融危机相关财税政策的性别影响，性别预算操作指南与地方样本，促进性别平等和为妇女赋权等三个方面。

不可否认，发达经济体已有的社会性别预算研究，无论是在研究方法和研究视角，还是实践经验上，对于我国的社会性别预算改革都具有十分重要的借鉴意义。需要强调的是，这些理论和方法到底在多大程度上能够被现实的中国所采用和实践，并以此来推动中国的社会性别主流化进程，仍是需要进一步深入研究的问题。

6.1.2 社会性别预算的基本理论

1. 社会性别预算的理论基础

性别与平等问题以及政府公共预算覆盖范围的广泛性，使得社会性别预算问题与社会、政治、经济、文化、心理等诸多相关学科都有密切联系。借助这些学科的理论，有助于厘清价值判断层面关于传统文化（尤其是父权文化）[1] 对男女思维及行为产生的不同影响，妇女权益保护与其自身健康、收入、生活满意度的关系和对家庭成员的影响以及由此引发的对全球性贫困、环保、和平问题的进一步互动。性别平等在多大程度上对社会进步、人民福利状况提升、经济健康可持续发展产生积极作用，或者更具体地说，性别平等如何减少财政赤字、提高预算透明度等。这些相关学科的理论在进行社会性别预算分析时都有重要意义，从不同维度展开的针对预算过程中社会性别因素的系统性考量，将促使我们对社会性别预算形成更加全面且深刻的认识，从而有利于社会性别预算的进一步发展与深化。

就社会性别预算自身的理论突破而言，则主要体现为无报酬照料经济（Unpaid Care Economy）理论、财政运算政策的性别非中性（None Gender Neutral）理论、性别差异（Gender Differences）理论等。同时，社会性别预算分析需要以大量的性别分类统计数据为基础，故而对诸如时间使用调查等统计方法和理论也提出了新的挑战。另外，与社会性别预算联系颇为紧密的一个概念，就是社会性别主流化（Gender Meanstreaming）。从社会性别研究的视角出发，也往往将社会性别预算作为实现社会性别主流化的重要途径和工具之一。

2. 社会性别预算的概念与演变

1）社会性别预算的概念

社会性别预算是通过引入社会性别的视角来评估预算过程对男性和女性、男童和女童的不同影响，进而实现男女平等的一种工具和手段，对于推进财政精细化管理和社会性别主流化，具有重要的现实意义与应用价值。

从用语规范性的角度出发，社会性别预算更为确切的称谓应该是“社会性别反应预算”（Gender Responsive Budgeting，GRB）。GRB 是目前世界范围内应用比较广泛的一个名称，但这个名称也不是本来就有，而是经过了一个不断尝试与演变的过程。GRB 概念最早可追溯到 2002 年 Guy Hewitt 提交给英联邦秘书处（Commonwealth Secretariat）的文件“Gender Responsive Budgets: A Review of Commonwealth Experiences”中。

在国际上，社会性别预算的名称除 1984 年澳大利亚启动的妇女预算（Women's Budgets）、20 世纪 90 年代后期开始广泛使用的性别预算（Gender Budgeting，Gender Budgets，Gender Budget）、性别敏感预算（Gender Sensitive Budgets）和 GRB 等比较流行的称谓外，还包括妇女预算行动（Women's Budget Initiatives）、社会性别预算行动（Gender Budget Initiatives）、社会性别视角预算（Gender Perspective Budgeting）、社会性别影响政府预算（Gender Responsive Government Budgeting）等。术语称谓的变化，一方面反映出其研究范畴逐渐转向社会性别问题，另一方面也是为避免“妇女预算”误导人们认为其就是为妇女单独编制预算（Sharp & Broomhill，2002）。如果在某些国家，男人或男童处于劣势、权益得不到保障，那么该国性别预

[1] 父权文化的本质特征是男性中心主义，它渗透在人们的思想、行动及一切两性关系中，贬低女性的地位、思想和行为，使人们习惯地认为，女人是在男人的保护下生存下来的。进一步论述参阅：王丹，浅谈父权文化下的中西女性状况与女性解放之路，社会科学论坛，2007，8。

算的关注重点就是提高男性的利益。

由于我国社会性别预算研究的历史较短，很多资料来自国外。面对检索到的国外不同时期的不同文献，国内学者在翻译时，采用的中文名称也未实现统一。在我们的早期研究中，更倾向于使用“社会性别反应预算”的称谓。但是，作为一项极有可能在现实中加以推广的改革举措，“社会性别反应预算”长达 8 个字的叫法，尽管相对准确，但毕竟显得有些冗长。因此，本书选择了“社会性别预算”的称谓，以求在实践推广中更加简洁明了。同时，这一称谓也可以大致涵盖社会性别敏感性和回应性的要义。

2）社会性别预算的发展和演化[①]

自从 1984 年澳大利亚开展“妇女预算行动”这一略具社会性别预算雏形的尝试以来，其在世界范围内的演进与发展，已然走过了 30 多个年头。从起初的无人问津，到现在世界近半数国家对其产生浓厚兴趣，并积极在本国开展行动，社会性别预算的发展主要经历了三个阶段：第一阶段是从 1984 年至 1994 年，这一时期属于社会性别预算的萌芽时期；第二阶段是从 1995 年第四次世界妇女大会召开至 2002 年，这一时期是其实现全球推广的重要阶段；第三阶段是从 2003 年至今的全面推广时期。

（1）社会性别预算的萌芽时期（1984—1994）。

20 世纪 80 年代中期至 1994 年是社会性别预算发展的最初阶段，在其萌芽时期只有澳大利亚一国实施了真正意义上的性别预算项目，另外还有南非、加拿大、菲律宾三国和英联邦秘书处开始提出社会性别预算动议或进行了相关研究。

这一阶段社会性别预算的主要特点是：妇女组织的积极参与，在研究视角上尝试提出“照料经济”（Care Economy）[②]；在家庭劳动方面，则试图揭示妇女对经济的贡献水平。这些努力为社会性别预算的后续发展，提供了稳固的基础。据一项政府分析显示，家庭生产是澳大利亚经济中单项产出最大的部门，数量超过所有制造业价值总量的十倍，超过所有采矿、选矿业的三倍[3]。人们逐渐认识到，许多传统经济学不予计量的问题（如核战争、环境保护、贫困），同妇女在家庭中的劳动一样，实际上是非常重要的，而这种忽视难免对整个社会造成相当大的负面影响。不过由于统计数据有限，加上多年以来的传统计量方法，对这一问题的研究还不够深入。

非常有趣的是，在帮助南澳大利亚政府构建其妇女预算时，著名社会性别预算研究专家 Rhonda Sharp 就已辩证地认识到，狭隘地关注妇女的利益分配同样是危险的。

（2）社会性别预算的全球推广时期（1995—2002）。

1995 年至 2002 年是社会性别预算发展的关键阶段，这一阶段发生了使社会性别预算得以全球化推广的若干里程碑式事件，也是截至目前启动社会性别预算项目最为集中的阶段。

---

① 摘自本章执笔人马蔡琛《社会性别反应预算的演进与启示：基于国际比较视角的考察》。

② 所谓“照料经济”，是指包括涉及生育、照料他人和为工作生活创造安全且具亲和力的社区等所有活动。上述活动中体现的众多领域，诸如照顾儿童、洗衣、做饭、打扫、购买生活用品、照顾老弱病残以及免费社工等所有劳动密集型无酬劳动领域，是经济体和谐有序运行所不可或缺的。照料经济主要分为三大部分：生育相关的工作、照顾家庭及其成员的活动、在社会上免费照顾老弱病残的义务劳动。

1995 年 9 月第四次世界妇女大会通过的《北京行动纲领》，2000 年 9 月在联合国纽约总部各国政府签署的《千年宣言》及纪念第四次世界妇女大会的“北京 + 5”会议的召开以及分别于 2000 年 7 月 10 日、2001 年 10 月 15 日和 2002 年 12 月 16—17 日召开的三次性别预算方面的区域会议，2001 年 10 月 17—18 日在布鲁塞尔召开的题为“通过社会性别预算加强经济与财政管理”的高层国际会议等（见表 6-1），都成为社会性别预算加快推广速度的催化剂。

表 6-1 1995—2002 年间妇女相关的主要国际会议

会议名称	召开时间	召开地点	组织者	主　　题
联合国第四次世界妇女大会	1995/9/15	中国北京	联合国	提高妇女地位
联合国北京加五会议	2000/9	美国纽约	联合国	重申《北京行动纲领》
性别预算南亚区域第一次会议	2000/7/10	印度新德里	UNIFEM	社会性别与宏观政策
联合国政府首脑会议	2000/9/8	美国纽约	联合国	签署发表《千年宣言》
性别预算南亚区域第二次会议	2001/10/15	尼泊尔加德满都	UNIFEM	社会性别预算
布鲁塞尔高层国际会议	2001/10/17	比利时布鲁塞尔	UNIFEM、OECD、IDRC	通过社会性别预算加强财政经济管理
性别预算南亚区域第三次会议	2002/12/16	尼泊尔加德满都	UNIFEM	社会性别预算

（3）社会性别预算全面推广的新时期（2003 年至今）。

经过前两个阶段近 20 年的发展，社会性别预算赢得了强大的支持，国际社会对于社会性别预算的认可也在进一步提升。许多利益相关主体将社会性别预算当作实现其目标的重要途径，但是人们逐渐认识到社会性别预算不仅是一项工具，特别是当世界上有超过一半的人口生活贫困，而妇女占 60%~70% 比例的时候[4]。社会性别预算促使我们进一步认识到：性别平等与对妇女赋权不仅是社会公平或人权问题，更是公共政策需要考虑的重要问题，它向我们提供了一个全新的视角，重新审视政府预算和相关公共政策。

从 2003 年起至今，社会性别预算的各推动主体尽可能多地从本组织的宗旨出发，探讨实施社会性别预算的意义，积极组织培训研讨，以提高对社会性别预算的认知度，推进社会性别预算在本国的切实开展。国际组织也继续对这些活动给予支持，特别是以促进性别平等、消除贫困、促进健康、保护环境和加快发展为宗旨的组织，不断致力于推进社会性别预算的发展。2003 年以来，各方面继续组织各类大型国际会议，其中比较有影响的有：2005 年 2 月—3 月和 2010 年 3 月在纽约召开的“北京 +10”及“北京 + 15”会议；2005 年 11 月，联合国人口基金国家技术服务小组（United Nations Fund for Population Activities，Country Support Team，UNFPACST）在泰国曼谷主办的以“从社会性别预算视角考虑其对 UNFPA 项目的启示”为主题的研讨会；2010 年 11 月，德国艾伯特基金会于印度尼西亚雅加达主办的“社会性别预算：面对性别平等的挑战”国际研讨会；2011 年 9 月，在美国旧金山举办的妇女与经济高峰会议；2012 年 6 月、2013 年 9 月分别于俄罗斯圣彼得堡和印度尼西亚巴厘岛举办的妇女与经济论坛；2014 年 2 月，由联合国妇女署（UN Women）和马来西亚槟城地方政府联合主办，槟城妇女发展协会

（Penang Women's Development Corporation）承办的“社会性别预算亚洲地区论坛：制度变革与社区发展”等（见表 6-2 和表 6-3）。会议一方面分享社会性别预算项目的经验，同时推动在政策制定者、妇女组织和各种活动家之间，就此问题展开更高层次的对话。

表 6-2 2003—2013 年间妇女相关的主要国际会议

会议名称	召开时间	召开地点	组织者	主题
“北京＋10”会议	2005/2/27	美国纽约	联合国	审查和评估《北京宣言和行动纲领》以及《第 23 次大会特别会议结论文件》
第一届欧洲政治和性别会议（ECPG）	2009/1/21	英国贝尔法斯特	贝尔法斯特女王大学	性别平等
“北京＋15”亚太地区非政府组织论坛	2009/10/22	菲律宾马尼拉	亚太妇女观察（APWW）	讨论第四次世界妇女大会 12 个重点关注领域；妇女面临的挑战及种族、宗教和政治冲突对妇女的影响
“北京＋15”会议	2010/3/1	美国纽约	联合国	审查与评价北京宣言暨行动纲领与大会第 23 届特别会议成果的落实情况
“社会性别预算：面对性别平等的挑战”国际研讨会	2010/11/18	印度尼西亚雅加达	德国艾伯特基金会	社会性别平等问题探讨
2011 年妇女与经济高峰会议（WES）	2011/9/13	美国旧金山	APEC（亚太合组织）	促进妇女经济参与；发布《旧金山宣言》
2012 年妇女与经济论坛	2012/6/28	俄罗斯圣彼得堡	APEC	妇女与创新经济增长
2013 年妇女与经济论坛	2013/9/6	印度尼西亚巴厘岛	APEC	提升女性在推动改革和促进经济增长方面的潜力与作用
社会性别预算亚洲地区论坛：制度变革与社区发展	2014/2/24	马来西亚槟城	联合国妇女署和马来西亚槟城地方政府	性别预算在转变地方政府角色方面的作用

表 6-3 2003—2013 年年间在中国举办的部分妇女相关会议

会议名称	召开时间	召开地点	组织者	主　　题
全球化与性别国际学术研讨会	2003/11/27	香港中文大学	北京大学中外妇女问题研究中心；香港大学性别研究中心	全球化对中国和东南亚妇女造成的重要影响
中国妇女研究会年会暨“北京 +10 论坛”	2005/8/29	北京	中国妇女研究会	妇女问题专题探讨
中国跨部门性别预算：理论、工具与实践高级研修班	2009/1	北京	中国发展研究基金会	社会性别预算的国际经验分享
社会性别研究国际学术会议	2009/6/26	上海	复旦大学（主办方：复旦 - 密西根大学社会性别研究所）	性别问题的跨学科讨论
2009 年中国妇女年会暨“全球背景下的性别平等与社会转型：基于全球的、跨国的及各国的现实与视角”国际研讨会	2009/7/17	北京	中国妇女研究会	社会性别研究
公民参与与性别预算研讨会	2009/10	北京	中国发展研究基金会	社会性别预算中的公民参与
“社会性别预算、理论、方法与实践”国际会议	2010/11/4	上海	上海市妇女联合会；上海市妇女学学会；德国艾伯特基金会	社会性别预算理论与实践
性别与公共政策国际研讨会	2011/12/10	北京	中华女子学院	公共政策中的性别视角问题；妇女参与决策；社会性别问题；性别预算
“社会性别预算在中国：理论、方法与实践”研讨会	2013/6/18	上海	上海市妇女联合会；德国艾伯特基金会	中国性别预算项目试点经验的分享

在对前期经验加以总结和评价的基础上，国际社会对于社会性别预算的意义有了更新的全面认识，目前开展社会性别预算的国家已达到近百个，分布在除南极洲以外的所有大洲上（见图 6-2）。

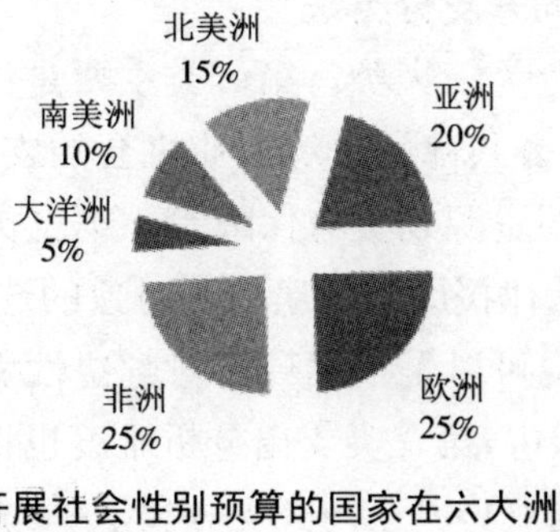

图 6-2　开展社会性别预算的国家在六大洲的分布比例

6.2 社会性别预算的国际经验与启示 ①

6.2.1 社会性别预算典型模式的比较分析

1. 澳大利亚的妇女预算

20 世纪 80 年代，澳大利亚工党取得大选胜利后，在联邦和州级政府中开展了“妇女预算”（Women’s Budget），成为全球最早引进社会性别预算的国家。

1984 年，澳大利亚的国家性别平等机构——妇女地位办公室（Office of the Status of Women）——率先在联邦政府部门推行“妇女预算项目”（Women’s Budget Program），要求各部门在制定诸如关税、税收、工业发展等经济政策时，充分考虑男女两性不同的社会性别分工和社会地位，考察政策可能对妇女所产生的影响[5]。

1985 年，澳大利亚开展妇女预算的工作，制定“妇女预算报告”制度，要求通盘检查、审核直接针对妇女和女童支出的政府财务支出，同时明确规定各个部门必须根据统一的格式编制性别预算报告，分析解释各项开支对妇女造成的影响。政府需把性别预算对全社会进行公布，并且编写面向全社会公布的妇女预算摘要，将政府预算中针对妇女开展的关键举措在其中加以说明。在澳大利亚开展社会性别预算工作的鼎盛时期，有关妇女预算报告的文本超过 300 页。

自 20 世纪 90 年代起，澳大利亚着手实施中长期的性别预算框架，联邦、州和地方政府分三级进行管理，实现了编制预算与机制实施的有效分离。联邦政府和州政府分别负责不同的支出类别，社会保障和福利、卫生、国防、教育、公共秩序和安全等项目是联邦政府的主要支出；而较大比例的公共服务属于州政府的责任范畴，其中教育与卫生占最大比例。

为了更好地开展社会性别预算工作，经济学家 Rhonda Sharp 开发和设计了“三向开支分类法”（Sharp’s Three-Category Approach），给澳大利亚政府的各个部门分析和发布妇女预算提供了支援。

专栏 6–1　澳大利亚的“三向开支分类法”

“三向开支分类法”将支出分为三大类。第一类主要是针对妇女、儿童的专项支出，例如土著妇女健康项目等。第二类是公共部门平等就业机会的支出，如提高妇女参与管理和决策的培训项目，促进平等就业机会的资源划拨与保障等。第三类是前两类没有包括的其他对性别产生影响的一般性支出，如对法律援助和健康服务对象的选择等。选择要分析的项目，可以是依据项目在预算中所占份额，也可以是依据项目对解决性别问题的重要性。由于公共服务往往缺乏分性别统计数据，在实践中，第三类支出分析难度也很大。

随着妇女预算的推广，澳大利亚将“三向开支分类法”与南非随后开发的“五步分析法”

① 摘自本章执笔人马蔡琛《社会性别预算的典型模式及其启示——基于澳大利亚、南非和韩国的考察》《社会性别预算：中国公共预算改革的重要一维——亚洲模式及其挑战之借鉴》。

（Five Steps of Budget Analysis）相融合，形成了一个共同的分析框架。澳大利亚将这一分析框架作为政府各部门分析预算和报告的基础，即选择某个政府部门，按照“三向开支分类法”对所有项目进行分析，然后再按照“五步分析法”进行分析和报告。在各国后续的社会性别预算改革中，这两种政策工具发挥了重要的作用。

（资料来源：UNFPA，UNIFEM. Gender Responsive Budgeting and Women’s Reproductive Rights：A Resource Pack. New York：UNFPA/UNIFEM，2006：56）

澳大利亚妇女地位办公室提出“妇女领导和发展方案”，该方案的工作要点就是给全国性妇女组织为提高妇女参与决策的能力与水平所组织的活动提供大力支持。澳大利亚明确表示，发展援助方案的首个必须考虑的要素就是是否有利于促进社会性别平等，并将为伙伴政府践行与维护社会性别平等相关的各个承诺。

将女性官员作为促进澳大利亚开展社会性别预算工作的主力，有着不可取代的优势：社会性别预算行动更容易对直接参与预算全过程的政府官员产生影响，性别因素也更容易体现在预算政策中，社会性别预算发展的框架很快建立起来[6]。然而，这种方法也有一定的局限性，它降低了公民社会组织人员参与性别预算工作的程度，导致社会无法对其进行有效的监察。

澳大利亚模式的特点在于：①第一个注意到公共预算支出和妇女的发展存在一定的关系；②以政府为导向，培养了直接参与预算过程的政府决策者和执行人员的社会性别意识，对有关政府部门的日常工作产生了深远的影响；③有专门的社会性别预算分析框架与分析工具来提供技术方面的支撑；④进行管理与决策的主要是女性官员，极大程度上促进了社会性别预算工作的发展。

但是，它也存在一些弊端：①没有从社会性别的角度对公共预算进行审视，仅仅站在女性的角度，忽略了公共预算与男性、男童的发展也有一定的关系，即进行社会性别预算工作，不能只考虑妇女的权益；②执政党和妇女官员的立场等政治要素一旦发生改变，会在很大程度上影响社会性别平等的实施；③公民社会组织的支撑、参与和监督的程度很低，这也是后来在澳大利亚政府换届时，澳大利亚社会性别预算悄然幻灭的主要原因之一。

2. 南非的社会性别预算

尽管南非并非首先开展社会性别预算工作的国家，然而经过黛比・布兰德（Debbie Budlender）等重要社会性别预算活动家的不懈努力，并凭借英联邦秘书处将南非纳入五个社会性别预算试点国家（或地区）的契机以及联合国妇女发展基金南非办公室通过举办培训等方式的支持，南非的社会性别预算工作成果突出并且成为世界上性别预算工作持续时间最长的国家。

在南非，最早提出以性别视角来审视预算项目是在其举行的首次民主选举协商会上。但正式引入则是在 1994 年选举之后，由普里格斯•戈文德（Pregs Govender）在南非的预算辩论中指出了政府预算中的社会性别盲视，提出引入社会性别预算的理念。戈文德曾经这样干脆地表述：“如果你想知道一个国家的发展前景怎样，只需要看看这个国家的公共预算及其向妇女和儿童分配资源的情况，也就足够了。”[7]

1995 年，南非民主研究所（Institute for Democracy in South Africa）及其预算信息服务中心（Budget Information Service Center）等非政府组织（Non-government Organization，NGO）启动了“妇女预算行动”（Women's Budget Initiatives），南非成为英联邦秘书处支持的五个社会性别预算试点国家（或地区）之一。在此之后，UNIFEM 南非办公室也为其社会性别预算提供了技术和资金方面的支持。

南非的妇女预算行动主要由 NGO 推动。NGO 的行动主要是从 1995 年开始的，具体包括财政议会委员会性别与经济计划政策团体的妇女议员和两个从事政策导向研究的 NGO 合作进行。1997 年起，作为英联邦试点，南非财政部也从支出角度开始进行性别分析，这样 NGO 的行动就得到了财政联合常务委员会的支持。南非所开展的社会性别预算行动最开始只是对有限数量的国民投票、公共部门就业与税收进行分析。三年后，所有项目都被涵盖，再后来，其分析扩展到地方政府、援助基金、收入和政府间关系等方面。

专栏 6-2　南非的五步分析法

南非在实施社会性别预算过程中，受到澳大利亚模式的启发，研发出了“五步分析法”分析框架：

第一步，分析某一部门（行业）女性和男性、女童和男童的情况；

第二步，对公共政策进行社会性别敏感分析，即评估部门政策在何种程度上解决了第一步骤中描述的女性和男性面临的问题；

第三步，审查和评估公共预算资源分配情况；

第四步，监测公共财政支出和公共服务提供的情况；

第五步，对整个政策或项目绩效进行评估。

“五步分析法”要求利用必要的分性别统计以及公共政策 / 项目的投入、产出和绩效数据信息。为此，1999 年南非国会提出新数据法案修正案（1999 年第 6 号），从法律层面上规定官方数据必须依据性别、残疾、地区和其他社会经济因素分别统计。公共预算可能会按照功能、会计科目和项目等不同的格式分列，但南非的研究发现，根据项目分列的预算可以更便捷和有效地开展社会性别预算分析。

（资料来源：UNFPA，UNIFEM. Gender Responsive Budgeting and Women's Reproductive Rights：A Resource Pack. New York：UNFPA/UNIFEM，2006：57-59）

传统观点认为社会性别问题仅仅属于社会领域，而南非的社会性别预算突破了这一观点，它认为性别预算涉及社会和经济两个领域，其关注点也不应该只放在与性别关联紧密的卫生和教育等领域，而应该拓展到包含政府所有职能的领域，促进了社会性别在宏观经济政策中的主流化。南非的社会性别预算站在社会性别的角度，对所有政府部门预算的资源分配进行了剖析。1996—1998 年连续出版了三个预算分析报告。1998 年专门为受过十年教育的、以英语为第二语言的读者，研发了包括 8 个部门妇女预算信息的普及性读物。在开展 WBI 的初期，南非财政部也在政府部门内部引入了相关的实践内容。

南非为了社会性别预算工作的进行，开展了两种不同的实施路径：第一种是“NGO—议会”模式，它是以财政议会委员会和两个从事政策研究的非政府组织为主，通过合作实施相关工作；第二种是以政府财政部门为主导，在政府部门的内部开展社会性别预算工作。然而，实践证实，与政府部门相比较，NGO 与议会所实施的社会性别预算的可持续性更强。

南非的福利部还专门为 5 岁以下儿童的母亲这一群体实施了经济赋权项目；其他的公共服务部门也对不同的性别或种族等群体具有一定的代表性，这为在公共政策（特别是政府预算）中显现对社会性别平等的重视具有很大的作用。NGO 也深入开展了涉及司法、卫生和福利部门的针对实施《家庭暴力法案》的公共预算分析，考察了政府为 NGO 开展家庭暴力援助的支持情况、公共政策与预算之间的差距以及基于性别的暴力对国家、政府和个人所带来的影响。

在 1998 年南非当局政府公布的财政支出审查报告中，针对社会性别这一问题，许多重要的领域都对其进行了专门的阐述。例如，针对南非全国市政工程计划的审查发现，项目雇佣人员中妇女占 41%，且相对于男性来说，她们常被分配至职位较低的岗位，平均工资较低，接受培训的机会也少，只有 32% 的妇女接受过培训，审查结果促使相关部门做出了改进目标的调整 [8]

南非的社会性别预算有如下特点：①抓住了较好的政治时机，适时展开社会性别预算改革；②妇女与黑人的地位得到提高，加大了他们参与管理与决策的力度；③包含宪法在内的完善的法律体系与日益浓厚的政治文化气氛，为推进社会性别平等的落实提供了强有力的支撑；④政府、议会、公民社会组织和目标群体建立的全方位的联盟，也在推进社会性别预算中起到了极大的作用；⑤把社会性别预算和参与式预算联合在一起，在中央、省和地方三个层面进行，确保全面性；⑥对公共财政支出与公共财政收入两方面进行探索研究；⑦采用科学的分析框架——“五步分析法”作为分析工具。

3. 韩国的社会性别预算

不同于澳大利亚和南非的社会性别预算模式，韩国完善社会性别主流化机制是其开展社会性别预算的一大助力，联合国妇女发展基金（UNIFEM）把韩国社会性别主流化的实践模式评为践行《消除对妇女一切形式歧视公约》（CEDAW）的最优方法之一。

从 1983 年起，韩国在其政府中建立了“韩国妇女发展机构”“总统府妇女事务特别委员会”“性别平等部”“性别平等促进委员会”等机构，在推动社会性别主流化和提高女性地位等方面，给予必需的国家机构保障机制。

2001 年，总统府妇女事务特别委员会建立了韩国首个专门负责性别平等事务的国家级政府机构——性别平等部。除了这个部门之外，中央政府层面上的其他政府部门也相应设有性别平等办公室，地方政府也纷纷设立性别平等局。性别平等教育促进中心于 2003 年由性别平等部组织建立，其作用是对中央和地方公务员开展培训，提高其社会性别主流化的能力。性别平等部于 2004 年开展了大规模改革，将内部机构与人员编制进行扩展，并且设立性别政策局，负责对性别平等政策的实施协调与评估工作。

性别平等促进委员会成立的法律依据是 1999 年制定的《性别歧视预防与救助法》。除了任命性别平等部部长出任委员会主席，性别平等部性别平等促进局局长出任高级官员外，另有八名法律专家与性别平等专家。性别平等促进委员会作为一个拥有执法权力的行政机构，其职责是对性别歧视案件进行审查和处理。

2003 年成立的妇女政策协调委员会，是一个拟定和修改性别平等政策的行政机构，委员会由总理出任主席并且受总理直接领导，副主席则是由性别平等部部长出任，并从十二个与性别平等事务有关的部门中选取委员。与此同时，为了增大政府各个部门间有关妇女政策实施和配合的力度，韩国又构建了高级性别政策协调员制度，由每个政府部门派出一名妇女政策官员作为协调员。此外，有些政府部门还任命了性别事务联络员，和性别政策协调员共同改善性别平等方面的公共政策。

韩国政府制定和修订了多部与促进性别平等相关的法律，例如，《母子福祉法》（1989 年）、《妇女发展法案》（1995 年）、《性暴力特别法》（1994 年制定，1997 年修订）、《反家庭暴力特别法》（1997 年）、《性别歧视预防与救助法》（1999 年）、《禁止男女差别法》（1999 年）、《男女雇佣平等法》（1987 年制定，1989 年、2001 年两次修订）、《惩治商业性性交易和保护受害者法》（2004 年）以及《户主制废除法案》（2004 年）等。

韩国政府积极承担实现社会性别平等的责任，推进了改善妇女地位机制的构建进程，使韩国的社会性别主流化卓有成效。2007 年 UNDP 发布的《人类发展报告》统计结果显示，韩国的人类发展指数（HDI）、性别发展指数（GDI）和妇女权力指数（GEM）的世界排名比 1995 年有较大幅度提高（见表 6-4）。

表 6-4 韩国 HDI、GDI、GEM 的世界排名

指标	1995 年	2007 年
HDI	第 31 位	第 26 位
GDI	第 37 位	第 26 位
GEM	第 90 位	第 64 位

资料来源：联合国开发计划署，2007/2008 年人类发展报告，2007。

以《妇女发展法案》（第 5136 号）为法律依据，韩国还专门建设了妇女发展基金，由政府与私营部门一同出资建立，以资助妇女项目作为工作重心。

韩国政府逐年加大了在促进社会性别平等方面的预算。2002 年，在全部政府部门的预算中增长幅度最高的是性别平等部，与 2001 年相比，增长了 10.9%，高达 4 270 亿韩元，主要用于帮助性暴力受害者、妇女发展基金的建立、妇女人力资源开发中心的运作以及与妇女非政府组织的合作项目等。2003 年，性别平等部的预算为 4 350 亿韩元，占政府总预算的 0.039%，较 2001 年的 0.003% 有很大幅度的提高。2004 年，教育部、就业部、社会福利部等与性别平等有关的预算划拨到性别平等部，使得性别平等部的预算额度增加到 4 520 亿韩元[9]。

2005 年经过重新规划整合，将性别平等部变为性别平等与家庭事务部，部门职能也有所调整，性别平等与家庭事务部需负责建立和完善婴幼儿照看制度，建立家庭政策并负责调节、给予支持等，对男女两性“从摇篮到坟墓”的整个生命周期给予关注。韩国性别平等与家庭事务部在编制预算指导方针前，会向计划和预算处提供社会性别平等投入建议。在编制预算的过程中，针对预算计划和性别问题影响政策的分析也融入了社会性别意识。并且韩国的社会性别预算对地方层面的分性别统计工作也起到了有效的促进作用。

韩国的非政府组织对社会性别预算工作也给予了不容小觑的帮助。比如 2001 年，韩国的 Women Link① 对 7 个地方政府进行了社会性别预算分析，这也是韩国第一次从社会性别视角对妇女政策进行分析。

近些年来，韩国大力推进社会性别预算方面的研究与交流。例如，2007 年韩国妇女发展机构组织了关于性别与国际发展的专家小组会议，期望通过官方途径支持社会性别预算，促进亚洲包括性别平等和预算支持主题在内的援助国与受惠国之间的对话。此外，韩国政府代表还参加了 UNIFEM 在印度新德里召开的社会性别预算研讨会，对韩国在 2010 年的财政年度正式提交预算报告和社会性别预算平衡表起到十分重要的作用。2011 年，在韩国釜山举办的“第四届援助效率高层论坛”（The Fourth High-level Forum on Aid Effectiveness）有效地促使了各国增加有关性别平等的承诺，并使得性别预算能够更好地促进性别平等。

4. 三种典型模式的比较分析

澳大利亚、南非和韩国实施社会性别预算的模式不尽相同，突出体现了三个国家所代表的不同典型模式（见表 6-5）。

表 6-5 澳大利亚、南非、韩国社会性别预算模式比较

	澳大利亚	南非	韩国
启动契机	政党竞选	民主大选	政府落实政治承诺
实施主体	政府主导	NGO 和议会共同推动	性别平等的国家机构以及 NGO
实施对象	妇女	男女两性	男女两性
实施层级	联邦、州	中央、省、地方	中央、省、地方
实施范围	政府各部门预算	所有部门所有项目预算	性别平等部门预算
预算收入	未提及	关注	未提及
公民社会组织的参与	无	有，结合参与式预算	有
法律保障	不明确	不明确	《妇女发展法案》
分析框架	三向分类开支法	五步分析法	未提及
可持续性	相对薄弱	相对较好	相对较好

① Women Link 是韩国 1987 年建立起来的促进基层妇女参与管理与决策的非政府组织。社会性别预算工作是其政治赋权运动的核心内容之一。

这三种社会性别预算模式为我国社会性别预算提供了启示。

1）政治因素特别是民主政治改革，可以为社会性别预算的开展提供良好契机

公共预算的投入反映了政府决定优先投入与扶持的领域。而政府制定的公共政策得以顺利实施的前提，就是得到经费上相应的支持和保障。社会性别预算的一个首要特点就是具有政治性。推进社会性别预算需要把握适当的政治时机。社会性别预算的推行，使政府从全新的角度开展民主政治改革，为利益相关者更好地表述自己的需求提供了可能。同时，还能够推进公共预算与民主政治改革，为政府综合治理能力的提高提供帮助。

2）公民社会组织的参与是社会性别预算可持续发展的重要推动力

公民社会组织的支持与参与是社会性别预算顺利开展的必要条件。南非预算信息服务中心在研究公共资源的分配和使用对贫困人口的影响时，对妇女、儿童与残疾人等弱势群体给予高度关注，结合参与式预算，推动政府肩负起促进社会性别平等的职责。根据各个国家实施社会性别预算的经验，可以看出政府通过借助公民社会组织参与和监督的力量，将会在一定程度上提高民主治理水平，使社会性别预算更具影响力，并且使公共治理更加透明化，加大对政府落实其实现性别平等政治承诺的监督作用。

3）实施社会性别预算应与国家的中长期发展规划相结合

纵观国际妇女运动的发展历史，可以看出落实社会性别平等是一项艰难且需要长时间坚持的工作。社会性别预算作为实现社会性别平等的一种手段与工具，不可能一下就成功，政府也需要对其进行不断的摸索与发展。依据国家的中长期经济社会发展规划来开展社会性别预算，可以使社会性别预算具有更高的战略性、科学性、前瞻性与可持续性。

4）社会性别预算的方法和模式因国而异

实施社会性别预算的模式与方法并不是一成不变的。任何一个国家都具有其特殊性，各国在推行社会性别预算时，不能纯粹地复制其他国家的模式和方法，必须与本国的实际国情、具体需求以及推进社会性别主流化的能力等结合，开拓创新，寻求与本国相适应的社会性别预算模式。

5）明确且具有可操作性的法律政策可以确保社会性别预算的实施力度

韩国制定了严格的保障性别预算进行的相关法律政策，使其社会性别预算的推行具有坚实的基础。尽管中国在国家层面上也有强有力的、严格的行政管理体制，但是性别平等法律政策的可操作性不强，虽然在《妇女权益保障法》等与性别平等相关的法律中也设置了关于保障经费的内容，但是大多数都属于宣言性条款，可操作性不强，赋权性较差。

6.2.2 社会性别预算的亚洲模式：基于东南亚国家的考察

社会性别预算在各国的实行，依据其推行机制和国家类别可以分为以下 3 类模式。

第一类以英国、加拿大、澳大利亚等欧美发达国家为代表。其经济发展已处于较高阶段，性别平等意识与公共治理水平相对较高，性别预算在这些国家的发展，一方面是基于“仓廪实而知礼节，衣食足而知荣辱”的社会发展阶段，可以满足不同性别群体的差异性需求；另一方面

也反映了不断提升公共治理水平、完善预算管理制度、实现财政精细化管理的发展趋势。

第二类则以坦桑尼亚、赞比亚、厄瓜多尔、秘鲁等非洲、南美国家为代表。这些国家大多处于经济发展的早期阶段，其社会性别预算尝试，尽管也反映了国内诉求，但主要推动力则是外部捐助机构的要求。实施社会性别预算改革可以使这些国家更容易获得国外资金和技术援助，故而带有某些被动的色彩[10]。

第三类则是本节重点讨论的亚洲模式。诸如菲律宾、马来西亚、印度尼西亚、韩国等亚洲国家，其性别预算改革呈现方兴未艾的后发优势，且这些亚洲国家在经济发展阶段、历史文化传统等方面，与前述两种类型相比，也存在着较大的差异性。亚洲国家性别预算主要动机并非迎合捐助者的要求，而经济发展阶段较之发达国家还尚有距离，并不具备能够有效激发性别预算实践的显性激励因素。探究亚洲国家社会性别预算的特征、动力机制、路径选择等命题，对于中国社会性别预算改革的推进，更具启示性价值与借鉴意义。

1. 社会性别预算亚洲模式的共性特征及面临的挑战

1）社会性别预算亚洲模式的共性特征：以东南亚国家为例

东南亚各国的社会性别预算行动多以政府作为主导力量，由政府指定现有部门或者专门成立有关机构对性别预算行动进行统筹安排，推动本国性别预算行动的发展。随着性别预算在亚洲的推进，东南亚国家逐渐开始关注税收领域的性别预算分析，这与初始阶段仅致力于支出角度的性别预算相比无疑是项进步。在技术层面，东南亚国家根据各自国情选择适宜的性别预算工具和方法，实现了性别预算技术手段的本土化。

（1）由政府相关部门主导社会性别预算改革。

欧美国家的社会性别预算实践，往往由公民社会组织主导，政府部门接纳并参与，而东南亚国家的性别预算改革的主导部门多为政府部门。通常，由负责妇女及儿童事务的中央部门牵头，财政部门、经济规划部门参与，国际组织或本土公民社会组织提供技术支持。

在菲律宾，妇女地位委员会是负责社会性别平等监测和评估的关键政府机构。菲律宾1989年的“社会性别与发展”项目（GAD项目）、性别反应发展计划（1995—2025）等，均是在妇女地位委员会倡导下进行的。在GAD项目的最初阶段，1992年通过了《妇女发展和国家建设法案》（*Women in Development and Nation Building Act*），允许对所有政府规章中的性别歧视条款进行审查和修订，同时指出，应该将官方开发援助（Official Development Assistance，ODA）的一定份额用于妇女发展。1993年签署的总统令，要求“预算与管理部”为《妇女发展和国家建设法案》所支持的女性相关项目提供资源，之后在《一般拨款法案》（*General Appropriations Act*）中规定，所有政府机构将每年预算的一定比例用于GAD项目（1995年将这一比例固定为5%）。

在马来西亚，其性别预算试点方案由妇女、家庭和社会发展部主导，并由其编写了《马来西亚性别预算手册》，联合国开发计划署（UNDP）提供了资金和技术支持。在印度尼西亚，中央政府专门成立了性别预算跨部门督导委员会（The Steering Committee），由妇女赋权部、国家发展计划部、财政部三大机构组成，其统筹规划能力较强，有效推动了印度尼西亚的性别预算改革。

（2）呈现从“支出一翼”转向“收入一翼”的发展趋势。

通常，预算支出项目直接作用于不同利益群体，其性别影响较为直观，也易于分析。而预算收入对男女两性的影响则相对间接（尤其是增值税、消费税等间接税），其分性别的影响机制与税负归宿更为复杂。相较非洲、南美等国家，东南亚国家在政府治理与经济发展等方面具有一定优势，这使得东南亚国家得以借鉴发达国家的经验，较具前瞻性地开展税收政策的性别影响分析。

例如，2003 年 Haroon Akram-Lodhi 和 Irene van Staversen 在越南开展了税收制度（尤其是增值税）对中小企业影响的分析。其研究显示，性别因素对中小企业的资本活动、资产存量、使用劳动力情况、成本与收益等因素均有重要影响。间接税体系中的性别不平等因素，使得男性和女性中小企业主面临的投入成本结构不同，进而导致女性企业主获得的收入更低[11]。数据显示，经营非农业家庭企业的女性业主所面对的企业成本是男性业主的 105%，而她们获得的收入仅占男性业主的 67%。

又如，截至 2012 年，菲律宾的非政府组织——无债自由联盟（Freedom from Debt Coalition）——已向政府官员提出多项建议，试图缓解低收入群体的税收负担。同时，对于夫妻中从事家庭无酬劳动的一方，给予额外的税收减免，从而有利于妇女获得更多的社会服务支持。

（3）注重“因国制宜”的策略方法。

在东南亚各国的社会性别预算实践中，非常重视结合具体国情采用不同的发展策略。马来西亚、印度尼西亚、菲律宾等国在预算分配机制、性别预算分析工具、推进路径等方面，“因国制宜”地进行了相应调整。

马来西亚的性别预算报告是在既有预算报表格式上加以改进的，不仅可以满足性别预算的要求，也有利于试点部门尽快适应新的预算格式。为更好地体现性别因素，马来西亚性别预算报告使用了详尽的 ABM-2 格式。该报告共 14 项，其中第 7 项“目标”、第 8 项“需求分析”、第 9 项“目标群体”、第 10 项“功能”、第 12 项“预算结果”、第 13 项“影响指标”、第 14 项“项目评估计划”均引入了性别因素。在大多数情况下，引入性别分析因素甚至不需要有另外的标题，只要求预算人员在完成有关内容时，同时标注女性和男性、女童和男童的影响差异。唯一的新要求体现在“预算结果”一项（第 12 项），在该项内容中“性别平等”作为明确的要素被考虑在其中。同时，预算报告格式还要求提供分性别统计数据，并规定了每一项数据与 ABM-2 预算格式中预算项目的对应关系。

2009 年，印度尼西亚妇女赋权部借鉴南非的“五步分析法”，开发了性别分析路径工具（Gender Analysis Pathway），同时结合使用了性别统计和“5H1W 分析法”① 这两大主流分析工具。另外，印度尼西亚的性别预算中，还通过举办预算监督论坛，并定期召开社区会议，鼓励男

① 5W1H 分析法，也称“六何分析法”，即对选定的项目、工序或操作，都要从原因（何因 why）、对象（何事 what）、地点（何地 where）、时间（何时 when）、人员（何人 who）、方法（何法 how）等六个方面展开分析。

性和女性参与性别预算的决策过程。

在菲律宾的结果导向性别预算行动（Gender Responsive and Results Based Budgeting）中，不同地区根据实际选取相应的试点项目，以实现有限资源的最佳利用。例如，希隆奥斯地区对于农业以及索索贡市对于母亲健康问题的优先考虑。

2）东南亚社会性别预算改革面临的挑战

（1）内生缺陷：社会性别预算的推进机制。

东南亚国家的社会性别预算改革，大多由政府行政机关、政府工作小组或委员会等机构主导，政治因素成为推动性别预算的关键因素。政府部门在行政力量动员和资金技术方面比较具有优势，但实践中难免遇到来自政府内部的阻力。首先，政府决策部门的女性高级官员和女性议员占比较低，使得政府内部支持性别预算改革的动力不足。其次，社会性别预算的主导部门只有建议或质询的权利，对那些违反性别预算规定的部门，并没有强制其改正的权力。

例如，联合国妇女发展基金对菲律宾 GAD 预算的分析显示，中央政府机构的政策执行力低下，地方政府的执行力更弱。菲律宾妇女地位委员会的监控报告表明，GAD 预算占预算总额 5% 的要求，在相当程度上未能实现。1995—2000 年年间，GAD 预算占预算总额最高比例仅为 0.62%（1997 年），而最低只有 0.26%（1995 年）[12]。社会性别预算推进机制的缺陷，使得信息不充分、5% 原则模糊化、官僚主义、组织妇女执行力低下、被主流预算边缘化等问题更趋突显。

（2）外生约束：社会性别预算的资源支持。

在东南亚各国的社会性别预算实践中，相对于其工作量而言，政府的人力、财力、物力支持明显不足，缺乏可持续的保障机制。例如，在马来西亚，妇女、家庭和社会发展部承担着推进性别平等和妇女发展的职责，在实现马来西亚八年计划的妇女发展目标以及国际协议的性别平等承诺中，具有重要作用 [13]。然而，妇女、家庭和社会发展部只是一个资源有限的部门，难以独立承担上述公共受托责任。菲律宾也存在同样问题，其性别预算主导部门——妇女地位委员会——承担着 GAD 预算的咨询与监督职责，但相比其他部门，无论人员规模还是财政经费，均严重不足，其服务范围覆盖中央部门已勉为其难，更难以为众多地方政府提供技术支持 [14]。

2. 中国社会性别预算改革的启示与借鉴

1）提升社会性别预算改革的法治化和规范化程度

在东南亚国家的性别预算行动中政府起到关键的作用，作为主导力量，政府应该充分利用其特有的法律手段，来确保性别预算改革的顺利进行。东南亚国家开展性别预算行动所面临的资源支持不足这一问题，也可以通过立法途径得到解决。社会性别预算行动纳入法治化的发展框架，一方面显示了政府推进性别预算改革的决心，另一方面也可凭借法律的强制性，使得性别主流化原则落实到具体的预算编制、执行和监督活动中，将性别预算纳入公共决策的主流。

从亚洲各国的实践来看，缺乏法律支持的性别预算行动，其稳定性和可持续性往往较差。

以越南为例，虽然越南政府在相关国际机构的支持下，先后开展了“公共开支审查计划”等性别预算行动，但由于缺乏相应的法律法规支持，性别预算改革呈现曲折前进的局面。而成功将性别因素纳入预算决策过程的菲律宾，则正式将GAD预算以法律形式确立。菲律宾1991年的《地方政府法》所促成建立的地方发展委员会（Local Development Councils）以及妇女地位委员会主导成立的性别与发展委员会（Gender and Development Councils），共同推动了妇女组织与预算人员合作参与性别预算工作。

在现时的中国，河南省焦作市和广东省深圳市已开始了性别预算法规建设的初步探索。2009年2月，河南省焦作市颁布了国内第一个社会性别预算的政府性文件——《焦作市本级财政社会性别反应预算管理试行办法》（焦政办〔2009〕14号），同时出台了相关配套文件，试编了焦作市本级财政社会性别反应预算，并向社会公布了包括近20张预算表格的“社会性别反应支出预算总表和明细表”[①]。2012年6月，深圳市人大常委会审议通过了《深圳经济特区性别平等促进条例》，这是中国内地首部性别平等法规，其第17条至19条规定了建立和推行社会性别预算制度。结合东南亚诸国以及国内试点的经验教训，中国的社会性别预算制度建设也应当鼓励地方先行先试。同时，结合现行预算法的修订工作，逐步将性别因素纳入预算决策主流。

2）以分性别统计制度为突破口，构建社会性别预算全周期管理体系

完整的性别预算全周期管理包括性别统计、性别预算和性别审计三个先后衔接的环节。性别统计制度通过建立具有性别意识的统计指标和统计变量，为性别预算的分性别公共支出敏感分析提供重要的技术性数据支撑；而性别审计的核心是预算执行监督与绩效评估，将性别预算执行情况与政策目标、绩效指标进行对比分析，以促进预算资源配置的帕累托改进。

就当前的突破口而言，急需分性别统计数据的支持。在社会性别预算项目分析、执行、监督的过程中，分解性的性别数据具有不可替代的作用。我国统计部门从1995年出版《中国社会中的女人和男人——事实与数据》开始，至今已近20年，性别统计制度建设在中国已取得了初步成效。但就具体应用而言，还存在着性别统计指标不完善、统计数据不及时、统计理论方法落后等问题。因此，需要建立各政府部门在性别统计方面的工作协调机制，根据社会性别预算的具体需求，进一步完善性别统计数据指标，以法律形式保障性别统计制度的稳定性和持续性。

3）采用预算实体和预算程序均衡推进的“双轮驱动”改革策略

与东南亚国家一样，中国在进行性别预算改革的过程中也面临资源支持不足、推进机制存在缺陷等问题。针对这些情况，应该相应采取预算实体上增加支持力度、预算程序上完善公民参与的“双轮驱动”改革策略。

就预算实体而言，可以参考菲律宾等国的经验，结合公共支出项目的性别敏感性特点，在整体公共预算中配置一定比例的资源（譬如5%），作为性别预算的重点分析项目，聚焦考察其分性别的影响差异和改进路径。

① 河南省焦作市性别预算总表和明细表的具体内容，可以参阅焦作财政综合信息网：http://www.jzczj.gov.cn/。

就预算程序而言，在基层公共治理中，需要进一步完善公民参与机制。通过对亚洲各国社会性别预算行动的考察可以发现，预算过程中的公民参与（尤其是女性）对性别预算行动具有重要作用。例如，印度尼西亚国民议会和地方议会议员在 2009 年换届选举后，国民议会的女性代表比例从 11% 提高到 18%，地方议会女性代表比例从 5% 提高到 12%[15]。印度尼西亚的妇女研究协会（Women Research Institute）作为妇女组织，也始终致力于提升行政、立法部门和公民社会对性别的敏感度及其性别分析能力。

在现时的中国，社会性别预算公民参与的途径主要是参与式预算。将社会性别预算理念与参与式预算模式相结合，能够有效调动包括妇女在内的公民积极参与社会性别预算决策，反映两性群体的差异化需求[16]。具体实践模式有浙江省温岭市的“预算民主恳谈”和河南焦作市的“社会性别预算听证会”。

建立完善的社会性别预算公民参与机制，还应当鼓励各类公民社会组织参与性别预算工作，从而进一步推进政府与公民之间的协同治理。具体路径选择包括：首先，制定规章制度，为各类社会团体在性别预算工作中划定活动范围，并提出明确要求与奖惩举措；其次，加大宣传和支持力度，对于为弱势群体（多为女性）提供公益性服务的社会团体，给予财政奖励和税收优惠的支持；最后，发挥各类社会组织的专业特长，建立政府与民间共同推进社会性别预算改革的协同创新机制。

6.3 税收政策中的社会性别影响分析①

6.3.1 税收性别歧视的内涵界定

税收制度可能导致两种形式的性别歧视：显性的性别歧视（explicit gender bias）和隐性的性别歧视（implicit gender bias）。所谓显性税收性别歧视，是指特定税法条文中存在明显不合理的性别区别对待。在各国税收实践中，显性税收性别歧视在针对个人的税种中曾经较为常见。例如 20 世纪 70 年代，加拿大政府受到供给学派税收理论的影响，不断提高其失业保险税的受益条件，规定某些重新加入劳动力队伍的工人（如因抚养子女重返岗位的女工）无权享受失业保险[17]。在现代社会中，显性税收性别歧视已然较为少见。隐性税收性别歧视主要是指基于社会分工或经济活动的税收制度性别影响差异。如对某些女性就业比例高的行业课以重税，就会对女性劳动者不利。又如在国际税收实践中，出于鼓励投资的需要，大多数国家均对房产租赁、股票红利等财产性资本利得收入采取有区别的轻税政策[18]，其边际税率与工资薪金所得相较，适用更低的边际税率。但通常男性拥有的财产性资本利得更多，对资本性收入赋予较低边际税率的政策，从社会现实角度来说，对男性而言显然更趋有利。

① 摘自本章执笔人马蔡琛《税收政策中的社会性别因素——基于个人所得税视角的考察》《税收制度的社会性别影响——基于流转税和公司所得税的考察》。

6.3.2 个人所得税的社会性别影响考察

1. 个人所得税扣除标准变化的性别影响

个人所得税的税前生计扣除标准与相关国家男女两性的收入状况有关。一般来说，由于女性工资往往比男性低，提高生计扣除标准不仅对穷人有利，也对大多数女性有利。然而，过犹不及，如果现行个人所得税扣除标准已然很高，大多数女性的个人所得已经低于扣除标准，那么提高扣除标准就只会使男性获益更多。如何判定个人所得税扣除标准变化的性别影响，需要更深入地分性别收入区间调查，而大多数国家在这方面的数据收集均较为匮乏。

2. 个人所得税独立申报制度的性别影响

通常，个人纳税申报制度可能存在三种隐性的性别歧视，即非劳动收入和劳动收入的分配，税收优惠和豁免权的分配以及税率设计。

第一种性别歧视是非劳动收入和劳动收入的分配。一般情况下，个人所得税的收入申报中，工资收入归属于个人，但非工资收入在家庭中的归属就不那么简单了。税法针对这些收入采用多种方法来确定归属，包括将收入归属较高的收入者，把收入平均归属夫妻双方，允许夫妻决定如何确定收入归属，或将收入归属于拥有合法财产权的一方。但在某些国家，不管现实如何，税法均规定将非工资收入归属于丈夫。如在拉丁美洲、亚洲、非洲的某些国家，允许女性按自身的工资收入纳税，但非劳动收入要归属于丈夫，并据此确定各自的应纳税额。在一些国家或地区，纳税申报时家庭产业的收入归属于丈夫，而忽视了另一半对家庭产业的影响。如在坦桑尼亚，家庭产业的收入被认定为是丈夫的收入，依此确定纳税额。通常这种规定的理由是防止避税，但随着税务行政手段的日臻完备，这类避税问题已不难解决，此种歧视性税收政策早已没有存在的必要。

第二种性别歧视是税收优惠和豁免权的分配。通常，政府以多重目标给予税收豁免或扣除，如抚养孩子或者有失业的配偶。不同国家对豁免权归属的规定有所不同。在约旦，如果丈夫和妻子分别进行纳税申报，一些扣除额只有丈夫享有而妻子没有。再如，在津巴布韦，配偶没有工作的男性可以享有一项特殊优惠，而同样境况的女性则不能享有这一政策。

第三种性别歧视表现在税率设计上，如南非的早期税制规定，已婚女性比已婚男性的适用税率要高。在中东个别地区，目前仍有类似的规定。

3. 个人所得税联合申报制度的性别影响

在美国和欧洲的大部分国家，家庭联合申报纳税需要将家庭成员的收入加总，以确定应纳税额，这样家庭总收入就会处于较高的边际税率区间。如果每个家庭成员分别独立申报纳税，其适用边际税率就比较低。较高的边际税率会降低女性参加有酬劳动和兼职工作的积极性。实行促进性别平等的税制，可以考虑夫妻收入分开适用税率，或者实行家庭税率，即对家庭联合申报的收入给予比单身无其他负担（如配偶、孩子、老人、病人等）的纳税人更低的税率或者一些税收优惠和豁免。

斯托茨基（Stotsky，1997）提出在联合申报中存在两种形式的性别歧视：第一种形式是税收优惠只提供给丈夫，比如许多中东和北非国家允许有孩子的男性收入享有税收减免，而女性只有作为家庭唯一经济支柱时才可享有这一税收减免；第二种形式是联合申报纳税报表只能以丈夫的名义提交，这样妻子就缺乏独立纳税人的存在性（1990 年之前的英国和目前的瑞士，曾实行这种制度）[19]。

4. 个人所得税对已婚女性劳动供给的影响

如前所述，实行累进边际税率的联合申报纳税制度，会削弱夫妻二人中收入较低一方的工作积极性，因其收入较低将不得不承受更高的边际税率，这也就是所谓的婚姻惩罚（marriage penalty）。实证研究也显示，已婚女性（往往是夫妻中次高收入的一方）劳动供给弹性比已婚男性大。1981 年，美国税法实行次高收入同样享受扣除额的政策，费恩伯格和罗森（Feenberg 和 Rosen，1995）的研究发现，这一政策实施后，享有扣除额反而促使女性更多地加入劳动力市场，税收收入总体上并未减少[20]。艾莎（Eisa，1995）对美国 1986 年税制改革的研究也显示，将最高边际税率从 50% 下调为 28% 时，女性愿意提供劳动的积极性明显比男性高[21]。所以，无论从性别平等视角还是减少无谓损失而提高经济效率角度，已婚女性适用的税率应该比其他劳动者略低。但是，从传统学术角度看，税收对劳动力供给的影响，通常是假定有薪工作的另一个选择是休闲，而大多数妇女则是在家庭生产和休闲之间分配时间。这种传统观点显然存在偏颇：当不把家庭生产纳入分析时，已婚妇女的劳动供给反应就会被严重低估。通过对欧洲国家的数据分析，阿普斯（Apps，2002）发现，如果提供育儿补贴或相应的税收扣除，对女性劳动供给和生育有极大的促进作用，因为市场提供的育儿服务和母亲的育儿服务是十分相近的替代品。至于这一政策在不同收入阶层女性和不同经济发展阶段所产生的效果，则仍有待进一步研究。

5. 个人所得税对生育的影响

对人口下降的担忧，促使某些国家的政府接受一些促进生育的政策（如加拿大、新加坡、法国、匈牙利等）。另一个极端则是现时的中国，早已启动了一系列社会经济政策来降低生育率，大多数发展中国家都在努力降低生育率，但这些国家税收政策对生育的影响尚缺乏必要的量化分析。

就发达市场经济国家而言，惠廷顿（Whittington，1990）使用 1913—1984 年的生育数据，研究了美国个人所得税豁免对生育的影响。研究显示，个人豁免会对出生率有促进作用，因其可被视为抚养子女相关费用的减少，尽管豁免额变动对出生率变动的影响并不很大，但至少在一定程度上政府可以通过税收政策的变动影响国民的生育决策。但针对额外多生的孩子征税，对穷人来说并不公平，因为穷人往往倾向多生孩子[22]。

综观上述，就中国个人所得税制度的优化和完善而言，自然应该考虑到女性照顾老人孩子、负责家务劳动等无酬劳动。无酬劳动虽然没有获得货币收入，但仍然为社会做出了重要贡献，在制定税收政策时应当加以考虑。此外，针对拟议中的个人所得税家庭联合申报纳税制度，也要考虑实行适度性别差异化和合理累进方式的具体举措。根据家庭负担（诸如抚养子女、赡养老人数量等），来理性地确定整个家庭的税收豁免项、边际税率等核心税制要素。

6.3.3 流转税和公司所得税的社会性别考察

1. 流转税的社会性别影响

流转税也称商品税，主要包括增值税、消费税、营业税等商品（或服务）的课税。流转税制度的相关性别影响，大致包括以下几个方面。

1）税收引致相对价格变动的性别影响

流转税的课征将改变征税商品（或服务）与免税商品（或服务）间的相对价格，故其造成的税收性别歧视总体上应为隐性而非显性的。女性与男性有着不同的消费模式，尽管其确切差别需在特定社会环境下才能体现出来，但通常而言，女性更倾向于消费有益于家庭健康、教育等方面的商品或服务，而男性在个人物品上的花费相对较多。因此，如果对满足基本生活需要的产品课以较多的流转税，女性可能会承受更多的间接税负担。

从图 6-3 可以看出，在没有对生活必需品征税时，假设男女两性的需求都为 Q''，当对每单位生活必需品征 *AB* 价格的流转税，由于男女两性对生活必需品的需求弹性不同，女性的生活必需品需求弹性比男性的需求弹性小，因而税收对男女两性造成的负担并不相同。此时，男性的税收负担为 *ABCE*，女性的为 *ABDF*，显然矩形 *ABDF* 的面积比矩形 *ABCE* 的面积大。

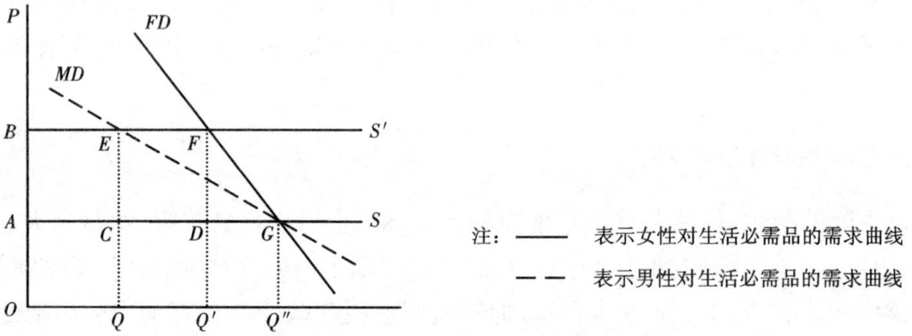

图 6-3 男女两性对生活必需品流转税的税收效应

Ingrid 和 Palmer（1995）的研究指出，由于男性和女性的消费侧重点存在差别，对核心商品（主要指生活必需品）实行税收豁免，可以使增值税变成温和的累进税。在许多发展中国家，同样的商品篮子对于不同收入水平的家庭，其增值税负担是不同的。最贫困家庭的增值税负担占其纳税总额及年收入的比例均为最高份额；而当家庭收入提高时，这两个比例则呈降低趋势。

此外，流转税还改变了有酬劳动和无酬劳动（即照料经济）的相对价格，进而影响二者之间的时间分配。就具体影响程度而言，尽管缺乏分国别数据支持的量化研究，但流转税对有酬劳动和无酬劳动的双向影响，仍旧是一种存在的事实。

2）流转税对不同性别的私营企业主（或个体工商户）的影响差异

女性控股企业的资本有机构成也与男性所有的企业存在一定差异，这也会引致流转税的负担差异。在社会学意义上，由于传统的家庭责任分工和社会习俗，使得女性个体工商户及私营企业主的规模和数量相对较少，且多为低附加值产业。在增值税征管中，这类企业通常难以按一般纳税人缴税，往往只能被认定为小规模纳税人，只能以含税销售额作为应税基础。这样，女性个体工商户和私营企业主所缴纳的增值税税额就会相对较高。

3）职业隔离的税收性别歧视

由于职业隔离的存在，也会影响男女两性的流转税负担。在中国，服务业的从业者中女性较多，而在工农业领域则男性居多。研究表明，服务业缴纳的营业税，其税负要较增值税更重一些。另外，我国增值税已完成从生产型向消费型转换，其平均税负得以进一步降低，这就更加突显了营业税的税负沉重。通常情况下，服务业中女性的就业比例较高，这种税制安排对女性来说更为不利。当前，正在全面推进中的“营改增”改革（营业税改征增值税），将有望适度降低服务业的税负水平。

此外，税收制度的性别影响还包括产业链的上下游延伸视角。例如，在各国应对金融危机的产业政策中，不乏对汽车行业实施税收优惠政策的举措（如降低车船税或汽车消费税），这不仅会促进汽车行业的发展，还可惠及钢铁、机械等男性工人较多的相关产业，表面上似乎对男性劳动者更为有利。但汽车产业的发展同样也促进了金融业、汽车服务业、销售业以及配套饰品等行业的发展。在现时的中国，上述行业中也不乏女性劳动者占比较高的部门，所以女性劳动者也可能从振兴汽车产业的税收政策中获益更多。

2. 公司所得税制度的社会性别影响

公司所得税通过两种方式产生性别影响：一是公司所得税对不同性别股东的影响；二是公司所得税率对企业投资构成的影响。就第二种方式而言，与流转税的性别影响方式一样，具有隐性税收性别歧视的特点。

理论上，男性和女性股东都会从公司所得税削减带来的利润及股价增值中受益，但在许多国家（尤其是发展中国家），公司股东多为男性。公司所得税优惠的利润增加及股票溢价等收益，只有为数不多的女性股东才可能享有。

在发展中国家，资本市场发育不够完善，使得女性企业主往往比男性企业主更难获得小额信贷。原因不仅在于社会对女性经营企业的不信任，更重要的是，女性企业主的产业规模相对较小，且缺乏可抵押的资产。这就使得女性中小企业主只得接受较高的贷款利率，承受比男性更高的融资成本。而在许多国家，公司所得税制度中的税前利息扣除，往往限定为“合理的市场利率”。女性企业主融资成本中高于该标准的部分，将难以实现税前扣除。Van Staveren 和 Akram-Lodhi（2003）的研究，揭示了越南女性中小企业主的资本使用成本及不同性别的信贷情况。其研究显示，越南男性的借贷利率比女性要低（男性平均月利息率为 1.2%，女性则为 1.4%）。男性贷款人中，获得来自银行和公共项目的资金比例也远高于女性（男性为 46.6%，女性为 32.4%）。

阎竣（2011）考察了我国国内私营企业融资中的性别差异，女性企业主所拥有企业融资水平要比男性大致低 42%，且来自民间借贷渠道的比例也较高。由于民间借贷利率较银行更高，且利息费用难以在所得税前全额扣除，故女性企业主在融资方面的劣势更为明显。

另外，还需考虑公司所得税税率变化溢出效应的性别影响。例如，2007 年墨西哥实行了公司所得税改革（采用最高 28% 的公司所得税率），而美国同期公司所得税的税率为 36.5%。由于《北美自由贸易协定》提供了美国和墨西哥间的相互投资便利，许多美国制造业因而将投资转向墨西哥（Spieldoch，2004）。墨西哥女性的就业率获得改善，但众多美国女性却因之而失去工作。在俄亥俄州，Sunbeam、Mr. Coffee 等支柱企业迁出后，地方政府因税收收入锐减，而不得不削减公共预算。在预算项目的削减中，与女性福利有关的项目又可能会率先受到波及，从而进一步加剧了性别不平等问题。

综观上述，从社会性别视角调整我国流转税和公司所得税，应该从以下几个方面着手。

（1）扩大生活必需品的增值税免税范围。通常女性在食品、基础教育、基础医疗服务上的支出较大（尤其是低收入女性），进而承担了很大的增值税负担。基于这种消费模式的性别差异，扩大对生活必需品和基本公共服务的增值税豁免，将有利于减轻女性照顾和支持家庭的经济压力。在国际税收实践中，也不乏对生活必需品免征流转税的先例。例如，在南非，许多食品都实行了增值税零税率（如黑面包、玉米粉、干豆类、奶粉、大米、蔬菜和水果），基本日用品（如煤油）的增值税率也为零（Trudi Hartzenberg，1996）；在特立尼达和多巴哥，基本食品、健康相关的服务、大部分教育服务、公共交通和邮政均享有增值税零税率（Le，TuanMinh，2003）。在中国新一轮税制改革中，可以考虑将大部分生活必需品作为基本公共服务，纳入增值税的免税范围，以更好地促进民生发展。

（2）加快推进“营改增”的进程——服务业由征收营业税转为增值税。根据税收经济学的基本原理，增值税不会产生重复征税问题，税收负担相对较轻，较之营业税更加合理。通过推进增值税“扩围”改革①，将部分现代服务业从征收营业税转为增值税，将有利于促进女性从业者占比较高的服务业的发展，进一步增加女性就业并提高其收入。

（3）构建具有性别敏感性的公司所得税制度。公司所得税的税率和税前扣除项目调整，可以矫正市场机制对女性的性别歧视。通过对雇佣更多女性员工的企业给予更多所得税优惠政策，可在一定程度上缓解女性就业率低、工资水平低、同工不同酬等性别歧视现象。以公司所得税中的职工福利费税前扣除为例，可以考虑采用“加倍或加计扣除”的方式，对于吸纳女性就业较多的企业，其女性员工的工资薪酬可以实行税前“加倍或加计扣除”，以更好地促进

① 2011 年，经国务院批准，财政部、国家税务总局联合下发《营业税改征增值税试点方案》。从 2012 年 1 月 1 日起，在上海交通运输业和部分现代服务业开展营业税改征增值税试点。至此，货物劳务税收制度的改革拉开序幕。2013 年 8 月 1 日，“营改增”范围推广到全国试行。试点的行业包括交通运输业和部分现代服务业。

女性就业。

6.4 中国社会性别预算改革的发展路径选择①

如果从 2005 年 11 月河北省张家口市启动“参与式社会性别预算”项目试点算起，性别预算在中国已经悄然走过了将近 9 年的时光。结合目前国内正在推行（及拟推行）的社会性别预算试点情况，依主导机构的不同，大致呈现出三种具体的发展路径。

（1）由各级妇联推动实施的性别预算改革。例如，河北省张家口市妇联 2005 年以来实施的“参与式性别预算”改革试点，重点针对贫困地区的教育、培训等突出问题，强调以妇女的生命周期为经，以教育、健康和养老服务为纬，考察妇女在获得和使用公共资源方面的情况。尽管这一项目试点因多种因素的制约，后来陷于停滞状态，但其作为国内“第一个吃螃蟹”的探索者，终究为性别预算在中国的本土化实践提供了良好的开端和有益的借鉴，具有重要的开拓性意义。

（2）由政府部门（主要是财政部门）推动的性别预算改革。2009 年 2 月，河南省焦作市财政局启动了“社会性别反应预算”改革试点，其主要成效体现为以下 3 个方面：①开拓性地连续编制社会性别预算，初步完成了文本设计的总体框架；②对法律援助、公共卫生间改造等六类较具性别敏感性的公共支出项目进行调研分析，系统揭示了其性别影响差异及成因；③聚焦农村部分计划生育家庭奖励扶助等预算政策的调整，致力于促进性别平等长效机制的建设。

（3）由人大主导的性别预算改革。自 2010 年以来，浙江省温岭市结合其参与式预算和民主恳谈制度的良好基础，先后在温岭市温峤镇和新河镇，引入了参与式性别预算的改革试验。在人代会的会前初审和会中审议阶段，为更好地收集女性选民对预算安排的意见，实行了性别预算主题的民主恳谈。就实际效果而言，重点促进了幼儿教育、妇女活动、女性健康、计生、村文体场所和文体活动等方面的经费增长。

就共性而言，以下几方面的问题是不同发展路径均需要认真面对的：①开展必要的知识培训与交流，强化性别预算的公民基础，提升社会性别预算能力，着手编撰本土化的“性别预算应用指南”；②收集分性别统计数据，提升女性在预算过程中的参与度；③高层决策的持续性支持和具体管理者（包括专家智库团队）的相对稳定。

基于对各国性别预算经验和中国本土化试点的综合研判，中国社会性别预算改革的未来路径选择，大体上应该采用如下的“三步走”战略来加以实施：一是试点、统计与宣传并行的阶段；二是有针对性、分主题地扩大试点阶段；三是相对成熟阶段的中国社会性别预算路径选择，应该形成以政府财政部门为主导，以妇联等 NGO 组织和高校等研究机构为两翼，以人大和社会公众的监督为助推的“雁行模式”。

① 摘自本章执笔人马蔡琛《中国社会性别预算改革的现实挑战与路径选择——基于焦作试验的考察》。

6.5 案例分析

6.5.1 案例:焦作试验——财政主导型性别预算模式的经验与挑战

1. 焦作性别预算改革的基本经验

近年来,社会性别预算的焦作试验取得了显著进展。概括起来,其基本经验大致体现为如下 3 个方面。

1)开拓性地连续编制社会性别预算,初步完成了文本设计的总体框架

自 2009 年启动性别预算改革的五年来,河南省焦作市连续编制了社会性别预算。纵观其相关预算文本,主要包括性别预算编制的法规依据、年度性别预算的编制说明、性别预算支出总表、性别预算支出明细表、基础数据表及专题分析报告等内容。尽管其文本设计的具体内容尚有值得进一步改进之处,但这种开拓性地持续编制性别预算的创举,在当代中国公共预算发展史上,仍具有里程碑式的意义。

2)聚焦较具性别敏感性的公共支出项目,施行结果导向的深入调研,进一步揭示性别影响差异,以期推进预算支出的性别平等

自实施社会性别预算改革以来,焦作市财政局与专家团队合作,先后对公共卫生间、法律援助、社会福利院、社区公共卫生服务、健身器材、农民工培训(阳光工程和雨露计划)等六类较具性别敏感性的公共支出项目进行调研分析,系统揭示了其性别影响差异及成因。

例如,通过对焦作市 9 所市直中小学的公厕使用情况抽样调查显示,课间上厕所“经常等待”的男生比例为 27.25%,女生则达 45.5%(接近男生的两倍);41.9% 的男生和 54.5% 的女生,由于担心等候时间过长,而选择放弃课间上厕所①。可见,因厕位不足给女生带来的困扰要远高于男生。进而,在征求多方建议的基础上,着手推进中小学以及新建、改建公共场所的卫生间改造,以期更好地实现公共支出政策的惠民便民目标。

又如,在法律援助项目中,制定了《关于成立焦作市妇女儿童维权服务站的通知》(焦妇字[2011]16 号)。2011 年 3 月 8 日,在焦作市社会性别反应预算专项资金的资助下,在河南省力诚律师事务所挂牌成立了焦作市妇女儿童维权服务站。由特聘律师随时解答弱势妇女儿童提出的维护自身利益的咨询,对于受到侵害、需要进行诉讼的妇女儿童,提供诉讼代理、法律援助等②。

3)积极推进预算政策调整,致力于促进性别平等长效机制的建设

社会性别预算如何促进公共支出更好地惠及民生,最终仍取决于具体公共支出政策调整的落实情况。在政策调整方面,经过周密分析,焦作市遴选了农村部分计划生育家庭奖励扶助

① 以下有关焦作市社会性别预算的数据和资料,如无特别标注,均来自:马蔡琛等,焦作市社会性别反应预算研究报告(内部讨论稿),2011。

② 根据焦作市妇联网站和河南律师网相关报道综合整理。(资料来源:http://www.jzwomen.org.cn/news_view.asp?newsid=686; http://www.hnlawyer.org/newsshow.aspx?id=5874)

制度（以下简称“计生奖励扶助制度”）、性别统计制度和性别预算专题培训等三个方面，作为短期内的主要突破口。

（1）计生奖励扶助制度。这是国家对农村部分计划生育家庭的一项基本奖励制度，是在各地现行计划生育奖励优惠政策基础上，针对农村只有一个子女或两个女孩的计划生育家庭，在夫妇满足一定年龄条件后，由各级财政安排专项资金，给予奖励扶助的一项计划生育奖励制度。焦作市重点对该制度的女性受益年龄能否适度提前进行了分析测算。实际调查显示，当地女性实际平均婚龄比男性提前3岁以上，应该将奖励扶助制度的女性受益年龄界限加以适度提前，可以更好地促进相关政策的作用效果。

（2）性别统计制度。在各国的性别预算实践中，系统的分性别统计数据和统计制度，构成了实施性别预算的基础性支撑工具。在社会性别预算的焦作试验中，结合性别统计的必要性和可行性，已然开始着手建立性别统计制度和相应指标体系，这将为性别预算改革的后续展开，提供更加坚实的技术支撑保证。

（3）性别预算专题培训。2010年10月，为进一步普及性别预算理念，邀请南开大学马蔡琛教授担纲主讲，举办了“焦作市社会性别反应预算专题培训暨民主恳谈会”，编印了《社会性别反应预算培训班讲义》，邀请市人大财经委、市妇联、社区代表及相关单位参加。这是国内第一次结合性别预算主题的专题培训，为探索性别预算专业培训的中国模式进行了开拓性的探索与尝试。

2. 焦作性别预算改革的主要挑战

1）长期性制度建设与短期改革成效之间的协调和冲突

任何一项具有创新性的改革，都或多或少地面临着长期性制度建设与短期改革成效之间的协调和冲突问题。对于性别预算这一新生事物，这一点显得更加突出。性别预算作为一项长期性的制度构建，充分实现其所追求的目标，需要经历较长的时间。尽管如此，仍然需要关注性别预算短期的改革成效，否则可能影响各利益相关主体的持久性信心和耐心。具体而言，导致这种状况的原因，大致来自以下两方面。

（1）社会性别预算作为长期性制度安排的内生因素。社会性别预算在现时的中国，作为一项探索性的改革尝试，可以算作一项前无古人的事业，其中所可能遇到的困难，往往是出乎意料的。某些性别预算改革举措属于“试错式”的推进，其进程难免会一波三折。而就中国当代公共预算改革而言，拥有主流话语权的利益相关主体，往往期待某种“立竿见影式”的“短平快”绩效。这种现状既受到当前公共财政改革沿袭了“重实体轻程序”的历史惯性影响，更与各级政府部门过分强调经济发展的短期政绩，而忽视长远发展的制度规则的重要性有关。这种现实往往导致部分利益主体缺乏持续推进性别预算改革的耐心与信心。

（2）试点地区性别平等状况相对较好的外生因素。社会性别预算作为国际上公共预算改革的前沿性领域，属于公共财政改革进入较高层次才可能启动的改革议程。这自然需要较好的财政制度基础和预算治理能力，焦作之所以能够在国内率先开展性别预算试点，也同样基于其长期公共财政制度创新。公共财政建设较好的地区，往往是社会发展和谐程度较高的地区，其性别平等状况也同样相对较好。这使得性别预算在焦作的试验，所揭示的性别不平等问题或许不够突出。这种外生因素的制约，难免影响性别预算改革的短期边际效果。

另外，焦作市的社会性别预算改革是在其市本级财政层面上系统展开的，从改革试点的谨慎性出发，暂未涉及县乡财政层面的性别预算试点。由于中国公共预算改革呈现某种“城乡双元式”的独特发展路径，性别不平等问题在城市财政中往往不及农村地区显著，这也在一定程度上制约了性别预算的短期作用效果。

2）相关公共政策与性别预算协调配合的挑战

新一轮中国公共预算改革呈现政府财政部门“单兵推进”的格局，缺少各利益主体的互动参与，更缺乏相关公共政策的整体配合。性别预算作为涉及社会民生诸多方面的综合改革，恰恰需要多种公共政策的合力推进。

以公共卫生间项目为例，实地调研显示，目前的中小学卫生间设置存在一定问题。诸多发达市场经济国家的早期案例也证明男女厕位不应采用 1∶1 的比例设置；2010 年的上海世博会，也将男女厕位比例确定为 1∶2.5[23]。然而，目前大多数中小学校的卫生间设计依据的是国家计委 1986 年颁布的《中小学校建筑设施规范》①。根据这一所谓标准，即使不能满足学生现实需求的公共卫生间设计，也仍旧完全达标。国家住房和城乡建设部于 2010 年重新颁布的《中小学设计规范》②，虽然在关于中小学卫生间设计条目中有所变动，但是大多数学校建校时参照的还是 1986 年的《中小学校建筑设施规范》。类似问题也不同程度地存在于健身器材设计等项目中。因此，社会性别预算在中国，还需要多方政策、各类部门机构的积极协调配合，才有望获得实质性的推进。

3）妇联组织项目执行力所面临的挑战

社会性别预算在组织机构上，至少涉及财政部门和妇联组织这两个核心主体。在实践中，各级妇联组织对于性别预算改革的积极性还是很高的，但因其项目执行能力和人力资源水平的限制，在性别预算的项目组织、题材挖掘、系统调研和追踪问效等方面，各级妇联组织（尤其是基层机构）还存在较大的认识和能力差距。

在性别预算改革之初，往往简单地期待“性别预算就是更多地向妇联机构拨款”。随着改革深化，包括妇联机构自身部门预算在内的整体公共预算，均要求引入性别敏感分析并提升其预算透明度，妇联机构的积极性则明显降低。加之，因个别领导认识偏差及人员编制限制，妇联机构介入性别预算的深度和人员稳定性均较差，这也制约了性别预算改革的纵深推进。

4）性别预算试点横向推广所面临的挑战

改革开放以来，我国财经改革的诸多成就，有许多源自地方政府开拓性的探索。然而，这

① 规定原文：小学教学楼学生厕所，女生应按每 20 人设一个大便器（或 1 000 mm 长大便槽）计算；男生应按每 40 人设一个大便器（或 1 000 mm 长大便槽）和 1 000 mm 长小便槽计算。中学、中师、幼师教学学生厕所，女生应按每 25 人设一个大便器（或 1 100 mm 长大便槽）计算；男生应按每 50 人设一个大便器（或 1 100 mm 长大便槽）和 1 000 mm 长小便槽计算。

② 规定原文：男生应至少为每 40 人设 1 个大便器或 1.20 m 长大便槽；每 20 人设 1 个小便斗或 0.60 m 长小便槽；女生应至少为每 13 人设 1 个大便器或 1.20 m 长大便槽。

些地方预算改革的经验，却甚少能够在周边地区得以横向推广，从而难以实现凝聚共识的改革目标。诸如浙江省温岭市的参与式预算改革、焦作的财政综合改革等，即使在临近市县，也往往难以体现其制度创新的可复制性。究其原因，主要是地方高层决策者“争做第一”的政绩观念作祟。即使这些改革已获得较大的成功，也确实有利于民生福祉的改进，但“学习兄弟市县的经验，不如另立名目，更能体现领导个人政绩”。故而，对于各种地方财政预算改革创新，在缺乏上级政府强力推动的情况下，临近地区往往表现出“视而不见”的态度。这种状况在社会性别预算问题上也不同程度地存在。

目前，国内的性别预算试点或改革动议，大体分布于河南省焦作市、浙江省温岭市和广东省深圳市，并且这三地之间尚或多或少存在某种相互学习的倾向。这也从另一角度诠释了当前中国地方预算改革所具有的“远交近攻”色彩。

（资料来源：马蔡琛．社会性别预算的焦作试验—— 三论社会性别预算在中国的推广．中央财经大学学报，2012，9）

6.5.2 案例：焦作市和张家口市社会性别预算的比较分析

1. 张家口参与式社会性别预算试点的基本情况

河北省张家口市的参与式性别预算试点是在2005年启动的。鉴于当时国内没有现成的实践经验作为参考，张家口结合本市实际情况，将项目目标确定为：①增强妇女组织和政府部门对分性别数据收集和统计重要性的认识；②通过初步调研，揭示公共开支和公共政策的社会性别影响；③倡导具有社会性别敏感性的决策和资源（特别是公共预算资源）配置。

为了在人大代表和政府职能部门推广参与式性别预算的基本知识，提高人大代表参与预算决策和分析的能力，2005年11月27—29日，在国际行动援助中国办公室（Action Aid International China，AAIC）的支持以及福特基金会的资助下，张家口市人大和市妇联共同举办了“参与式性别预算基础知识培训班”，邀请中国社会科学院财政与贸易经济研究所马蔡琛博士（现为南开大学经济学院教授）等人，就公共预算以及社会性别预算的相关知识进行了培训。

2006年1月至2007年3月，选取了沽源、崇礼、涿鹿、康保、张北和尚义六个国家级扶贫工作重点县（区），分别开展了与社会性别预算的相关调研工作。调研以妇女的生命周期为经，以教育、健康和养老服务为纬，初步考察了妇女在获得和使用公共资源方面的情况，以期了解相关公共政策对妇女的实际影响，或公共支出是否让男女均衡受益。各项目试点县在调查研究的基础上形成了调研报告，并于2007年5月各县人大、政协换届会议期间递交了调研报告，呼吁基层政府有关部门在资金分配中关注社会性别需求，推动公共预算的公平、公正与透明，促进男女两性和谐发展。

2008年2月20日，在北京举办的“妇女权益与社会性别预算”项目分享和计划研讨会上，张家口市妇联、AAIC社会性别预算项目相关负责人以及来自全国妇联妇女研究所、中国社会科学院财政与贸易经济研究所的妇女/性别研究、公共预算研究专家，就如何完善项目调研报告并进一步扩大项目宣传力度、推进社会性别预算后续项目等问题，进行了讨论和研究。会后，张家口市妇联项目负责人还参加了GAD网络的交流活动，并向网络成员介绍了社会性别预算项目试点的基本情况。

2009年5月，马蔡琛博士的项目团队先后在张家口市财政局、张家口市妇联、张北县财政局、张北县妇联等单位进行了深入调研，进一步考察了张家口社会性别预算后续推进中面临的机遇和挑战，并对其未来可能的命运以及对中国社会性别预算改革的影响，做出了具有前瞻性的初步判断。

2. 焦作和张家口性别预算改革试点的比较分析

1）称谓差别："参与式性别预算"和"社会性别反应预算"

尽管同为社会性别预算，但是上述两地试点的具体称谓仍有所不同，张家口项目试点叫做"参与式性别预算"，而焦作则称为"社会性别反应预算"。二者之间的差异，源于社会性别预算在世界范围内的生态多样化演进以及国内对社会性别预算研究的不断深化。

张家口项目试点之所以采用"参与式性别预算"的名称，主要基于以下两个原因。其一，张家口市妇联组织是在2005年举办的一次参与式预算研讨会上，接触到社会性别预算概念的。在国际上，社会性别预算也往往以参与式预算作为重要的技术支撑载体。因此，该市的社会性别预算自然会突出参与式预算的色彩。其二，作为国内第一个项目试点，在启动之初，并未严格区分社会性别与生理性别在用语规范上的差异，也未能充分意识到"gender"一词所强调的"社会性别"属性，不同于一般意义上"性别"概念所指向的生理性别色彩。因而，张家口项目试点采用"参与式性别预算"的名称，也是很自然的事情。

焦作市项目试点之所以采用"社会性别反应预算"的称谓，其部分原因则在于，该市在2009年1月举办的"中国跨部门性别预算：理论、工具与实践高级研修班"上，接触到马蔡琛博士研究团队的早期研究成果《社会性别反应预算的演进与启示：基于国际比较视角的考察》（马蔡琛，王丽，季仲赟，2008）一文，并受到文中对性别预算规范称谓相关研究结论的影响。

2）路径差异：财政部门主导型与妇联组织推动型的不同路径选择

结合张家口和焦作两市的社会性别预算试点情况，张家口项目试点具有由妇联组织积极推动的特点，呈现出更多的非政府组织推动型社会性别预算的色彩；而焦作市项目试点是采取政府机构发布文件，由财政部门主导推进的思路，属于较为典型的政府财政部门主导型社会性别预算。尽管在理论上这两种路径选择并无优劣之分，但至少从短期效果来看，后者的优势是较为明显的。

在张家口项目试点中，妇联组织始终处于公共预算过程的边缘地位，难以促进公共预算管理的实质性变革。与之相较，焦作市社会性别预算的推进则要顺利得多。焦作市通过政府文件部署社会性别预算工作，直接将其纳入政府部门（特别是财政部门）的视野，这是一种相对典型的"自上而下"的政府主导型制度变迁模式。

当然，这并非意味着社会性别预算在中国实现了进一步推广，政府财政部门主导型的模式就是最佳的选择。妇联组织推动型的发展路径，尽管具有作用效果迂回、间接的先天缺陷，但仍有其所独具的优势。由于妇联组织在促进妇女发展、维护妇女权益方面的专业特点，并可以凭借其公信力吸引更多的妇女关注公共预算，其相应的公民基础以及对社会性别问题的深度挖掘和敏感分析，也是政府财政部门主导型模式难以完全具备的。同时，妇联组织的积极主动参与，结合参与式预算的运作方式，也将有助于提升广大女性参与预算决策过程的主动性。因此，未来中国社会性别预算的推广，不应是某种路径的单边选择，而应强调实践中的“多元共生”。

3）两种路径选择面临的共性问题

（1）高层决策的持续性支持和具体管理者的相对稳定。

在国内的社会性别预算试点中，均体现了决策者和管理层对性别预算的关注与重视。焦作市的试点得到作为核心预算机构的政府财政部门领导的高度重视，因而推进得比较顺利。而张家口市的项目试点之所以得以启动，也源于该市妇联领导对性别预算这一新生事物的勇于尝试，而张家口项目后期所遇到的挫折，在一定程度上也与其人事变动有关。从这个意义上讲，社会性别预算在中国从萌芽到成长的过程，难免显示出某些“英雄史观”的色彩。而这种依靠具有远见卓识的领导者推进预算改革的现实，对其所具有的持续性和稳定性也只能保持审慎的乐观。

因此，结合参与式预算等相关改革推进中的经验和教训，至少在预算改革的早期阶段，需要保持高层决策者和具体管理者的相对稳定性，才可能避免出现“人亡政息”的局面[24]。同时，人员结构的相对稳定，也为不断提升培训效果与经验积累，并深入探求相关技术问题的解决方案，提供了现实的可能。

（2）社会性别预算的组织形式：社会性别预算是否体现为复式预算中的一个“子预算”？

焦作市试编的国内第一部社会性别预算——焦作市 2009 年社会性别反应支出预算——所体现的具体预算组织形式，在技术上将性别预算作为复式预算体系中的一个子预算加以处理。在具体操作上，针对与社会性别问题关系较为密切的部门（诸如教育、文化体育、计生、社保就业、医疗卫生、出生干预、宣传等），就其涉及社会性别领域的具体支出项目，整合为一个独立的子预算，从而构成其复式预算体系的一个组成部分。这就进一步引出一个技术性问题：社会性别预算是否就是将各部门涉及社会性别问题的预算支出整合为一个独立预算系统，在形式上体现为一套自成体系的预算表格？

根据目前焦作市初步实践的情况来看，应该说“既是这样，又不是这样”。之所以说“是这样”，其原因在于：在世界范围内开展社会性别预算各国实践中，尽管具有众多的共性特征，但在宏观经济背景、动力机制、路径选择、实施效果等方面，其间的差异性还是相当显著的。世界范围内的各类性别预算实践，并无一个相对统一、规范的范本。从这个意义上讲，焦作市将社会性别预算作为其复式预算体系中的一个子预算加以处理，也是颇具创意的。

之所以说“不是这样”，其原因在于：社会性别预算作为一种手段和方法，重点强调从社会性别的视角，来评估公共预算如何满足女性和男性、女童和男童等的不同社会诉求以及收入和支出对其产生的不同影响。社会性别预算既不是将政府的资金在男性和女性、男童和女童等不同群体之间平均分配，也不是通过建立专门的妇女预算来解决妇女问题。因此，社会性别预算更加侧重于针对已有公共预算的社会性别影响分析和性别敏感回应，而非单纯针对涉及妇女权益的问题来单独编制一个预算。

因此，在社会性别预算推进过程中，如何走出传统意义上单纯将公共预算作为一系列预算收支表格的认识误区，而更多地突显社会性别预算所强调的预算支出的性别影响分析和性别敏感回应，仍旧是一个需要在技术上加以克服的难题。

（资料来源：马蔡琛．社会性别预算：理论与实践．北京：经济科学出版社，2009；马蔡琛．再论社会性别预算在中国的推广——基于焦作和张家口项目试点的考察．中央财经大学学报，2010，8）

6.5.3 案例：温岭的参与式性别预算

作为将民主政治建设由民主选举向民主决策、民主管理和民主监督推进的重要举措，温岭的参与式预算是中国基层民主政治建设的新探索。它主要是指公民以民主恳谈为主要形式参与政府年度预算方案讨论，人大代表审议政府财政预算并决定预算的修正和调整，通过公众的实质性参与审查、监督预算方案。

1. 参与式性别预算的动力机制及多元主体

温岭参与式性别预算的创新之处主要体现在两个方面。一方面是源自人大的设计与推动、党委和政府的支持，而妇联则承担起具体实施的责任，或者说是人大、党政和妇联联手开展性别预算。在温岭，人大是性别预算的依托，即参与式预算的驱动者；党委政府是重要的支持者；妇联因了解当地妇女的状况和需求，代言妇女，成为参与式性别预算的具体实施者。另一方面是将性别预算融入参与式预算，将其作为参与式预算的延伸和拓展。

温岭的参与式性别预算主体除了人大、党委政府和妇联作为主要的推动者与组织者，其独创性还在于将基层民众和人大代表作为性别预算主要的恳谈主体，即在民众和人大代表中推选出预算审议代表，参与人大召集的年度财政预算恳谈会，从性别角度审议预算，尤其是涉及妇女儿童的预算项目。

更有特色的是，在性别预算恳谈者的性别构成中女性占绝对优势。温峤镇 2010 年的性别预算恳谈会共有 66 人参加，其中女性有 58 位，占 87.9%；2011 年的恳谈会有 64 人参加，其中女性有 52 位，占 81.3%。新河镇 2011 年的恳谈会有 28 位参会者，其中女性占 82.1%。

2. 参与式性别预算的框架及内容

1）参与式性别预算的框架

温峤镇的参与式预算共分为 4 个阶段：第一阶段是人代会前的公众参与预算编制；第二阶段是人代会前的预算初审；第三阶段是人代会中的审议表决；第四阶段是人代会后的监督执

行。其中，第一个阶段是镇政府组织到村基层收集民意并纳入预算编制，而后面 3 个阶段则直接涉及性别预算，因此后 3 个阶段构成了温峤镇的性别预算框架。

与温峤镇相比，新河镇的性别预算框架与其参与式框架更一致。新河镇的参与式预算分为 3 个阶段，即人代会前初审、人代会中审议和人代会后监督，性别预算贯穿于其中，形成了新河镇的性别预算框架。

在会中审议阶段，两镇都是分组团审议性别预算草案。但新河镇是按领域分组，性别预算组是其中一组，便于从性别角度专业化地审议；而温峤镇是按地域分团。

2）参与式性别预算的内容

（1）针对女性的专项预算支出。具体到温岭两镇，这部分是指预算案中的妇女线（妇女活动经费）内容。温峤镇 2010 年的预算草案和新河镇 2011 年的预算草案中都单独列出了妇女线，即将妇女活动经费整合为预算中的一个项目。因明显与女性相关，这个项目成为性别预算审议者关注的焦点。

（2）与女性关系更密切的预算支出。健康、教育、福利等方面因与女性的生存、发展和负担直接相关，因此成为国外性别预算的优先领域，许多国家都从特定部门预算着手，选取与女性关系密切的预算项目。温岭的性别预算也是如此。温峤镇性别预算民主恳谈会的问卷调查数据显示，性别预算恳谈者最看重的三项预算是医疗和社会保障、教育、计划生育。从会议记录来看，两镇的审议者也主要关注教育支出、社会保障支出、医疗卫生支出、计划生育支出等方面，要求增加对妇女、儿童和老人的预算支出。

（3）一般性的预算支出。除上述两个重点方面外，温岭的性别预算也涉及个别一般性的预算支出，如文体支出、行政人员经费支出等。

3. 参与式性别预算的主要成效

（1）政府对性别平等诉求特别是女性权益诉求的回应性明显提高。妇联作为女性的代言人，其实际权力较小，对政府决策的影响力不足。通过性别预算，妇联与各界精英一起敦促政府承担起实现男女平等的责任，通过制度的形式实质性地影响政府公共政策的制定与实施，使政府的回应性随之提高。

（2）预算资源在两性之间的分配更趋合理。温岭的性别预算从一开始便影响了财政预算，女性获得的财政资源有所增加，虽然增长幅度较小，但在性别预算的起步阶段仍是难能可贵的。

（3）当地民众特别是女性的性别平等意识有所增强。她们要求公正地看待女性的贡献，给予女性更多的利益。在两镇的性别预算恳谈会上，女性参会者积极为妇女争取权益，她们表示自己是站在女性的立场上为女性说话，并且得到了男性参会者的支持。

（4）女性对预算的认知度和关注度提高，政治参与能力得到了锻炼。温岭的性别预算正是政治参与的一种途径，而参与性别预算民主恳谈会的大多数是女性。相比党委、政府和人大中较低的女性比例，性别预算为普通女性参政议政提供了机会，提升了她们的参政能力 。

（资料来源：郭夏娟，吕晓敏．参与式性别预算：来自温岭的探索．妇女研究论丛，2012，1）

思考：

1. 请结合焦作在性别预算改革中面临的挑战提出适当的建议。
2. 试分析焦作与张家口的社会性别预算都有哪些局限性，如何弥补其局限性？
3. 温岭的参与式性别预算对我国实施社会性别预算有哪些启示？

本章思考与讨论

1. 试述不同社会性别预算模式的区别与联系。
2. 简述税收制度所导致的性别歧视。
3. 在中国进行社会性别预算改革时，发展路径选择的标准是什么？

参考文献

[1] 马蔡琛 . 政府预算 [M]. 大连 : 东北财经大学出版社 ,2007.

[2] 马蔡琛 . 社会性别预算的焦作试验——三论社会性别预算在中国的推广 [J]. 中央财经大 学学报 ,2012(9):1-6.

[3] WARING M.Counting for nothing:what men value and what women are worth[M]. Toronto：University of Toronto Press，1999:56.

[4] 联合国 . 妇女 - 相关议题 - 贫穷 [DB/OL]. [2015-01-01].http://www.un.org/zh/globalissues/women/poverty.shtml.

[5] SHARP R. Responsive budgets have a place in financing gender equality and women’s empowerment[DB/OL]. http://www.un.org/womenwatch/daw.

[6] BUDLENDER D,DIANE E,et al.Gender budgets make cents:understanding gender responsive budgets[M].London:Commonwealth Secretariat,2002:83-130.

[7] EUROPEAN COMMISSION.Gender equality in development co-operation from policy to practice-the role of the european commission[M].Belgium:Mostra Communication,2003:24.

[8] JUDD K.Gender budget initiatives: strategies, concepts and experiences[J].United Nations Development Fund for Women,2002:197.

[9] 谭琳 , 周垚 . 治理出生性别比偏高 : 公共政策的赋权性分析——中国和韩国国家层面公共政策的比较 [J]. 妇女研究论丛 ,2008(5):5-10.

[10] 马蔡琛 . 再论社会性别预算在中国的推广——基于焦作和张家口项目试点的考察 [J]. 中央财经大学学报 ,2010(8):1-6.

[11] AKRAM-LODHI H, VAN STAVEREN I. A gender analysis of the impact of indirect taxes on small and medium enterprises in Vietnam[J].Institute for Social Studies,2003.http://gender-financing.unwomen.org/~/media/files/un%20women/grb/resources/a%20gender%20analysis%20of%20the%20impact%20of%20indirect%20taxes%20on%20small%20and%20medium%20enterprises%20in%20vietnam.pdf

[12] JURGETTE A,HONCULADA.The local level gender budget initiative in the Philippines[M].New York:UNIFEM and WAND,2006.

[13] MINISTRY OF WOMEN,FAMILY AND COMMUNITY DEVELOPMENT.Manual on gender budgeting in Malaysia[M]. Kuala Lumpur:Thumb-Print Studio Sdn Bhd,2006.

[14] BUDLENDER D,BUENAOBRA MI,ROOD S,et al.Gender budget trial:The Philippine experience[M].Manila:The Asia foundation,2001.

[15] HANA A,SATRIYO.Without a say in Indonesia' s budget decisions, women' s needs are left out[DB/OL].[2012-03-07].http://asiafoundation.org/2012/03/07/without-a-say-in-indonesias-budget-decisions-womens-needs-are-left-out.

[16] 马蔡琛，李红梅 . 社会性别预算中的公民参与 [J]. 学术论坛 ,2010(12):130-133.

[17] 白景明 . 社会保障税收收入在美国、加拿大两国税收结构中的地位 [J]. 经济研究参考 ,1996(73):35-43.

[18] 马蔡琛，杨晨辉 . 浅谈衍生金融工具的税收政策 [J]. 四川会计 ,1997(5):17-18.

[19] STOTSKY J.How tax systems treat men and women differently[J].Finance and Development,1997,34(1):30-33.

[20] FEENBERG D,ROSEN H.Recent developments in the marriage tax[J]. National Tax Journal,1995,48(1):91-101.

[21] EISSA N.Taxation and labour supply of married women: the tax reform act of 1986 as a natural experiment[DB/OL] . [2015-01-01].http://www.nber.org/papers/w5023.pdf

[22] WHITTINGTON L，ALM J,PETERS H E.Fertility and the personal exemption:implicit pronatalist policy in the United States[J].American Economic Review,1990(3):545-556.

[23] 新民周刊 . 上海世博中的如厕问题 [DB/OL].[2010-03-31].http://news.sina.com.cn/c/news/roll/2010-03-31/143519980091.shtml.

[24] 马蔡琛 . 我参与的参与式预算 [J]. 新理财 (政府理财),2009(7):75-76.

7　公共政策的社会性别敏感性评估

维护妇女权利、促进妇女发展，一直以来都被放在党和国家工作中的重要位置。到目前为止，我国已基本形成了以《宪法》为基础、以《妇女权益保障法》为主体的一套保护妇女权益和促进男女平等的公共政策和法律体系。《妇女权益保障法》用法律的形式明确指出维护男女平等是我国的一项基本国策，有效地推动了妇女地位的提高与妇女的发展。可以看到，在我国目前的公共政策中，性别平等意识有了一定体现，国家政策以及相关的法律法规对性别平等、和谐发展有一定的促进作用。但就政策的内容来看，性别敏感意识在具有可操作性的具体政策中并没有得到充分的体现，而是更多地体现在了描述性政策中。我国仍然需要对现行的公共政策进行不断的探索与改进。本章旨在探讨公共政策性别敏感性评估的流程以及评估需遵循的原则，在此基础上试图对我国性别平等和公共政策的社会性别敏感性现状加以分析和评估，尤其是通过案例来分析相关社会政策（生育政策、社会保障政策、就业政策、教育政策等）的性别意识缺失及敏感性现状，从而推进公共政策性别意识的完善，落实公共政策推动社会性别平等发展的机制。

7.1　评估的目的及意义

7.1.1　评估的目的

在当今，女性问题不仅是我国人权问题发展的重点，而且女性也已成为推动社会经济发展、促进全面建设小康社会的重要力量。我国制定了一系列男女平等的立法和政策，为男女平等提供了制度性的保障。具体而言，一是为维护女性权益提供了政策支持和保障；二是促进了社会尊重女性意识的形成；三是加强了女性人力资源开发，推进了现代化建设的进程[1]。但是实际上男性与女性在很多方面依然存在不平等的现象，女性地位还有待提高。在公共政策发展过程中，我们既要利用公共政策维护女性的基本权益，充分发挥公共政策在促进女性人力资源建设中的效用与功能，又要认识和克服公共政策在性别领域中的软化及机制缺失[2]。这就需要建立性别敏感性评估机制，在评估中将社会性别作为一个变量进行考虑，时时注意到男女在参与程度、获得资源、机会、权利、能力和影响力以及报酬和福利方面存在的不平等，针对这些现象采取对应的措施与行动来促进社会性别平等的落实。通过性别评估机制，可以识别男女两性的不同角色和需求以及政策对两性的不同影响；发现政策中可能存在的性别不平等问题；促进政策目标人群的参与和对话，表达相关利益群体的需求、看法，提高政策的参与度和透明度；同时为政策未来的合理发展指明方向、提出合理的建议。

1. 通过评估了解公共政策的缺位现状

从社会性别不平等的现状来看，公共政策在维护两性平等方面还需要进一步完善。从社会环境来看，关于社会性别角色仍存在着根深蒂固的文化观念，尽管70年来党和国家一直倡导和坚持男女平等，但男强女弱、男主女从、男尊女卑等观念仍然广泛存在，阻挡了我国社会前进的步伐[3]。从生存状况来看，社会资源对男女两性的分配不均，男女参与社会的机会不平等，性别隔离以及性别利益分化严重，具体表现在就业、教育、参政、健康、家庭等各个领域，造成女性较之男性的全面发展落后。从社会公共政策来看，首先只强调男女起点的平等，忽视过程实施的不平等；其次针对维护女性基本权益的政策多，推进女性人力资源能力建设的政策少；最后现有各项政策在制定、执行、监控、修订等方面存在着性别平等原则"滞后""缺失"的现象[4]。因此，正确认识性别平等，更新观念，加大相关公共政策的制定幅度和执行力度，加强公共政策的制定者和实施者的性别分析能力以及性别平等意识，将社会性别意识纳入决策主流势在必行。

2. 分析性别不平等产生的公共政策导向机制

研究社会性别的目的，并不是简单地为了反映性别不平等的现状，而是要深入地探索这种关系产生的原因，分析文化、社会、政治、社会主体等本身对于社会性别不平等产生的基础影响作用，而公共政策作为影响这些基础因素的主要元素之一，其本身的性别敏感性高低会直接影响社会整体的性别意识。结合我国法律制定来看，我国的法律本身是倡导两性平等发展的，但是在制定过程中往往忽视男女两性的特点，没有考虑到女性特殊的需求，因此这种性别歧视的中性政策实际上助长了社会对女性的歧视。社会政策影响社会制度的建立，公共政策的性别敏感性高低同时影响社会经济基础上的性别平衡，而这些与人类自身发展息息相关的因素会直接导致社会整体的性别意识形成，通过代际传递作用，使得原本不平等的性别意识形态合理化，直接危害社会的公平正义。因而，通过分析公共政策对于社会性别意识的诱导机制，对公共政策的社会性别敏感性加以评估，建构解放思想的社会政策体系，才能真正保障两性享有相同的权利水平和身心的健康发展。

3. 提供评估信息，促进公共政策与实际需求接轨

公共政策的社会性别敏感性评估不单是技术性的科学分析，而是一种政治和社会过程，它可以向决策者提供充分的政策信息以及社会对此政策的需求和价值判断，从而决定公共政策是否该延续、调整或终止以及是否该出台新的政策，以满足社会性别发展的实际需要。只有从社会性别视角出发对公共政策加以评估，才能获取公共政策对于两性资源分配的平衡作用，才能明确哪些资源配置是合理的、有效的，哪些资源在两性间的分配存在歧视或不平衡，从而根据存在的问题去完善现有的政策，或是出台新的政策，以保证公共政策与社会性别发展的实际需求接轨，维护女性的权利。

7.1.2 评估的意义

虽然目前我国在公共政策领域关于社会性别的研究取得了一定的成果，但总的来说依然处在初级阶段，由于社会性别理论和社会性别主流化的西方背景，我国现有的研究成果更多局限于对国际社会性别主流化和妇女发展理论方法的介绍与复述，对中国本土的性别现状把握不深，公共政策理论和分析方法都很薄弱，公共政策的社会性别敏感性评估机制也没有建立。此时，我们将公共政策与社会性别结合起来，通过评估提升公共政策的社会性别敏感性具有很强的实用性，在浅层次上能够有利于解决目前存在的社会性别问题，缓解社会矛盾，改善社会环境；在深层次上可以重新塑造健康的社会性别文化，更好地实现公共政策的目标，落实两性平等，使社会的和谐发展得到有力保障[5]。

从理论意义上讲，性别平等是继阶级平等、民族平等、种族平等之后的又一个政治性话题。从人类发展历史来看，社会的进步不仅体现在经济的强大、政治的昌盛和文化的繁荣上，也体现在男女两性的平等与和谐相处上[6]。随着现代社会的发展，建设和谐社会必须有一个健全的社会形态，这包括两性平等及其和谐发展，如果从性别的视角审视我国社会的政治、经济、文化等方面的公共政策，并对它们进行性别敏感性分析和性别规划，以改进不利于两性和谐发展的模式和举措，以性别平等的原则来审视我国的法律法规和政策措施，就可以有效地发现漏洞，及时地采取解决问题的方法。

从现实意义上讲，一个全面、协调、可持续发展的和谐社会，必然也是一个注重两性平等、协调发展的社会。历史和现实都告诉我们：经济发展不等于社会发展，社会发展不等于妇女发展，妇女发展影响经济社会发展；解决妇女发展与社会发展的同步问题，促进性别平等的实现，是全面建设小康社会、构建和谐社会的重要目标。我国经济社会发展不平衡，与性别发展不平衡有很大的关系，长期以来，很多公共政策的制定都忽略了社会性别因素，具有较低的性别敏感性。因此，在公共政策制定中，要增强公共政策的性别敏感程度，同时不仅要关注公共政策中的显性内容，更要审视其中的隐性内容，就是那些看似中性、没有明显歧视妇女，但在实施过程中却侵害了妇女合法权益的内容，充分评估公共政策的深远影响[7]。此外，还应该充分了解国际社会推动性别平等的总趋势，深入了解我国的性别平等现状。在此基础上，寻找现有公共政策中的性别盲点与误区，并且及时制定具有较强操作性的政策。有针对性地完善公共政策体系，能够有效促进性别平等和两性和谐发展。

7.2 评估的流程及内容

对公共政策的社会性别敏感性进行评估是一个系统的过程，一般来说包括三个阶段：一是政策评估的准备阶段，包括进行政策宣传、加强政策认知、制定评估计划、进行评估准备等；二是从社会性别敏感性出发的政策评估实施阶段，包括评估研讨、评估实践、指挥协调等；三是政策评估的总结阶段，包括评估效果的总结、政策效果的评估总结、评估成果的交流与推广等。

现有的政策评估模式可以分为两类：政策外评估和政策内评估。政策内评估即政策制定者、执行者对政策的执行过程进行评估；政策外评估即由独立的第三方进行的外部评估[1]。根据我国的基本国情和目前社会性别发展的现状，从社会性别的角度开展政策评估，应将两种评估模式相结合。虽然评估活动的步骤会因评估不同政策类型而有所区别，但是一般来讲，都要经历以下这些阶段。

7.2.1　评估准备

周密的前期准备是评估工作的基础和起点，是评估工作得以顺利进行和取得成功的前提条件。在评估前期做好充分的准备，就能找到问题的关键所在，确定评估的中心和重心，使评估更有针对性。制定公共政策的社会性别敏感性评估方案是准备阶段的核心任务，评估方案是评估实施的依据和内容，其合理与否直接关系到评估质量的高低和评估活动的成败。

1. 确定评估对象

作为评估的客体，各项具体的公共政策是既定的。但是，由于公共政策具有相关性，一个政策结果的形式往往是受到多项公共政策的共同作用和影响的。要清楚地划出一项改革政策作用范围的边界并不容易。同时，并不是所有公共政策在任何时间都能够开展评估。只有明确评估的对象，才能把评估的目标、标准和方法等要素确定下来。

2. 明确评估目的

评估目的决定了公共政策评估的基本方向。只有解决了为什么评估，才能使参与评估的各类主体形成共识，统一行动步调。

3. 选择评估标准

公共政策评估是客观事实的价值判断。评估公共政策要将事实分析和价值分析结合起来。评估标准通常是个指标体系，即根据评估目的所选择的多个评估指标的集合。

4. 规定评估手段

解决好如何评估问题是这个环节的中心任务。它包括许多内容，如规定和提出评价工作的具体步骤与方法；建立评估工作的组织机构；选好合适的评估工作者，因为评估者的素质以及对评估的态度将会直接影响评估的效果。

7.2.2　评估启动研讨

在对于公共政策进行社会性别敏感性评估的过程中，对政策标准及内容等进行前期评估研讨是必要的流程。政策评估研讨会是专门针对某一政策或某些政策或者某一政策制定主题在集中场地进行研究、讨论和交流的会议。它对于政策制定、发展战略、政策有效性评估都有巨大作用。公共政策的性别敏感性评估研讨则是针对公共政策的性别平等方面作出讨论、评判，以利于社会性别主流化的发展。评估研讨的形式主要有：①专家研讨会，即相关专家群体针对公共政策的性别敏感性评估聚集起来，针对某一具体问题展开公平、公开的讨论，实现观念交流分享，并商议对策和形成评估报告的一种会议形式；②主题演讲会，即从社会性别角度出发针对某一公共政策，公开发表自己的评估标准及评估意见，以期形成社会宣传作用；③网上研讨会，这是随着互联网的普及出现的一种研讨会形式，能够在节省成本的前提下，让更多用户和潜在用户获得研讨会内容，实现公共政策的评估结果更有利地进行推广和宣传。

公共政策性别平等评估咨询的主要内容为：是否涉及性别差异问题，是否存在性别歧视内容；实施结果是否会造成社会性别不平等；如何完善政策的内容以促进性别平等。通过问卷调查、理论研讨、实地调研及召开座谈会、论证会、听证会等形式，对公共政策及草案进行性别平等评估咨询。评估工作完结，应该出具完整的性别平等评估报告，并提出咨询意见。出具的性别平等评估报告、咨询意见，经审核无误后，可通过适当形式向报告需求方反馈咨询意见，以指导政策的实践。

7.2.3 社会性别敏感性理论方法培训

方法培训的过程主要包括需求分析、培训计划、设计培训方案、培训活动实施和培训效果评估。所有过程的基础是需求分析，培训方案的设计核心是确定培训所选择的理论内容，在评估计划之前必须确定评估目的，因为评估目的往往决定了评估的范围，工具的类型以及评估所使用的理论。并且评估的实际效果一般通过收集数据进行分析，要求所收集的数据是硬数据，类型是绩效监控，对数据进行全面分析，最终提交正式的评估报告。比较常用的数据收集工具是调查、问卷、访谈、测试、观察和绩效记录等。根据方法培训所确定的理论以及评估要求选择使用何种工具。

培训的核心是社会性别理论的传达，社会性别理论是一种以人为本的现代意识。该理论认为：不论男女，都不应以牺牲对方作为发展自我的前提，而应该共建彼此尊重、平等相处、协力互助、平衡和谐的伙伴关系，追求一个没有成见、没有歧视、更为公正而富有人性的理想社会[8]。社会性别视角就是指人们在观察、分析和处理事物时，注意到不同性别群体的不平等的处境、利益和权力关系，并采取行动来增进性别平等的视角。实现社会性别平等是研究社会性别问题的主要目的，该目标的实现需要在实践中有所作为，首先应将社会性别纳入决策的主流。

7.2.4 评估工作实践

社会性别类公共政策的实施效果需要得到全面的评估，才能决定后续政策的方向以及现有政策的延续完善。一般来说，政策的评估包括现效评估和追踪评估，现效评估是检验政策对于社会性别意识的现有影响力，追踪评估则是考虑政策的长远影响。政策评估实践对于克服公共政策的不良社会影响，提高公共政策的质量与执行后的效益，具有重要作用。评估工作实践是整个政策评估过程中最为重要的阶段，其主要任务是采集与分析评估信息，做出评估结论。具体包括以下几个方面。

（1）采取多种方法进行调查，收集与社会性别有关的政策制定、政策执行、政策影响和政策效益等方面的信息，并确保其全面性。这些信息可以是高度精确的，也可以是很不精确的，既可以是定量的，也可以是定性的。收集信息的技术和方法有很多，各有特点，使用时可以互相结合，确保收集到的信息的准确性、系统性与全面性。

（2）在上一步骤的基础上，对收集到的政策信息和相关数据进行系统的整理、归类、统计和分析。分析，即评估者运用所收集到的各种信息和定性、定量分析方法，对政策的价值做出判断，得出结论。分析是公共政策的社会性别敏感性评估的最基本的活动。

（3）选择合适的评估方法，从社会性别平等的角度出发，对公共政策进行评估，得出评估结论或报告。实施评估的原则是坚持材料的完整性和分析的科学性，评估者必须将公共政策的实际效果客观公正地反映出来。

（4）提出公共政策评估的建议，判断公共政策是否符合社会性别主流化的发展要求，以决定现有公共政策是否延续、调整或是终止，完成从理论到实践的升华。

7.2.5 专业咨询与指导

由于公共政策的社会性别敏感性评估具有一定的社会性，评估的标准需要建立在社会现有主流意识和专业理论发展的方向上，在对其进行评估过程中需要社会公众的认可和参与，而专业研究或咨询机构对主流意识有一定的把握，因而为了确定评估的有效性，一般需要针对具体的政策方向进行专业咨询与指导，以期获得外部评价与指导。外部评估是一种获取咨询与指导的特殊方式，它是评估发起者之外的专业评估者所完成的，可以分为受委托的评估和不受委托的评估。受委托的评估是建立委托代理关系，从社会性别视角出发对公共政策进行先期评估，评估的机构主要有营利或非营利性的研究机构、学术团体、专业的社会问题咨询公司、高等院校的专家学者等。这种获取专业咨询与指导的方式是建立在一定的契约关系基础上的，具有相对明确的责任，效果较为显著。而不受委托的评估则为最简单的咨询与意见参考，它可以直接参考已有的公开成果或社会问题评价，也可以针对性地组织接受社会公益研究机构的指导。专业咨询与指导的过程应当考虑以下几个方面。

（1）待评估的政策内容，选取具有一定代表性的公共政策，获取其中关于社会性别方面的信息。

（2）获取咨询指导的方法，咨询指导的直接成本与间接成本。

（3）咨询对象或机构，选取社会影响力较高或研究成果较具有代表性的机构或个人。

（4）评估标准的完善与系统性构建。

（5）预期的咨询与指导效果。

7.2.6 评估经验交流与分享

评估经验交流与分享是对于评估的准备工作、评估的方法选择、评估的实践等过程以及评估过程中产生的问题进行沟通，分享个人对于评估工作的研究发现，为后续形成系统性的评估报告奠定基础。这一过程的作用在于交流产生的创新，个人把评估工作当中遇到的问题与解决思路、经验心得互相交流和分享，在探讨中进一步提高评估工作者自身创新工作的能力，从而实现评估工作跨越式的突破。现代社会，经验交流与分享不再局限于人与人面对面的信息传递，大众媒体凭借其覆盖率高、信息量大、影响面广、冲击力强等优势，传播信息、沟通思想、普及知识，成为新的经验交流与传递的方式，并且极大地提高了经验交流与分享的效率和质量。媒介的发展、不同的传播现象和传播形态为性别类问题提供了新的研究对象和研究角度。社会性别概念是伴随着社会的发展、人与人之间的互动而逐步形成的，政府必须意识到大众媒介在塑造社会性别的过程中将产生的不可忽视的作用和深远的影响。

7.2.7 评估成果形成与推广

评估总结阶段的工作主要有两项：一是得出评估成果；二是总结评估工作并加以推广。评估成果的表达形式具有多样化，包括文字性评估报告、图片式宣传材料、政策案例分析报告及视频解说材料等。一般来说，政策评估者应形成书面形式的评估报告，提交给有关政策制定部门或政府机构，使之了解政策实施对于社会性别意识的影响作用，及时根据情形决定下一步政策走向。提交的评估报告除了对公共政策的社会性别敏感性进行客观描述、做出价值判断、提出政策建议外，还应包括对评估过程、评估方法和政策评估中的一些重要问题进行必要说明，对评估工作进行总结，以便于提高今后的政策性别敏感性评估水平。

在经过评估实践和评估成果总结的各项工作之后，就进入了政策性别敏感性评估成果的全面推广阶段。这是公共政策的社会性别敏感性评估工作的最后一个步骤，也是最重要的一步，因为推广的好坏直接决定了评估的实际意义大小。在公共政策的社会性别敏感性评估成果的全面推广阶段，必须遵循原则性和灵活性相统一的原则。原则性是指成果推广必须遵循社会性别平等这一原则，落实政策对于性别平等保护的严肃性和权威性，严格按照社会性别主流化的要求去做，全面地、不折不扣地按照评估结果去指导社会实践及后续政策的性别意识的提升。灵活性则是指在不违背性别平等和评估成果基本原则的情况下，坚持从实际出发，改革创新，因地制宜，因人制宜，采取不同的推广形式，运用多种成果转化机制，保障某一区域或群体的平等权利，以提升地方性法律法规的社会性别敏感性意识。

7.3 评估应遵循的原则

7.3.1 将社会性别平等作为核心理念

将社会性别平等作为核心理念是评估公共政策性别敏感性的出发点和立足点。评估的目的是为了衡量公共政策中的性别敏感性程度，评估的结果是以公共政策为工具来促进社会性别的平等发展。受中国传统文化的影响，与男性相比，女性在社会生活中往往处于弱势地位，并逐渐造成劣势积累和劣势叠加的后果。由于男性和女性在生理和心理等方面均存在着很大的差异，如果没有在政策上对男女两性的区别加以重视，恰恰会造成对女性的不公。公共政策的制定和实施应该体现出性别敏感性，才能在真正意义上保护女性的权利，体现公共政策的公平公正。

坚持社会性别平等理念，就是在评估公共政策中，不能局限于政策本身是否嵌入社会性别意识，而是要综合衡量政策的制定、政策的实施对于社会性别平等的影响机制。通过评估来促进政府将社会性别平等意识纳入决策，即促使政府在制定、公共政策、各种方案和项目的宏观决策时，从男性与女性不同的社会需求与发展的角度来考虑整个社会的发展，从而影响决策质量、决策水平，有利于政府的社会决策科学化。以妇女参政为例，妇女在参政议政中往往处于劣势地位，而保障妇女权益的政策却没有真正落实性别平等这一理念，而如果简单以是否纳入性别意识来衡量公共政策的内容，则显得尤为不足。从社会性别平等的角度出发，公共政策体系则需要得到进一步充实，首先是要确保女性享受作为公民应有的参与决策和管理的权利，其次是要改变缺少女性利益代言人参与公共决策的状况，健全女性的决策参与机制，当发现某些性别问题被男性决策者忽略时，女性决策者应站在女性的立场上提出要求，为女性谋求利益，发现政策存在对女性不利的方面时，坚决抵制其出台。

7.3.2 将实践作为检验真理的唯一标准

在评估公共政策时，要将实践作为检验公共政策效果的唯一标准，对于政策执行的效果形成系统性的评估。首先要对政策的执行主体进行评估，综合地评估政策执行主体的能力、结构配置、政策执行的计划、方法选择、资源投入等方面，找出其中的问题并进行改善，对群众感到不满意的政策执行人员进行培训、教育或更替，以此来推动公共政策的执行走上良性的政策运行轨道。其次是政策实验评估，政策实验评估并不是真正的评估，而是对公共政策的实施状况进行模拟评估，它可以有效防止盲目地评估政策的实施情况，使评估具有科学性，而不是流于形式。进行政策实验评估，一方面能够对政策进行检验和完善，另一方面可以积累经验，为有效落实政策提供指导。最后是政策执行效果评估，政策执行效果评估可以根据政策的时效性按月、季度、年进行，也可以根据政策影响的范围按行政区域进行，还可以根据政策执行的内容分为专项、重点、抽样、综合等政策执行评估[9]。

公共政策性别敏感性的评估结果要求在公共政策的制定过程中，制定者必须全面地预测该项政策对男性和女性的不利因素，进而减少对男女两性造成的负面影响，从而达到保护女性弱势群体、实现社会性别公平、促进男女两性平等发展的目的。但是从公共政策的执行效果来看，政策执行的后果却并不一定如同制定之初的设想，某些政策内容偏向女性，但在实践中却往往无形中导致了性别歧视，有些中性的法律规定并没有歧视女性的初衷，但是实施后却产生了某些歧视女性的后果。造成这种结果最根本的原因就是在制定政策、法律时脱离了实际，未考虑受中国传统文化影响下的男女社会地位不平等的现状以及男性和女性在生理上的不同。因此，要想实现社会性别平等，既要求政策制定者具有维护两性平等的意向，又要求政策制定者具有社会性别敏感意识，站在社会性别的视角上制定政策。

7.3.3 创建高效有序的评估团队

团队是由相互依赖、具有共同愿景的两个或者两个以上，并且拥有的技能可以互补的成员组成的群体，群体中的成员相互信任、遵循一定的规则、有为同一个目标而努力的意愿。并且通过成员间的交流沟通与积极合作，产生“1+1 ＞ 2”的协作效应，获得比个体成员绩效总和大得多的团队绩效。团队的特点是对内能凝聚智慧，对外能快速适应环境的变化，其管理模式能有效地降低管理过程中的内耗，并通过对团队成员的知识、技能和经验进行整合，实现管理活动更加高效。团队理念引入公共部门后，形成了学习型组织，学习型组织以“自我修炼、心智模式、共同愿景、团体学习、系统思考”五项修炼作为组织理念，要求团队成员站在全局的高度思考问题、解决难题、相互学习、相互促进、以团队的形式参与竞争，学习与创新的能力尤为重要。政策评估团队的形成阶段是团队的组建阶段。团队刚刚成立，为实现团队目标，必须选择合适的团队成员，使他们可以在团队中发挥各自的专长和能力。同时，团队需要在一个完善的组织机构中，通过一定的相互认识活动增进了解，互相信任，促进团队共同协作。团队在这一阶段，必须配备团队人员、设计组织机构等，以组建好一支高素质的政策评估团队。

对公共政策进行评估，并不是简单地收集、整理资料与评分，评估的有效性取决于整个评估过程中对资料专业性的理解与评价，因此评估团队所具有的专业能力的高低和价值观定位是否准确是决定评估效果的关键所在。对于公共政策的评估机构而言，应该把自己放在服务者的位置上，其价值观应该是客观、公平地对评估结果进行展示，切忌因评估工作而造成对社会性别平等发展的无端制约与误导，更不可主观发表个人对于公共政策的性别敏感性的评判。面对公共政策的开放性、社会性别问题的公众性，基于性别敏感性的政策评估团队应尽量保持其稳定性，有利于各个评估指标在标准上的统一性。然而，即使有同样详细明确的评估指标，但评估过程中仍不可避免地受到主观性影响，不同的评估专家在尺度上也会存在一定的差异。面对这一难题，虽然确定统一的标准与原则是实施评估的前提，但也不可过于集中化或形式化，这样会损害参与者的才智和创造力，带来一系列负面影响。

7.3.4 注重评估领域的全面性

社会性别平等问题涉及人们生活的各个领域，在评估公共政策的性别敏感性过程中要考虑居民生活的多个领域，建立完备的指标体系，进行全面、综合的评估，如果片面地从某一领域独立来看，则会导致评估的结果不具有代表性，失去评估原有的价值。就当前来看，我们评估的领域主要涉及教育、经济、政治与决策、家庭等方面。要想保证男女两性在社会经济活动中的公正平等，首先必须落实教育领域的性别平等。评估教育政策的性别敏感性程度主要包括与学前教育、初等教育、高中阶段教育、高等教育、成人教育相关政策的社会性别意识评估，综合评估这些政策对于保障女性享受受教育权的作用大小；妇女的生存和发展依赖于享有充足的经济资源、获得足够的经济收益，在经济领域实现性别平等有助于妇女在经济上取得独立，提高自己在社会和家庭中的地位。评估经济领域性别平等的状况，应将重点放在评估政策对于女性的收入、地位、获取经济资源与享受社会保障等方面的影响；家庭是组成社会的基础单位，因此评估公共政策对于社会性别平等发展的作用不可忽视家庭这一领域，它是构建其他领域性别平等的前提[10]。

7.4 案例分析

7.4.1 案例："单独二胎"政策——放开前的博弈

"多少年坚决不让动、不许动，现在能迈出这一步不容易。"

"人口是分母，GDP 是分子，有人担心分母变大之后，影响人均 GDP。"

备受期待的"单独二胎"新政策，出现在 2013 年 11 月 15 日公布的《中共中央关于全面深化改革若干重大问题的决定》里。

作为一项影响 13 亿人的基本国策，计划生育政策的调整牵一发而动全身，也因此不到最后一刻，官方很少走漏风声。多年来，有关放开二胎的呼声和争论从未间断。"单独二胎"政策历经十年酝酿，无数次的调研、讨论和测算。新政酝酿阶段，曾有多个方案进入决策层视野，有关二胎放开的博弈可见一斑。这其中既涉及不同智库之间的竞争，亦有民间社会与官方的角力以及中央和地方的利益权衡。

前传：两个调研的分野

完善计生政策准备工作的启动始于 2008 年。但其实在 21 世纪初，卫计委就已经着手调研。

2004 年 4 月，18 位人口专家历时两年完成了一份调研报告《关于调整我国生育政策的建议》，上书国家计生委。建议先放开"单独二胎"，然后再逐渐过渡到"全面二胎"。负责牵头的顾宝昌回忆，调研实际上是由国家计生委赞助的，但是计生委为了低调起见，要求专家以个人名义展开。计生委领导当时批复：赞同现在着手，否则会陷入被动。调研的一个动因，跟生育率太低有关。从 1992 年开始，中国总和生育率就低于人类世代交替所需的更替水平（平均每对夫妇生育 2.1 个孩子），到 2000 年只有 1.6，更是跻身世界生育率最低国家行列。报告担心，"如果政策不变，总人口将在 20 年左右达到零增长"。这一建议当即引起高层重视。但调研报告的出台引起质疑。"很多人担心，生育政策一旦放宽，势必造成生育反弹，人口失控，而且计生部门就没工作可干了。"最终反对声音占了上风，建议没有了下文。

相比之下，卫计委的另一个调研报告的命运迥然不同。2004 年 2 月，国家人口发展战略研究课题组在北京成立，课题组由计生委旗下两个机构负责，一个是负责政策规划的规划和信息司，另一个是官方智库中国人口与发展研究中心。经过两年多调研后，2007 年 1 月，课题组推出了一份近 300 万字的《国家人口发展战略研究报告》，建议"十一五"时期保持生育政策稳定。一个重要判断依据是，20 世纪 90 年代以来，总和生育率一直稳定在 1.8 左右。这引起学界的一片质疑。“数据处理上存在偏差，比如流动人口、生育当中的妇女被统计进来，而很多未生育妇女因为人员流动没算进来，没做加权，这个抽样不太能说明问题。”中央对这份报告很看重。在调研、写作过程中，课题组向中央有关领导汇报了近十次。尽管这份报告不提倡改变当前计生政策，但也认识到人口结构性矛盾突出的问题，比如性别失衡和急剧老年化等。报告指出，要及时开展生育政策的前瞻性研究，这为未来卫计委政策松动埋下伏笔。

推进：倒逼下的“蛋”

中央的计划生育政策虽然总体稳定，但实际上“单独二胎”已在多省农村悄然展开。“在实施‘双独二胎’政策后，上海、天津、江苏、辽宁、吉林、安徽、福建等7省份农村陆续实施了‘单独二胎’政策。”“计生政策自1978年出台后，35年来据国情、省情不断调整，从最早农村第一胎是女孩的可以生育第二个孩子，到取消二胎间隔，再到双独二胎，再至农村单独二胎，直至全国范围的单独二胎，都是延续了这一思路。”

卫计委调整生育政策提上日程是在2009年要求改变的呼声渐涨之后。当时，低生育率所带来的弊端日益严峻，如老龄化问题急剧恶化、民工荒、高考人数锐减等。从那年开始，二胎政策是否放开，成为每年两会上最热话题之一，代表委员关于放开二胎的议案、提案也多了起来。人口计生委很支持这样的方案，但阻力来自部委中的经济部门。标志性突破出现在2010年初的全国人口计生工作会议上，会议提出“十二五”期间，“稳妥开展实行‘夫妻一方为独生子女的家庭可以生育第二个孩子’的政策试点工作”。

搁浅：数据不准，怎么拍板

在这个方案被采纳之前，国家人口计生委展开了一系列的调研、测算和论证工作。为了数据的可靠性、方案的可行性，计生委建立了中央到村的六级计生系统数据库，实现数据信息实时变动，利用人口分要素、多维家庭、微观等各种模型进行预测，对敏感数据反复推敲。

国家人口计生委还利用教育、公安等部门的数据开展比对和校验，看哪个更靠谱。承担调研测算任务的是中国人口与发展研究中心。除此之外，国家人口计生委还把一些课题交给各大高校、社科院的人口所，组织多方案测算比较。

据公开报道，“单独二胎”实施方案，最早设计了“三步走”策略：2011年，浙江等五省首批试点；其后，开放北京、上海、天津等六个左右省市；其他省份则为第三批。最终在“十二五”内实现全国全部放开“单独二胎”政策。2010年11月初，方案由国家人口计生委提交至国务院，但之后一直没有进展。

2011年4月，第六次人口普查结果出炉。普查结果显示，总和生育率仅有1.18。2000年到2010年，人口净增七千多万，少儿人口降至16.6%，65岁及以上老年人口占比升至8.9%。

“六普”数据面世后，多方测算均表明，中国的总和生育率已小于1.8的官方调控目标。人口学者再次呼吁，生育政策调整刻不容缓。

定案：因为四个共识

政府坚持计划生育政策至2015年之前不动摇。学界再次坐不住了。2012年7月，一份由15位国内法学、人口学学者联名签署的修法建议书，正式寄送全国人大及其常务委员会。

该修法建议书请求立法者全面修改人口与计划生育法，取消对公民生育权的限制，废止生育审批制度和社会抚养费制度。

十八大前夕，国务院发展研究中心旗下的智库中国发展研究基金会发布了《人口形势的变化和人口政策的调整》大型研究报告。报告指出，在经历了迅速从高生育率到低生育率的转变之后，“中国人口的主要矛盾已经不再是增长过快，而是人口红利消失、临近超低生育率水平、人口老龄化、出生性别比例失调等问题。”基于此，二十多位人口学者再次建议完善生育政策势在必行，生育政策的调整方案应该是在全国分步实施放开“二孩”。第一步，在城市和严格执行一孩政策的农村即刻放开二胎；第二步，2015 年在实行“一孩半”（第一胎为女孩的夫妇可以生二胎）政策的地区放开二胎，实现全国全面放开“二孩”的目标。

（资料来源：根据《南方周末》（2013 年 11 月 22 日 ）《“单独二胎”：放开前的博弈》报道改编）

7.4.2 案例：从女性就业歧视看公共政策的缺位

2009 年 6 月 12 日，北京大学法学院妇女法律研究与服务中心“中国职场反性别歧视”课题组发布《中国职场性别歧视状况研究报告》，课题组根据调研数据分析指出：招聘中性别歧视依然严重，高学历女性被拒者众多。在本次有关性别与招聘状况的调查中发现，平均每 4 个女性被调查者中就有 1 个女性因自己的性别而被用人单位拒绝录用的情况，同时出现了高学历女性被拒率高的现象。对于被迫签订“禁婚”“禁孕”条款的情况进行调查发现，有 4.1% 和 3.4% 的被调查者表示被迫签订过此类劳动合同。调查发现，女性成绩明显优于男性而被拒绝录用的现象，在合资、外资企业和行政机关尤为严重。而在对用人单位是否不愿录用育龄尚未生育的女性进行调查时发现，平均每 5 个被调查者就有 1 个表示其所在单位不愿录用育龄尚未生育的女性。需要指出的是，上述数据并不包含针对女性劳动者的隐形歧视，这就意味着真实的歧视状况会比现有数据情况更糟。

职业的性别隔离依然存在，女性在整体就业结构中地位低于男性。本次的调查结果显示，女性从业人员在行业中的所占比例以教育、医疗、科研行业，销售、广告、市场行业，餐饮、娱乐、服务行业，制造业最为集中，占到被调查者总数的 76.4%；政府部门和法律，审计、会计行业，其他行业，只分别占 11.8%、2.3% 和 11.2%。有超过三分之一（36.0%）的被调查者认为他们所在单位存在女职工在高薪岗位或管理层明显偏少的现象，有 33.9% 的被调查者表示其所在单位女职工比男职工获得提拔的机会少。

孕期、产期、哺乳期“三期”内的性别歧视以及男女同工不同酬问题依然突出。本次调查发现，有超过五分之一（20.9%）的被调查者表示其所在单位存在“三期”内强迫女性调岗降薪的情况，而“三期”内遭到强迫解雇的情况也占到了 11.2%。同时，更有 15.0% 的被调查者明确表示其所在单位存在男女同工不同酬的现象。

男女在职场待遇和职场升迁方面差异依然明显，孩子和家务被视作影响女性职场升迁的两大因素。通过对男女在职场待遇差异的调查发现，女职工与男职工相比，66.2% 的女职工认为其所在单位存在女职工比男职工更难获得购买单位集资建房资格的情况，而表示自己没有获得购买单位集资建房资格的女性也占了六成（61.0%）。培训机会方面，有15.7%的被调查者表示所在单位存在女职工比男职工获得培训机会少的现象。职场升迁机会方面，33.9%的被调查者表示，其单位男职工获得的提拔机会比女职工多。超过半数（52.1%）的被调查者认为“女性照顾孩子和承担家务，会对提升机会造成影响”。

近六成受访者认为“女职工退休年龄比男职工早”并不是歧视，推动同龄退休面临意识阻碍。有26.4%的被调查者认为退休年龄的差异本身是对女性的歧视。但有近三分之二的被调查者认为“女职工退休年龄比男职工早”并不是歧视。

就业中的性别歧视普遍存在且表现形式多样，其产生有着深厚的社会历史原因，长期以来的传统思想影响着人们的观念，女性在职业选择中处于劣势地位。此外，用人单位出于经济功利思想考虑也会不愿意接收女大学生。尽管我国政府一直秉承男女平等原则，制定了多项保护女性就业的法规政策，但这些法规政策存在一定缺陷，使得政府的公平施政思想落实效果并不太理想，女大学生在求职和就业过程中遭遇性别歧视的现象时有发生。究其原因是多方面的，其根源是政策的失当和不到位。

1）政策中的“平等性”不明确

目前，保障女性就业权益的基础保障体系主要是以《宪法》《劳动法》《妇女权益保障法》等相关条文和由国家人力资源社会保障部发布的相关通知、方案、规章构成。而这类法规政策，没有对就业性别歧视的定义、类型、例外、上诉及处罚进行明确规定，使得女性的平等就业权没有真正体现。除此之外，还有一部分政策体现出对女性的保护不当。如国务院1998年发布的《国有企业富余职工安置规定》中规定，国有企业的富余女职工可通过一定的法定手续提出辞职、提前退休和解除劳动合同，这一规定使得女性较早地被迫退出劳动力市场。这从表面看是对女性劳动者的关心，事实上却造成了其群体利益的受损。

2）反就业性别歧视的政策性缺位

在反就业性别歧视方面，由于缺少相关政策的衔接，对就业性别歧视发生之后的诉讼途径和受理机构、举证责任由谁承担、惩罚措施如何执行等，都没有给予明确规定，更没有涉及已经逐步凸显的隐性就业歧视。而隐性就业性别歧视不仅造成受歧视女性时间、人力、财力和机会的浪费，而且难以取证。这让性别歧视行为缺少可以诉讼的法律依据，反就业性别歧视工作的开展就难上加难。

（资料来源：“中国职场反性别歧视”课题组．中国职场性别歧视状况研究报告．北京：北京大学法学院妇女法律与服务中心，2009；杨清．基于女大学生就业性别歧视的政策反思．福建医科大学学报（社会科学版），2010，6）

思考：

1. 从政策评估的角度，如何看待“单独二胎”政策出台过程中的博弈？

2. 从“单独二孩”政策看性别评估机制在公共政策中的缺席与问题，并讨论会对女性造成哪些影响？

3. 请根据案例二，结合女性在就业过程中受到歧视的现状，选取某一就业政策做一个简要的性别敏感性政策评估。

本章思考与讨论

1. 简述社会性别敏感性评估的流程及内容。
2. 从公共政策的角度，阐述社会性别敏感性评估的原则。

参考文献

[1] 上海市妇联课题组 . 社会性别视角下的社会公共政策评估研究 [C]. 上海市社会科学界第五届学术年会文集，2007：414-418.
[2] 申丽娟 . 性别平等和谐的公共政策研究 [D]. 太原：山西大学，2009.
[3] 齐艳英 . 关于完善我国社会性别平等的法律思考 [J]. 理论界，2007(7)：95-97.
[4] 叶文振，孙琼如 . 公共政策的社会性别分析——以福建为例 [J]. 山东女子学院学报，2013(3)：1-8.
[5] 陈秀娟 . 公共政策的社会性别分析框架研究 [D]. 济南：山东大学，2009.
[6] 彭南林 . 关于两性平等与和谐发展的思考 [J]. 特区理论与实践，2003(1)：58-61.
[7] 李影 . 公共政策，要更多地纳入性别视角 [N]. 河南日报，2008-05-08012.
[8] 林红 . 试析性别理论的核心思想及其学术价值——从性别概念的形成谈起 [J]. 福建论坛：人文社会科学版，2004(1)：117-119.
[9] 毛劲歌，刘伟 . 公共政策执行中的政府绩效评估探析 [J]. 湖南大学学报：社会科学版，2008(5)：68-71.
[10] 中国性别平等与妇女发展指标研究与应用课题组 . 中国性别平等与妇女发展评估报告 (1995—2005)[J]. 妇女研究论丛，2006(2)：11-21.

应 用 篇

8　劳动就业

8.1　劳动就业领域性别歧视概述

8.1.1　性别歧视的种类

1. 按照歧视发生的时间划分

1）前劳动力市场歧视（Discrimination in Pre-market for Human Resource）

前劳动力市场歧视又被称为过去市场歧视或间接市场歧视，它存在于劳动者求职之前。最明显的例子就是长期受传统观念的影响，我国教育投资中存在明显的性别差异。而在劳动力市场中除了能力淘汰之外，教育的性别投资也成为雇员甄选的重要依据之一。教育投资中存在的性别差异——女性教育投资长期被忽视，导致女性劳动者从进入劳动力市场开始就处于劣势。综合来说，前劳动力市场歧视主要表现为人力资本投资歧视，考虑性别因素的话就是指女性和男性获得能够提高劳动生产率的正规教育和在职培训的机会存在极大的差异，这种差异形成的原因是不合理的。

2）当前劳动力市场歧视（Discrimination in Present Market for Human Resource）

当前劳动力市场歧视又被称为市场歧视和直接市场歧视，指的是人们进入劳动力市场以后遇到的歧视。本书所研究的劳动力市场歧视主要是指劳动力市场中的性别歧视，即男性和女性从事同等的职位但所享受的各方面待遇却存在差异的现象，这样的一种歧视行为在劳动力市场中是常见的。例如，女性和男性从事相同的职业，处于同等职位的女性获得的工资报酬却明显低于男性，或者是女性在社会保障方面享受的待遇水平低于男性。当前劳动力市场歧视主要分为以下几种类型。

（1）工资歧视（Wage Discrimination），即基于与生产率因素无关的考虑而引起的工资差别，与性别因素相结合的话就是指仅仅由于性别的因素造成从事相同工作的人群工资水平存在差别。在目前的劳动力市场中工资歧视常见的表现是在非绩效工资的情况下，从事相同工作的两性劳动者，女性的工资水平低于男性。

（2）就业歧视（Employment Discrimination），是指在社会条件相同的情况下部分人群承担的事业比重高于其他人群。社会性别主流化研究的就业歧视是指在同等社会条件下，两性劳动者承受的失业率存在明显的差别。就我国而言，女性从业者占劳动者的比重低于男性，女性在劳动力市场中的可能就业机会低于男性。

（3）职业或工作歧视（Career Discrimination），是指某些群体或者个人有能力胜任某些职业，但却由于其自身的自然属性被拒绝进入这些职业。本书中所指的职业或工作歧视是基于性别因素而言的。当然，我们并不是说禁止女性进入不适合女性生理特征的职业是不合理的。对于女性而言，高科技行业的进入壁垒远高于男性，目前女性从事的行业多为低端服务业。但幼儿园教师中女性几乎占垄断地位同样是对男性劳动者的一种职业歧视。

2. 按照社会影响程度划分

1）普通歧视（Common Discrimination）

普通歧视就是日常生活中人们普遍谈论的对弱势群体的歧视。它包含直接歧视（Direct Discrimination）和间接歧视（Indirect Discrimination）。社会性别主流化研究的歧视主要是性别歧视，其中直接的性别歧视是指虽然性别因素与职业无关或者没有合理的理由但仍受到区别对待，而间接的性别歧视则是指男女因性别差异受到不成比例的差别待遇，且这两个群体之间的差别不是偶然发生的。在劳动就业领域的普通歧视主要是针对女性从业者而言的，相对男性而言，女性在劳动力市场中往往处于弱势，就业机会的不平等、薪酬待遇的不公平、社会保障的低水平等都成为劳动就业领域歧视女性的重要表现。

2）反向歧视（Reverse Discrimination）

反向歧视（Reverse Discrimination，美国）、积极歧视（Positive Discrimination，英国）、公平就业（Fair Employment，加拿大）或肯定性行动（Affirmative Action，美国）是一个学理概念，其表现形式为对特定群体的特别保护、照顾和优惠措施。随着公民权利意识的增强以及社会精神的现代化，现实生活中这种明显的、直接的歧视与不平等正在减少，而各种表面平等，实质上构成歧视的情况却很普遍，这就是所谓的“反向歧视”。这种很大程度上是由于政府等其他组织的“纠偏”过度造成的，它本身也可能成为法律所禁止的歧视。

劳动就业领域的反向歧视主要指，对女性从业的关注与尊重而造成对男性从业者的歧视。这种现象在幼儿园教师、护工等职业中较常出现。

8.1.2 我国劳动就业领域性别歧视的现状

1. 行业从业人员男女数量(见图 8-1、图 8-2)

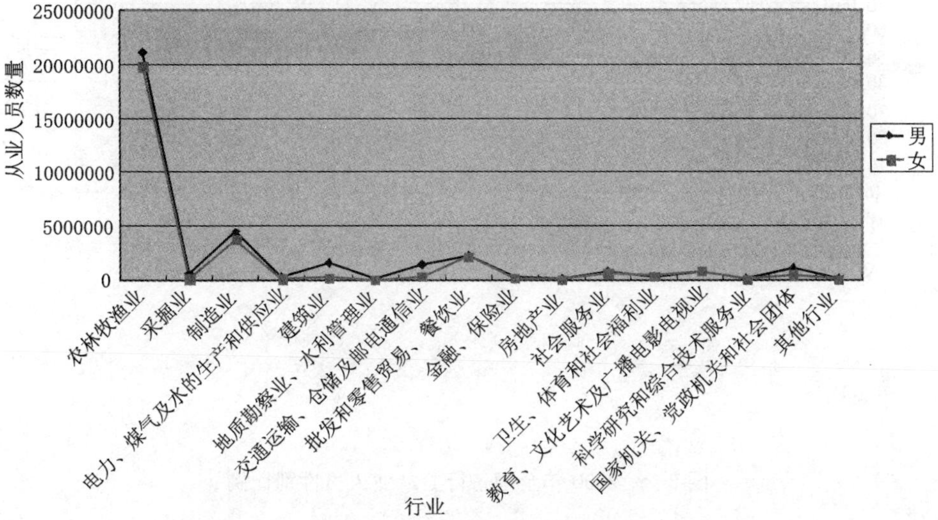

图 8-1 2000 年全国各行业从业人员性别分布情况

(数据来源:2000 年第五次全国人口普查长表数据)

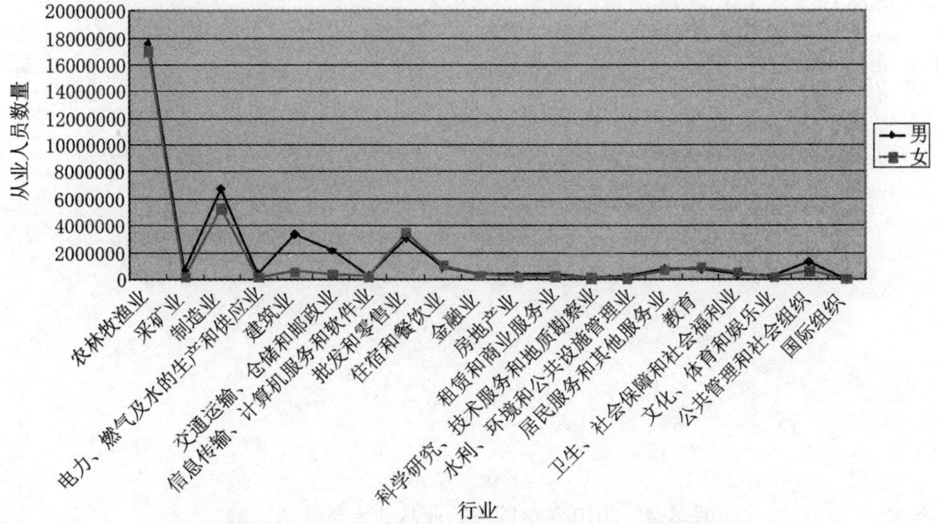

图 8-2 2010 年全国各行业从业人员性别分布情况

(数据来源:2010 年第六次全国人口普查长表数据)

2. 各行业从业人员性别比例(见图 8-3、图 8-4)

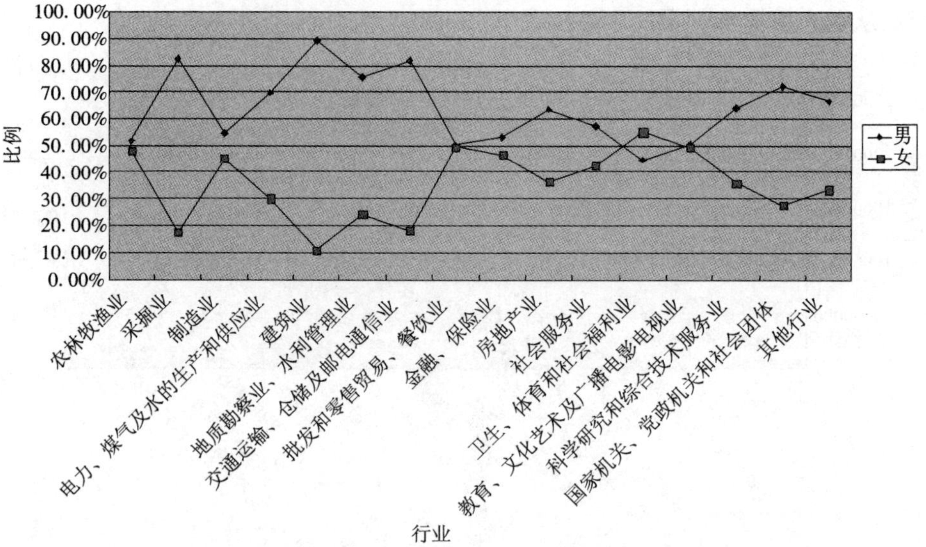

图 8-3 2000 年全国各行业从业人员性别比例

(数据来源：由 2000 年第五次全国人口普查长表数据计算得出)

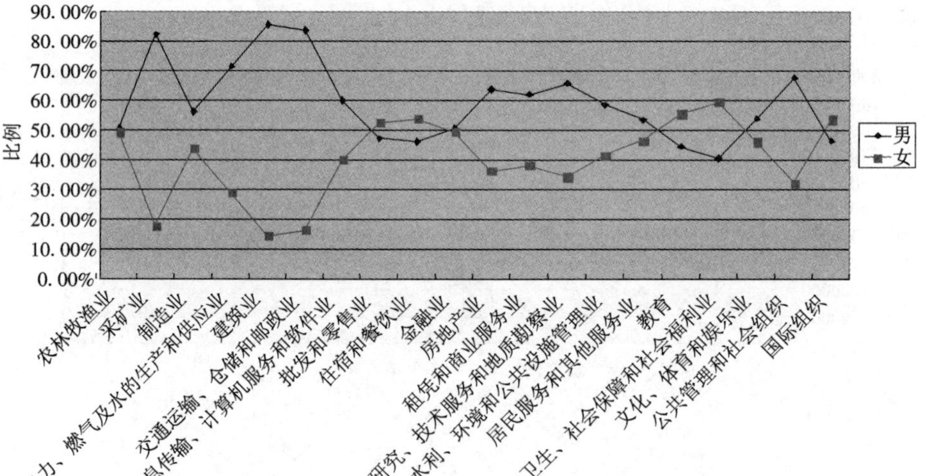

图 8-4 2010 年全国各行业从业人员性别比例

(数据来源：由 2010 年第六次全国人口普查数据计算得出，因为所有数据未达到 90%，所以没有 100%)

3. 行业平均工资水平(见图 8-5)

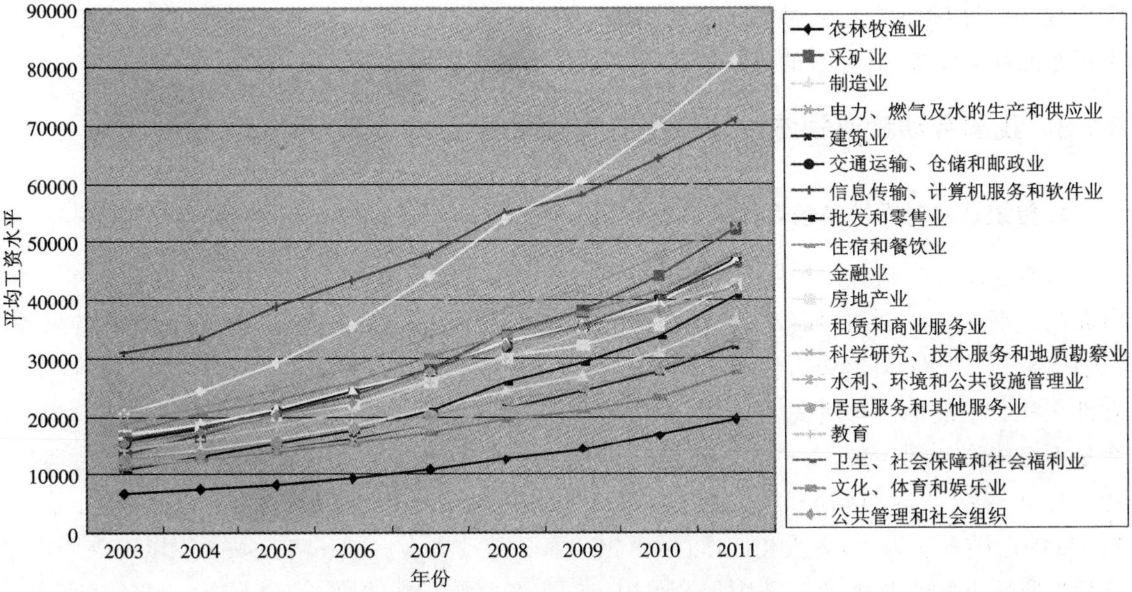

图 8-5 2003—2011 年各行业平均工资水平

(数据来源:2012 年国家统计年鉴)

2000—2010 年我国女性从业人数上升,且占总体从业人数的比例有所提高,但值得注意的是女性从业者多分布于制造业、批发零售业、住宿和餐饮业、教育、社会保障和社会福利行业,女性在这几大行业中所占的比例甚至超过男性。这些行业有几个明显的特征:首先,这几大行业劳动强度相对较小;其次,这几大行业对于技术的要求相对较低;最后,这几大行业多为劳动密集型产业。另外,通过 2003—2011 年各行业平均工资水平图,我们发现从 2003 年到 2011 年,各行业平均工资水平都出现了较大程度的涨幅,其中涨幅相对较大的行业几乎都属于男性从业者占主体的行业,最为明显的就是金融行业。女性从业者集中的几大行业平均工资虽然也有所增长,但增长的幅度明显低于金融、租赁服务业、计算机服务与软件业等男性占主体的行业。

因此,在目前的社会情况下,虽然越来越多的女性能够在劳动力市场中获得就业的机会,但由于生理条件以及市场的歧视行为造成女性择业与就业的限制,这不能说是一种公平的就业环境,也不是一个有序的劳动力市场。同时,抛开女性从事与男性同样的岗位获取的薪酬待遇却低于男性的现象不谈,目前女性从业者集中的行业普遍属于薪酬待遇水平相对较低的行业,这也造成了女性在经济中的弱势地位。

虽然国家劳动就业领域的有关法律法规、方针政策明确规定由于女性的生理特征禁止女性从事某些职业,这是一种社会性别主流化在立法和政策制定中的体现,也是一种积极的社会现象。但目前我国劳动就业领域中男女两性就业的畸形分布是由于企业在员工招聘过程中有偏差的社会性别主流化。企业在职位设置、员工招聘过程中过多考虑性别因素或者对性别因素的思量出现偏差，导致企业职位分析的结果显示该职位由男性担任会优于女性。这种在职位设置、员工招聘过程中对性别因素的考虑虽然也是社会性别主流化的一种表现，但这是一种不正常的社会现象，其导致的结果就是劳动就业领域的性别歧视。

8.1.3　我国劳动就业领域性别歧视产生的原因

1. 传统认知对女性角色定位的偏差

男尊女卑、三纲五常、三从四德等传统观念延续了几千年，女性长期被定位为男性、家庭的附属品。受传统观念的影响，女性在社会中充当的角色被简单地定义为繁衍后代、操持家务，“大门不出，二门不迈”成为传统中国女性形象的代表。虽然受到国际女权运动的影响，中国女性在社会中的地位有所提升，但由于观念、意识的路径依赖性，几千年的传统观念要完全转变是不可能的，“男主外，女主内”的情况普遍存在，很多女性似乎也安于这样一种社会现象。2011年国家统计局和妇联联合发布的第三期中国妇女社会地位调查主要数据报告显示：72.7%的已婚者认为，与丈夫相比，妻子承担的家务劳动更多。被访者反映3岁以下孩子由家庭承担照顾责任的占99.9%，其中母亲承担日间主要照顾责任的比例为63.2%。城镇25~34岁有6岁以下孩子的母亲在业率为72.0%，比同年龄组没有年幼子女的女性低10.9个百分点。

由此可见，相对男性而言，女性特别是母亲在家庭中花费更多的时间，也承担着更高的失业率。传统认知赋予女性在家庭中的责任使得女性不得不在就业的同时分散精力以完成家务劳动，女性也往往选择时间相对灵活的职业。而以成就为导向的男性在就业过程中则可以做到完全投入，从而受到雇主的青睐。雇主在进行性别歧视的过程中很多时候是受到传统观念的影响，潜意识中认为“女不如男”，从而造成以性别因素为出发点的差别性待遇。

2. 男女受教育程度差异（见图8-6、图8-7）

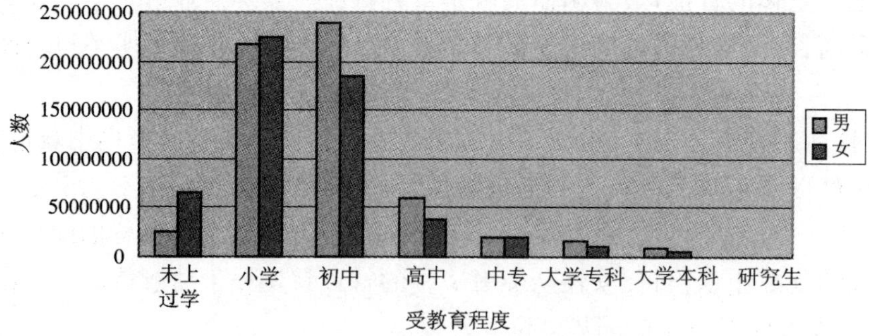

图8-6　2000年男女受教育程度差异

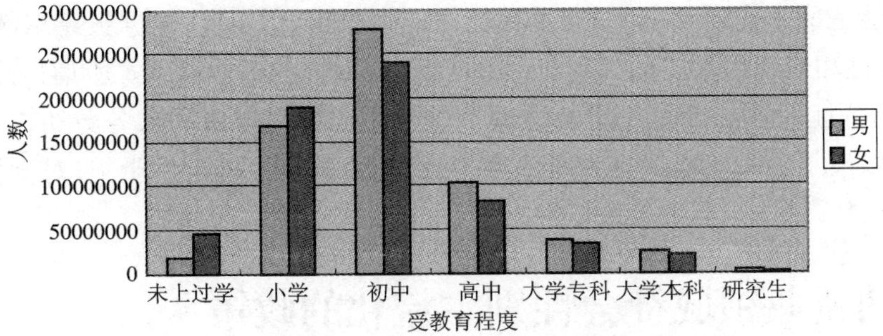

图 8-7　2010 年男女受教育程度差异

由我国 2000 年第五次和 2010 年第六次全国人口普查数据可知，虽然经过 10 年的国民经济、社会、文化等全面发展，女性受教育水平有很大的提高，但是相对于男性而言，女性的受教育状况还是令人堪忧的。未上过学和只有小学教育程度的女性要多于男性，而在初中、高中、大学以及研究生阶段女性人数要少于男性人数，这反映女性受高等教育平均水平明显低于男性平均水平的总体概况，这就造成女性知识结构的不完整化。该结果一定程度上受到传统观念的影响，女性作为男性的附属，家庭对其受教育水平不存在较高的期望，部分女性在潜意识中对这种观念持认同态度，特别是在农村，教育对于女性来说甚至是一种奢侈品。

此外，男性与女性的知识结构体系和思维方式也颇有差异。在高中阶段，理科学生男性居多，而文科学生女性居多。以数理化为支撑的理科知识培养科学理性的思维方式，进一步决定了理科生做事严谨有逻辑的行为方式；以文史哲为支撑的文科知识培养文艺感性的思维方式，进而决定文科生浪漫主义的行为方式。技能型职业需要具有理科知识体系的男性，而具有文科知识体系的女性多从事于行政等辅助型职业。社会职业对专业知识的不同要求也是造成男女两性就业差异的原因之一。另外，在实际的招聘过程中，雇主需要能力较高的职员，而现实生活中雇主一般以学历作为衡量能力的一个重要指标，女性在高等教育中处于劣势地位，这就使女性在求职过程中面临难题。

3. 女性生理特征

由于身体构造的不同，女性和男性生理特征差异明显。相对于男性而言，女性体格柔弱，对恶劣的工作环境承受能力低。另外，女性生命周期中的经期、孕期、哺乳期是男性所没有的。这就决定了女性不适合从事劳动强度过高的职业，如矿山井下作业、负重过大作业等。女性在就业过程中因其生理特征出现的就业中断是合法的，也是受法律保护的，用人单位不得因女职工怀孕、生育、哺乳而降低其工资、予以辞退、与其解除劳动或者聘用合同[①]。

随着我国户籍管理制度的松动，人口流动的规模和范围不断扩大，劳动力供给受地域上的阻隔越来越小，整体雇佣成本降低。女性在生理期、哺乳期等特殊时期工作时长减少，但给付的薪酬不变或只能做小幅度调整，在这段时间内女职工的雇佣成本是上升的，部分企业往往在女职工哺乳期内单方面解除劳动合同。此外，很多女性在正常的工作时间需要分散精力来承

① 《女职工劳动保护特别规定》第五条。

担家务，很可能造成工作质量下降，雇主往往为此产生工资歧视。根据贝克尔歧视理论，自然附着成本是女性相对于男性的额外支出，是雇主拒用女性的根本原因。所谓自然附着成本，即因为女性生理特征而被准许工作量合法减少以及相比男性多出的家务劳动。从雇主立场来看，雇主期望以最小成本获得最有效率的产出，故则会偏好雇佣男性员工，对女性员工歧视自然就产生了。

8.2 劳动就业领域社会性别主流化的政策

8.2.1 劳动就业领域国内公共管理中的社会性别主流化

不管是管理者有意为之还是无意之举，劳动就业领域的社会性别主流化自从新中国建立以来就一直持续存在着。目前来说，社会性别主流化主要体现在立法机关立法、行政机关制定和执行政策以及体现该意识的项目实施和组织机构的建立。不管是全国人民代表大会及其常务委员会还是地方各级人民代表大会及其常务委员会，或是中央政府还是各级地方政府都开始越来越多地在其行政规章命令、政策的制定过程中体现对于性别因素的考虑。

以下将从国家层面和省级行政单位层面对我国劳动就业领域中体现社会性别主流化的法律法规、方针政策以及机构项目进行介绍。

1. 法律法规

1）国家层面

经过几十年的发展，我国劳动就业领域的法律体系已经初步建成，而随着越来越多的女性进入职场，劳动力市场中男女两性在劳动就业中存在的差异和矛盾也陆续显现出来，性别歧视成为备受社会各界人士关注的问题。在这样一种社会形势下，立法者在制定法律法规的过程中不得不考虑由性别因素带来的劳动力市场中存在的差异性以及由此可能带来的一系列问题。

在国家层面上来说，我国劳动就业领域形成了以《中华人民共和国劳动法》《中华人民共和国劳动合同法》为核心，以《中华人民共和国就业促进法》《中华人民共和国社会保险法》《中华人民共和国妇女权益保障法》为辅助的法律体系，在这一系列的法律中大多数都体现出对劳动就业领域中的弱势群体——女性劳动者的保护与尊重，维护女性在劳动力市场中与男性平等的权利。虽然劳动就业领域社会性别主流化不仅仅是指男女平等，但男女平等却是社会性别主流化的一大重要内容，劳动领域的法律体系对女性劳动者权利的维护是法律制定者对性别因素考虑的结果，体现了社会性别主流化的要求（见表 8-1）。

表 8-1 国家层面劳动就业领域法律法规①

法律、法规	内容
《中华人民共和国劳动法》	保护劳动者的合法权益，调整劳动关系，建立和维护适应社会主义市场经济的劳动制度，促进经济发展和社会进步
《中华人民共和国劳动合同法》	完善劳动合同制度，明确劳动合同双方当事人的权利和义务，保护劳动者的合法权益，构建和发展和谐稳定的劳动关系
《中华人民共和国就业促进法》	促进就业，促进经济发展与扩大就业相协调，促进社会和谐稳定
《中华人民共和国社会保险法》	规范社会保险关系，维护公民参加社会保险和享受社会保险待遇的合法权益，使公民共享发展成果，促进社会和谐稳定

特点如下。

我国劳动就业领域现已形成的法律体系中对社会性别主流化的突出贡献主要是对于女性劳动者权益的保护，不管是《中华人民共和国劳动法》《中华人民共和国劳动合同法》，还是《中华人民共和国妇女权益保障法》都充分强调了女性在劳动市场中享有同男性平等的地位和权利。如《中华人民共和国宪法》《中华人民共和国劳动法》《中华人民共和国劳动合同法》等都明确规定男女劳动者享受平等的待遇，强调男女平等是对社会性别主流化狭隘的理解。当然如《中华人民共和国妇女权益保障法》不再只是单纯地强调劳动就业中男女平等，它体现的是立法者在考虑性别因素的基础之上禁止女性进入一些职业，同时肯定女性同男性有同等的机会进入除禁止进入职业之外的其他职业的思想，相较于单纯强调男女平等而言这更接近于社会性别主流化的实际内涵和思想。

因此，值得肯定的是我国劳动就业领域法律法规所体现的社会性别主流化思想越来越接近其真实内涵，这是立法者和政策制定者对于社会性别主流化的认识和理解更加深入的体现，这也将引导整个社会在社会性别主流化中取得有效进展。

但在肯定成绩的同时，我们还应清醒地认识到，在部分法律法规对社会性别主流化认识更加深入贴切的同时，大多数法律法规对于社会性别主流化的理解仍旧停留在男女平等这一浅显认识上。除此之外，我国法律法规对于推动社会性别主流化进程所发挥的作用还有待考究。通过对法律条款的分析，我们不难发现，不管是母法——《宪法》还是其他劳动就业领域的法律法规，它们体现社会性别主流化的规定多是原则性的，规定宽泛而模糊，可操作性不强。这就使得劳动就业领域关于性别问题的劳动纠纷案件频发，劳动力市场中的雇主也可以打着“社会性别主流化”的大旗进行“性别歧视”。而法律对于女性劳动者权益过分纠偏将加重雇主雇佣女性的成本，无形中成为雇主进行性别歧视的一种催化剂。

法律的制定是体现公共部门对于社会性别主流化认识和理解最直接、最便捷的方式，但是引导社会行为的导向，“纠偏”是其功能，但是过分“纠偏”也可能带来过高的社会成本以及“反向歧视”等问题。立法者如何通过制定法律法规来推进社会性别主流化的正常发展成为今后劳动就业领域立法应该更加深入思考的问题。

① 详细内容见附录。

2）省级层面

社会性别主流化在省级行政规章、行政命令上的体现是主要是各个省级行政单位在国家法律法规的基础上制定实施办法或者是实施条例。这些实施办法或实施条例大多秉承了国家层面法规的思想，并对其中的要点进行扩充性、明确化的说明，增强其可操作性。此处主要对各省级行政单位关于《中华人民共和国妇女权益保障法》实施办法和《中华人民共和国就业促进法》实施办法进行分析说明。

（1）全国31个省级行政单位关于《中华人民共和国妇女权益保障法》实施办法有关劳动就业的内容见表8-2。

表8-2　全国31个省级行政单位关于《中华人民共和国妇女权益保障法》实施办法有关劳动就业的内容

<table>
<tr><th></th><th colspan="3">规定内容</th><th colspan="2">涉及该项目的省级行政单位数量</th></tr>
<tr><td rowspan="5">就业</td><td colspan="3">就业培训平等</td><td colspan="2">24</td></tr>
<tr><td colspan="3">就业机会平等</td><td colspan="2">30（除法律规定的不适合妇女的工种或者岗位外，不得以性别为由拒绝招用妇女或者提高对妇女的招用标准）</td></tr>
<tr><td colspan="2" rowspan="2">职务晋升机会平等</td><td>男女</td><td>10</td><td rowspan="2">20</td></tr>
<tr><td>生育与非生育</td><td>14</td></tr>
<tr><td colspan="3">从事的就业岗位</td><td colspan="2">31（不得使女性从事国家规定禁止从事的工种或工作岗位）</td></tr>
<tr><td rowspan="12">劳动</td><td rowspan="2">劳动薪酬</td><td colspan="2">男女同工同酬</td><td>8（北京市、上海市、重庆市、山东省、湖南省、四川省、云南省和西藏自治区）</td><td rowspan="2">29</td></tr>
<tr><td colspan="2">女职工生育中与生育前同酬</td><td>28（其中上海规定不得低于原工资收入的80%）</td></tr>
<tr><td rowspan="3">劳动关系</td><td rowspan="2">劳动关系的建立
女职工专项集体合同</td><td>不合理条款</td><td>18</td><td rowspan="2">18</td></tr>
<tr><td>11</td><td></td></tr>
<tr><td colspan="2">劳动关系的终止</td><td colspan="2">31</td></tr>
<tr><td colspan="3">退休（不得强制其提前或者推迟退休）</td><td colspan="2">17（北京市、上海市等）</td></tr>
<tr><td colspan="3">劳动时间（不得延长工作时间、节假日规定强制加班）</td><td colspan="2">10</td></tr>
<tr><td rowspan="5">劳动保障</td><td colspan="2">生育、生理期特殊照顾</td><td>31</td><td rowspan="5">31</td></tr>
<tr><td colspan="2">男女同等社会福利</td><td>9（北京市、上海市、重庆市、山东省、安徽省等）</td></tr>
<tr><td colspan="2">生育保险</td><td>26</td></tr>
<tr><td colspan="2">疾病检查</td><td>28</td></tr>
<tr><td colspan="2">住房分配</td><td>12</td></tr>
</table>

特点如下。

整体来说，各省级行政单位《中华人民共和国妇女权益保障法》实施办法秉承了《妇女权益保障法》的主要内容，在很大程度上体现了省级行政单位对于中央立法中社会性别主流化思想的继承和发展。

相较于国家层面原则性的立法，地方行政法规并未做出较大的改进，对于有关规定并未进一步明确，甚至出现忽略国家层面有关规定的情况。

在就业方面，对于除女性禁止从事的工作岗位之外的其他职业女性享有和男性同等的工作机会做出了明确的规定，但是在职位晋升方面则出现允许男性的晋升机会高于女性、非孕期女性高于孕期女性的情况，这可能是出于对性别因素的考虑，但这种考虑造成的直接后果是性别歧视。

与劳动有关的规定方面，明显的一大缺陷是大部分省级行政单位忽视《妇女权益保障法》中提出的男女同工同酬规定，只有北京市、上海市、重庆市、山东省、湖南省、四川省、云南省和西藏自治区 8 个省级行政单位对于男女同工同酬做出了明确的规定，其他省级行政单位不是直接未作出规定，就是歪曲该规定。另外，关于劳动关系的建立、解除、终止等的规定也并不完整，特别是对于哺乳期女职工劳动关系的规定很模糊。

在劳动保障方面，存在的缺陷主要是男女职工社会福利保障的不平等，只有北京市、上海市、重庆市、山东省、安徽省 5 个省级行政单位在《中华人民共和国妇女权益保障法》实施办法中明确规定女性享有和男性同等的社会保障等福利待遇，另外青海省、黑龙江省、辽宁省、海南省则规定女职工在某些社会福利方面享有同男职工同等的待遇。总体来说，女职工在社会福利和社会保障方面享有同等的权利未得到合理的保护。另外，关于退休的规定同样不完整，仅有北京、上海等少数几个省级行政单位明确规定不得以性别为由要求员工提前或者推迟退休，有关退休的规定不完善的局面也造成了部分女职工被强制提前退休或者推迟退休。

省级行政单位制定的《中华人民共和国妇女权益保障法》实施办法中社会性别主流化主要体现在对于劳动力市场中弱势群体——女性从业者的保护，在考虑劳动力市场中因性别因素带来的职业适应性问题以及职业歧视问题的基础上，对于女性从业者再就业过程中的平等就业机会、公正的薪酬待遇等做出相对明确的规定。

各省、直辖市关于《中华人民共和国妇女权益保障法》实施办法是对《中华人民共和国妇女权益保障法》的重申，并未进行细化或是增强其可操作性。而在制定过程中出现的条款省略、重点不突出等问题也使得其所体现的社会性别主流化意识大打折扣，对于社会性别主流化的推动作用也低于大众预期。

（2）全国各省级行政单位《中华人民共和国就业促进法》实施办法的分析（23 个省市出台具体办法）见表 8-3。

表 8-3　全国各省级行政单位《中华人民共和国就业促进法》实施办法的分析

<table>
<tr><th>国家层面</th><th colspan="2">涉及该项目的省级行政单位数量及具体实施情况</th></tr>
<tr><td>政府创造公平就业环境（各级人民政府创造公平就业环境，消除就业歧视，制定政策并采取措施对就业困难人员给予扶持和援助）</td><td colspan="2">12（安徽、河北、河南、湖北、湖南、吉林、江西、内蒙古、宁夏、新疆、山西、西藏）</td></tr>
<tr><td>平等就业权利（用人单位及中介机构应当向劳动者提供平等就业机会和公平就业条件。除国家规定的不适合妇女的工种或岗位，不得以性别为由拒绝录用妇女或提高录用标准）</td><td colspan="2">15（河北、新疆、安徽、广东、重庆、辽宁、陕西、江苏、江西、内蒙古、西藏、湖南、湖北、吉林、云南，其中河北省规定妇联应当结合妇女特点开展促进妇女就业工作；湖南省列出不属于就业歧视的情形）</td></tr>
<tr><td>平等劳动权利（用人单位录用女职工，不得在劳动合同中规定限制女职工结婚、生育内容）</td><td colspan="2">6（广东、陕西、辽宁、江西、吉林、西藏）</td></tr>
<tr><td rowspan="2">国家层面没有提及内容</td><td>薪酬</td><td>3（吉林、江西及陕西三省规定用人单位不得因性别等原因设置不同薪酬标准，应当对录用人员同工同酬）</td></tr>
<tr><td>就业援助</td><td>12（北京、广东、广西、海南、湖南、湖北、江苏、内蒙古、山西、新疆、云南、重庆各省对女 40 周岁以上、男 50 周岁以上的就业困难人员实行优先扶持和重点帮助）</td></tr>
</table>

《就业促进法》以专章形式确立公平就业制度，涉及社会性别主流化的规定有三条：一是明确政府维护公平就业的责任，创造公平就业环境，消除就业歧视，保障公平就业权利；二是规定用人单位及中介机构应向劳动者提供公平就业条件及公平就业机会，不得实施就业歧视；三是要求用人单位录用职工时，不得提高对妇女的录用标准，不得在劳动合同中规定限制女职工结婚、生育内容。

特点如下。

大多省市出台的具体实施办法总体贯彻了《就业促进法》精神，但是在具体实施公平就业的内容方面比较笼统和概念化，虽有"不得歧视"条例，但是如何将这些规定落到实处，并没有更详细的实施办法。很多省份只是重复《就业促进法》中条例或简单提及"不得歧视"，并且可以发现，许多省份在录用女职工时，"不得在劳动合同中规定限制女职工结婚、生育的内容"直接被省略。

总体来说，各个省级行政单位基于国家层面法律法规制定的行政规章继承了国家层面法律法规中所体现的社会性别主流化思想，但这些行政规章更多的是对国家法律法规的重申或转述，缺少操作性较强的规则，关于社会性别主流化也和国家层面的法律法规相似，多停留在简单的男女平等层面上，少有深入的探讨。

2. 支持性项目、政策

劳动就业领域社会性别主流化在支持性项目和政策上的体现主要是政府考虑到女性在就业、再就业和创业中所处的弱势地位而通过建立相关组织、给予政策支持或者是采用国际合作的方式促进女性在劳动就业中的发展。

中国妇女发展基金会成立于1988年12月，是经中国人民银行批准、民政部注册的全国非营利性社会公益组织，是独立的社团法人。二十几年来，中国妇女基金会本着全面提高妇女素质、维护妇女合法权益、促进妇女和妇女事业发展的宗旨，向国内外企事单位、社会组织和个人募集资金和物资，在妇女教育、培训、扶贫和救灾等多项公益活动中，充分发挥自身组织特殊的社会职能。

该组织所服务的对象主要是已婚女性，关注该群体的发展，考虑到该群体在劳动就业领域中所面临的困境，基金会建立辅助性项目促进已婚女性实现就业或者自主创业。

1）妇女小额贴息贷款政策（妇女创业小额贷款政策）

妇女小额贴息贷款项目是由中华人民共和国财政部、人力资源与社会保障部等联合发起的一项以促进女性就业、再就业以及创业为目的的政策，之后该政策得到一系列的完善与发展，并将妇联组织纳入该项目的管理。

将妇联组织纳入小额担保贷款工作体系，财政部门为妇联组织提供工作经费支持奖补资金，将小额贷款政策覆盖面从城镇失业人员和就业困难人员拓展至农村妇女，符合规定条件的农村妇女均可在此基础上申请贷款，提高妇女小额担保贷款额度。

2012年全国妇联开展万名妇女小额担保贷款财政贴息政策实施状况调查，调查结果显示，截至2012年9月底，全国新增贷款553.11万元，超过前两年贷款总合；累计发放贷款超过千亿元，获贷妇女234.45万人次[1]。

妇女小额贴息贷款政策为有创业意愿的女性提供资金支持，也为女性就业的人力资本投资提供资金支持，在一定程度上提高女性在劳动力市场中的竞争力。这是政府部门在考虑女性性别因素的基础之上提出的政策项目。

2）中德下岗妇女再就业项目

中德合作下岗妇女再就业项目启动于1999年4月，中方实施机构为国家劳动和社会保障部，具体承担单位为中国就业培训指导中心，德方实施机构为各国技术合作公司。项目实施期限为7年，第一阶段自1999年4月至2003年3月，南京市作为唯一的实施城市，南京市劳动和社会保障局在项目领导小组的指导下开展工作，负责项目的具体实施；第二阶段自2003年4月至2006年3月，辽宁省本溪市成为项目的第二个实施城市。

该项目以接受项目培训和服务以及项目成果推广过程中受益的南京和本溪市下岗失业妇女、南京和本溪市各级劳动就业服务部门的工作人员为目标群体，以下岗失业妇女能够成功谋取就业岗位或自办并经营小企业为最终目标，项目的工作目标分解为四个子目标：①建立符合妇女就业和用人单位需求的就业服务体系并向下岗失业妇女提供有效的服务；②根据妇女和用人单位的需求向下岗失业妇女提供培训和转岗培训；③实施贴近经济发展的就业促进措施；④通过培训和咨询指导，提高下岗失业妇女创建和经营小企业的能力。中德合作下岗妇女再就业项目主要的四个工作领域为职业培训、职业指导、职业介绍（人员租赁）、创业促进。

经过7年的项目实施，该项目成功带动了南京和本溪两个城市的妇女再就业和创业，本溪市失业妇女再就业成功率达到46%，南京市失业妇女再就业成功率达到53.2%，妇女创业人数均达到两市创业人数的50%。而通过该项目的培训，南京市和本溪市大多数参与该项目的失业妇女都获得了有关职业技能的培训并获得职业技能证书，同时在合作单位的实习过程中60%的女性获得了就业岗位。可以说，该项目对于失业妇女再就业所发挥的作用是积极的，不仅仅是使失业妇女重新回到工作岗位实现自我价值，更重要的是经过该项目的培训女性获得了重要的职业技能。

考虑到失业女性再就业和女性创业相对于男性来说面临着更多的困难和挑战，中德失业妇女再就业项目制定了一系列针对女性的就业培训项目，使众多女性成功再就业或创业，这是国际合作项目中推动社会性别主流化的典范。

8.2.2 劳动就业领域国外公共管理中的社会性别主流化

国外为推进劳动就业领域社会性别主流化的进程普遍选择通过立法、建立相关组织机构或者两者相结合的方式。

1. 立法

1）美国（见表8-4）

表8-4 美国为推动社会性别主流化的相关法律法规

行动	作用
《1964年民权法案第七章》修正案（《1972年均等雇佣机会法案》）	由美国平等就业机会委员会制定，禁止种族、肤色、性别、原属国籍歧视
行政命令	禁止与联邦签订了1万美元以上合同雇主（及其子承包商）实施雇佣歧视；成立联邦合同执行计划管理署；要求制定积极行动计划
联邦机构准则	说明有关性别、原属国籍及宗教歧视的政策以及雇主在遵守均等机会法律时所要遵守的程序，如测试的合法性
最高法院判决：格里格斯诉杜克电力公司案，奥比马尔纸业公司诉穆迪案	规定：工作要求必须与圆满完成工作相关；要证实的歧视不必是公然的；雇主的举证责任是证明有关资格要求是合法的
《1963年公平薪资法案》	要求对从事同样工作的男工和女工给予同样的工资
《1978年怀孕歧视法案》	禁止在雇佣中歧视孕妇，或歧视处在与怀孕有关情况下的妇女
《1991年民权法案》	让雇主承担举证责任，并允许受害人索取歧视赔偿金和罚金

美国的法律法规较多地体现了社会性别主流化意识，性别因素成为影响立法者立法的重要因素。除上述法案以外，1865年《宪法》、1935年《全国劳工关系法》、1935年《社会保障法》、1938年《公平劳动标准法》、1964年《民权法》等法案中也明显地体现了美国国会在立法过程中对于性别因素的重视。

美国作为一个标榜自由、平等的资本主义国家，国家法律中对于性别因素的考虑相对于发展中国家来说还是相对完善的。同时，美国对于社会性别主流化的关注相对于其他国家来说是比较早的，这可能与美国较早兴起女权运动有关。或许，美国并不是如其标榜的那样为每个人提供公平的机会，但不可否认的是美国法律对性别平等给予了较高的关注，并且这些法案相对于中国原则性的规定来说更加细化、明确化、完备化，在可操作性上是高于中国法律的。

2）日本（见表 8-5）

表 8-5　日本为推动社会性别主流化的相关法律法规

法律	作用
1947 年《日本国宪法》第十四条	在政治、经济或社会关系中，不得以性别的不同而有所差别；确立的男女平等的基本原则
1976 年《日本劳动基准法》	规定：雇主不得以受雇者是女工为理由而在工资方面规定与男工不同的待遇（同工同酬原则）；基于女性在生理上、体力上弱于男性的认识以女工及未成年工专章形式对女工经期、孕期等阶段劳动做出保护规定
1985 年《男女雇佣机会均等法》	要求企业应在雇佣和升迁职工时平等对待男女职工，同时禁止在培训、社会保障、退休年龄、辞职等方面存在性别歧视
1995 年《雇佣保险法》	增设“育儿休业给付”条款，后又增加“护理休业给付”，这是对哺育婴儿的女性给予一定补助的雇佣保险政策，体现了保护女性休业后生活的立法意图

特点如下。

美日两国在劳动领域有关男女平等的法律法规制定上具有很大的相似性，最明显的特征就是其完备性、细节性，对于薪酬、劳动时间等重要内容都分别进行立法，与中国指导性立法相比，美日两国法律体系的可操作性更高。

2. 组织机构的建立

1）新加坡

国家劳动仲裁法庭、劳资纠纷调查委员会、全国工资理事会、国家生产委员会是新加坡为解决劳动关系，按照政府、雇主及工会三方原则建立的机构。

国家劳动仲裁法庭是 1960 年新加坡政府根据《劳动关系法》条款成立，由专职庭长、10 名雇主陪审员和 10 名工会组织陪审员组成。劳动仲裁法庭对劳资纠纷有完全裁量权，裁决对双方都具有法律效力。劳动仲裁法庭确认雇主和工会签订的集体合同合法性并负责对集体合同解释及由于正当理由对集体合同进行修订的要求。此外，劳动仲裁法庭还可以通过登记员向纠纷双方提供非正式调解服务，利于雇主与员工之间沟通理解，构建稳定的劳资关系。

劳资纠纷调查委员会是由劳工部授权成立，对劳资纠纷进行调查并向政府提出调查报告的政府非常设机构。新加坡《劳动关系法》规定在劳资纠纷无法通过集体谈判和依法裁定解决时劳工部部长组建劳资纠纷调查委员会，任命委员会成员。劳资纠纷调查委员会中期成果向劳工部部长报告，最终结果向议会报告，其裁决具有法律效力。当案件终结时，调查委员会解散。

全国工资理事会成立于1972年，是由劳方、资方、政府合作的一个规划工资增长原则的三方代表协商机构。理事会每年年初举行会议，对企业工资增长提出指导意见，同时该理事会也会对企业的工作条件、福利补助、津贴等提出建议。劳资双方会对其建议加以考虑，做出一定改善。全国工资理事会在协调劳资关系方面起到积极作用。

国家生产委员会是以提高管理者、工人的生产意识，提高企业劳动生产率为目标，由专业学术团体加入组成的机构。1981年该委员会制定专门班子起草20世纪80年代新加坡开展改进工作态度、改善劳资关系的运动报告。国家生产委员会以提高管理者及雇员素质为手段，从而达到减少劳动纠纷、协调劳资关系的目的。

2）其他各国情况

日本在2000年根据《男女共同参画社会基本法》制定基本蓝图（Basic Plan），并于内阁设立性别平等议会，由12位内阁阁员及12位学者组成，由首相担任主席。整个内阁各部部长共同组成性别平等促进部。英国在首相办公室下设有一个妇女工作小组，主要功能在提供政府和民众之间的沟通对话机制。意大利在1990年成立了由总统召集的全国性别平等委员会。芬兰设有两性平等调查工作室及社会事务与健康部。挪威的相关机构是儿童与家庭事务部和健康及社会事务部。瑞典的妇女事务则是由社会安全处、社会服务处、健康照顾处和公共卫生处多部门处理。

8.3　社会性别主流化在劳动就业领域的进程

我国推进劳动就业领域的社会性别主流化是一个持续性的过程，以我国经济发展、就业制度变迁等因素为基础，大致将我国自新中国建立至今的社会性别主流化进程划分为四个阶段。经历1957—1978年的曲折之后，我国劳动就业领域的社会性别主流化发展逐渐走上正轨，并呈现深入发展之势。不论是在立法上还是在机构设置上，都体现出公共管理者在施政过程中对性别因素的考虑。以公共管理者为导向，整个社会在运转过程中对于性别因素的考虑也越来越明显，女性的权益在受到保护的同时也保障女性享受平等的权益。

8.3.1　社会性别主流化初现端倪

1949—1956年，这一时期我国的就业制度为完全的计划式就业，即劳动力的就业由国家统一介绍、统一调配，劳动就业中女性和男性享有同等的机会，社会性别主流化初现端倪。

1949—1956年，从新中国成立到社会主义三大改造的完成，中国社会主义建设在摸索中进行，在计划经济的背景之下逐步形成统包统配的计划式就业模式，在这种就业模式之下劳动力由政府进行统一调配，在劳动力的调配过程中政府少有考虑性别因素，女性同男性一样从事被分配到的任何职业，也享受着同等的待遇。政策的制定和执行集中关注的是经济利益，社会性别主流化意识在法律法规和政策中少有体现。

1950 年，原政务院（现国务院）颁布《关于救济失业工人的指示》，做出“在招雇新工人和职员时，由当地劳动部门设立劳动介绍所统一介绍”的规定。与此同时，中央政府劳动部也颁布了《事业技术员工登记介绍办法》，规定在公营、私营企业需要雇佣技术员工时，应当在劳动介绍所备案，由劳动介绍所同意介绍，备案范围还包括企业雇佣规定，跨省、区雇佣和调配人员的审批手续，在省内的由省级劳动部门审批，在大行政区内的由大行政区劳动部门审批，在行政区之间的由中央政府劳动部门审批。这样，全国统一的就业制度的基础初步确立。女性劳动者同男性劳动者一样经过就业意向登记后由政府劳动部门进行就业介绍，走上政府分配的工作岗位。

1952 年，原政务院颁布《关于劳动就业问题的决定》，该决定要求推行劳动力由统一介绍向统一调配过渡。具体包括：国营、私营企业需要雇佣人员要预先提出用人单位和待遇，由劳动部门审查，并由劳动局所属的劳动力调配机构统一介绍，在指定的失业人员中选择。不经批准，不得自由招雇[2]。由此，我国统包统配的计划式就业制度确立，劳动力市场完全由政府部门垄断，在劳动力的统一调配过程中，女性和男性无差别地走上工作岗位。

这一时期，面临新中国初建的严峻考验，国家号召全民投身于国家恢复建设当中，女性开始越来越多地从事各项职业。在城镇劳动就业中，统分统配的计划式就业让女性劳动力在就业过程中拥有和男性同等的就业机会，也享受由国家统一规定的工资福利等。另外，统分统配的计划式就业的一个明显特征就是“低工资高福利”，这也就缩小了劳动就业中因性别因素而带来的待遇方面的差异。在农村，女性走出家门从事农业活动，并且部分农村女性开始进入周边城镇的手工业进行劳动。

总体来说，在新中国初建时期，国家以其强制性手段在很大程度上推动并实现了劳动就业领域中的男女平等，这种平等既是就业机会的平等也是福利保障方面的平等。除《中华人民共和国宪法》规定我国公民享有平等的权利为劳动就业中性别平等提供依据以外，众多的关于促进就业的行政规章和行政命令也都体现着性别平等的思想。虽然劳动就业领域的社会性别主流化绝对不是单纯的男女平等，但不能否认的是，以劳动就业领域中的性别平等为开端，我国社会性别主流化初现端倪。而这一时期的社会性别主流化主要体现在国家机关制定法律法规、行政规章和命令中。

8.3.2 社会性别主流化曲折发展

在经历“大跃进”、人民公社化运动、“文化大革命”等社会主义建设的挫折后，在劳动就业中公共管理者对性别因素的考虑欠缺，劳动就业中的社会性别主流化曲折发展。

1956 年，我国完成了对农业、手工业、资本主义工商业的社会主义改造，中国由新民主主义社会进入社会主义社会。社会主义制度在中国建立起来的同时，我国国民经济中的经济成分、经济构成发生了重大变化，国有经济成为国民经济中的主体部分。一方面为政府进行劳动力的安置提供了更多的空间，另一方面也促进了越来越多的女性走上劳动岗位。此时，政府主导的统分统配的计划式就业使得越来越多的女性在走上劳动岗位的同时享受与男性相对平等的权利，共同为社会主义事业的建设贡献力量。

1958—1960年，社会主义建设遭遇挫折。以高标准为主要标志的“大跃进”运动轰轰烈烈地在全国开展，以公有化为主要特征的人民公社化运动在中国广大的农村如火如荼地进行。在这场运动中，毛泽东主席提出“妇女能顶半边天”的口号，号召广大女性投身到社会主义建设事业中。在城镇中，大量女性响应国家的号召，争先恐后地走上工作岗位，原本由男性垄断的、不适合女性生理特征的高劳动强度的工作岗位对女性开放。煤矿、炼钢、采掘等行业有大批女性涌入，这种现象被公共管理者视为一次女权解放运动并进行大肆宣传，诸如“第一个女炼钢炉长”“第一个女煤矿工”之类的新闻屡见不鲜。很多女性在恶劣的工作环境和工作条件下从事原本不适合其生理特征的工作，同时得不到相应的工作保护，这使得很多从事采掘、煤矿、钢铁的女性在年老后都出现严重的后遗症，影响其老年生活质量。人民公社化时期，女性在从事农业劳动的同时投入在农村中开展的“大炼钢铁”活动，女性们表现积极、不落人后，原本该由男性进行的工作程序上能够看到很多女性的身影，大量的农村女性在土窑炼钢中都落下了病根。

1967—1977年是“文化大革命”的十年，是中国灾难深重的十年，这十年中统分统配的计划式就业制度得以延续下来，随之保留下来的还有女性在劳动就业中扮演的角色。在这一时期，女性所从事的职业与男性无异，诸如钢铁、煤矿等高劳动强度的职业中有大量的女性。女性被允许进入或者强制分配到这些行业当中。基本的待遇、福利等与男性保持了较高的一致性，但是由于女性与男性先天的差异性，女性长期在无防护状态下从事这些职业给女性的身体健康带来严重的危害。这样一种在劳动就业领域中的强制性平等，是由欠缺对性别因素的考虑造成的。

总体来说，这一时期劳动就业领域中的社会性别主流化是被公共管理者忽视的，其中表现最明显的就是在1957—1978年的20多年时间内，国家权力机关出台的法律法规中对性别因素的考虑严重缺乏，行政规章、命令的制定和执行也大多忽视性别因素，在组织机构的设置上也未体现国家对于性别因素的重视。虽然，在计划式就业制度下，劳动就业中很大程度上实现了性别的平等，但片面强调男女的平等性，而完全忽视女性固有的生理特点和差异，致使女性劳动力进入高劳动强度的工作领域如冶金业、机械业、采掘业等绝对不是社会性别主流化的体现[3]。在各项有关劳动就业的公共管理活动中体现执政者对性别因素的考虑应该是社会性别主流化更完整的内涵，若公共管理者对社会性别主流化的理解仅停留在性别平等的层面，则会造成女性的合法权益受到严重侵害，这样的平等背后带来的实质是性别的不平等。社会中的狂热使公共管理者在社会管理的过程中失去理性，对社会性别主流化的片面理解，造成这一时期我国劳动就业领域社会性别主流化进程遭遇严重挫折。

8.3.3 社会性别主流化初步发展

1980年开始我国原有的完全由政府主导的就业制度开始有所松动，市场因素被逐渐引入劳动力市场，劳动力开始有了自主择业的权利，企业也开始有了自主招用人才的权利。

十一届三中全会之后，中国拉开了改革开放的大幕，计划经济体制开始逐渐转变为社会主义市场经济体制。随着经济结构的转变，我国的就业制度也出现了较大的变化，1980—1992年我国计划式就业制度逐渐松动，但是统分统配的就业方式仍然是劳动力就业的主要途径。这一时期，社会性别主流化的意识在立法和政策制定执行中逐渐体现出来，社会性别主流化在公共管理领域初步发展，内容更加丰富。这一时期，我国劳动就业领域出现了重大变化。

1980年，大批响应“上山下乡”号召的知青返城，同时大量人口涌入城市，带来城市劳动力就业压力，面对劳动力就业的严峻压力，全国劳动工作会议提出“三结合”就业方针，即改变原有的单纯依靠国有企业安置就业的状况，劳动者既可以通过集体企业安置，也可以自谋职业实现就业，这是一种把国有企业安置就业、集体企业安置就业与劳动者自主择业相结合的就业政策，这一方针的出现促使中国的劳动力就业结构出现了积极的变化。“三结合”方针是我国就业制度引入市场化因素的开始。

1984年，我国劳动就业领域开始出现劳动合同。“老人老办法，新人新办法”的改革措施要求在企业用人上推行双轨制，即在国有企业中试行劳动合同制，对于新进企业的员工要求签订劳动合同，而国有企业原有职工则仍然保留固定工身份，继续享受计划经济时代“铁饭碗”的固定工资。劳动合同的出现在打破“铁饭碗”的同时，也推动了雇佣关系的规范化。

1987年以后，全国开始建立劳务市场，并把巩固、发展职业介绍所作为劳务市场的基础建设，从而促使中国就业制度逐步向市场过渡。劳务市场的建立为劳动力的出让提供了交换场所，使劳动力市场化成为可能。

1988年，为了解决传统就业制度给国有企业带来的大量冗员问题，国有企业开始试行“优化劳动组合”政策，被“优化”下来的富余劳动力被迫下岗。一些企业在内部推行转岗培训，以增强下岗职工的职业转换能力[2]。

在经过长期的由政府直接进行劳动力配置的就业制度后，我国劳动力配置中的市场化成分开始出现并逐渐增加，虽然在这一时期政府在劳动力资源的配置中仍然占主导地位，但劳动者自主择业、劳务市场、国有企业职工下岗等现象涌现，在很大程度上要求公共部门在制定法律法规、公共政策的过程中将性别因素纳入决策的范围，推动了社会性别主流化的发展。

一方面女性的维权意识增强，相关的妇女组织如全国妇女联合会对于女性权利保护的意识强化，针对劳动就业领域中女性受到的不公正待遇提出质疑。另外，有关女性发展的组织也逐渐建立起来，如全国妇女发展基金会在1988年成立，社会对于劳动就业领域的性别问题的思考开始更加深入化。另一方面，完全计划式的就业制度动摇，经济中的私有化成分增加使得越来越多的女性同男性一样进入劳务市场自主择业，劳动就业领域的性别歧视问题开始凸显。在这样的环境下，权力机关立法和行政机关制定、执行政策过程中对于性别因素的关注越来越多。不管是法律还是政策都开始明显体现出政府对于劳动就业领域性别因素的考虑。例如1992年由全国人民代表大会通过并实施的《中华人民共和国妇女权益保障法》明确规定禁止女性从事的职业并根据女性特殊的生理特征给予女性劳动者从业期间特殊的照顾，这都体现了国家在劳动就业领域对于性别因素的关注。

这一时期国家权力机关和行政机关在制定法律法规、公共政策的过程中性别意识逐渐增强，社会性别主流化思想在法律、政策等方面都得到一定程度的体现。同时，公共部门对于社会性别主流化的理解已经不再局限于男女平等，禁止女性从事某些职业不是性别歧视而是考虑性别因素对女性的保护，公共部门对于社会性别主流化的认识和理解出现扩展和深化。公共部门对于性别因素的考虑无疑推动了社会性别主流化的进程，越来越多的企业在制定企业、公司章程的过程中开始考虑企业员工的性别因素，社会性别主流化意识在整个社会中都有所加强。

8.3.4 社会性别主流化深入发展

受国内和国际因素的影响，我国社会性别主流化发展迅速，并出现深入发展的趋势。

就国内因素而言，主要是计划式统分统配就业制度的取消，劳动力的完全市场化使得政府开始通过各种法律、法规、政策对劳动力市场进行规范，这就使得政府开始深入考虑性别因素。

1993 年，劳动部门取消了就业计划，不再下达指令性的职工人数、工资总额和技工学校招生等计划指标。中国开始以劳动力市场作为劳动力资源配置的基础手段，实行积极的劳动力市场政策，培育和发展劳动力市场，逐步建立“国家宏观调控，城乡协调发展，企业自主用人，个人自主择业，市场调节供求，社会提供服务”的新格局，并且提出就业工作的重点是调整就业结构和政策，广开就业门路，加强就业服务体系建设，建立运行良好的劳动力市场体系。

自 1993 年取消就业计划之后，政府在劳动力就业市场中所发挥的作用相较于以前的直接干预更相当于一种指导，统分统配的就业制度被彻底打破，劳动力市场化、劳动者自主择业就业成为新型就业制度的主要特征。这样一种市场化的就业制度使得男性和女性在劳动力市场中进行直接的岗位竞争。另外，自邓小平 1992 年“南方谈话”之后，对社会主义市场经济持观望态度的投资者都陆续进入市场开办企业，经济中的私有化成分增加，越来越多的私营、民营企业出现，为劳动者进行自主择业提供了更广阔的平台。

社会性别主流化在这一时期迅速发展，不论是政府组织还是非政府组织、企业，在其工作中都越来越多地考虑性别因素。就政府而言，制定了系列法律和规章，1994 年由全国人大颁布《中华人民共和国劳动法》、2007 年由全国人大颁布《中华人民共和国劳动合同法》和《中华人民共和国就业促进法》等一系列有关劳动就业领域的法律法规，各级地方政府都针对 1992 年颁布实施的《中华人民共和国妇女权益保障法》制定实施办法并依据经济社会的发展程度进行修正，在这些法律法规中我们能够明显地发现立法者在立法过程中对于性别因素的考虑。不管是《中华人民共和国劳动合同法》中关于女性劳动者在生育过程中的劳动关系的规定，还是《中华人民共和国就业促进法》中关于女性失业者再就业的规定等都是考虑到劳动就业过程中女性所具有的生理特征以及社会中对于女性就业的歧视等性别因素而做出的。就企业而言，企业在生产过程中也更多地考虑到性别的因素，在分析性别因素的基础上合理设置岗位，例如为女性提供适合的工作环境，为哺乳期女性劳动者提供特殊照顾，某些不适合女性的岗位不对女性开放等。另外，一些非政府组织对劳动就业领域的性别歧视表现出极大的关注，如全国妇女发展基金会致力于女性培训和再教育以促进女性的发展。然而，部分企事业单位对于性别因素的过分关注使得社会中出现反向歧视现象，例如幼儿园教师录用中女性总是占绝对优势、机关晋升中对于女性比例的强制性规定造成男性晋升受阻等问题开始出现并受到社会关注。

就国际因素而言，则主要是有关性别主流化的重大国际会议在中国召开和国际合作项目的开展。1995 年联合国第四届妇女大会在北京召开，之后根据会议精神制定了《北京行动纲领》。联合国妇女大会在北京召开推动了《中国妇女发展纲要》和《中国性别平等与妇女发展》白皮书的问世，性别因素成为政府施政中的重要考虑因素。联合国妇女发展基金会对华援助、中德下岗妇女再就业合作项目等国际项目在中国的开展都体现了政府对劳动就业领域的性别因素的高度关注，推动了中国社会性别主流化的进程。中国加入世界贸易组织（World Trade Organization，WTO）以后，国际上的劳务往来越来越频繁，这对中国劳动就业领域各项法律法规的规范化、合理化提出了更高的要求，性别主流化在国际上的发展由来已久。受国际化因素的影响，中国逐渐接受国际关于社会性别主流化的新思想，并把这些新思想运用到公共行政当中。

自 1993 年受联合国妇女发展基金会、联合国妇女大会等国际因素的影响，我国劳动就业领域中社会性别主流化深入发展。不管是中国政府，还是中国企业，亦或是中国民众对于社会性别主流化的认识、理解都进一步深入，社会性别主流化在中国已经不再是简单的性别平等，公共管理者在其工作的各个层面、各个领域全面深入地考虑性别因素，并在此基础上实现性别平等。

8.4 推进劳动就业领域社会性别主流化的措施

8.4.1 进一步推进和完善立法

联合国妇女发展基金会（UNIFEM）指出，社会性别主流化应包括两个方面：一是妇女主流化，二是社会性别观点主流化。这也是社会性别主流化在立法层面的两个主要要求：对于妇女主流化而言，即要求立法保护妇女各项政策参与权，把妇女加入主体制度，实现男女平等；立法中的社会性别观点主流化则是指在立法及政策制定过程中要评估男女差异，从而在劳动分工和社会资源运用中考虑性别观点。

1. 分析立法盲点，促进立法具体化

我国现有保障妇女权益、促进妇女主流化的法律有《妇女权益保障法》《劳动合同法》《劳动法》《社会保障法》以及《就业促进法》，这几部法律明确规定用人单位在招聘、录用人员过程中不得以性别为由拒绝录用女性职工，构建了消除女性就业歧视的保障体系。而 2012 年国务

院公布的《女职工劳动保护特别规定》把性别观点纳入法律制定过程，为减少和解决因为女性生理特征造成的特殊困难做出了一系列规定。这一系列国家层面的法律在一定程度上促进了妇女就业，保障了男女平等权利，但由于立法的不成熟，在我国关于保障女性合法权益的立法中还存在盲点。比如有关男女退休年龄，虽然近年来有些部门对女职工的退休年龄做出调整，但原中华人民共和国劳动和社会保障部（现中华人民共和国人力资源与社会保障部）1999 年发布的《关于制止和纠正违反国家规定办理企业职工提前退休有关问题的通知》规定：国家法定的企业职工退休年龄是男年满 60 周岁，女工人年满 50 周岁，女干部年满 55 周岁。该规定目前仍具有法律效力。而根据国家统计局数据资料显示，2010 年我国男性平均寿命为 72.38 岁，女性平均寿命是 77.37 岁，我国人口平均预期寿命达到 74.83 岁。显然早期规定已不符合现代社会发展和实现性别主流化要求，需要进一步完善有关男女退休年龄的立法工作。此外，各省具体实施办法在秉承法律总体精神的同时，在具体措施办法上比较简单笼统，需要制定更加切实的就业性别保护政策。比如在制定相关社会性别主流化政策的过程中规定女性决策人数的最低比例，作为妇女权益表达的保障。

2. 借鉴国外经验，突出立法重点

社会性别主流化在国际上已经成为一种不可逆转的趋势和潮流，各个国家为推动社会性别主流化的发展都积极行动，其中最普遍的方式就是在立法中充分体现公共管理者对于性别因素的考量。美国在《宪法》《国家劳动关系法案》《同工同酬法》《公平劳动标准法》等法律中都充分考虑性别因素的影响，在强调男女性别平等的同时关注女性特殊的生理特征以保障女性的合法权益，体现对社会性别主流化更完整、更全面的认识和理解。同样，日本也出台了如《劳动基准法》《男女同工同酬法》等体现社会性别主流化的法律法规。就我国而言，涉及社会性别主流化的立法多以原则性的立法为主，规定较为宽泛，重点不突出，可操作性较弱。就国际而言，立法的细化与明确化、重点突出是其明显的特征，可操作性远远高于我国。为避免法律依据的缺失造成促进社会性别主流化的阻碍，我国应大力推动社会性别主流化在劳动就业领域的重点立法工作，如男女同工同酬法、反就业歧视法等。

8.4.2 以机构设置为支撑，以国际合作为契机，推进社会性别主流化

1. 机构设置

法律、政策的有效执行离不开高效运转的组织机构体系。国际上，在社会性别主流化进程中有所建树的国家，如意大利、芬兰、新加坡、韩国等国家大多设有与促进性别平等相关的组织机构。其中，新加坡劳动就业机构设置包括国家劳动仲裁法庭、劳资纠纷调查委员会、全国工资理事会、国家生产委员会。其机构设置全面，分工明确且互相协作，在各自领域发挥作用，共同追求促进男女平等目标，有利于社会性别主流化的实现。我国的行政机构设置向来为专家学者所诟病，虽然经历了数次行政机构调整改革，但机构设置的庞杂仍旧未得到彻底的改善，

依然缺乏以推进社会性别主流化为组织目标的组织机构，该组织应该是有别于现有妇联组织在公共管理中的附属地位的。

在完善劳动公平就业立法的基础上，设置专门的行政机构成为我国目前迫切需要的举措，如设置公平就业委员会来保障法律规章的执行。该机构应保持其专业性，建立社会性别就业统计数据库，充分了解我国社会性别观念在劳动就业领域的体现，并为立法机构提供政策建议。同时，该机构还应保持一定的独立性，有独立的行政权和行政立法权，必要时发布具体规章制度。此外，还可以赋予该行政机构对相关社会组织的管辖权。许多社会组织如中华全国妇女联合会、妇女发展基金会关注妇女权益保障，发展女性自身能力，在性别主流化发展中发挥着重要作用。所设置的行政机构应统筹社会组织，协同发展，以推进性别主流化为目标，共同促进国家法律政策的贯彻实施。

2. 国际合作项目

联合国颁布的《消除对妇女一切形式歧视公约》已得到全国将近100个国家的认可。社会性别主流化作为多国共同奋斗的目标使得开展国际合作成为可能。截至目前，在我国开展的国际合作项目有中德下岗妇女再就业项目、联合国妇女发展基金助华项目等。其中，联合国妇女发展助华项目以促进社会性别平等和妇女赋权提供战略行动支持，扩大性别平等意识为宗旨，对我国社会性别主流化起到了重大推动作用。因此，在设立专门执行机构后，开发有关社会性别主流化的国际合作项目是一重要举措。在进行国际合作项目的同时，应该及时总结项目成果和项目经验，具有代表性的项目可扩大范围进行推广，以期实现项目长远的、持续性的社会影响力。

8.4.3 激励就业的社会效益动机，发挥雇主在社会性别主流化中的作用

积极行动是指要求雇主做出额外努力去雇佣和提升受保护群体成员，以消除以往歧视带来的影响。美国平等就业机会委员会（Equal Employment Opportunity Commission，EEOC）认为雇主的积极行动应主要包括做出承诺、调查现状、制定计划、进行变革、监控计划执行等步骤。企业应采取各项积极活动营造一种性别平等的良好氛围，使公司内部人员都树立一种性别平等意识。比如为女性制定专门的上班时间表、确保女性在管理决策层的地位等。企业雇主应在招聘、薪酬等人力资源管理的各个环节做出积极的努力。

1. 招聘

企业雇主在招聘时应首先进行职位分析，根据企业的人力资源需求合理设置相应岗位。雇主在进行职位设置的过程中应该充分考虑性别因素，使得女性从事符合其生理特征的职位。同时在非女性禁止进入的行业内，本着公平竞争的原则，促进企业多元化发展，应设置相应合理的男女性别比例，不得以性别为由拒绝录用女性。企业在完成职位分析后发布招聘信息，应保证女性和男性能够相对平等地获取有关招聘信息，也就是说招聘信息应该是公开透明的。

企业发布招聘广告应反映其职位的真实职业资格（Bona Fide Occupational Qualification，BFOQ），即有关雇佣规定是胜任某职位真实职业资格要求，不能用隐含的性别歧视条件作为要求。

2. 薪酬

社会性别主流化要求企业雇主应保障妇女平等取得报酬的机会。在非绩效工资的情况下，女性和男性从事相同的工作岗位，女性应该获得与男性同等的工资报酬，即同工同酬。在产出可以量化的岗位上，企业雇主可以实行绩效工资制度，建立统一的以工作量为衡量标准计算薪酬。这样一来，既保障了女性职工的平等薪酬权，又激发了男性职工的工作积极性。对于难以量化产出的岗位，企业也要致力于男女职工同工同酬，不能因为性别因素主观减少女性职工的薪酬。同时，企业要考虑女性生理特点，在经期、孕期及哺乳期予以国家规定的特殊劳动保护（如产假、工资等）。企业应为特殊时期的女性职工提供良好的工作环境并设置合理的以人文关怀为核心的替岗制度，呼吁男职工在女职工间断就业期间轮流分担工作业务，完成其工作任务。

3. 晋升

相对于男性而言，女性结婚生子对于其职业带来的影响是巨大的，女性结婚生子后需要将更多的精力投入家庭生活，这就使得很多雇主对女性的能力以及工作质量产生质疑，很多女性劳动者在结婚生子过程中很容易与雇主产生纠纷。而女性在家庭生活中花费较长的时间，造成雇主对女性从业者的偏见，从而在晋升过程中排除女性或者为女性设立较高的、不合理的标准。企业雇主应根据绩效考核结果甄选晋升人选，并公平看待在产期和非产期的女性职工，给予全体员工以平等的晋升机会而不能因为女性生理特征人为压缩其晋升空间。

8.4.4 提升雇员自我认知，灌输社会性别主流化思想

1. 提高综合素质，转变就业观念

“工欲善其事，必先利其器”，在当前严峻的就业形势下，女性想要获得与男性平等的就业机会，必须首先提高自身素质，具备胜任职业的资格条件，掌握一定的从业技能。良好的专业素养、广博的学识使女性雇员的可替代性降低，成为企业不可或缺的人才资源。具有核心竞争力的女性雇员在劳动就业过程中遭到性别歧视的概率要比自身素质较低的女性雇员小得多。同时，女性雇员应树立多元化的就业观，选择在生理条件承受范围内且符合自身兴趣爱好的工作。一味追求高薪资容易产生预期和现实的心理落差或者难以承受的工作条件，这都会对女性劳动就业产生不利影响。因此，社会性别主流化对雇员提出了提高自身综合素质、树立正确择业观的要求。

2. 学习法律知识，提高维权意识

在劳动就业过程中遭遇不公正待遇后，很多女性雇员采取不了了之的应对态度。申诉维权意识的缺乏使女性雇员错失了公平竞争的机会，也放纵了雇主性别歧视的行为。女性雇员应主动学习就业救济相关法律知识，在受到歧视后注意保留相关证据，在受理投诉期限内按照法律规定的程序到相关部门进行申诉。雇员维权方式具体包括向劳动仲裁机构申请仲裁、向人民法院提起诉讼等。如果每个雇员在遇到不公正待遇时能拿起法律武器，合法合理维护自己的法定权益，那么社会就将形成公平公正的劳动就业环境，社会性别主流化也会向前发展一大步。

思维方式决定行为方式，实现社会性别主流化除了需要各种制度、措施和手段上的整合，还必须将社会性别观念深入社会的各个方面，提高社会成员的性别意识。一方面，政府应发挥媒体宣传作用，在传播媒介上刊登学者有关社会性别研究成果及社会性别主流化的文章并印发宣传手册，引导人们思考并树立正确的性别观念。结合传统纸媒和电子传媒，发挥多种媒介的传播作用，如中国妇女报、中华妇女网以及微博等新兴媒介，实现宣传效果最大化。另一方面，政府可以将社会性别观念纳入公民教育。在学校设立专门课程，确保未成年人形成男女平等观念和性别意识。针对成年人则要求工作单位开展思想教育培训。如此，便可营造良好的社会文化氛围，促进社会性别主流化。

8.5 案例分析

案例 1：美国平等就业机会委员会诉西尔斯百货

美国平等就业机会委员会（EEOC）指控大百货公司西尔斯在全国范围内实行就业性别歧视，使得妇女无法在平等基础上与男性申请人竞争有售货佣金的工作，妇女无法与男性职工在相同的基础上从无销售佣金的售货员提升为有销售佣金的售货员。

西尔斯百货公司零售部的售货员分为有佣金售货员和无佣金售货员。通常有佣金销售的商品比无佣金销售的商品更贵、更复杂。有佣金销售通常涉及高价商品，例如大件电器、炉子、空调、轮胎、缝纫机等。无佣金销售通常是卖些低价商品，如衣服、亚麻布、玩具以及化妆品等。

法院认为，女性工作申请者通常对销售软线商品诸如服装、珠宝、化妆品有兴趣，这些商品没有销售佣金，而男性工作申请者则对如五金、汽车、体育用品以及技术产品感兴趣，销售这些商品可获销售佣金。窗帘定制部是西尔斯百货商店一个女性雇员喜欢的有销售佣金的部门。法院认为，因喜欢时尚以及该工作具有创造性，很多妇女喜欢到窗帘定制部工作，尽管这项工作有时需要外出销售。在这一部门工作的职员一般有在这个领域的工作经验，这是一个没有多少销售佣金的部门，没有多少男性雇员愿意在窗帘定制部工作。

为西尔斯作证的专家证人说：“女职工一般喜欢销售软线商品，例如衣服、家庭器皿及其附件商品。这些商品销售没有销售佣金。妇女们并没有多少兴趣销售诸如栅栏、冰箱以及轮胎这类商品。”

平等就业机会委员会完全根据统计数据支持其观点，但其提出的证据中没有包括证词。唯一有关妇女对销售佣金商品有兴趣的证词是几个证人提供的一般性的有关妇女对其工厂场所的兴趣以及心理期望的证词。这些证人描述了妇女在工作场所的一般历史，他们认为在本质上，男人和女人在工作兴趣和职业期望上没有什么重大区别。EEOC 的专家证人认为，女人只受她们面对的工作机遇的影响，而工作偏好并不决定工作取舍。

法院倾向接受西尔斯专家证人的意见。这种意见认为，尽管在过去 20 年里男女之别在减少，但这些差异仍然存在，而且这些差异可以用来解释在不同工种中的男女性别差异比例。

在阐述与法院判决的不同意见时，法官 Cudahy 指出："法院的判决在本质上与那种主张妇女不该去法院上诉和卖股票，而是在家里洗衣做饭以及为那些去垒球场打球的孩子暖身更幸福的观点不谋而合。这种令人很不舒服的观点被地方法院及大众不加批评地加以接受。也许他们忘记了妇女曾经在商品房地产、挨户销售以及其他外销商品领域取得的骄人成就的事实。有大量的证据证明妇女既不缺乏奋发竞争的欲望，也不缺少这种参与竞争的能力。"

更进一步的是，法官 Cudahy 在该案的不同意见中指出这样一个事实：要是提供"更多的证人来证明西尔斯使她们孩提时代成为有佣金售货员的梦想落空"的话，那么平等就业机会委员会提供的证据便会强大得多。多数法官的意见也认为，平等就业机会委员会几乎仅仅是根据统计资料来支持其诉讼。没有一个证人出庭作证，证明她受到西尔斯的歧视或者说在西尔斯目睹了歧视情况的发生。

（案例来源：美国平等就业机会委员会诉西尔斯公司案件，http://www.eeoc.gov/）

案例 2：工会联盟、全美汽车工人联合会诉强生控制公司

这个案件涉及雇主是否能够因为保护胎儿健康而将怀孕妇女排除出某些工作范围之外。

被告强生控制公司是一家生产电池的企业。铅是电池的主要成分。孕妇从事这种职业会对胎儿健康产生危害。

在 1964 年《民权法》第七项生效前，强生控制公司没有雇佣任何女工从事与电池生产有关的生产。但在 6 月，该公司宣布了它的第一项关于在与铅暴露有关的工作岗位雇佣女性的官方政策。

1982 年，该公司宣布，任何妇女不得从事任何与铅暴露有关的工作。公司通知说："强生控制公司的政策是不得安排孕妇或能怀孕的妇女从事任何与铅暴露有关的工作。"

这起集团诉讼的当事人中，有一位妇女曾为了保住饭碗而做了绝育手术。还有一位 50 岁的离婚妇女，她一直从事与铅暴露有关的工作，后来在转换到无铅工作环境时也并未得到合理的赔偿。

地区法院确认该案为集团诉讼。参加诉讼的人包括该公司所有过去、现在和将来的生产和维修雇员。

强生控制公司认为，基于安全原因的考虑，它制定的胎儿保护政策是必要的。

法院认为，除非强生控制公司能够证明"性别是一种真诚的职业资格限制"（Sex is a bona fide qualification），否则其胎儿保护政策是《民权法》第七项所禁止的性别歧视行为。

法院认为："未来婴儿福利应该由怀孩子、照顾孩子、抚养孩子的父母亲决定，而不是由雇佣他们父母亲的雇主来决定。法院认为雇员个人能够更好地知道究竟是妇女的生殖功能重要还是经济功能重要。国会也像法院一样认为这个决定该由妇女自己来做。"

——International Union，UAW v Johnson Controls

（案例来源：http://www.ncbi.nlm.nih.gov/pubmed/11648148）

思考一：

1. 案例1中法院根据西尔斯百货专家意见做出的判决是否合理？请谈谈你的看法。

2. 案例2中强生控制公司对于胎儿的保护政策是社会性别主流化的体现还是性别歧视的体现？为什么？

3. 当性别平等与女性保护出现冲突时，该如何进行抉择？由此，联想我国出台法律法规限制女性进入部分行业的做法是合理的吗？

案例3：22省百余女大学生联名呼吁"性别歧视第一案"立案

日前，长期关注就业性别歧视的中山大学女大学生郑楚然将"22省百余名女大学生的联名信"寄往北京市人民代表大会内务司法委员会和海淀区人民代表大会内务司法委员会。记者了解到，郑楚然希望以此让人大了解当前严峻的就业性别歧视环境，并监督海淀区法院立下"性别歧视第一案"。

《羊城晚报》记者了解到，北京市某高校2012级毕业生曹菊，投简历应聘著名培训机构"巨人教育"的行政助理职位，但却被对方以"只招聘男性"为由拒绝录用。在律师的帮助下，2012年7月11日，曹菊以"性别歧视"为由将巨人教育集团告上海淀区法院，但法院一直不予立案也不出具任何裁定。针对法院迟迟不予立案的情况，同年9月4日，曹菊向海淀区人民法院、海淀区法院监察室、北京市第一中级人民法院、北京市人民检察院第一分院进行举报，但均未收到任何处理回复。直至今日，海淀区法院仍未予以立案。此案被媒体称为"性别歧视第一案"。

历年来女性生育等生理因素一直都是企业招聘的考虑重点，不少女性在找工作时需要签署几年内不结婚等限制性文件。郑楚然表示，最近国务院出台通知规定，严禁招聘中设置性别限制。这对广大女大学生来说是莫大的好事。"我希望发起'致信行动'，监督海淀区法院立下'全国性别歧视第一案'，让违规企业得到应有的处罚，使得政策落到实处、真正维护女大学生平等就业权益！"

（案例来源：新闻中心_中国网，news.china.com.cn）

案例4：强迫提前退休：是法律冲突还是性别歧视？

"提前退休这件事对我的打击特别大……"邓霞（化名）告诉记者。自从因退休问题与单位打官司以来，她一直处于焦虑、愤怒之中，睡眠很不好，健康状况每况愈下。

邓霞是浙江省某事业单位的会计，1982年起在财会专业技术岗位上担任工程会计和重点工程主办会计。1988年，单位对专业技术人员实行聘用制后，邓霞一直拥有专业技术职务聘书和岗位聘约。2000年，单位颁发的《岗位聘用制实施办法》规定，中层及以下在职人员全部实行岗位聘用制。2005 年 12 月，单位以邓霞原始身份为工人、年满 50 周岁为由，为其办理了退休手续。邓霞认为，自己的情况应该适用《劳动法》，退休身份应该是干部，并且根据与单位的约定也应该到 55 周岁退休。但单位方面否认实行的是企业化管理，认为与邓霞是人事关系，不适用《劳动法》，邓霞应该 50 周岁退休。

邓霞不服单位的决定。随后，她向当地人事争议仲裁委员会申请人事争议仲裁。该委员会裁决维持单位的退休决定。随后，邓霞向法院提起诉讼。

一审法院认为，邓霞不属于事业组织中实行或应实行劳动合同制度的工勤人员，也不属于实行企业化管理的事业组织的人员，不能适用《劳动法》。国家在调整人事关系方面没有刚性规定，国家人事部的政策是“可”按所聘岗位退休，邓霞是否执行按岗位退休，由单位按人事管理权限依据实际自主决定。因此，一审法院判决驳回邓霞的诉讼请求。

然而，有关法律专家对一审法院的判决表示了不同的意见。全国律师协会劳动法和社会保障法专业委员会主任姜俊禄、北京大学法学院教授叶静漪等专家认为，《最高人民法院关于人民法院审理事业单位人事争议案件若干问题的规定》第 1 条规定：“事业单位与其工作人员之间辞职、辞退及履行聘用合同所发生的争议，适用《中华人民共和国劳动法》的规定处理。”因此，将邓霞排除在《劳动法》适用范围之外是不正确的。另外，除《劳动法》外，国家人事部《关于事业单位试行人员聘用制度有关工资待遇等问题的处理意见（试行）》（国人部发［2004］63 号）第 5 条也规定：“由工勤岗位受聘到专业技术岗位或管理岗位的人员，在专业技术岗位或管理岗位聘用满 10 年且在所聘岗位退休的，可按所聘岗位国家规定的条件办理退休并享受相应的退休待遇。”专家同时认为，国家政策授予退休（退职）选择权的主体是受聘到专业技术或管理岗位的人员而不是用人单位。用人单位必须执行国家政策，在劳动者做出选择时尊重他们的选择。

“像我这种情况在别的一些单位还不少，”邓霞说：“男职工就没有被强迫提前退休的。我们单位还有一个女同事也被强迫提前退休，目前也正在打官司。”

据了解，用人单位强迫女职工提前退休的确并非个案，具有一定的普遍性。北京大学法学院妇女法律研究与服务中心王竹青老师认为，一些用人单位强迫女职工提前退休的做法，不可否认地存在性别歧视因素。这种对女性的歧视是违背国际发展趋势的，而且研究结果表明，女性提前退休根本无助于解决我国的就业难问题。这种做法既违背我国法律和政策，也违背国际公约及国际人权的要求。

北京市蓝鹏律师事务所马国华律师认为，全国人大常委会修改后的《妇女权益保障法》增加了“各单位在执行国家退休制度时，不得以性别为由歧视妇女”一条，更多的就是针对女性被迫提前退休而言的。一些近 50 周岁的女干部被单位改聘为工人，把退休年龄提前到 50 周岁，缩短了养老保险费缴费年限，使其养老金水平低于正常退休人员。这类做法既损害国家利益，也损害妇女利益。因此，马国华律师建议，可以在集体合同中体现“允许女性自愿延长退休年龄至 55~60 岁”，实现退休的“男女平等”和照顾妇女的原则。

从我国《妇女权益保障法》和《劳动法》的有关规定可以看出，国家已经通过立法手段保障女职工合法权利，可现实生活中为什么还有那么多侵犯女职工权益的事情呢？最主要的原因与一些人特别是一些管理者的法律意识差有关系。北京市冠衡律师事务所律师张严松认为，“国家必须加强全民特别是管理者的法治教育”。

（案例来源：中国劳动保障报，http://www.labournews.com）

思考二：

1. 案例 3 中，女大学生在择业中遭遇性别歧视屡见不鲜，“性别歧视第一案”立案遭遇如此挫折，你是如何看待的？造成如此明目张胆的性别歧视的原因何在？

2. 案例 4 中，你认为强迫女性提前退休是对女性的关爱还是歧视？强迫女性提前退休是对男性的歧视还是对女性的歧视？

3. 上述两个案例是如何体现社会性别主流化的？

本章思考与讨论

1. 我国政府如何借鉴国外的立法体系完善自身的整体法律结构，提高劳动法的完整性？

2. 简述社会性别主流化在我国是如何一步步得到完善的。

参考文献

[1] 中国行业研究网 . 我国妇女小额担保贷款累计发放超千亿 [EB/OL]. [2013-01-13].http://www.chinairn.com/news/20130122/435604.html.

[2] 张勇 . 中国就业制度变迁与公共政策选择 [D]. 武汉：武汉科技大学，2007：13-31.

[3] 徐敏 . 现阶段我国女性就业问题研究 .[D]. 北京：北京论坛，2004.

附录:《中华人民共和国劳动合同法》等相关内容

(1)《中华人民共和国劳动合同法》由中华人民共和国第十届全国人民代表大会常务委员会第二十八次会议于2007年6月29日通过,由全国人民代表大会颁布,自2008年1月1日起施行。

第十条　建立劳动关系,应当订立书面劳动合同。

已建立劳动关系,未同时订立书面劳动合同的,应当自用工之日起一个月内订立书面劳动合同。

用人单位与劳动者在用工前订立劳动合同的,劳动关系自用工之日起建立。

第十九条　劳动合同期限三个月以上不满一年的,试用期不得超过一个月;劳动合同期限一年以上不满三年的,试用期不得超过二个月;三年以上固定期限和无固定期限的劳动合同,试用期不得超过六个月。

第二十条　劳动者在试用期的工资不得低于本单位相同岗位最低档工资或者劳动合同约定工资的百分之八十,并不得低于用人单位所在地的最低工资标准。

第四十二条　劳动者有下列情形之一的,用人单位不得依照本法第四十条、第四十一条的规定解除劳动合同:

(一)从事接触职业病危害作业的劳动者未进行离岗前职业健康检查,或者疑似职业病病人在诊断或者医学观察期间的;

(二)在本单位患职业病或者因工负伤并被确认丧失或者部分丧失劳动能力的;

(三)患病或者非因工负伤,在规定的医疗期内的;

(四)女职工在孕期、产期、哺乳期的;

(五)在本单位连续工作满十五年,且距法定退休年龄不足五年的;

(六)法律、行政法规规定的其他情形。

第四十五条　劳动合同期满,有本法第四十二条规定情形之一的,劳动合同应当续延至相应的情形消失时终止。但是,本法第四十二条第二项规定丧失或者部分丧失劳动能力劳动者的劳动合同的终止,按照国家有关工伤保险的规定执行。

(2)《中华人民共和国劳动法》由全国人民代表大会于1994年7月5日颁布,并于1995年1月1日正式实施。

第三条　劳动者享有平等就业和选择职业的权利、取得劳动报酬的权利、休息休假的权利、获得劳动安全卫生保护的权利、接受职业技能培训的权利、享受社会保险和福利的权利、提请劳动争议处理的权利以及法律规定的其他劳动权利。

第十二条　劳动者就业,不因民族、种族、性别、宗教信仰不同而受歧视。

第十三条　妇女享有与男子平等的就业权利。在录用职工时,除国家规定的不适合妇女的工种或者岗位外,不得以性别为由拒绝录用妇女或者提高对妇女的录用标准。

第四十六条　工资分配应当遵循按劳分配原则,实行同工同酬。

（3）《中华人民共和国就业促进法》由中华人民共和国第十届全国人民代表大会常务委员会第二十九次会议于2007年8月30日通过，由全国人民代表大会颁布，并自2008年1月1日起实施。

第三条　劳动者依法享有平等就业和自主择业的权利。

劳动者就业，不因民族、种族、性别、宗教信仰等不同而受歧视。

第二十五条　各级人民政府创造公平就业的环境，消除就业歧视，制定政策并采取措施对就业困难人员给予扶持和援助。

第二十六条　用人单位招用人员、职业中介机构从事职业中介活动，应当向劳动者提供平等的就业机会和公平的就业条件，不得实施就业歧视。

第二十七条　国家保障妇女享有与男子平等的劳动权利。

用人单位招用人员，除国家规定的不适合妇女的工种或者岗位外，不得以性别为由拒绝录用妇女或者提高对妇女的录用标准。

用人单位录用女职工，不得在劳动合同中规定限制女职工结婚、生育的内容。

（4）《中华人民共和国社会保险法》由中华人民共和国第十一届全国人民代表大会常务委员会第十七次会议于2010年10月28日通过，由全国人民代表大会颁布，自2011年7月1日起实施。

第四条　中华人民共和国境内的用人单位和个人依法缴纳社会保险费，有权查询缴费记录、个人权益记录，要求社会保险经办机构提供社会保险咨询等相关服务。

个人依法享受社会保险待遇，有权监督本单位为其缴费情况。

第五十三条　职工有下列情形之一的，可以享受生育津贴：

（一）女职工生育按照国家规定享受产假期间的；

（二）按照国家规定享受计划生育手术休假期间的；

（三）法律、法规规定的其他情形。

9 婚姻家庭

婚姻家庭是经济社会的基础，婚姻家庭关系的稳定不仅涉及婚姻双方和子女的利益，而且涉及社会的稳定和发展。在婚姻家庭中，如何使社会性别得以体现，实现两性关系的和谐，维护家庭的稳定，是整个社会都要关注和解决的问题。婚姻家庭和谐是构建和谐社会的必然要求，是实现社会公正的有效途径，是衡量社会进步的重要指标。因此，从婚姻家庭的角度来衡量性别平等，基于社会性别视角，运用社会性别统计、社会性别预算和社会性别审计等社会性别主流化的重要工具对婚姻家庭中的社会性别进行分析，具有非常重要的意义。

9.1 政策现状概述

婚姻是男女两性结合的社会形式，家庭是社会的基本细胞，从广义和本质上说婚姻家庭是一种社会行为，社会之所以要有婚姻，还要建立家庭，并用法律来保护它，用伦理来规范它，是因为要用它来承担和完成一系列重要的功能，如生育和抚育功能。在联合国确定1994年为国际家庭年的正式文件中指出："家庭所发挥的重要经济功能是应得到肯定的。家庭为其成员特别是婴幼儿提供成长和发展所必须的情感支持和财力、物力援助，家庭照料着其他不自立的人口，包括老年人、残疾人和病弱者，家庭仍然是保存和传递文化价值的一个关键场所。所以从更广泛的意义上说，家庭能够教育、训练、指导和援助它的每个成员，因而是对其他成员发展进行投资的重要源泉。"因此，在婚姻家庭关系中多方面的利益，个人利益、他人利益、社会利益交织在一起[1]。

随着社会的不断发展，婚姻家庭的法律法规不断探索着如何实现对女性权力的保护，促进男女平等。婚姻家庭立法不断变革的过程反映了社会的变革给婚姻家庭领域带来的变化，尤其是价值观念方面的冲突，为保护女性权利做着不断的探索和努力。

9.1.1 国外法律法规

1. 国际上的法律法规

女性权利一直是世界性的人权问题，在全球人权问题研究不断升温的大环境下，女性权利问题却仍处在尴尬的位置。为保障女性权利，国际社会积极签订国际条约，目前已有十多部专门或部分涉及妇女权利的国际法律文书。

1）关于《消除对妇女一切形式歧视公约》的相关法规

1975年联合国第四次世界妇女大会明确地提出“所有国家政府应当建立提高妇女地位的机制”的建议，并将1975—1985年规定为“联合国妇女十年”。1979年，联合国通过了《消除对妇女一切形式歧视公约》（简称《妇女公约》），以国际公约的形式明确规定了妇女享有的权利，提出“妇女的权利即人权”的重要见解。《妇女公约》是第一个对妇女在婚姻家庭中的平等权进行全面规定的国际公约，它标志着妇女人权保护领域在国际立法中的一个高峰。《妇女公约》禁止基于性别的歧视和区别对待，包括对妇女的暴力。不仅对“歧视”一词做了界定，而且对妇女的平等权，特别是妇女的经济、政治、文化、家庭平等权做了全面规定。妇女婚姻家庭平等权意为妇女不论已婚或未婚，都享有与男子平等的缔婚、离婚、管理子女、生育、收养子女、选择姓氏、管理家庭财务、性自由等婚姻家庭权利。《妇女公约》具体规定了妇女在缔结婚姻、家庭生活、婚姻家庭相关民事权利和解除婚姻等四方面的平等权。在内容上超越了公、私领域划分，超越了形式平等，首次全面规定了妇女婚姻家庭权利，取得了巨大成就[3]。《妇女公约》第四部分第十五条规定：“缔约各国应给予男女在法律面前平等的地位；在公民事务上给予妇女与男子同等的法律行为能力，以及行使这种行为能力的相同机会；特别应给予妇女签订合同和管理财产的平等权利；限制妇女法律行为能力的应一律视为无效。”《妇女公约》第十六条对妇女在婚姻家庭有关的民事权利做了专门规定：“夫妻有相同的个人权利，包括选择姓氏、专业和职业的权利；配偶双方在财产的所有、取得、经营、管理、享有、处置方面，不论是无偿或是收取价值酬报的，都具有相同的权利；在监护、看管、受托和收养子女或类似的制度方面也有相同的权利义务。”《妇女公约》第十六(1)条规定：“缔约各国应采取一切适当措施特别应保证她们在男女平等的基础上有相同的缔婚权利，有相同的自由选择配偶和非经本人自由表示，完全同意不缔婚约的权利。”《妇女公约》第十六(e)条规定：“缔约国应保证妇女在男女平等基础上，在婚姻存续期间以及解除婚姻关系时有相同的权利和义务。”

我国于1980年7月17日签署该公约，12月4日公约对我国生效。中国政府作为《妇女公约》的缔约国之一，有义务承担消除对妇女一切形式歧视、促进妇女发展的责任。加入《妇女公约》以来，为了促进公约条款的实施，我国政府对国内相关法规进行了一系列修改，并制定了大量政策性行动纲要。30多年来我国的妇女权利保护事业取得了很大的进步，但同时也存在很多不足亟待完善。实践中186个国家已成为《妇女公约》缔约国，消除对妇女歧视委员会（CEDAW）等妇女人权机构也已广泛设立，妇女婚姻家庭环境得到了显著改善[2]。

2）关于《消除对妇女的暴力行为宣言》的相关法规

1993年联合国大会通过《消除对妇女的暴力行为宣言》（简称《宣言》），认识到迫切需要使人人享有平等、安全、自由、人格完整和尊严的权利和原则普遍适用于妇女。《宣言》敦促预防一切形式的对妇女的暴力，包括性暴力，不论其发生于和平时期还是战争时期，在公领域还是私领域。并且识别了对妇女暴力的根源：对妇女的暴力是历史上不平等的权利关系的表现，它导致男人对妇女的控制与歧视，阻碍妇女的进步。《宣言》第三条规定：“妇女有权在政治、经济、社会、文化、公民或其他任何领域平等享有所有人权和基本自由，这些人权和自由并应受到保护。”第四条规定：“各国应谴责对妇女的暴力行为，不应以任何习俗、传统或宗教考虑为由逃避其对消除这种暴力行为的义务。各国应以一切适当手段尽快采取政策消除对妇女的暴力行为。应采取各种适当措施，特别是教育方面的措施，以改变有关男女行为的社会和文化模式，消除基于男尊女卑或女尊男卑思想和基于男女角色的陈规定型观念的偏见、风俗和其他各种习俗。”

3）关于《中国妇女发展纲要》（1995—2000 年）的相关法规

在第四次世界妇女大会即将召开之际，《中国妇女发展纲要（1995—2000 年）》（简称《纲要》）经过国务院常务会议讨论通过，正式颁布实施。《纲要》是我国政府第一部关于妇女发展的专门规划，它的颁布实施是我国妇女事业发展过程中的一件大事。《纲要》明确了今后 6 年我国妇女发展的任务和主要目标，确定了 11 项主要目标，将男女平等作为中国社会发展的基本国策，提出相应政策及措施、组织与实施、监测和评估等，以进一步促进我国妇女的发展。其中《纲要》第 6 项目标指出：“提倡建立平等、文明、和睦、稳定的家庭。发扬中华民族的优良传统，树立社会主义的道德风尚，在家庭内部、邻里之间建立和发展平等、团结、友爱、互助的关系。提倡夫妻共同承担家务劳动和抚育子女。利用多种形式，向父母传播正确教育子女的知识与经验。反对重婚纳妾。坚决制止干涉婚姻自由的行为。”

4）关于《北京宣言》和《行动纲领》的相关法规

1985 年联合国第三次世界妇女大会通过的《内罗毕战略》首次使用“社会性别主流化”这一词。1995 年中国承办联合国第四次世界妇女大会，通过了《北京宣言》和《行动纲领》，提出的“社会性别主流化”具有空前的进步意义，将社会性别意识纳入主流，以推动妇女与社会的协调发展。与会的国家政府对此做出承诺，局部改善了女性权利问题的研究状况。该次会议而后的几次有关妇女问题的国际会议都围绕这个主题展开，并分别以“北京 +5”“北京 +10”“北京 +15”命名。以“北京”冠名让中国人感到荣耀的同时，更提高了中国学者研究妇女问题和社会性别问题的积极性，十多年来的研究取得的成果也是辉煌的。中国学者一面学习和借鉴西方社会性别理论，将重要的社会性别著作翻译成中文，并在此基础上了解和认识男女性别差异的根源及西方性别平等实践；另一面利用社会性别理论分析我国的具体问题，所涉及的领域包括法律、历史、文学、政治、民族、社区、传媒、就业、教育、医学、社会工作、婚姻家庭、哲学等，既调查分析性别关系现状，又剖析其形成原因，并竭力探讨和论证解决性别不平等问题的策略与方案[3]。同时根据中国的具体国情，注重社会性别的本土化研究，如基于我国城乡二元结构体制下的农村发展问题，农村妇女的地位问题，人口发展与出生婴儿性别比问题，可持续发展问题，多民族女性及发展问题，社会转型中的妇女问题等社会性别理论与具体问题的结合在多领域齐头并进，可谓中国社会性别理论研究与实践正在渐渐实现主流化。

5）关于《中国性别平等与妇女发展》的相关法规

中国作为联合国第四届世界妇女大会的主办国，十分重视大会通过的《北京宣言》及其《行动纲领》。在大会召开 10 周年（2005 年）之际，《妇女权益保障法》修正案申明男女平等是基本国策，反对一切形式的妇女歧视，标志我国从重视妇女权益保护发展到反对性别歧视的新阶段。国务院新闻办公室发表了《中国性别平等与妇女发展》白皮书，其中写道："中央和地方财政逐年加大实施妇女发展纲要的经费投入，优化妇女发展的资源配置。2000 年以来，中央和地方财政投入相当数量的资金，用于实现妇女发展纲要的重点难点指标，并注意向西部和贫困地区倾斜。1990 年国家对妇幼保健和防治防疫的投入分别为 3.05 亿元和 12.03 亿元，1999 年增加到 10.46 亿元和 33.88 亿元，2003 年进一步增至 15.19 亿元和 90.54 亿元。国家重视对妇女状况的数据收集和分析研究工作，成立了实施纲要监测评估机构，制定了纲要监测统计指标体系和评估方案，各省（自治区、直辖市）建立了妇女状况监测统计网络和工作制度。国家有关部门不断改进统计制度，增加分性别统计指标，性别统计制度不断完善。近 10 年来，国家统计部门已编辑出版多种性别统计资料。"[4] 这些统计资料的出版，有助于学界进行公共预算对妇女的生活和工作状况的分析。

6）关于《联合国千年宣言》的相关法规

2000 年 9 月，联合国首脑会议上由 191 个国家签署《联合国千年宣言》。该宣言的八项目标中指出："确保不论男童或女童都能完成全部初等教育课程，促进两性平等并赋予妇女权力，最好到 2005 年在小学教育和中学教育中消除两性差距，最迟于 2015 年在各级教育中消除此种差距。"

2. 其他法律法规

美国立法机构制定了一系列反就业歧视的法律制度，如《公平报酬法》《怀孕歧视法》《玻璃天花板法》《家庭及医疗休假法案》等，维护妇女劳动权利。另外，为了保障法律法规的有效实施，美国政府成立了专门的反就业歧视机构——美国平等就业机会委员会，专门负责实施公平就业法律。联邦劳工部设立了妇女局，专门制定妇女就业政策和劳动标准，改善妇女工作条件，增加妇女工资福利，提高妇女就业机会，促进男女平等[5]。

在社会保障方面，具有代表性的社会保障法规有德国 1883 年的《疾病保险法》、美国 1935 年的《社会保障法案》、英国 1942 年的《贝弗里奇报告》、法国 1956 年的《社会保险法典》。在此过程中，有些国家还专门出台了关注妇女权益的特别法律，如挪威制定的《男女平等法》（1978 年）。通过立法，妇女社会保障权益的保护日趋制度化、规范化。

此外，发达国家政府通过在社会保障方面推行生育保险的社会统筹，产前产后休息，男性休产假等做法，肯定了女性承担人类在生育上的社会价值，也解除了女性从事职业活动的后顾之忧。日本政府 1991 年制定了《生育休假法》（1995 年修订），保障女性生育期间休息、疗养、康复的权利，1992 年制定了《育儿休假法》，修订了《雇佣保险法》，并出台了"天使计划"，规定从 1995 年 4 月起，凡是从事社会劳动的女性在生育情况下，由健康保险制度一次性支付育儿补助金 30 万日元，生育休假期间补贴按标准报酬的 60% 支付，之后育儿休假期的基本补贴按休假前收入所得 25% 支付，免除医疗保险费的个人负担部分，还有一次性的育儿休假者返岗补贴金等[6]。

在女性参政方面，为了保证女性参政，许多国家和政党制定了保证妇女参政的一系列立法和政策。北欧五国都在宪法中明确规定女性在国家生活的各个方面都享有与男子平等的权利。除此之外，还有专门保护女性权益的法令，如芬兰《男女平等大纲》、挪威《男女平等法》、丹麦《两性平等报酬法》。西班牙政府在2007年3月通过了《男女平等法》法案，该法案规定，参与各级选举的候选人中女性比例不得低于40%，公共管理部门工作人员的男女比例为6:4。

9.1.2 我国法律法规

新中国成立以来，妇女的家庭地位、社会地位、法律地位发生了巨大而深刻的变化，在政治、经济、文化、社会和家庭生活方面得到了与男子平等的权利和地位。在法律保障方面，我国根据宪法、法律和实际情况，制定了一系列的法规，出台了一系列政策。目前我国已形成了以《宪法》为依据，《妇女权益保障法》和《未成年人保护法》为主体，包括《选举法》《刑法》《婚姻法》《继承法》《人口与计划生育法》《母婴保健法》《劳动法》《工会法》《义务教育法》《教育法》和《女职工劳动保护规定》《女职工禁忌劳动范围的规定》《女职工保健工作规定》等40多部有关法律法规组成的、比较完备的保障妇女合法权益的法律法规体系。近20年来，国务院及有关政府部门制定了105件相关行政法规和规章，各省、自治区、直辖市也都制定了相应的地方性法规。通过各种保障性的、协调性的、制裁性的和补充性的条款，把男女平等的基本原则落实到社会生活的各个方面、各个阶层，使妇女的各项权利基本实现了有法可依、依法保护[7]。我国政府将男女平等确定为基本国策，这不仅是对马克思主义妇女观的实践，更是在科学分析我国性别平等实践的具体情况后为男女平等赋予的崭新内涵。

1. 国家法律法规

1）《大清民律草案》

1911年的《大清民律草案》，这是中国第一部独立的民事法律草案。虽然仍保留了相当多的封建礼法因素，但也改变了中国旧的法律体系，打破了诸法合体、民刑不分的旧格局，使婚姻家庭法成为民法典的一部分[1]。

2）《民法亲属编》

1930年南京国民政府颁布了《民法亲属编》，这是中国历史上第一个正式实行的亲属法，初步反映了男女平等精神。"两愿离婚""实行诉讼离婚制度"等采用或者模仿西方资本主义国家离婚制度，具有时代进步性，但仍然具有很浓厚封建色彩，如家长制规定、纳妾制的变相肯定等[1]。

3）关于《中华苏维埃共和国婚姻法》的相关法规

1934年中华苏维埃共和国的《中华苏维埃共和国婚姻法》，确定了婚姻自由、男女平等、保护妇女利益的基本原则。抗日战争、解放战争时期，许多根据地均颁布了结合本地区实际情况的地区性婚姻家庭条例，在立法原则上都遵循了1934年《中华苏维埃共和国婚姻法》，主要体现在三个方面：一是确立了以个人自愿作为婚姻成立的基本原则；二是实行离婚自由；三是偏重于保护妇女。以上这些婚姻立法活动，为新中国成立后正式制定《婚姻法》提供了可贵的理论基础与有益的实践经验[1]。

4）关于《中国人民政治协商会议共同纲领》的相关法规

1949年9月，中国人民政治协商会议第一届全体会议通过的《中国人民政治协商会议共同纲领》（简称《共同纲领》），确定了国家实行男女平等和保护妇女的政策。《共同纲领》总纲第六条规定："中华人民共和国废除束缚妇女的封建制度。妇女在政治的、经济的、文化教育的、社会生活的各方面，均有与男子平等的权利，实行男女婚姻自由。"

5）关于《中华人民共和国婚姻法》的相关法规

随着60年来中国社会生活和社会性别意识的变迁，新中国成立后的三次婚姻家庭立法有着各自不同的理念：1950年《婚姻法》强调妇女解放；1980年《婚姻法》注重建立平等的婚姻家庭关系；2001年《婚姻法》修正案引入民法的基本价值，突出保护家庭成员的主体地位[3]。

（1）1950年《中华人民共和国婚姻法》的相关规定。

1950年4月13日，中央人民政府委员会第七次会议通过了《中华人民共和国婚姻法》（简称1950年《婚姻法》），并于当年的5月1日起公布颁行。这是新中国制定的第一部法律，在中国历史上第一次全面、明确地倡导男女平等的基本原则与理念[1]。1950年《婚姻法》的重心在于妇女解放，以便为恢复和发展生产力服务，旨在将妇女从传统束缚中解放出来，让妇女参与社会活动，从而促进国民经济的发展。1950年《婚姻法》对妇女在婚姻领域的解放是全方位的[5]。这一法律所具有的意义是划时代的。1950年《婚姻法》第一条开宗明义："废除包办强迫、男尊女卑、漠视子女利益的封建主义婚姻制度。实行男女婚姻自由、一夫一妻、男女平等、保护妇女儿童合法利益的新民主主义婚姻家庭制度。"第三条规定："结婚必须是男女双方本人完全自愿，不许任何一方对他方加以强迫或任何第三者加以干涉。"第七条规定："夫妻为共同生活的伴侣，在家庭中地位平等。"第九条规定："夫妻双方均有选择职业、参加工作和参加社会活动的自由。"第十条规定："夫妻双方对于家庭财产有平等的所有权与处理权。"第十一条规定："夫妻有各用自己姓名的权利。"第十二条规定："夫妻有互相继承遗产的权利。"1950年《婚姻法》规定了离婚自由，对夫妻两愿离婚和男女一方要求离婚的都做了规定，第十七条规定："男女双方自愿离婚的，准予离婚。男女一方坚决要求离婚的，经区人民政府和司法机关调解无效时亦准予离婚。"这一条款实际上贯彻了当时在世界上较先进的"破裂主义"的离婚原则。1950年《婚姻法》所倡导的婚姻自由与男女平等原则，是与旧婚姻制度根本对立的，虽然说男女两性同样是新婚姻法的受益者，都有了自由选择伴侣的权利。但事实上，女性仍然是最大的受益者，她们拥有了自由选择的权利，成为婚姻家庭中独立的主体，而不再是家庭的附属品。法律赋予了女性与男性同样的财产权，为保障婚姻自由奠定了经济基础[1]。

（2）1980年《中华人民共和国婚姻法》的相关规定。

修订后的《中华人民共和国婚姻法》于1980年9月10日经第五届全国人民代表大会第三次会议正式通过，自1981年1月1日起开始实行。它是改革开放恢复社会主义法治建设的重要组成部分，反映了国家在婚姻家庭领域的法制重建。1980年《婚姻法》立法的重心由妇女解放转向着重调整婚姻家庭关系，全面建设家庭内的社会性别平等秩序。该部《婚姻法》继续保障夫妻平等地位，在此基础上修缮夫妻之间互相扶养的权利义务关系，赋予夫妻以请求对方扶养的法定权利，对解除夫妻感情确已破裂的“死亡婚姻”，从而进一步平衡了妇女在婚姻家庭中的弱势地位，构建平等和谐的婚姻家庭关系提供了进一步的法律保障。1980 年《婚姻法》第二条规定：“实行婚姻自由、一夫一妻、男女平等的婚姻制度。保护妇女、儿童和老人的合法权益。实行计划生育。”第九条规定：“夫妻在家庭中地位平等。”第十条规定：“夫妻双方都有各用自己姓名的权利。”第十一条规定：“夫妻双方都有参加生产、工作、学习和社会活动的自由，一方不得对他方加以限制或干涉。”1980 年《婚姻法》进一步明确了夫妻共同财产的内容。第十三条规定：“夫妻在婚姻关系存续期间所得财产归夫妻共同所有，双方另有约定的除外。夫妻对共同所有的财产，有平等的处理权”。在离婚财产的分割上，第三十一条规定：“离婚时夫妻的共同财产由双方协议处理；协议不成时，由人民法院根据财产的具体情况照顾女方和子女权益的原则判决。”第三十二条规定：“离婚时原为夫妻共同生活所负的债务，以共同财产偿还。如该项财产不足清偿时，由双方协议清偿；协议不成时，由人民法院判决。”该条明确了夫妻共同生活所负的债务由夫妻双方共同偿还。

1980 年《婚姻法》虽然规定了家庭中夫妻双方平等的财产权利关系，但对在界定夫妻共同财产和个人财产的具体内容方面却很模糊，因此，造成法院在审理日益增多的财产纠纷离婚案件时的困难。1984 年最高人民法院出台了《关于贯彻执行民事政策法律若干问题的意见》，其中规定“婚前个人财产和双方各自所用的财物，原则上归个人所有。在婚姻关系存续期间，夫妻各自或共同劳动所得的收入和购置的财产，各自或共同继承、受赠的财产，都是夫妻共同财产。”除此之外，还规定了个人财产向夫妻共同财产的转变。此规定事实上成为这一时期(1980—1987 年) 处理离婚财产纠纷案件的主要法律依据。

（3）2001 年《中华人民共和国婚姻法》的相关规定。

进入 21 世纪以来，在婚姻家庭领域出现了很多新的情况。在新需求的驱动下，2001 年政府对 1980《婚姻法》进行了修订。而此时，联合国已经将社会性别主流化确定为促进性别平等的全球战略，并逐渐演变成一种国际趋势。立法者或多或少地运用社会性别理论，“认识到男女性别的实际差异，但不是寻求通过对妇女的帮助以适应社会现状，而是试图转变社会体系和社会结构使之适应男女的性别差异。”[8] 修改后的《婚姻法》正式融入了民法的基本价值，探索出构建实现性别平等和婚姻家庭社会性别平等目标新的路径。首先，全面贯彻民法的平等价值。这不仅扩大了夫妻间平等的内容，而且明确地将平等原则扩展到适用于家庭所有成员的关系。其次，引入民法的个人自由和意思自治原则以便婚姻家庭成员主动消除社会性别角色期待对自身的束缚。再次，民法的效率价值和等价交换的精神在 2001 年《婚姻法》中略有体现，有利于实现两性的实质正义 [3]。

2001 年《婚姻法》修订的宗旨是保护当事人的合法权益，维护婚姻家庭的稳定，促进社会文明进步，标志着我国婚姻家庭立法进入了新的阶段。2001 年《婚姻法》修正案规定了个人财产制 (第十八条)、法定财产制 (第十七条) 与约定财产制 (第十九条)，明确了夫妻共同财产的范围，也有了对个人财产的界定，进一步完善了婚姻财产制，既体现了法律维护家庭财产的整体性，又反映出法律对婚姻关系中个体性的关注与对夫妻之间约定的尊重[1]。其中第十七条规定："夫妻在婚姻关系存续期间所得的财产，归夫妻共同所有，夫妻对共同所有的财产，有平等的处理权。"第十八条规定："有下列情形之一的，为夫妻一方的财产，①一方的婚前财产；②一方因身体受到伤害获得的医疗费、残疾人生活补助费等费用；③遗嘱或赠与合同中确定只归夫或妻一方的财产；④一方专用的生活用品；⑤其他应当归一方的财产。"第十九条规定："夫妻可以约定婚姻关系存续期间所得的财产以及婚前财产归各自所有、共同所有或部分各自所有、部分共同所有。约定应当采用书面形式。没有约定或约定不明确的，适用本法第十七条、第十八条的规定。夫妻对婚姻关系存续期间所得的财产以及婚前财产的约定，对双方具有约束力。夫妻对婚姻关系存续期间所得的财产约定归各自所有的，夫或妻一方对外所负的债务，第三人知道该约定的，以夫或妻一方所有的财产清偿。"2001 年《婚姻法》修正案将反对家庭暴力写进了法律，修正后的《婚姻法》第三条明确规定"禁止家庭暴力"。第四十三条规定："对正在实施的家庭暴力，受害人有权提出请求，居民委员会、村民委员会应当予以劝阻，公安机关应当予以制止；实施家庭暴力或虐待的成员，受害者提出请求的，公安机关应当依照治安管理处罚条例予以行政处罚。"第四十五条规定："对实施家庭暴力构成犯罪的，依法追究刑事责任。"第四十六条中规定家庭暴力也是离婚时受害方请求损害赔偿的依据之一。在法律上，夫妻之间的暴力伤害已经明确有法可依。

6）关于《中华人民共和国选举法》的相关法规

《中华人民共和国选举法》是中国政府制定的由广大人民群众选举代表参政议政的法律。该法律制定于 1953 年，1979 年重新修订，其后经过 1982 年、1986 年、1995 年和 2004 年 4 次修改，2009 年制定了《中华人民共和国选举法（修正案）》草案，并于 2010 年 3 月 15 日，在第十一届全国人大第三次会议上表决通过。其中第三条规定："中华人民共和国年满十八周岁的公民，不分民族、种族、性别、职业、家庭出身、宗教信仰、教育程度、财产状况和居住期限，都有选举权和被选举权。"第六条规定："全国人民代表大会和地方各级人民代表大会的代表应当具有广泛的代表性，应当有适当数量的基层代表，特别是工人、农民和知识分子代表；应当有适当数量的妇女代表，并逐步提高妇女代表的比例。"

7）关于《中华人民共和国宪法》的相关法规

1954 年 9 月，第一届全国人民代表大会第一次会议通过《中华人民共和国宪法》。其中，第八十五条规定："中华人民共和国公民在法律上一律平等。"第八十六条规定："年满十八岁的公民，不分民族、种族、性别、职业、社会出身、宗教信仰、教育程度、财产状况、居住期限，都有选举权和被选举权。妇女有同男子平等的选举权和被选举权。"第九十六条规定："中华人民共和国妇女在政治的、经济的、文化的和家庭的生活各方面享有同男子平等的权利。婚姻、家庭、母亲和儿童受国家的保护。"

1982 年 12 月，第五届全国人民代表大会第五次会议通过新修改的《中华人民共和国宪法》。第三十四条规定："中华人民共和国年满十八周岁的公民，不分民族、种族、性别、职业、家庭出身、宗教信仰、教育程度、财产状况、居住期限，都有选举权和被选举权；但是依照法律被剥夺政治权利的人除外。”第四十八条规定：“中华人民共和国妇女在政治的、经济的、文化的、社会的和家庭的生活等各方面享有同男子平等的权利。国家保护妇女的权利和利益，实行男女同工同酬，培养和选拔女干部。”第四十九条规定：“婚姻、家庭、母亲和儿童受国家保护。夫妻双方有实行计划生育的义务。父母有抚养教育未成年子女的义务，成年子女有赡养扶助父母的义务。禁止破坏婚姻自由，禁止虐待老人、妇女和儿童。”

8）关于《中华人民共和国义务教育法》的相关法规

《中华人民共和国义务教育法》于 1986 年 4 月 12 日由第六届全国人民代表大会第四次会议通过，1986 年 7 月 1 日起施行。新《中华人民共和国义务教育法》由第十届全国人民代表大会常务委员会第二十二次会议于 2006 年 6 月 29 日修订通过，自 2006 年 9 月 1 日起施行。如修订后第四条规定：“凡具有中华人民共和国国籍的适龄儿童、少年，不分性别、民族、种族、家庭财产状况、宗教信仰等，依法享有平等接受义务教育的权利，并履行接受义务教育的义务。”

9）关于《中华人民共和国妇女权益保障法》的相关法规

1992 年 4 月 3 日公布，同年 10 月 1 日施行的《中华人民共和国妇女权益保障法》（简称《妇女权益保障法》）是为保障妇女的合法权益，促进男女平等，充分发挥妇女在社会主义现代化建设中的作用，是根据宪法和我国的实际情况而制定的。《全国人民代表大会常务委员会关于修改〈中华人民共和国妇女权益法〉的决定》于 2005 年 8 月 28 日第十届全国人民代表大会常务委员会第十七次会议通过，自 2005 年 12 月 1 日起施行。《妇女权益保障法》中第二条规定：“妇女在政治的、经济的、文化的、社会的和家庭的生活等各方面享有同男子平等的权利。实行男女平等是国家的基本国策。国家采取必要措施，逐步完善保障妇女权益的各项制度，消除对妇女一切形式的歧视。国家保护妇女依法享有的特殊权益。禁止歧视、虐待、遗弃、残害妇女。”第九条规定：“国家保障妇女享有与男子平等的政治权利。”第十一条规定：“妇女享有与男子平等的选举权和被选举权。全国人民代表大会和地方各级人民代表大会的代表中，应当有适当数量的妇女代表。国家采取措施，逐步提高全国人民代表大会和地方各级人民代表大会的妇女代表的比例。居民委员会、村民委员会成员中，妇女应当有适当的名额。”第十五条规定：“国家保障妇女享有与男子平等的文化教育权利。”第十六条规定：“学校和有关部门应当执行国家有关规定，保障妇女在入学、升学、毕业分配、授予学位、派出留学等方面享有与男子平等的权利。学校在录取学生时，除特殊专业外，不得以性别为由拒绝录取女性或者提高对女性的录取标准。”第二十二条规定：“国家保障妇女享有与男子平等的劳动权利和社会保障权利。”第二十三条规定：“各单位在录用职工时，除不适合妇女的工种或者岗位外，不得以性别为由拒绝录用妇女或者提高对妇女的录用标准。各单位在录用女职工时，应当依法与其签订劳动（聘用）合同或者服务协议，劳动（聘用）合同或者服务协议中不得规定限制女职工结婚生育的内容。禁止录用未满十六周岁的女性未成年人，国家另有规定的除外。”第二十四条规定：“实行男女同工同酬。妇女在享受福利待遇方面享有与男子平等的权利。”第二十五条规定：“在晋职、晋级、评定专业技术职务等方面，应当坚持男女平等的原则，不得歧视妇女。”第三十条规定:“国家保障妇女享有与男子平等的财产权利。”第三十一条规定:“在婚姻、家庭共有财产关系中,不得侵害妇女依法享有的权益。”第三十二条:“妇女在农村土地承包经营、集体经济组织收益分配、土地征收或者征用补偿费使用以及宅基地使用等方面,享有与男子平等的权利。”第三十三条规定:“任何组织和个人不得以妇女未婚、结婚、离婚、丧偶等为由,侵害妇女在农村集体经济组织中的各项权益。因结婚男方到女方住所落户的,男方和子女享有与所在地农村集体经济组织成员平等的权益。”第三十四条规定:“妇女享有的与男子平等的财产继承权受法律保护。在同一顺序法定继承人中,不得歧视妇女。丧偶妇女有权处分继承的财产,任何人不得干涉。”第三十六条规定:“国家保障妇女享有与男子平等的人身权利。”第四十三条规定:“国家保障妇女享有与男子平等的婚姻家庭权利。”第四十四条规定:“国家保护妇女的婚姻自主权。禁止干涉妇女的结婚、离婚自由。”第四十七条规定:“妇女对依照法律规定的夫妻共同财产享有与其配偶平等的占有、使用、收益和处分的权利,不受双方收入状况的影响。夫妻书面约定婚姻关系存续期间所得的财产归各自所有,女方因抚育子女、照料老人、协助男方工作等承担较多义务的,有权在离婚时要求男方予以补偿。”第四十九条规定:“父母双方对未成年子女享有平等的监护权。父亲死亡、丧失行为能力或者有其他情形不能担任未成年子女的监护人的,母亲的监护权任何人不得干涉。”第五十条规定:“离婚时,女方因实施绝育手术或者其他原因丧失生育能力的,处理子女抚养问题,应在有利子女权益的条件下,照顾女方的合理要求。”

10)关于《中华人民共和国劳动法》的相关法规

1995年1月1日起施行的《中华人民共和国劳动法》中第十三条规定:“妇女享有与男子平等的就业权利。在录用职工时,除国家规定的不适合妇女的工种或者岗位外,不得以性别为由拒绝录用妇女或者提高对妇女的录用标准。”

11)关于《中国人民共和国村委会组织法》的相关法规

1998年通过的《中国人民共和国村委会组织法》规定,村委会中妇女应当有适当的名额。2002年8月中共中央办公厅、国务院办公厅14号文件进一步强调要保证妇女在村委会选举中的合法权益,使女性在村民委员会成员中占有适当名额。而后湖南、江西、天津市塘沽区、湖北省广水市等省、市、区在村民委员会选举中,因地制宜采取一系列举措。2008年民政部、全国妇联又下发了《关于进一步加强新形势下妇女参加村民委员会的意见》,要求采取灵活多样的措施,确保将村民委员会成员中妇女应当有适当的名额的规定落到实处[9]。

12)关于《中国妇女发展纲要(2011—2020年)》的相关法规

《中国妇女发展纲要(2011—2020年)》(简称《纲要》)于2011年7月30日由中华人民共和国国务院印发,提出要促进男女平等的法律法规不断完善。《纲要》指出未来十年中国妇女的发展目标是:“将社会性别意识纳入法律体系和公共政策,促进妇女全面发展,促进两性和谐发展,促进妇女与经济社会同步发展。保障妇女平等享有基本医疗卫生服务,生命质量和健康水平明显提高;平等享有受教育的权利和机会,受教育程度持续提高;平等获得经济资源和参与经济发展,经济地位明显提升;平等参与国家和社会事务管理,参政水平不断提高;平等享有社会保障，社会福利水平显著提高；平等参与环境决策和管理，发展环境更为优化；保障妇女权益的法律体系更加完善，妇女的合法权益得到切实保护。”《纲要》提出的“妇女与法律”领域的主要目标包括：促进男女平等的法律法规不断完善；加强对法规政策的性别平等审查；妇女依法维护自身权益的意识和能力不断增强；严厉打击强奸、拐卖妇女和组织、强迫、引诱、容留、介绍妇女卖淫等严重侵害妇女人身权利的犯罪行为；预防和制止针对妇女的家庭暴力；保障妇女在婚姻家庭关系中的财产权益；保障妇女依法获得法律援助和司法救助。《纲要》明确指出，“保障农村妇女土地权益。落实和完善保障农村妇女土地权益的相关政策，纠正与法律法规相冲突的村规民约。建立健全农村集体资金、资产、资源管理等各项制度，推动各地出台农村集体经济组织内部征地补偿费分配使用办法，确保妇女享有与男子平等的土地承包经营权、宅基地使用权和集体收益分配权。维护婚姻家庭关系中的妇女财产权益。”[10]

2. 地方法律法规

1）西藏的相关法律法规

为促进男女平等、保护妇女特殊权益，禁止歧视、虐待、残害妇女，西藏自治区制定了《西藏自治区实施〈中华人民共和国婚姻法〉变通条例》《西藏自治区实施〈中华人民共和国妇女权益保障法〉办法》和《西藏自治区实施〈中华人民共和国母婴保健法〉办法》，废除了一夫多妻、一妻多夫制度，妇女在婚姻家庭中与男子享有平等的结婚权和离婚权，尤其是在离婚时对生活确有困难的妇女依照法律规定给予特殊照顾；对妇女的权益加以保护，并把母婴健康、提高人口素质、优生优育工作步入制度化、规范化。为使贫困公民和弱势群体得到及时、无偿的法律服务，以维护合法权益，实现“法律面前，人人平等”的原则，自治区 2001 年成立了第一家法律援助机构。

2）河北的相关法律法规

1984 年 1 月 12 日河北省第六届人民代表大会常务委员会第五次会议通过《河北省保护妇女儿童合法权益的规定》，1 月 23 日河北省人民代表大会常务委员会公告公布施行。第一条为：“为维护妇女、儿童的合法权益，抚育培养儿童健康成长，充分发挥妇女在建设社会主义物质文明和精神文明中的重大作用，根据中华人民共和国宪法、婚姻法和其他有关法律，结合我省实际情况，制定本规定。”第二条规定：“在招生、招工、提干、评定职称、付给劳动报酬以及分配住房、责任田、自留地（自留山、树、滩、畜）、宅基地等方面，都要贯彻男女平等的原则，任何单位和个人不得歧视妇女。违者，由主管部门予以纠正或制止，对拒不改正的给予行政处分。”第五条规定：“保护妇女婚姻自由的权利。禁止换亲、转亲和包办、买卖婚姻及其他干涉婚姻自由的行为。禁止干涉丧偶之妇女再婚与不再婚的自由。对于干涉他人婚姻自由的，由其所在单位给予批评教育或行政处分；情节恶劣、后果严重的，由司法机关依法制裁。”第八条规定：“保护生女孩的妇女不受歧视或虐待。因生女孩男方提出离婚的，不准离婚。对虐待生女孩的妇女者，视情节轻重，给予治安管理处罚或刑事处分。”第十条规定：“女子享有与男子平等的继承财产的权利。被继承人死亡后，其家族、亲友不得侵犯女子继承财产的权利。被继承人生前有合法遗嘱的，按遗嘱处理。丧偶妇女再婚时，其合法财产和应继承的遗产由本人支配，他人不得干涉。”第十一条规定：“男到女家结婚落户的，享有和当地居民同等的权利，任何人不得歧视或刁难。在家庭生活中，男女均应享有平等的地位和权利。对男到女家落户的家庭成员进行歧视、迫害的，由其所在单位给予批评教育或行政处分；情节恶劣、后果严重的，由司法机关依法制裁。”[11]

3）北京的相关法律法规

1984 年 10 月 18 日，北京市第八届人民代表大会常务委员会第十五次会议审议了浦洁修等 32 位代表在市八届人大二次会议上提出的《建议由市人大常委会通过关于保护妇女儿童合法权益的决议》的议案；听取和审议了封明为副市长关于本市保护妇女儿童合法权益工作的报告。为了坚决保护妇女儿童的合法权益，该决议有关内容如下：①进一步贯彻男女平等原则：妇女在政治的、经济的、文化的、社会的和家庭的生活等各方面，享有同男子平等的权利。招工、招生，对妇女应一视同仁，不得歧视，并积极为妇女就业创造条件，充分发挥妇女的作用。市、区、县人民政府应统筹兼顾，结合经济体制改革的新情况，制定切实可行的办法，督促各有关单位认真贯彻执行。要注意培养和选拔妇女干部担任领导工作；②切实加强妇女的劳动保护工作：各部门、各单位必须认真贯彻执行国家有关女职工劳动保护的规定，特别要注意对女职工经期、孕期、产期、哺乳期的保护和照顾。对执行情况要认真进行检查，发现问题，采取措施，妥善解决；③加强婚姻登记工作：要求结婚的男女双方，必须亲自到婚姻登记机关进行结婚登记。婚姻登记机关对违反婚姻法的，不予登记，并给予批评教育。禁止包办、买卖婚姻和早婚；④依法保护婚姻、家庭：夫妻应互爱互敬、互相帮助、和睦团结。对有违反社会主义道德，妨害婚姻、家庭的错误行为的，所在单位应负责进行批评教育，促其改正。屡教不改的，可给予行政纪律处分。对有重婚、遗弃、虐待、拐骗、用暴力干涉婚姻自由以及妨害现役军人婚姻等犯罪行为的，依照刑法的规定处理；⑤对于离婚时夫妻的共同财产以及离婚后子女的生活和教育费等问题，应严格依照《婚姻法》规定，根据照顾女方和子女权益的原则处理。离婚后，女方要求迁回原在农村居住地的，当地人民政府应准予落户[12]。

4）天津的相关法律法规

1984 年 10 月 25 日，天津市第十届人民代表大会常务委员会第十五次会议通过《天津市保护妇女儿童合法权益的若干规定》，其中第四条规定：“坚决贯彻男女平等原则。在招工、招干、招生、提干、评定职称、分配住房、分配房基地、分配劳动报酬等项工作中，各单位不得对妇女作出歧视性的规定。对违反本条规定的，各级人民政府或有关部门应及时制止和纠正。”第五条规定：“妇女在家庭中的地位同男子平等。禁止打骂、虐待妇女的行为。妇女因受家庭成员打骂、虐待而提出控告的，接待控告人的单位，应认真解决，不得推拖。需由有关部门处理的，应及时转送。打骂、虐待行为情节轻微的，由被控告人的所在单位或基层政权、群众组织进行批评教育；情节严重的，由公安、司法部门依法处理。”第六条规定：“禁止第三者介入他人婚姻家庭。因第三者介入，致使他人婚姻家庭遭到破坏或妇女、儿童合法权益受到侵害时，情节轻微的，分别由所在单位或基层政权、群众组织对第三者和有过错的一方给予批评教育或行政处分，并责令双方割断联系；违反治安管理处罚条例或符合劳动教养条件的，由公安部门给予治安处罚或劳动教养；第三者介入他人婚姻家庭构成重婚罪或引起虐待、伤害、杀人等其他刑事犯罪的，依照刑法有关规定处罚。”[13]

5）山西的相关法律法规

1985 年 2 月 10 日山西省第六届人民代表大会常务委员会第十一次会议通过了《山西省保护妇女儿童合法权益的规定》，其中第一条为：“为了保护妇女儿童的合法权益，充分发挥妇女在社会主义建设中的作用，抚育、培养儿童健康成长，根据《中华人民共和国宪法》《中华人民共和国刑法》和《中华人民共和国婚姻法》等有关法律，结合山西省的实际情况，特制定本规定。”第二条规定：“坚持男女平等的原则，确保妇女在政治的、经济的、文化的、社会的和家庭的生活等各方面享有同男子平等的权利。”[14]

6）江苏的相关法律法规

1998 年 12 月，江苏省妇女权益法律援助中心正式挂牌成立，标志着江苏省妇女权益法律援助制度在全国的率先起步。十多年来，作为江苏省法律援助工作体系的重要组成部分的妇女权益法律援助中心，得到了全省各级党政领导的关心和重视，得到了省司法厅全力支持。各级司法行政部门在建立法律援助机构的同时，同步建立了妇女权益法律援助组织，并切实加强管理和业务指导。2012 年 3 月，江苏省政策法规性别平等咨询评估委员会第一次会议在南京举行，省政府法制办和省妇联联合下发《关于建立江苏省地方政策法规性别平等咨询评估机制的指导意见》，标志着江苏省地方政策法规性别平等咨询评估机制建立。这是妇联及有关部门共同推动实施从源头为妇女维权的又一个创新平台，将更有效地从源头上保障妇女权益，进一步弘扬先进性别文化，推进在地方政策法规制定中体现男女平等原则，在决策、管理和服务中增强性别平等理念[15]。

7）深圳的相关法律法规

2011 年 11 月份，在深圳市举行的第五届人大常委会第十一次会议上，全国首部性别平等促进条例——《深圳经济特区性别平等促进条例 (草案)》被提请初审。该条例 (草案) 是我国以性别平等为主题立法的首次尝试，其内容引人瞩目。《深圳经济特区性别平等促进条例 (草案)》规定女性劳动者达到现行退休年龄，身体健康，本人愿意继续工作的，可以同用人单位协商延长退休年龄，直至与男性劳动者同龄退休。工会可以代表本单位女性劳动者就延长退休年龄同用人单位开展集体协商。用人单位就延长退休年龄与女性劳动者协商达成一致的，应当在该女性劳动者达到现行退休年龄 3 个月前，向市人力资源和社会保障部门备案。针对家庭暴力问题，该条例规定家庭暴力受害人可以向性别平等促进工作机构申请不超过 72 小时的临时庇护。受害人在受庇护期间的住宿及其他生活费用自理或者由施暴方承担。此外，《深圳经济特区性别平等促进条例 (草案)》还规定实施双亲育婴假制度，除妇女依法享有育婴假期之外，男性可以在其生育或者抚养的子女 3 周岁内，每年享有 5 天育婴假。男性育婴假期间的工资和福利待遇由用人单位根据国家有关规定决定[16]。

9.1.3 政策评述

婚姻家庭法与社会性别息息相关，将社会性别理念引入到婚姻家庭法之中具有较高的理论价值和现实意义。从平等内涵看，婚姻家庭平等不仅是形式平等更是实质平等。现实的性别差异造就了在婚姻家庭领域的复杂性，因此要实现实质上的性别平等，就产生了社会性别意识差异的需求。形式上的婚姻家庭平等要求法律明确妇女享有与男子平等的婚姻家庭权利。但基于生理和社会分工不同，以及女性人权保护的特点，仅仅以男性环境作为参照，所起到作用往往捉襟见肘。实质上的平等并非要求男女在婚姻家庭中的权利完全相同，而是扩大到论及作为结果的实质上的平等与社会系统上的非歧视[2]。

婚姻家庭的法律法规基本上比较完善，并且很好地发挥了在维持我国婚姻家庭秩序方面的作用，但是依然存在不足之处，这主要表现在性别公正的理念未能全面贯彻，社会性别意识纳入婚姻家庭立法决策主流还有相当差距[3]。总的来说，关于婚姻家庭的立法上存在三方面问题。一是立法太粗，过于原则、笼统，缺乏可操作性。在立法上追求高、大、全，过度宣言化、纲领化，不注重法律的实际操作性，导致了法律实施困难。二是过分强调对妇女的特殊保护。侧重于保护妇女而相对忽视了增强她们的能力。总是把妇女和儿童放在一起保护，把对妇女的保护局限于其人类再生产功能。三是法律责任制度不完善。不少法律法规只规定了权利和义务的内容，却没有规定相应的法律责任，即便规定了法律责任，很多却因不符合客观实际而形同虚设，难以将侵害者绳之以法[2]。

婚姻家庭平等权的落实要从立法和实践两方面入手。在立法方面，要完善妇女人权法律保障体系，包括细化妇女婚姻家庭立法，完善民法、刑法等周边法律制度，加强相关国内法和国际法的衔接，保障国际法的贯彻实施等[2]。婚姻家庭男女两性地位的平等离不开法律的保护，这就必然要求在婚姻家庭立法过程中加入社会性别意识理念。且社会性别分析的方法有助于女性在家庭领域权利的定位，促进女性婚姻家庭权利的实质发展。在实践方面，加强对妇女婚姻家庭权利的保护，包括加强婚姻家庭法执法力度，加强妇女法律援助，提高女性素质，促进非政府组织和男性参与妇女维权等[2]。此外，为保证婚姻家庭性别平等理念的落实，还应该弘扬社会性别公平公正的理念，以“个人本位、兼顾家庭和社会利益”的思想指导婚姻家庭立法，遵循人权观念，坚持个人本位在婚姻家庭立法理念中的基础地位，并在此基础上正确分析传统婚姻家庭伦理期待，将社会性别意识纳入婚姻家庭立法决策主流，强化性别公正观念，公平分配家庭责任，合理分配家庭义务，确保家庭成员获得更充分的自由、幸福和全面发展的环境[3]。

9.2 社会性别主流化在婚姻家庭中推进的进程

9.2.1 相关法律的社会性别分析与婚姻家庭

婚姻家庭是最能体现性别关系的社会基本单位。社会性别主流化，也称为“社会性别平等主流化”或“将社会性别观点纳入主流”，该理念自1985年联合国第三次世界妇女大会以来不断得到发展和完善。1995年联合国第四次世界妇女大会通过的《行动纲领》明确提出将社会性别观点纳入社会发展各领域的主流。

1997年联合国经济及社会理事会通过了对社会性别主流化的定义：“把性别问题纳入主流是一个过程，它对任何领域各个层面上的任何一个计划行动，包括立法、政策或项目计划对妇女和男人产生的影响进行分析。它是一个战略，把妇女和男性的关注、经历作为在社会、经济和社会各领域中设计、执行、跟踪、评估政策和项目计划的不可分割的一部分来考虑，以便使男女两性平等受益。它的最终目的是实现社会性别平等。”

建国以来，我国的婚姻家庭法在实现男女平等方面的努力有目共睹，但是，在我国现行《婚姻法》中仍然存在隐形的性别不平等。如果从社会性别的视角来审视其中的具体制度，则会发现中性立法忽视了男女两性的实质性差异，仍欠缺社会性别意识。

1. 婚姻法的社会性别分析与婚姻家庭

现行《婚姻法》第六条是关于结婚年龄的规定：“男不得早于22周岁，女不得早于20周岁。”这种规定肯定了传统的“男大女小”婚配习俗，并考虑了女性在生理上比男性成熟更早的特点。然而，这在实际上却巩固了男大女小、男尊女卑的传统婚姻家庭结构，而且造成了男女两性之间结婚对象的资源分配不平等。因为一方面，男性可以与比自己小的女性结婚，而女性，尤其是离婚女性，往往只能选择比自己年龄大的男性结婚。另一方面，女性可以与比自己大的男性结婚，而男性与比自己大的女性结婚则往往被视为有违常情。对男女法定婚龄的不同规定，也是对男性的一种限制，有悖男女平等原则[17]。

“对于均无配偶的双方当事人自愿不进行结婚登记，而持续公开地共同生活达到一定期限的伴侣关系，即‘非婚同居关系’”对于这条规定，2001年修订后的《婚姻法》并没有提及。此后司法解释限制了事实婚姻的认定，否定了非婚同居关系本身的可诉性。即我国现行婚姻法对非婚同居采取不保护、不干预的态度。这种情况下，女方往往处于不利地位。伴随时代的进步，人们自主选择非婚同居生活方式的权利应当得到尊重，这时更应该明确保护双方关系中，权益相对较弱的一方。目前我国还无法像一些西方国家那样用结婚法调整非婚同居关系，但可设立专门的小分支负责非婚同居问题，及时预防和处理非婚同居引发的纠纷，保护当事人及其子女的权益。

此外，我国现行《婚姻法》将结婚主体限定为异性。但以社会性别的观点来看，同性之间在不违反法律禁止性规定的前提下，形成感情、经济和性等方面相互依赖的生活共同体，与异性之间的婚姻或类似婚姻的生活共同体（非婚同居）没有实质区别。目前已有荷兰、比利时等国承认同性婚姻。我国目前尚不具有承认同性婚姻的社会条件，那么不妨将非婚同居法律制度尽可能平等地适用于同性和异性同居伴侣，以保护那些无法得到婚姻法保护的二人共同生活关系中的弱势方的权益。

2. 夫妻关系法的社会性别分析与婚姻家庭

在夫妻关系法中，较为突出的是家庭暴力和生育权的问题。2001 年修订的《婚姻法》不但原则性地规定“禁止家庭暴力”，还将家庭暴力作为受害方诉请离婚的法定理由之一，无过错的受害方在离婚时可诉求损害赔偿，受害方可以请求制止、劝阻、调解等。然而，针对频频发生的家庭暴力事件，可以发现《婚姻法》虽在一定程度上起到了宣传效果，但缺乏实际的操作价值。

反家庭暴力的相关立法必须采用社会性别分析方法，考虑以下几个问题。第一，家庭暴力概念应涵盖婚内性暴力，妻子不再是传统社会中必须对丈夫承担义务的性客体。第二，承认婚内侵权，家庭暴力受害者无论是否离婚都应享有独立的人身损害赔偿请求权。第三，加强对家庭暴力行为的预防和制止，可以借鉴国外的“保护令制度”。第四，将干预的重点放在施暴者方面，减少或避免对受害人过错的追究，充分保护受害人的身心健康，防止暴力升级。

现行《婚姻法》关于生育权的规定很简单，《妇女权益保障法》和《人口与计划生育法》也没有解决夫妻生育权的冲突问题。用社会性别理论来分析：首先，男性的性权利和生育意愿要通过女性才能实现，如果由男性享有生育决定权，势必纵容男性强权和强迫性行为，导致女性人身自由的丧失和身心的摧残。其次，女性在怀孕、生育和哺乳中独自承担艰辛和风险，在照顾、抚育子女方面履行更多的义务，法律理应给予女性更多的人文关怀和特殊保护。最后，如果女方享有生育决定权，男方可以离婚再重新选择与自己生育意愿一致的人结婚，这显然比纵容男性强权付出的代价小[17]。所以，当出现夫妻生育意愿不一致的情况时，应由女方享有生育决定权。

3. 亲子关系法的社会性别分析与婚姻家庭

我国法律一贯重视对非婚生子女的保护，非婚生子女具有与婚生子女相同的权利义务。然而，问题之一在于“婚生子女”与“非婚生子女”称谓上的差别就在一定程度产生了区别对待，容易造成非婚生子女的自卑和受歧视，也容易造成对非婚生子女的生母的歧视。最彻底的做法是摈弃两个概念之间的区分，统一称为“亲生子女”或“子女”，统一适用婚姻法中有关父母子女关系的规定。问题之二是我国的婚生子女推定与否认制度不尽科学。我国应建立亲子关系推定与否认制度、子女认领制度；不必设立非婚生子女准生制度，而应借鉴《埃塞俄比亚民法典》的规定，将亲子关系推定与否认制度的适用范围扩大到非婚同居关系。

4. 离婚法的社会性别分析与婚姻家庭

运用社会性别分析方法审视离婚法，其中突出的问题有三：一是离婚后父母对未成年子女的抚养；二是离婚妇女的土地承包经营权益；三是女性在离婚损害赔偿诉讼中的地位。关于离婚后妇女对未成年子女的抚养，现行《婚姻法》第三十六条规定：“离婚后，哺乳期内的子女，以随哺乳的母亲抚养为原则。哺乳期后的子女，如双方因抚养问题发生争执不能达成协议时，由人民法院根据子女的权益和双方的具体情况判决。”在司法实践中，离婚后未成年子女大部分都判决由母亲直接抚养，理由是母亲与父亲相比更适合做监护人。这是传统的性别与家庭角色观念的反映，是对女性活动局限于家庭的陈旧观念的维护。实际效果是增加了女性再婚的难度，也不一定实现了子女利益最大化。在社会性别主流化的趋势下，这种做法已不合时宜。关于离婚妇女的土地承包经营权益，现行《婚姻法》第三十九条规定："夫或妻在家庭土地承包经营中享有的权益等，应当依法予以保护。"这仅仅是原则性、宣言性的规定，缺乏实践可操作性。更为具体的《农村土地承包法》有意识地侧重保护妇女的土地承包经营权益，但某些规定从文字上看貌似是对妇女的特别保护，实际后果则强调了妇女的依附地位。例如《农村土地承包法》第三十条规定："承包期内，妇女结婚，在新居住地未取得承包地的，发包方不得收回其原承包地；妇女离婚或者丧偶，仍在原居住地生活或者不在原居住地生活但在新居住地未取得承包地的，发包方不得收回其原承包地。"该条规定的初衷显然是保护妇女的权益，但执行中可能产生的效果是，远嫁他乡的妇女因此规定分不到新居住地的承包地，又无力顾及在娘家的承包地。而且，该规定为何特别强调妇女？这要么对男性不公平，要么强调妇女对夫家的依附地位，违背了其立法初衷[17]。关于离婚损害赔偿制度，是2001年修订的《婚姻法》增设了旨在保护女性的内容。根据《婚姻法》第四十六条的规定："因重婚、有配偶者与他人同居的、实施家庭暴力或虐待、遗弃家庭成员导致离婚的，无过错方有权请求损害赔偿。"但在司法实践中，离婚妇女要求离婚损害赔偿并得到支持的比例很小，其中一个重要原因就是举证难，对于争议的事实法院难以认定。不论是重婚，还是有配偶者与他人同居，行为人的行为都是十分隐秘的。无过错配偶，尤其是女方，凭借自己的力量难以收集到有足够说明力的直接证据。家庭暴力、虐待、遗弃的认定，则需要受害方及时报案或去医院开具诊断证明。事实上一般当事人缺乏法律常识或证据意识，当对方当事人不承认有暴力、虐待、遗弃行为时，便无据可查。当一方请求了解情况的邻居出庭作证时，邻居多出于自身利益的考虑而拒绝出庭。举证难将女性在离婚损害赔偿诉讼中推到了无助的边缘。

5. 我国反家庭暴力法的社会性别分析与婚姻家庭

家庭暴力已逐渐成为跨越国界、意识形态、种族的全球性问题。1995年第四次世界妇女大会所出台的成果性文件——《行动纲要》和《北京宣言》，再次强调了国际社会抵制家庭暴力的决心和态度；1999年3月8日联合国妇女发展基金组织召开的全球电视盛会提出了"给妇女一个没有暴力的世界"的口号；1999年11月联合国大会通过决议确定每年11月25日为"国际消除家庭暴力日"。自20世纪90年代初，特别是1995年世界妇女大会后，家庭暴力问题逐渐进入人们的视野，国际社会抵制家庭暴力的宣传力度也日渐加大，相关研究和立法工作不断深入。虽然我国1950年《婚姻法》对女性经济方面倾斜性保护的规定已经体现了社会性别平等的理念，但"家庭暴力"作为法律概念始见于2001年修正的《婚姻法》。该法总则宣示"禁止家庭暴力"，并规定："家庭暴力是法院应准予离婚的法定情形之一，家庭暴力导致离婚的，受害方有权要求损害赔偿；家庭暴力受害人有权请求所在居/村委会、所在单位调解、劝阻，提请公安机关制止；家庭暴力构成犯罪的依法追究刑事责任，受害人可向法院自诉，也可提请公安机关侦查、检察机关公诉。”2005年修订的《妇女权益保障法》以法律的形式明确宣示“实行男女平等是国家的基本国策”，坚决禁止家庭暴力，并要求公安、民政、司法行政等部门以及城乡基层群众性自治组织、社会团体切实采取措施，预防和制止家庭暴力。“家庭暴力”概念进入我国立法，是国际社会反家暴运动和我国强化妇女权益保障双重因素影响的成果，是将社会性别理念纳入我国立法的尝试和实践，是推动社会性别在法律领域主流化的过程。

2001年《婚姻法》修订以来，立法者站在社会性别的视角，科学运用社会性别分析方法，反家暴立法得以推进。但是，将社会性别主流化纳入我国立法领域，在法学理论界、司法实务部门及公共政策决策层的认知程度还远远不够，还有很长的路要走。

据全国妇联权益部资料显示，家庭暴力已成为我国妇联权益部工作中的突出问题，投诉数量呈持续增长态势，每年的群众投诉数量约5万起，占全国妇联系统信访量的十分之一。中国家庭暴力发生率为29.7%~35.7%，其中90%受害人是女性，各地法院所审理的婚姻家庭案件中，当事人主张存在家庭暴力的约在40%~60%之间[18]。虽然家庭暴力造成的伤害触目惊心，但是由于各种原因却难以有效防止，有一部分原因就在于现行立法反家庭暴力条款的固有缺陷。

虽然《婚姻法》和《妇女权益保障法》均明确规定禁止家庭暴力，全国各省市也围绕家庭暴力出台了诸多地方性法规，但是这些条款仅起到宣传效果，实际的可操作性不强。最高法院《关于适用〈中华人民共和国婚姻法〉若干问题的解释》力求为法院审理家庭暴力案件提供具体依据，对“家庭暴力”做出明确界定：“行为人以殴打、捆绑、残害、强行限制人身自由或其他手段，给其家庭成员的身体、精神等方面造成一定伤害后果的行为”“持续性、经常性的家庭暴力构成虐待”。恰恰因为现行立法条款对“家庭暴力”的模糊笼统规定，在处理家暴案件过程中，给法官造成了一定的困扰，由于在认定家庭暴力及其成因、判决离婚及损害赔偿等方面缺乏性别敏感度，导致实践中被认定为“家庭暴力”的案件微乎其微，所以由家庭暴力起诉的离婚案件成功的概率并不是很高。据一项统计表明，各地法院所审理的婚姻家庭案件中，40%~60%的案件涉及家庭暴力，但能提供相关证据的不到30%。针对我国家庭暴力的具体情况，为落实党和国家领导人关于“要重视维护妇女权利，要使社会性别主流化”“促进性别平等，实现共同发展”的重要指示，最高法院于2008年编发了《涉及家庭暴力婚姻案件审理指南》，为反家庭暴力司法实践提供法律支援，试图改善反家暴司法面临困境的问题，该指南在反家庭暴力司法实践中的试点推行已取得突破性进展。我国反家暴立法过程中已有社会性别主流化理念的初步尝试，虽然现行立法对家庭暴力的概念界定还不够明确，其在实践中还存在问题，但对我国反家暴立法而言确属里程碑式进步，应当认识到努力推进社会性别主流化是维护妇女人权、推动性别平等的重要议题，亟需以社会性别主流化理念指引我国反家庭暴力立法[18]。

9.2.2 社会性别统计与婚姻家庭

在当前的实践领域甚至学术界对社会性别统计的含义仍然不是特别明确，往往与分性别统计混为一谈，错误地将分性别统计认为成社会性别统计。但是仅仅以分性别统计人均收入来衡量妇女在经济上的贡献是很不全面的，因为妇女所从事的劳动往往是无法用报酬计算的，比如生计农业、非市场生产活动、照顾抚养人和烹饪等家务劳动。因此，社会性别在设计经济贡献指标时，若考虑妇女的这一实际贡献，其统计数据就有相当大的改变。分性别统计是社会性别统计中的一个基础部分，社会性别统计从统计的指导思想到统计指标体系的建立、数据生产、布公以及对指标完成的监测都与单纯的分性别统计有明显的区别[19]。

1. 家庭就业中的社会性别统计分析

一个家庭的就业情况会影响着这个家庭的安定、和睦、幸福等多个方面，对家庭的就业情况进行社会性别统计是必要的。表 9-1 是对 A 家庭（我们假设 A 家庭是拥有老中青三代的大家庭）中一年的收入、支出、个人所得税、从业人员进行的描述性统计，但是对于“从业人员”的性别没有进行分类统计，也就不能获得在家庭中男女劳动力各自的数量。这样，我们就很难对统计数据进行有效的分析。

表 9-1 A 家庭 2013 年工作就业情况

工作时间	收入	支出	个人所得税	从业人员
第一季度				
第二季度				
第三季度				
第四季度				

众所周知，妇女在社会的地位已经显著地提高。在我国，虽然个别地区还会出现对女性的歧视现象，但是，近年来妇女广泛地参加社会生产活动，使其经济独立、人格独立，不仅在消除男女不平等的心理上起到决定性作用，而且对妇女今后的生活发展方面有着十分重要的意义。从社会学意义上讲，妇女以任何形式、在任何程度上所参与的与职业化相关的社会生活内容都属于就业范畴。可见，女性在经济发展中的贡献是实实在在的，是不可抹杀的。那么，女性在各个产业生产活动中的贡献是应该被反映出来的，并应该根据自身的劳动需求享受经济发展的成果。可见，我们需要保证家庭成员的充分就业。

2. 计划生育中的社会性别统计分析

表 9-2 B 社区某单元家庭计划生育情况

门牌号	育龄妇女总数	已婚未育人数	出生情况		独生子女领证人数	结扎人数
			计划内	计划外		
101						
102						
201						
202						
301						
302						
401						
402						
501						
502						
601						
602						

对计划生育的统计，往往会想到社会、国家以及相对庞大的群体，其实，我们将家庭中计划生育情况进行统计也可以反映出整体的一般状况。我们继续采用描述性统计，表 9-2 中表示 B 社区某单元家庭计划生育情况表，我们可以看出，表中统计指标“计划内 / 外出生情况”“独生子女领证人数”“结扎人数”等均没有分性别统计。根据这些统计指标，无法看出计划内 / 外新生儿的出生性别比例，领取独生子女证的家庭是男孩还是女孩，以及接受结扎避孕手术的是丈夫还是妻子。

近年来，由于家庭中出生性别比的持续升高导致男女比例的失衡，这不仅影响了婚姻和家庭的生活状况，而且在社会就业、社会安全、社会保障、经济发展等与家庭生活息息相关的诸多方面产生影响。出生人口性别比偏高有着多方面的社会、经济和文化原因，其潜在危害不仅影响到未来婚姻市场的平衡和家庭关系的稳定，也会对社会可持续发展和实现全面建设小康社会的宏伟目标产生一定的不利影响[22]。

3. 家庭教育中的社会性别统计分析

在现代化教育体系中，家庭教育已经成为重要的组成部分，只有家庭教育进行得充分，才能进一步实现国家教育的富强。表 9-3 是 C 街道下发的表格，仍然是采用描述性统计的方法对 C 社区中小学生人数进行统计，目的是了解该社区范围内中小学生的数量。该表只是按年级分类对学生的数量进行统计，并没有统计学生的性别数据，也就无法看出各年级男生和女生的数量及比例。

教育是人才建设的主要手段，尤其是青少年的教育问题，在青少年教育思想中，男女平等的思想是保证青少年认真学习，健康成长的重要前提。当我们对青少年教育问题进行社会性别统计时，如果没有学生的性别数据，特别是在本区和外区上学的分性别学生数据，就没有办法了解不同区在校学生的性别需求差异以及其就学和升学的性别比例，也就无法提供更准确的监测数据，同样也不能为保护女性青少年各种措施的实施提供基础数据。

表 9-3 C社区中小学生人数统计

年级	学生人数	其中		备注
		本区上学人数	外区上学人数	
一年级				
二年级				
三年级				
四年级				
五年级				
六年级				
初中一年级				
初中二年级				
初中三年级				
合计				

4. 婚姻家庭中的社会性别统计

社会性别统计是实现社会性别平等的重要手段，由国务院妇女儿童工作委员会办公室、国家统计局性别统计课题组起草的《建立和完善中国特色性别统计工作制度对策研究报告》的修改稿，对性别统计（社会性别统计）的阐述是："性别统计是分析、研究社会经济发展变化的一种统计方法，它是从性别角度，描述、分析、研究、判断社会经济发展中的一些现象和问题，通过对比男女两性在社会经济发展中的地位、权利、作用和发展状况等方面的差异性，进而找出解决男女不平等发展的方法，推动两性和谐发展、共同进步。性别统计不仅要求提供妇女和男子之间一般的对比数据，还要保证对妇女和男子的社会参与率和贡献率做出正确的测算和评估。"因此，我们可以结合统计学中的方法对社会性别中的男女指标、变量等方面进行研究。

第一，对社会性别的描述性统计。描述性统计是社会科学实证研究中最常用的方法，可以结合一些对社会性别中变量的调查分析，准确、全面、正确地描述对象。对社会性别进行描述性分析有助于我们全面地了解现实中有关该现象的基本情况。但是，该方法的缺陷在于如果事前没有将某个时间或者现象描述清楚或者与现实存在偏差，那么所得出的研究结果就是不准确的。对于一份研究而言，能将所研究的现象或对象描述清楚，就是一个极大的贡献，在社会性别统计中由于描述的偏差可能会引起公众或学术界对某些社会现象的误解，甚至误导政府决策[20]。

第二，对社会性别的双变量统计分析。在社会科学研究中，首先分析的往往是两个变量之间的关系，如用相关或列联表等方法。一般在确定两个变量之间确实有某种关系，如在经过统计检验后证实两变量有显著相关关系，进行更进一步的分析才有意义[20]。因此，双变量统计分析在实证分析中占有重要地位。

第三，对社会性别的多变量统计分析。在社会科学研究中，我们经常会涉及到多个变量或指标，我们可以对多个变量进行分性别统计，根据需要，采用统计学的方法（回归性分析等）对具体的指标在某个领域进行应用[20]。

9.2.3 社会性别预算与婚姻家庭

通常假定政府预算是性别中性的，女性和男性从预算中得到的收益是均等的。但事实上，不仅要考虑财政预算数量上的影响，还应该考虑财政收支对两性的影响；此外，从广大发展中国家的现实情况看，女性的社会地位明显低于男性，只有从政策上加以弥补，才能逐渐缩小男性与女性之间的不平等，促进社会和谐发展。

1. 家庭支出中的社会性别预算分析

在前期分析预算时，站在贫困家庭的角度进行评估，并与富裕家庭进行比较非常重要。但同时，以单个家庭作为分析与评估的单位，对家庭成员的分析也非常有必要。应该明确的是，尽管单个男性与女性的确会分享信息，但是这种资源往往是片面的。只有充分了解社会性别预算对家庭及个人可能产生的影响，才能够真正公平地分配预算，保障妇女享受到自身的权利，而不是男性的附属品。

事实表明，在家庭支出方面，例如食物、教育、医疗和孩子的各项支出等方面，女性的支配比例大于男性。如果这些支出项目的价格上涨，将从两方面影响女性。首先，支配时间的变化。举例说明，女性将更多地在家亲自陪孩子玩耍，而不是送孩子去幼儿园。其次，消费结构的改变。女性将被迫购买更便宜、营养价值相对较差的食品，或是自己在家亲自下厨而不是购买涨价的食品。这些都将影响女性对财政支出所做出的可以衡量的价值[21]。

2. 家庭收入中的社会性别预算分析

社会性别预算不仅要考查预算支出对男女两性的不同影响，还要考查家庭收入支出（尤其是税收）的社会性别意义。以个人所得税为例，采取累进税率还是递减税率以及免征额设定的高低都将决定性别差距是减少还是增大。由于家庭中女性的收入普遍低于男性，因此，从消除男女不平等现象（确切地说是提高女性社会经济地位的目的出发），累进税率的税收制度会使工作的男性比女性承担更大比例的个人所得税，更有助于实现性别平等。对于个人所得税免征额的不同设置可以起到同样的作用[21]。

针对妇女生育保险的特点，应及时回应男女两性不同的社会性别需求。实用性社会性别需要是指：如果这些需要得到满足，那么女人（或男人）的生活就会得到改善而不必改变现存的基于社会性别的分工，妇女在社会中的从属地位也不必受到挑战。满足实用性需要是对直接感受到的需要所作的回应。生育保险就是基于现存的社会性别分工，满足女性的实用性社会性别需要。然而从另一个角度来看这种简单的满足并不是女性真正的利益诉求，这种简单地针对女性的生育保险政策，不仅不能改变传统的性别分工，反而加强了这一分工，而且更进一步影响了女性在其他领域里的正当利益，如就业等。因而在社会保障选择过程中，要重新审视这一保护妇女的政策，从而更加有利于社会性别平等的实现。

在推动城镇职工生育保险方面，2004 年劳动和社会保障部下发《关于进一步加强生育保险工作的指导意见》，对生育保险的发展目标、推进模式、待遇保障措施、医疗服务及基金管理等方面提出了具体要求。生育保险的发展目标是实现生育津贴社会化发放和生育医疗费用实行社会统筹。2001—2005 年全国有 10 个省、自治区、直辖市相继出台了生育保险办法，使出台生育保险办法的地区由原来的 10 个增加到 20 个，占总数的 65%。职工参加生育保险人数逐年上升，但是生育保险覆盖率离纲要规定的 90%的目标还有较大距离（见表 9-4）[22]。

表 9-4 城镇职工生育保险覆盖率（%）

	2000 年	2001 年	2002 年	2003 年	2004 年	2005 年	2010 年
生育保险覆盖率	26	29.5	29.7	31.2	37.4	46.1	60.3

3. 生育保险制度建设中存在的问题

一是筹集基金的渠道较窄，社会众筹的难度较高。目前女性职工生育所花费用均由企业或单位负担，这种方法不仅加大了企业或者单位的负担，使女性职工较多的企业单位处于一种不公平的环境，弱化了生育保障的作用，而且不利于形成社会统一的生育保障制度。

二是当前的待遇标准不统一，规范性较差，管理工具较落后。一方面是因为各地之间的发展水平不一致，在基金提取办法、支付方式、享受条件、待遇水平等方面存在很大差异。如一些地区社会保险经办机构长期违反《城镇职工生育保险试行办法》的规定，采取定额支付的方法，支付水平偏低，造成基金收大于支，积累过高，而企业和女职工负担加重，造成一些企业不愿参加生育保险。另一方面是因为近几年医疗保险制度改革进入全面实施阶段，相对而言生育保险、工伤保险方面的人员力量明显不足，导致社会化管理程度低。

9.2.4 社会性别影响评估与婚姻家庭

1. 男性生育保险待遇的社会性别影响评估分析

制度性歧视，是指法律、政策或规章制度对某个群体所作的不公平的区别、排斥或限制，足以妨碍或否认该群体在平等的基础上认识、享有或行使在政治、经济、社会、文化等方面的人权和基本自由。

我国生育保险立法对男性生育待遇的排斥可以追溯到1994年劳动部发布的《企业职工生育保险试行办法》，其确立了企业以“工资总额”为缴费基数，令男职工所在单位也承担生育保险缴纳义务的制度。2010年公布的《社会保险法》汲取河北省等地方立法的经验规定：“职工未就业配偶按照国家规定享受生育医疗费用待遇。所需资金从生育保险基金中支付。”其受益对象虽有所改变，但仍然立足于女性。将男性本应享有的父育假、节育手术假及其津贴等生育待遇排除在外，在客观上强化了社会性别角色刻板化传统观念，忽视了男性在劳动力再生产和育儿中的重要角色。忽视男性的生育保险待遇，这不仅滞后于国际潮流，而且不符合联合国《消除对妇女一切形式歧视公约》序言中“养育子女是男女和整个社会的共同责任”的理念，容易引起男性提起性别歧视诉讼[23]。

在落实男女平等政策的过程中，确保男性享有生育保险权利，不仅可以避免致使男性萌生性别歧视的想法，而且在一定程度上缓解了雇主认为“女性事儿多”的潜意识，男性能够享受到产假，有利于女性产后的身心复原，亦有利于婴幼儿的健康成长，对整个家庭甚至整个国家的意义重大。

2. 婚姻法中构建的社会性别影响评估分析

构建社会主义和谐社会，是我党从中国特色社会主义事业总体布局出发提出的重大战略任务。在个人层面，和谐社会要求男性和女性在包括婚姻家庭生活公共社会中和谐相处，平等相待，在法律和其他社会制度的保障之下，享有平等权利，拥有公平的机会，按照公正的秩序，参与公共领域和家庭领域的决策和活动。和谐社会所要求的性别平等，不仅应关注生理性别，还要关注社会性别。

在现有的传统立法中引进社会性别方法是人类在立法中构建社会性别影响评价制度的主要方式，消除包括隐性的和显性的歧视，实现真正的社会性别平等。法律所自有的国家强制力对社会性别方案实施提供了根本保障，对促进男女两性之间的性别平等具有积极的促进作用。

早在农业社会的法律就对社会性别问题有所反映，只不过那时的法律规定反映的是一种从制度上对女性的性别歧视。如我国古代法律确认“三从”，即女人在家要从父、出嫁要从夫、夫死要从子；古印度《摩奴法典》规定，“妇女幼女时处于父亲的监护下，青春期处于丈夫的监护下，老年时处于儿子的监护下”；近代法国民法规定妻子要服从丈夫等。目前我国还存在许多男女不平等的现象，造成这种现象的原因很多，立法则是其中不可忽视的一项重要原因[24]。

近些年来，随着“社会性别”这一概念逐渐进入法学研究者视野，他们也开始以社会性别的视角审视并检讨国家颁布的法律、法规，学者纷纷指出我国婚姻法存在的性别盲点并提出了修改意见。例如，《工伤保险条例》忽视女性独特的生理特征，怀孕时受到伤害，而给与怀孕女性和男性同等待遇，显然是不公平的。还有我国《劳动法》对育龄妇女的特殊保护，规定其不能从事放射线工作，可是作为育龄的男性却得不到这样的保护，因为未来婴儿的健康不是仅仅取决于母亲身体健康，同样需要父亲身体健康，所以立法在这部分是存在性别盲点的。

9.3 推进社会性别主流化的对策

9.3.1 完善相关法律，增强观念意识

我国婚姻家庭法顺应社会性别主流化的趋势，为实现男女平等进行着不懈的努力。我们一方面要通过法律来保护作为弱者的女性，另一方面又要防止因保护而进一步加强女性弱者地位。针对妇女权益在司法实践中的缺损，我们应当引入性别意识，适度地将妇女意识融入法律中，进一步推进社会性别平等主流化进程[17]。

1. 法律法规方面

1）尽快制定各项法律法规

如尽快制定《反家庭暴力法》。现行反家庭暴力法律规定模糊，施暴者法律责任体系不完善，公权力介入受到诸多限制，致使家庭暴力难以有效抑制，制定《反家庭暴力法》已成为全社会上下的一致共识，诸多地方性反家庭暴力法规业已出台，反家暴法已纳入全国人大今年首批立法立项论证试点项目，法学界研讨多年并已拿出学者建议稿，亟需国家立法层面回应。

2）修正现行法律法规

修正现行《妇女权益保障法》《婚姻法》，贯彻社会性别主流化理念，切实保障女性就业权、教育权、人身权、财产权，放宽离婚条件，缩短作为离婚理由的分居期限（如 1 年），强化反家暴力度，从宏观上冲击性别结构，促进实质的性别平等。

立法时高度重视在社会性别平等的框架下对妇女婚姻住所决定权和子女姓氏决定权的完善。应该把《婚姻法》第九条修改为“登记结婚后，根据男女双方的约定，男方可以成为女方的家庭成员，女方可以成为男方的家庭成员”；把《婚姻法》第二十二条修改为“子女可以随母姓，可以随父姓”。虽然这两条都只是句子的位置进行了调换，却能体现在我国男女实质不平等的前提下追求实现男女真正平等的立法意图，并打破了立法常规思维模式及我国家庭实际情况中大多女方成为男方家庭成员及子女出生后大都随父姓的社会习俗，以求为实现男女真正平等。

3）加强相关部门的干预力度

设立提供服务的专门机构，建立全社会联动干预机制，完善相关法律责任体系，全方位、多层次预防和惩治有损婚姻家庭平等的行为，如颁发人身安全保护令、确立婚内强奸罪惩罚婚内

性侵犯、通过行政处罚惩处轻度家庭暴力等。

推进基于性别的法律平等与事实平等，将是一个全社会需要努力的任重道远的现实问题。在认真审视社会已具现实的基础上，如何吸收女性主义理论中重要的但却可能为我们所忽略的许多合理内核，学习其从生活最细微处发现失衡现实的思维进路与研究方法，改进我们现有的公共政策及社会意识，这是我们应该直视的[25]。

2. 观念认识方面

（1）在对社会性别问题性质的认识上，强调社会性别问题的实质是社会问题。

社会性别问题涉及到政治、经济、文化、社会的方方面面，同时是男女两性的问题，没有全社会的关注和行动，没有男性的改变和参与，不可能从根本上解决社会性别平等问题。防止把社会性别问题看成是单纯的妇女问题，妇女组织的问题，或某一部分人、某一个具体领域的问题，就会导致社会性别问题妇女化。在对实现性别平等途径的认识上，强调把性别问题纳入政府工作和社会发展宏观决策的主流，即把社会性别主流化作为社会发展战略，贯穿社会发展全过程。国家和政府在任何领域、各个层面上的任何发展计划，包括立法、政策或发展项目，都充分体现对社会性别议题的关注，通过改变社会政策、制度、法律、文化和社会环境，使妇女和男人平等参与社会发展和受益。防止在不纳入主流，不改变社会政策、制度、环境的前提下，孤立解决社会性别问题，这样容易导致社会性别问题的边缘化。

（2）在对平等标准的认识上，强调破除传统性别角色定型后的平等标准。

所有人，不论男女，都在不受各种成见、传统角色分工和歧视的限制下，自由发展能力和自由做出选择，也就是说男人和女人享有平等的权利、义务、责任、机会、资源、待遇和评价。如果以传统的男性行为为标准，使女性变得和男性一模一样；或缺乏社会性别敏感，把“男主外、女主内”当成社会性别平等，都是传统性别观念的表现。

（3）在对平等的权利基础的认识上，强调男性和女性应享有基本人权框架下的所有平等权利。

妇女和女童的权利是所有人权和根本自由中不可剥夺和不可分割的一部分。性别平等意味着女性和男性在基本人权框架下享有所有的平等权利，而不是由于性别、城乡、年龄、生产力发展水平等限制，男性或女性只能享有一定范围内的、有等级差异的权利。

（4）在对性别歧视原因的认识上，强调导致性别不平等的重要原因是社会性别角色分工及与其相适应的社会性别机制。

社会性别主流化既强调社会性别分工对两性的影响，又注重政治、经济、文化、阶级、种族、民族、年龄或残疾等对性别差异的复杂作用。如果仅仅认为导致性别歧视的原因是私有制、阶级压迫、生产力发展水平、传统观念和妇女素质低，就难以全面认识导致社会性别歧视的真正原因。

（5）在对社会性别主流化前提条件的认识上，强调经济发展不能简单替代性别平等。

性别平等并不完全取决于社会收入水平和经济发展水平，它需要坚定的政治承诺和可持续的政策机制。如果仅仅依赖巨大的财富，认为生产力的发展自然而然带来妇女地位的提高；或把经济发展和性别平等对立起来，牺牲弱势群体的利益以求得经济发展，这种片面发展观和经济决定论不但会导致性别平等事业的停滞和倒退，也不会真正推动经济的发展。

另外，在使用的工具和方法上，强调使用社会性别分析方法。在一定的社会性别机制下，所有的政策、法律、计划、项目对男性和女性的影响是不同的，坚持用社会性别分析方法分析各项法律、政策、观念和行为，提高现有制度和机制促进社会性别平等的能力。如果仅仅用妇女的今天和妇女的过去进行纵向比较的方法，展示妇女取得的社会进步；或用简单描述的方法，把妇女本身当作问题，就容易把社会性别问题简单化，难以发现解决社会性别问题的有效办法[26]。

9.3.2 完善社会性别统计，体现婚姻家庭中的社会性别平等

1. 性别统计调查量表性别化

1）家庭工作就业情况调查量表性别化

针对表 9-1 中出现的问题，我们重新设计了表 9-5。通过表 9-1 的修改，我们可以看出，加入了性别指标后，一方面是可以分性别地看出家庭中男女的就业人数，另一方面也反映出女性工作者为家庭所做出的贡献。此外，通过这一直观的性别统计可以有助于家庭相关工作的顺利进行，更有助于促进家庭和睦。

表 9-5 A 家庭 2013 年工作就业情况

工作时间	收入	支出	个人所得税	从业人员	
				男	女
第一季度					
第二季度					
第三季度					
第四季度					

2）家庭计划生育情况统计量表性别化

针对表 9-2 中出现的问题，我们重新设计了表 9-6。通过表 9-6 分性别的几项统计指标，可以清楚地看出计划内、外新生儿的性别比例、独生子女中男孩与女孩的比例，以及丈夫和妻子在计划生育过程中承担责任（结扎手术）的比例。这几项分性别统计指标不仅为计划生育政策的实施和完善提供事实数据，而且能够促进政策的有效实施。可见，社会性别统计的数据可以直观地反映出婚姻家庭中的一些具体情况，同时也可以反映出社会的某种现实。

表 9-6 B 社区某单元家庭计划生育情况表

门牌号	育龄妇女总数	已婚未育人数	出生情况		独生子领证人数		结扎人数	
			计划内	计划外				
			男	女	男	女	男	女
101								
102								
201								
202								
301								
302								
401								
402								
501								
502								
601								
602								

3）家庭教育统计量表性别化

针对表 9-3 中出现的问题，我们重新设计了表 9-7。通过对表 9-7 中学生人数、本区上学人数、外区上学人数中男女人数的区分，目的是了解该社区范围内中小学生的数量，为了更好地反映家庭中孩子的上学情况，由此，可以获得现有在校生的性别比例，若将小学入学时和毕业时的性别比例相比较，就可以用来分析教育中的性别差距。同时可以清楚地看出在家庭中男女比例的差异和一般家庭中上学的比例差距。

表 9-7 C 社区中小学生人数统计

年级	学生人数		其中				备注
			本区上学人数		外区上学人数		
	男	女	男	女	男	女	
一年级							
二年级							
三年级							
四年级							
五年级							
六年级							
初中一年级							

续表

年级	学生人数		其中				备注
			本区上学人数		外区上学人数		
	男	女	男	女	男	女	
初中二年级							
初中三年级							
合计							

2. 加强和完善社会性别统计工作

为了进一步提高婚姻家庭中的社会性别统计工作，维护家庭成员利益，完善家庭生活中的服务职能，构建和谐的家庭生活，完善婚姻家庭中的社会性别统计工作提出以下建议。

1）加强社会性别观念的教育

只有对男女进行社会性别教育，使得接受教育的一代懂得社会性别的概念，才能够抨击和改变传统的社会不平等的性别观念，随着我国教育水平普及化的深入，我们也可以看到新的社会性别观念正在影响着人们的生活。要认真收集有关社会性别统计的相关资料，提高对社会性别统计的敏感性并且及时发现婚姻家庭中存在的性别问题，通过性别统计加以反映。社会性别统计是运用性别统计的方法研究来分析社会中存在的问题，我们只有不断观察、不断探索才能更好地发现问题、解决问题。

2）建立社会性别统计的相关法律

如果将性别统计的相关制度和内容列入《统计法》，就可以做到社会性别统计工作有法可依，就能更加明确国家和有关部门在社会性别统计中的职责和义务，建立健全相关制度，确保性别统计数据的真实可靠。要把男女平等、妇女发展作为全面建设小康社会目标体系的有机组成部分，在社会发展综合评价指标体系中加入性别统计，将性别统计纳入收集、存储、汇编、分析、发布等所有官方统计生产的各阶段[27]。

3）建立与社会性别统计法配套的制度及机构

建立健全分性别统计的相关制度，包括数据质量的监管制度、评估制度及普查制度等，并且保障相关数据调查、收集、整理和公布的及时性。

建立适当的促进性别平等的责任机制和机构，始终坚持进行社会性别分析，将社会性别观点纳入所有政策、规划和项目之中，为社会性别主流化提供足够的预算支持和其他相关资源，进行社会性别统计，提高所有工作人员的社会性别敏感性，进行社会性别主流化的能力建设，确定机构人员的性别比例平衡政策，并努力增加妇女在各个决策层中的平等参与，开展社会性别平等的监测和评估。

4）提高统计人员的素质，强化各部门的合作

统计数据来源的真实性是统计结果正确的前提。一方面，提高统计人员的素质，有利于提

高统计数据的可信性，另一方面，强化统计人员和性别研究人员的合作，加强两者之间的沟通和协作，确定真正需要的社会性别统计。社会科学的发展需要人的努力，社会性别统计的完善更需要生产者与使用者的亲密合作，二者齐心协力、共同发展才能有助于社会性别统计从理论走向实际。

5）建立社会性别统计数据库

通过梳理国内外最新的成果，借鉴更能反映性别差异的指标汇总，在缺乏分性别数据的领域要开列指标和责任清单，责成负责部门在有限的时间内尽快实现数据的分性别汇总分析。国际的财政部门应当为建立覆盖全国的性别统计数据库提供资金支持，实现数据资源的共享，更好地服务于社会资源的利用。还可以从已有政府统计数据进行技术整合加工，使之能够替代某些缺口的重要数据，并多采纳目前一些全国性抽样调查数据补充完善性别统计资料[27]。

9.3.3 完善社会性别预算，体现婚姻家庭中的社会性别平等

多数政府预算并没有完全考虑到男女两性在社会经济生活中的不同角色、能力及需求。关于女性主义的社会性别与权利研究表明，只要社会性别预算的结果对男女两性产生不同的影响，预算就是存在差异的，将其视为性别中性就被称为“社会性别盲区”。

1. 法律制度方面

1）进一步健全和完善法律政策体系

法律政策体系为社会性别预算提供了重要保障。新中国成立以来，党和政府非常重视“男女平等”问题，并在元政策、具体政策以及相关政策中制定了一系列法律法规加以保护。但是，由于法律和各项制度没有明确规定具体的保障措施和设置有效的保障机构，有些立法的内容仅停留在一般的原则性内容上。由于没有考虑到男女两性之间实际的差异，使得妇女参政、就业的平等权无法得到切实的保障。性别中立实际上是“性别盲视”的表现。因此，中国迫切需要对现行的相关法律政策进行社会性别敏感分析，对存在隐性社会性别歧视、社会性别盲视的法律政策以及缺乏可操作性的与维护妇女权益相关的法律政策，进行修订或出台改进配套措施，要加大妇女参政的法律保障和政策支持力度，在各项法律制度中明确妇女参政的具体内容规定，使广大妇女在行使自己权利的过程中切实做到有法可依[28]。

2）深化公共预算管理制度改革

结合中国的具体国情，公共预算管理制度改革需要进一步加强，进而逐步实现绩效预算，在预算绩效考核指标体系中加入社会性别分析的结果。具体来讲，绩效预算改革可以分为三个步骤：第一步，预算编制的细化；第二步，人大审议的民主化；第三步，加强预算监督。其中，早在2007年，预算编制的细化已经推广，并且效果显著。实现人大审议的民主化的关键在于各级人大的高度重视。目前，我国人民代表大会预算审议的时间最多一天，可考虑适当延长。将性别因素作为预算讨论过程中要突出考虑的问题包括财政资金如何分配，怎样执行预算才能在达到性别平等的目标的前提下满足不同性别的需求、提高预算效率等。此外，应该考虑将

预算审议工作在人大会议议程中前移，以保证各个部门及组织都可以参与预算的讨论。

2. 政府职能方面

1）积极开展社会性别预算培训和宣传倡导工作

性别预算引入中国的时间还不长，而性别预算在中国开展的前提是政策实践者要对性别预算的概念、内容和原则非常了解。因此，为了保证社会性别预算的顺利开展，必须通过教育、培训等各种途径增强政府部门以及社会组织的认知程度，其中实现上述目标的有效手段是培训，包括正式的、非正式的。妇女参政和行使代表权的主要切入点：社区组织及非政府组织、地方政府和传媒、学术研究机构、私营公司、公职人员；影响参政和行使代表权的战略性把关者：全国和地方的人大代表、媒体负责人、预算专门委员会、预算批准者以及立法议程安排者[28]。所有的这些利益相关者都是培训的主要对象。此外，如果条件允许，有必要对妇女进行有针对性的培训，增强她们自身的参政议政的意识和技能。

2）突出政府在社会性别预算中的主导地位

预算是政府基本职能，政府在编制预算时，往往根据自己对社会上不同群体需求的理解以及对社会不同人群的理解来执行该职能，所以政府的力量是推动社会性别预算工作的开展和普及的主力。河北省张家口市和河南省焦作市都曾进行过社会性别预算的实践。其中，张家口市的性别预算是在国际和国内社会组织的协助下进行的。由于在这次性别预算中，政府、人大和政协代表只是参与者，不是项目的主导者，所以积极主动性不高，项目结束后社会性别预算工作也停滞下来，没有形成后继力量。而焦作市的社会性别预算则是在市政府主导下主动开展的，编制了社会性别预算，而且有后序的计划，为社会性别预算在焦作市的进一步开展打下了坚实的基础[28]。因此可以看出，社会性别预算的主体会直接影响最终的结果，只有突出政府的主导地位，其他合作机构全力配合，社会性别预算的工作才能顺利进行。

3）政府应积极协调其他相关部门

将社会性别主流化的观点纳入到所有政策领域主流，涉及到的政府部门非常广泛，政府应该建立这些部门之间的协调机制，保障各个部门之间工作的协同性。同时，应该确定一个总管部门，譬如国务院妇儿工委，扩大其授权，使其不仅具有“协调和推动”性别平等工作的基本职能，还具有组织领导和监督检查的职能。

全国妇联也应当肩负起推动社会性别预算工作的使命，把推进社会性别预算工作作为自己的关注点，广泛参与国家和部门决策，为性别平等预算决策提供建议和咨询。有专家建议，中国政府在财政预算中应尽早写入“性别预算”，全面实施这一工程，无疑将会进一步推动男女平等，促进社会更加和谐[29]。

9.3.4 完善社会性别影响评价，体现婚姻家庭中的社会性别平等

1. 确定社会性别影响评价的客体

从广义讲，法律渊源包括宪法、行政法规和地方法规、行政规章和地方规章、国际条约等。是否对上述所有法律都进行社会性别影响评价呢？这是一个值得探讨的问题。严格来讲，为了杜绝出现法律制度性别歧视，实现性别公正平等，所有的法律都应该进行社会性别影响评价。但目前社会性别影响评价在我国还不完善，仍是一种制度尝试，而且法律的权威性太高，所有的法规和规章政策都不能与其相抵触，应首先考虑在法律制度成熟之后，再扩展到全部。另外一个问题是确定进行社会性别影响评价的法律范围，是仅仅涉及全国人大或者常委会全部通过的法律呢还是部分法律？对于该问题，最科学的做法应该由社会性别专家机构视具体法律草案内容进行确定，如果社会性别专家机构觉得该法律草案的内容对两性发展有不同影响，有必要考虑社会性别，可以提请全国人大或者常委会批准对该法律进行社会性别影响评价，经由全国人大或者常委会同意，确定涉及的范围。

2. 确定社会性别影响评价的主体

由于男女两性之间的差异，女性在感性认识方面更加敏感，往往被男性立法者忽视的问题却能够被女性立法者察觉，这样就可以在法律制定过程中作为女性代表人提出合理的需求和利益。并且如果有对女性不利的方案出台，在决策论证阶段就可以提出抗议，因此应该由女性立法者对法律进行社会性别影响评价，并且在量上增加女性决策人的比重，充分地喊出女性的声音，防止她们被边缘化的情况。还有一些学者认为男性立法者的社会性别意识不能弱化，反而要增强，保证在决策方面占有天然优势的男性具有社会性别意识，能够清晰地觉察出社会结构的存在；在决策中过程中保持性别视角和性别敏感度，时刻关注新的政策出台对女性的可能影响并且采取相应措施；不仅着手于对女性当前的利益，更要关注妇女的长远发展。在数量上增加女性立法者和决策人是必要的，但值得注意的是，并不是所有的女性都可以成为广大妇女的代言人，有些女性即使身处立法境地，也不能敏锐地发现法律中的性别盲点。同时，对男性立法者进行社会性别意识的专业培训也很重要，但培训的效果不是一朝一夕可以看到的。针对目前国内社会性别意识的现状，应该成立一个专门的机构，作为立法中社会性别影响评价的主体，对即将通过的法律进行评估。该机构由社会性别专家组成若干小组，对即将通过的法律草案进行审议，提出相关意见。同时，也要起到监督审查的作用，避免性别歧视现象的发生。

3. 规范社会性别影响评价的程序

社会性别影响评价制度的制定不是随意的，而是具有严格的程序，包括社会性别影响评价的环节、时间、专家评价的程序等。例如，进行社会性别影响评价，是在法律起草时还是在法律通过之后呢？一般而言，全国人大常委会法律委员会审议法案定稿时，或者法律草案提交全国人大或者人大常委会审议表决前进行社会性别影响评价比较适当。性别专家机构在审议法律

草案时，应该进行广泛的调研，允许公众参与，积极听取广大利益相关者的意见。在规定的时间内出具评估报告，其中应该包含修改意见。

4. 明确违反社会性别影响评价制度的法律后果

社会性别影响评价作为立法程序，具有强制性，立法者在制定法律时必须执行。如果违反社会影响评价制度，法律即使通过，也应当认定无效。实现男女两性的平等，不仅要求男女平等适用法律，更要求法律本身是公正的，不具有任何歧视。以社会性别视角分析现有法律，消除现存法律中的性别歧视是必要的，而在立法过程中建立社会性别影响评价制度则是建立具有性别平等公正法律的有力保障。通过这一制度的构建，能够防止出现那些貌似中立却对女性有很多不公平待遇的法律条文，使立法真正实现性别平等与公正[33]。

9.4 案例分析

高强，男，在北京有自己的一家小公司；朱琳，女，北京某公司的员工。2007 年 4 月，两人经熟人介绍相识，对彼此均有好感，感情迅速升温。2008 年 2 月，两人领取结婚证。结婚前，高强父母出资交了首付，在北京买了一套房子给高强结婚用，婚后，朱琳和高强一起承担房子的贷款。房子总面积 100 平方米，成交价格为 200 万元。按规定，90 平方米以上首付至少 30%，也就是说购买房子的贷款额为 140 万，住房公积金贷款利率为 5.13%，每月应还贷款 7 627.13 元。丈夫月收入为 10 000 元，妻子月收入为 6 000 元。经夫妻商议，丈夫每月还贷款的 60%，妻子每月还贷款的 40%。

不久，朱琳怀孕，再后来两人生育一个儿子，高强的公司也越做越大，蒸蒸日上，一家人的生活过得幸福美满。一天，朱琳突然收到一条来自陌生电话号码的短信，自称是高强的下属，叫张扬，与高强在 2005 年相恋，现在两人感情也十分好，高强仍然特别爱她，并称是朱琳破坏了她和高强的感情，希望朱琳能主动和高强离婚成全他们俩。朱琳找到高强，理亏的高强承认与张扬的恋情，但称目前与张扬已经没有任何关系，并写下保证书，朱琳看高强悔过态度诚恳，又想起不满一岁的儿子便原谅了高强。后来，张扬几次发短信给朱琳。

一年后，高强的公司由于经营不善赔了不少钱，高强也欠下了一大笔外债。高强由于生意上的失败，成天在家酗酒解闷，朱琳不忍心看到高强堕落便劝高强要振作起来，却没想到遭到高强的高声怒斥，后来由于不耐烦朱琳的唠叨，便对朱琳大打出手，把心里的气都撒在朱琳身上。朱琳想到高强心里的不痛快便一时忍了下来。之后高强更加变本加厉，每次喝完酒后都会对朱琳进行殴打，拿朱琳撒气，直到打累了为止。朱琳想到自己的家庭和儿子，便一忍再忍。有一次，朱琳出去看见高强与一女子动作亲密，关系暧昧，指责高强又与别的女人有不正当的关系。高强恼羞成怒，回到家后便对朱琳进行疯狂的殴打。不仅用拳头打她的面部、头部、胸部，用脚踹她的胸部、背部及两肋，还把她倒抱起来往地上猛摔她的头，后经市公安局法医检验鉴定中心鉴定为轻伤。报案后，警察称此案为家庭内部矛盾，属自诉案件，不予立案侦查。朱琳想到高强的频繁出轨和对自己的多次殴打，便提出与高强离婚。朱琳拿出当时高强写的保证书，指责高强婚后出轨，要求两岁的儿子和房子都归自己所有。高强不同意朱琳的要求，让朱琳净身出户，称保证书是他开玩笑写下的，是朱琳对自己的侮辱与诽谤；房子当时是自己父母出的首付，属于婚前财产，朱琳一分钱都拿不到，而且如果朱琳与自己离婚，自己欠下的那一大笔债务应该偿还一半；儿子是他们高家的人，应由自己抚养，绝对不会给朱琳。高强很肯定地告诉朱琳他绝不会答应和朱琳离婚，让朱琳想都不用想了。心灰意冷的朱琳找到了法律援助机构寻求帮助，希望能给自己一个合理的说法。

（资料来源：由本章作者结合网络资料及相关文献整理编写）

思考：

1. 朱琳能否和高强离婚？原因是什么？

2. 从社会性别统计角度出发，高强的财产和债务应和朱琳如何进行分配？

3. 高强和朱琳的儿子应由谁来抚养？

4. 案例中提到的家庭暴力事件，人们把注意力集中在受害者朱琳身上，你认为这样会影响社会性别主流化进程吗？为什么？

5. 结合案例，你对推进社会性别主流化有哪些建议？

本章思考与讨论

1.《中国妇女发展纲要（2011—2020 年）》中在“妇女与法律”领域的目标有哪些？

2. 结合我国婚姻家庭方面的法律法规，谈谈你对婚姻家庭中性别平等的看法。

3. 在分析婚姻家庭问题时，常用的社会性别统计方法有哪些？

4. 简述社会性别预算在婚姻家庭中应用的现状。

5. 完善社会性别主流化的措施有哪些？政府该从哪些方面努力以促进社会性别主流化？

6. 在实际工作中，如何加强社会性别统计工作在婚姻家庭中的应用？

7. 需要从哪些方面着手，完善社会性别预算工作？

8. 除了从立法过程中完善社会性别影响评估，还可以从哪些方面更好的将社会性别影响评估方法应用到婚姻家庭中？

参考文献

[1] 李亚娟 . 建国以来的婚姻法律与婚姻家庭变迁——从 1950 年婚姻法到 2001 年婚姻法修正案 [D]. 西安：西北工业大学 ,2003.

[2] 林蓓蓓 . 妇女婚姻家庭平等权研究——以《消除对妇女一切形式歧视公约》为视角 [D]. 长沙：湖南师范大学 ,2012.

[3] 彭黎 . 社会性别视角下的婚姻家庭立法理念研究 [D]. 长春：东北师范大学，2010.

[4] 马蔡琛 . 社会性别预算 : 理论与实践 [M]. 北京 : 经济科学出版社 ,2009.

[5] 梁汶洁，张再生，和谐社会中社会性别平等——第三届社会性别与公共管理论坛综述 [J]. 中国行政管理 ,2010(02):124-125.
[6] 田庆丽 . 日本的少子问题及其应对之策 [J]. 社会纵横，2014（6）：99-101.
[7] 新浪网 . 贯彻实施各项法律男女平等是我国一项基本国策 [EB/OL].[2013-11-12]. http://news.sina.com.cn/s/2003-11-12/08251100909s.shtml.
[8] 闫冬玲 . 浅论社会性别主流化与社会性别预算 [J]. 妇女研究论丛 ,2007(1):10-15.
[9] 张再生 . 社会性别与公共管理（第 4 辑）[M]. 天津：天津大学出版社 ,2011.
[10] 新浪网 . 完善法律法规保障男女平等 [EB/OL]. [2005-09-08].http://news.sina.com.cn/s/2005-09-08/10216892374s.shtml.
[11] 中华全国妇女联合会 . 河北省保护妇女儿童合法权益的规定 [EB/OL]. [1984-01-23]. http://www.women.org.cn/zhengcefagui/difang/hebei/1984-01-23.htm.
[12] 中华全国妇女联合会 . 北京市第八届人民代表大会常务委员会关于保护妇女儿童合法权 益的决议 [EB/OL].[1984-10-18].http://www.women.org.cn/zhengcefagui/difang/beijing/1984-10-18.htm.
[13] 中华全国妇女联合会 . 天津市保护妇女儿童合法权益的若干规定 [EB/OL]. [1984-10-25].http://www.women.org.cn/zhengcefagui/difang/tianjin/1984-10-25.htm.
[14] 中华全国妇女联合会 . 山西省保护妇女儿童合法权益的规定 [EB/OL]. [1985-02-10].http://www.women.org.cn/zhengcefagui/difang/shanxi/1985-02-10.htm.
[15] 江苏省妇联 . 司法厅表彰妇女权益法律援助先进集体和个人 [EB/OL]. [2015-01-01].http://www.women.org.cn/allnews/1301/314.html.
[16] 郑剑锋 . 深圳初审性别平等促进条例草案 [EB/OL]. [2011-11-06] http://www.legaldaily.com.cn/bm/content/2011-11/06/content_3079738.htm.
[17] 王薇 . 中国婚姻家庭法之社会性别主流化 [J]. 中共成都市委党校学报 ,2010（1）:64-67.
[18] 罗杰 . 社会性别主流化理念与我国反家暴立法 [J]. 河北法学 ,2012,30(1):78-82.
[19] 曾一帆 , 刘筱红 . 社会性别统计初探 [J]. 统计与决策 ,2007(17):65-66.
[20] 郑真真 . 社会科学实证研究中的统计分析方法应用 [J]. 人口研究 ,2002(5):22-24.
[21] 李兰英 , 郭彦卿 . 社会性别预算：一个独特视角的思考 [J]. 当代财经 ,2008(5):27-30.
[22] 高敬 . 社会保障性别预算研究 [D]. 天津；天津财经大学 ,2009.
[23] 刘明辉 . 对立法进行性别影响评估的实践——以对《生育保险办法（征求意见稿）》的评估为例 [J]. 中华女子学院学报 ,2013(3):16-22.
[24] 唐芳 . 关于立法中构建社会性别影响评价制度的思考 [J]. 中华女子学院学报 ,2008,20(5):23-27.
[25] 黄宇 . 推进基于性别的法律平等和事实平等 [J]. 遵义师范学院学报 ,2006,8(1):11-15.
[26] 刘伯红 . 社会性别主流化的概念和特点 [J]. 现代妇女：理论版 ,2011(1):71-77.
[27] 杨宜武 . 性别平等与性别统计实践的发展 [J]. 女性问题研究 ,2010:20-22.
[28] 文小才 . 中国开展社会性别预算的障碍与对策 [J]. 河北工程学院学报：社会科学版 ,2011,26(1):25-29.
[29] 徐爽 . 妇女平等权的立法保护与性别预算——基于国际和国内比较的视角 [J]. 现代法学 ,2012,34(1):168-175.

附录:案例分析参考答案

1. 朱琳能否和高强离婚?原因是什么?

答:朱琳可以与高强离婚。我国《婚姻法》第四十六条规定,实施家庭暴力导致离婚的,无过错方可要求损害赔偿,包括物质和精神损害赔偿。凡涉及家庭暴力离婚案件,在不违背当事人意愿的前提下,律师应尽力争取为受害妇女多争取精神损害赔偿。本案例中,高强对朱琳进行多次暴力殴打,经市公安局法医检验鉴定中心鉴定为轻伤,朱琳可以协议或起诉高强进行离婚,高强应对朱琳进行物质上和精神上的赔偿。朱琳如果有证据证明高强有外遇,起诉离婚时可以要求高强进行赔偿。

2. 从社会性别统计角度出发,高强的财产和债务应和朱琳如何进行分配?

答:《最高人民法院关于适用〈中华人民共和国婚姻法〉若干问题的解释(三)》第七条规定:"婚后由一方父母出资购买的不动产,产权登记在出资人子女名下的,可视为自己子女一方的赠与,应认定该不动产为夫妻一方的个人财产。"同时,新的《婚姻法》规定:"婚前买的房子,登记在自己名下,如果夫妻双方共同还贷,离婚时应考虑对方还贷部分进行补偿。"

在本案例中,房子是高强在婚前出钱买的,属于高强的个人财产,离婚时不参与共同财产分割,房子未来的升值部分也与朱琳无关。但在两人结婚后,朱琳参与房子贷款的偿还,从社会性别统计的角度出发,应该对男女双方婚后的工资、双方贷款的偿还比例分性别统计,核算之后,朱琳可以得到一定的补偿。

根据我国《婚姻法》第四十一条的规定:"离婚时,原为夫妻共同生活所负的债务,其中包括维持夫妻共同生活、抚养子女、赡养老人等所负的债务,双方均有清偿的责任,应当共同偿还。共同财产不足清偿的,或财产归各自所有的,由双方协议清偿;协议不成时由人民法院判决。"本案例中,高强欠下的债务时由于其公司经营不善,自己向外所借下的债务,并非是因维持夫妻共同生活、抚养子女、赡养老人等所负的债务,因此,离婚时朱琳并不会偿还这些债务。

3. 高强和朱琳的儿子应由谁来抚养?

答:人民法院在审理离婚案件时,对子女抚养问题,应当依照《中华人民共和国婚姻法》第二十九条、第三十条及有关法律规定,从有利于子女身心健康,保障子女的合法权益出发,结合父母双方的抚养能力和抚养条件等具体情况妥善解决。根据上述原则,结合审判实践,提出如下具体意见:

(1)两周岁以下的子女,一般随母方生活。母方有下列情形之一的,可随父方生活:

①患有久治不愈的传染性疾病或其他严重疾病,子女不宜与其共同生活的;

②有抚养条件不尽抚养义务的,而父方要求子女随其生活的;

③因其他原因,子女确无法随母方生活的。

（2）父母双方协议两周岁以下子女随父方生活，并对子女健康成长无不利影响的，可予准许。

本案例中，高强和朱琳的儿子不满两周岁，一般应随母方生活，而且母亲朱琳并没有子女不宜与其共同生活的严重疾病，根据朱琳每月收入，朱琳有抚养儿子的条件，也尽到了作为一位母亲的职责。而对于父亲高强，每天酗酒殴打妻子，并与其他女性有暧昧关系，若儿子与父亲生活，会不利于孩子的健康成长。因此，如果高强与朱琳离婚，儿子应由母亲朱琳来抚养。

4. 案例中提到的家庭暴力事件，人们把注意力集中在受害者朱琳身上，你认为这样会影响社会性别主流化进程吗？为什么？

答：有影响，在关注受害者利益的同时，应该更深地关注家庭暴力背后的原因，对施行暴力或有暴力倾向的男性给予更多帮助，比如对这些男性进行心理疏导和治疗。由于历史、文化、宗教等原因，长期以来的制度和政策都是以男性为视角和标准的。而人们的思维也通常是将男性视角等同于人类视角来思考问题。社会性别主流化模式的提出，使得公共政策的制定和执行都更多地考虑到了对女性的角色，将一直被忽略的妇女利益纳入了主流化进程。

但是，被忽略的男性群体利益也应该得到更多的关注和保护。社会性别主流化强调的是尊重两性的基本权利，调整两性关系，为两性的发展创造平等机会，而不是仅仅为了女性。社会性别平等不单单是妇女问题，也不是某一部分群体的问题，而是男女两性的共同问题，需要全社会的关注和行动。

5. 结合案例，你对推进社会性别主流化有哪些建议？

答：推进社会性别主流化，我们一方面要通过法律来保护作为弱者的女性，另一方面又要防止因保护而进一步加强女性弱者地位。针对妇女权益在司法实践中的缺损，我们应当引入性别意识，适度地将妇女意识融入法律中，进一步推进社会性别平等主流化进程。

结合本案例，双方在结婚之前，可以做好财产公证，保护双方的财产利益。高强家要求拥有孩子的抚养权，这是不合法的，在孩子抚养权的问题上，应该做到男女平等，不能因为孩子姓高就属于高家。推进社会性别主流化，不仅要完善有关抚养权方面的法律，还应该强化人们对孩子归属问题的认识。

10 健康政策

1995年以后，伴随着生殖健康、以人为本的优质服务以及社会性别理念的传入，我国政府部门开始反思和分析当时的计划生育政策，并且意识到妇女承担了绝大多数的避孕责任，但妇女对避孕方法的选择和对生殖保健的需求并没有得到充分尊重，不周全的计划生育服务对妇女的身心健康造成了一些危害。为贯彻1994年开罗国际人口与发展大会精神和1995年第四次世界妇女大会《行动纲领》的精神，国家计生委于1995年正式提出计划生育工作思路和工作方法的“两个转变”，探讨从传统的以人口控制为目标的计划生育模式向以妇女为中心的生殖健康模式的转变，并逐步开展计划生育优质服务的试点工作。

计划生育优质服务强调“以人为本、以服务对象为中心”，从群众的需求出发，提供以技术服务为重点的计划生育服务，维护妇女的生殖健康权利，提高群众对计划生育管理和服务的满意程度。伴随着这一变革，计划生育优质服务项目以转变计划生育干部的工作理念和工作方式为突破口，强调使育龄妇女享有避孕节育的知情选择权、隐私权和自主决定的权利。妇女不再是单纯的实行避孕节育的目标人群，而是逐渐转变为生殖保健的服务对象。这具体体现在：树立以人为本、优质服务的工作指导方针，改变过去单纯依靠行政手段推行计划生育的做法；从对育龄妇女实行强制性的“一环二扎”（一胎上环，二胎结扎）到避孕节育方法的知情选择；从以控制生育为目的的定期查环、查孕转变为查环查孕、查治妇女病相结合；从严格的出生指标控制到取消生育配额、按政策生育（以前即使是符合生育政策，没有生育指标也不容许生育）；目标人群从只针对已婚育龄妇女，扩展到向未婚女性和男性提供生殖健康的咨询与服务；计划生育工作考核从对单一的出生人口指标的考核，逐步转变为对多项服务指标的评估。这些变革不仅体现了对妇女生殖权利的尊重，也大大提高了对育龄人口，尤其是妇女身心健康的保障。

将社会性别视角引入计划生育工作之中，在一定程度上弱化了男女两性在计划生育上的不平等，促进了妇女的生殖健康，对于保障中国妇女的生殖健康权益，推动生殖健康领域的性别平等具有不可估量的意义。

站在社会性别分析的水平来讲，不同的服务对象在生殖健康领域的需求不同，现有的计划生育和生殖健康政策和服务还不能满足不同个体的需求，还存在很大的提升空间。比如，生殖健康包括男女两方面，但是对于男性在节育方面的角色淡化，导致女性承担了大部分的计划生育责任。相对于过多的负担，为妇女提供的服务却远远跟不上，女性没有得到应有的关注与重视。在现实生活中，妇女在生育和人口控制方面的贡献，有时是以牺牲自己的健康为代价的，比如为避孕和节育需要手术、长期服药或使用器械，给妇女带来了副作用和风险，使妇女在健康方面受到负面影响。而社会和男性常常将女性采取避孕方法后的副作用视为正常现象，因而对女性的关心和理解较少；很多女性即使发生了副作用，寻求治疗，也很难得到认为避孕节育措施副作用为正常现象的男性的支持和理解，致使女性生殖健康方面的医疗和保健不理想[1]。生育及计划生育是男女两性双方的责任，双方相互影响，因此，仅仅侧重于女性的参与，忽视了男性的需求，就没有真正地考虑整个人群的生殖健康。此外，在现行的生殖健康政策中，未婚妇女、更年期妇女的生殖健康权益往往受到忽视，这类人群的生殖健康需要因其在基本生殖健康服务获得权方面的缺失而被忽视。针对上述的情况，政府的相关政策应该积极提高男性的参与度，逐步扩大政策设计范围，提供面向未婚妇女、更年期妇女的生殖健康服务，增进男女两性在生殖健康方面的沟通和对共同责任的理解，使男子和妇女在公共领域和私人生活领域成为平等的伙伴，共同促进人口、经济和社会的可持续发展。

10.1 妇女健康政策现状概述

自1995年起，随着政府“以人为本”的执政理念不断深化，对妇女健康的认识越来越健全，中国政府制定和颁布了一系列旨在维护妇女健康的相关法律、法规和政策，为维护妇女的健康权益、改善妇女的健康状况提供了坚实的保障。其中包括《母婴保健法》《人口与计划生育法》《妇女权益保障法》和《中国妇女发展纲要》等，逐步建立了一个以保障妇女健康为主旨的公共政策体系。

10.1.1 计划生育政策与生殖健康政策

1978年3月，第五届全国人大第一次会议将“国家提倡和推进计划生育”的条款写入《中华人民共和国宪法》，从此以国家政策、地方法规和行政手段为主，强制地推行计划生育。2002年《中华人民共和国人口与计划生育法》颁布实施，进一步健全了国家在计划生育和生殖健康方面的相关政策，该法律的实施是女性健康政策的重要组成部分。

自古以来，中国都有重视婴儿的传统思想，妇女在生育过程中付出了很多代价，这些都在一定程度上影响了妇女的身心健康，但是却没有受到相应的关注。随着计划生育国策地位的确立，中国打破了传统的生育模式，再加上妇女地位的提高，女性慢慢变成生育中心的主体，这种变化使得女性的生殖健康得到重视与改善。生育保健工作可以在很多角度开展，在中国计划生育的背景下，生育调节是生育保健服务所有方面的中心工作。在早期，解决人口问题是计划生育的主要职责，控制人口数量是当时开展计划生育技术服务的主要目的，并未将维护妇女生殖健康权益放在首位，更多地将妇女定位于节育避孕措施的主要对象。

1994年开罗国际人口与发展大会后，生殖健康的观点逐渐被世界上的大多数国家接受，中国人口和计生委积极吸收国际先进理念，改革计划生育政策，将单纯的行政命令式的人口控制政策转变为与生殖健康结合的以人为本、以服务对象为中心、维护公民生育健康权利的政策，开展计划生育技术服务的目标主要是保护妇女健康，防止意外妊娠和分娩造成对妇女健康的危害，尤其是控制那些过早、过多、过密、过晚的生育，以免影响母婴的健康[1]。

10.1.2 母婴保健及公共卫生政策

在之前的医疗环境下，国内的婴幼儿死亡率普遍较高，新中国成立之后，为全面深入地控制城市卫生保健，政府采取一系列措施降低妇婴死亡率，包括颁行法规、设立专门机构、宣传常识等，有效地推动了妇幼卫生工作的开展。妇女保健机构是我国成立比较早的公共卫生服务机构，主导国家妇幼保健和基本医疗服务发展的方向。新中国成立初期，妇幼卫生工作的开展以“预防为主”，主要的工作内容包括推广新的接生方式以及科普妇科病的知识。20 世纪 60 年代后期，妇幼保健机构逐步恢复和建立健全，逐渐形成院、所、站三级妇幼保健网络。1995 年《中华人民共和国母婴保健法》正式实施，该法对婚前保健、孕产期保健和婴儿保健进行了明确规定，使母婴保健事业走上了法制化管理的轨道。2001 年国务院出台了《中华人民共和国母婴保健法实施办法》，进一步规定了婚前保健、孕产期保健、婴儿保健、母婴保健医学技术鉴定和母婴保健监督管理工作方面的职责部门和工作内容，之后又发布了《产前诊断技术管理办法》《婚前保健工作规范》《孕前保健服务工作规范》等配套文件。通过不断完善政策法规，至今已经形成以“一法（《母婴保健法》）两纲（《中国妇女发展纲要》和《中国儿童发展纲要》）”为核心、涵盖国家宏观卫生政策和妇女儿童健康保护专项法律法规的政策体系[2]。

中国妇幼保健体系的制度性框架在改革开放前基本确立，然而受经济发展条件水平的限制，其服务水平仍然停留在较低阶段。自改革开放后，情况才逐渐得以好转。保健范围逐渐扩大，服务日趋多样，专业化程度不断提高。

10.1.3 妇女福利政策纲领

1995 年联合国第四次世界妇女大会在中国北京召开，会议通过了著名的《北京宣言》和《行动纲领》。《行动纲领》确定了未来妇女福利事业发展的 12 个战略目标，其中第三个战略目标为“妇女与健康”，并指出“妇女有权享有能达到的最高身心健康的标准”。顺应世妇会发展的潮流，我国于 1995 年制定并发布了《中国妇女发展纲要 (1995—2000 年)》，2000 年制定了《中国妇女发展纲要 (2001—2010 年)》，“妇女与健康”理念均作为主要的战略领域提及。

已有健康政策仅仅关注妇女生育健康的情况在 20 世纪 90 年代开始发生转变，由于所得疾病发生的变化，政府的关注点渐渐转移到非传染疾病的预防工作，除了提供对较为常见的妇科疾病进行定期检查外，也重视妇科恶性肿瘤的筛检工作；同时将以往某些被视为男性健康的宣传对象问题开始考虑加入女性，如艾滋病的预防和控制等方面。《中国妇女发展纲要 (200l—2010 年)》从提高妇女生命质量着手，提出提高妇女预期寿命、保障妇女享有计划生育权利、为流动人口妇女提供卫生保健服务、控制妇女艾滋病病毒感染、提高妇女健身意识和健康水平等 6 项主要目标[3]。相比于 1995 年的《中国妇女发展纲要》，政府将重点转移到提高健康服务质量以及维护女性健康权利之上，强调为女性提供全面良好的医疗保障服务，注重在不同的生命阶段的资料与服务的分配。该发展纲要为政府制定相关的政策法规起到了积极的促进作用。

10.2 社会性别主流化在该领域中的进程

10.2.1 国际女性健康运动的兴起及社会性别概念的引入

对妇女健康的重视是伴随着20世纪六七十年代国际妇女运动的发展而不断强化的。美国妇女健康运动在国际妇女健康运动中起了重要的先行者作用。以1971年美国波士顿妇女集体写作的《我们的身体，我们自己》一书的出版和第一届妇女健康大会在纽约的召开为标志，妇女健康运动成为美国女权运动中一个非常引人注目的组成部分，并使妇女健康问题日益成为世界各国和国际组织关注的问题。

国际社会妇女健康政策的兴起是在联合国对女性健康政策的关注和重视下带动起来的。联合国把1975年定为“国际妇女年”，并且制定了1976—1985年的联合国妇女工作十年规划（简称“妇女十年”），自此妇女的健康和保健逐渐成为世界范围的一个共识和时代焦点。

1985年世界卫生组织提出了“妇女、健康与发展”主题，并于1992年成立全球妇女健康委员会（Department of Gender and Women’s Health），把妇女健康工作纳入正规的行政体系中。全球妇女健康委员会的主要工作是收集女性健康问题的相关资讯，以及分析性别对健康状况的影响，并且配合将社会性别的观点纳入到相关部门的政策与方案制定当中。

1995年联合国第四次世界妇女大会《行动纲领》指出“妇女有权享有能达到的最高的身心健康标准。享有这一权利对妇女的生活和福祉及参加公共和私人生活各领域至关重要”。大会还提出“社会性别主流化”的策略，要求各成员国将其运用于包括妇女健康政策在内的公共政策的实施和改革中。

1998年世界卫生组织提出“健康公平性”的主题，并将性别、种族和贫穷列为议题。1999年世界卫生组织成立“妇女健康部”（WMH），2002年通过“性别健康政策”，成立“性别暨妇女健康部”（GWH），要求WHO所有的计划和方案都需要考量“性别议题”，并将性别平等与对妇女的增权（empower）列为重点目标，以促进各国认识和关注文化与生理对妇女健康的影响[2]。

20世纪80年代末世界范围内的国家开始纷纷制定女性健康政策法规，并逐步得到完善。女性健康理念的兴起加强和丰富了人们对女性健康问题的认识，并在下面几个方面充分体现。

第一，越来越多影响女性健康的因素被提及，不仅有生理因素，还有社会、经济地位、文化、环境、家庭、职业以及政治因素。

第二，女性的角色从单纯的妻子和母亲转变为所有的女性角色。

第三，男性在家庭中的责任以及男女两性之间的不平等得到关注，分析男性在看待女性健康问题的观点与态度，吸引其积极参与到女性健康问题的变革之中。

第四，政策的制定流程由简单的信息传递转变为在听取女性关于健康的意见以及所掌握知识的基础上制定；在识别健康问题时，在研究、设计、实施和监测有关健康方案时，确保能倾听妇女的呼声。

第五，更多地关注妇女生命的整个周期。

第六，更多地承认和支持妇女是决定自己的生活、身体、性行为和健康的主体，是家庭和社区健康发展的积极参与者。促进妇女参与健康方案的规划、实施及评估，从妇女的角度来理解健康、疾病、贫困及其他形式的不平等，使妇女能够拥有平等的选择和机会[4]。

总的来说，社会性别主流化理念的传播使人们加深了对女性健康的含义和问题的认识和了解，清楚地展现了妇女在整个生命周期中相比于男性都面临着较高的生殖健康风险，因此，应该更全面地促进女性健康的发展。

10.2.2　中国政府女性健康政策发展进程

随着女性健康理念的转变，国家制定的一系列相关政策同步发生了变化，集中体现在更多地坚持以人为本的理念，展现了国家对于女性健康发展的政治意愿与国家责任，对中国女性健康问题的发展进程产生了重要而深远的影响。

1. 第一阶段（改革开放至 20 世纪 90 年代）：妇女健康政策框架体系雏形建立

新中国成立初期，妇女健康工作主要是推广新法接生，降低产妇感染和婴儿死亡率，宣传和推广节制生育。1980 年以后，妇女保健由单纯的新法接生、妇科病普查普治发展到开展围产期保健。计划生育工作也由单纯地提倡节制生育发展到推行优生优育，启动了基本卫生保健工程，围绕“2000 年人人享有卫生保健”推广妇女保健服务项目。《妇幼卫生工作条例》1980 年颁布， 1986 年进一步修订完善，明确了妇幼卫生工作的指导思想、工作方针，指明了妇幼卫生的发展方向。这个阶段妇幼保健机构在重新组建后功能得以尽快恢复，保健服务内容进一步明确，服务水平得到提升，妇女健康状况得到明显改善。

2. 第二阶段（1994 年至 2004 年）：妇女健康政策体系得到充实完善

1994 年国际人口与发展大会和 1995 年第四次世界妇女大会提出的生殖健康、以人为中心的优质服务和社会性别主流化理念对中国政府产生了重要影响。在这一阶段，中国政府根据中国国情，将生殖健康、社会性别等国际理念引入中国，并加以阐释、推广与实施。

1994 年颁布了《中华人民共和国母婴保健法》，这是我国第一部保护妇女儿童健康权益的专门法律，标志着我国妇幼保健工作走向法治管理、依法行政和依法服务的轨道；2001 年和 2008 年又两次颁布了《母婴保健法实施办法》，结合新的健康理念和新的健康问题，提出新的要求，如实施办法对保障妇女避孕节育知情选择权和禁止对胎儿进行性别鉴定做了具体规定。

1995 年，中国政府将妇女健康纳入国家社会发展规划之中，颁布了第一部《中国妇女发展纲要 (1995—2000 年)》，其中明确制定了 1995 至 2000 年中国妇女的健康目标，包括“提高农村孕产妇住院分娩率”“农村新法接生率达到 95%”“孕产妇死亡率在 1990 年的基础上降低 50%”等具体内容；与此同时，还进一步强调了“保障妇女享有计划生育的权利”“提高妇幼卫生机构的服务能力及服务质量”“努力使城乡妇女人人享有卫生保健，享受良好的生殖保健服务”等，为妇女健康事业的发展制定了明确的目标、策略和措施，体现出国家对妇女健康权益和计划生育权利的尊重和保障，也体现出政府为广大妇女提供良好保健服务的意愿，具有重要的里程碑意义。进入21世纪后，政府在第二部《中国妇女发展纲要》中明确提出了“在国家的卫生改革与发展规划中体现妇女健康的主要目标”。在中国政府颁布的“2001—2010年妇女健康目标”中，“妇女在整个生命周期享有卫生保健服务”“流动人口中的妇女享有与户籍所在地妇女同等的卫生保健服务”“提供避孕节育的优质服务”等具体内容，反映出政府有关妇女卫生保健的服务观念和服务模式正在发生从以病为本向以人为本的转变，以人为中心的优质服务理念已逐步成为相关政府部门的工作理念之一，而“提倡避孕节育的知情选择，强化夫妻共同承担计划生育责任”“强化卫生行政执法”“不断完善妇幼卫生法律法规及政策”等目标的提出，体现出政府在计划生育领域中持有的社会性别平等观点，反映了中国政府遵照依法治国方略，保护妇女健康权利的政治意愿。

中国政府将生殖健康、社会性别平等和优质服务的理念与中国具体实践相结合，促进了政府有关妇女/社会性别与健康的工作思路、工作方针的转变。1995年，国家计划生育委员会首次提出计划生育工作思路和工作方法的两个转变，即“由以往的仅就计划生育抓计划生育向与经济社会发展紧密结合，采取综合措施解决人口问题转变；由以社会制约为主向逐步建立利益导向与社会制约相结合，宣传教育、综合服务、科学管理相统一的机制转变”，探讨从传统的以人口控制为目标的计划生育模式向以妇女为中心的生殖健康模式转变。随着这一理念的变化，国家计生委逐步树立了以人为本、优质服务的工作指导方针，改变了过去单纯依靠行政手段推行计划生育的做法，使广大育龄妇女由实行避孕节育的目标人群，逐渐转变为生殖保健服务的对象，促进了妇女健康水平的提高。进入21世纪后，在国家实施依法治国方略的政治背景下，有关促进妇女健康的法律政策得到进一步发展。2001年，中国颁布了《中华人民共和国人口与计划生育法》，明确保障妇女的生殖权利，并在其总则中规定：“开展人口与计划生育工作，应当与增进妇女健康、提高妇女地位相结合。”

政府在引进生殖健康和优质服务理念后的另一个重大变化是卫生部门重新确定了妇幼保健工作的方针，明确规定中国妇幼保健工作的方针是“以保障生殖健康为目标”。这一方针的发展变化，表明中国妇幼卫生系统正在从传统的妇幼保健模式向以妇女为中心的生殖健康模式转变，从过去只关注妇女的孕产期保健，拓展到重视满足妇女生命周期各个阶段的健康需求与服务。随着认识的不断深化，妇幼卫生机构努力拓展业务范围，为妇女健康提供全程性服务。

20世纪90年代，随着疾病的转型，健康政策开始不只关注女性生殖健康，同时重视起非传染性疾病的预防工作，除了对常见妇科疾病进行检查外，也重视妇科恶性肿瘤的筛检工作；在某些过去被视为男性的健康问题领域开始将女性同时纳入宣导行列，如艾滋病的预防和控制等。1998年国家制定了《中国预防和控制艾滋病中长期规划（1998—2010年）》，2004年又制定了“四免一关怀”政策，把阻断艾滋病母婴传播作为工作重点之一。

3. 第三阶段(2005年至今):妇女健康政策向均等化惠民方向发展

这一阶段以2005年构建和谐社会战略任务的提出和国家“十一五”计划的制定为开端,在其后的四年时间里,随着中央政府对构建和谐社会的强调和一系列重大惠民政策的实施,妇女健康均等化程度逐步加深。

2005年8月,全国人大通过《妇女权益保障法》修正案,在修正案中增加了“国家实行婚前保健、孕产期保健制度,发展母婴保健事业。各级人民政府应当采取措施,保障妇女享有计划生育技术服务,提高妇女生殖健康水平”等条款,为促进妇女健康事业的发展起到了重要支撑作用。

2006年是中国第十一个五年计划的开局之年,在第十届全国人大四次会议通过实施的《国民经济和社会发展第十一个五年规划纲要》中,首次专辟一节规划妇女发展,并明确提出加强妇女卫生保健、劳动保护和乡镇妇幼保健机构建设。此后,伴随着中国共产党对树立科学发展观的进一步强调和构建社会主义和谐社会战略任务的提出,中国政府制定了一系列体现公平正义、注重保障民生、有利于社会协调发展的公共政策。与此相适应,国家在2006年后出台的妇女健康法律政策也更多地体现出两大特点和走势:一是强化政府责任和妇女保健的公共服务职能,通过健全法制,规范妇幼卫生的管理与服务;二是通过法律政策的制定,加大对农村贫困孕产妇、流动妇女、女性艾滋病患者等弱势妇女群体的特殊健康保障。

基于对前一阶段医疗卫生领域进行市场化改革的反思,2006年12月,卫生部制定、颁布了《妇幼保健机构管理办法》,明确规定“各级妇幼保健机构的性质是由政府举办的、具有公共卫生性质的公益性事业单位”,强调妇幼卫生工作要切实履行公共服务职责,并对妇幼保健机构提供的公共卫生服务和基本医疗服务做出明确规定。在强化政府对妇女保健的财政保障职责方面,在第十九条中规定,各级人民政府要“设立母婴保健专项资金”“逐年增加对妇幼卫生事业的投入”。

2006—2009年,卫生部先后制定和下发了《关于进一步加强妇幼卫生工作的指导意见》(2006年12月)、《孕前保健服务工作规范(试行)》(2007年2月),并根据妇女婚前保健情况的变化,再次修订了《婚前保健工作规范》。通过这些法规政策的制定,政府进一步确立了妇女保健工作的指导思想、工作方针和工作目标,促进了妇幼卫生服务体系建设,拓展了妇女保健服务的内涵,加强了政府对妇女保健工作的指导。同时,政府对孕前保健服务的内容、技术规范、管理和实施进行了规制,使之能够更加满足妇女健康的需求。在这几年中,卫生部还多次组织专家,对《妇女常见病防治工作管理办法》《孕产期保健工作规范》《助产技术服务管理办法》和《儿童保健工作规范》进行反复论证,并将其纳入到立法计划之中。

2009年,《中共中央国务院关于深化医药卫生体制改革的意见》进一步明确妇幼保健是公共卫生服务体系的重要组成部分,不断促进基本公共卫生服务均等化,实施重大公共卫生服务项目。在妇幼保健方面,实施了农村妇女孕前和孕早期增补叶酸预防神经管缺陷、乳腺癌与宫颈癌筛查和住院分娩补助等重大项目,妇幼保健服务从有偿服务逐步过渡到免费服务,经济发展的成果将最大限度地惠及广大妇女儿童的健康,妇幼保健事业迎来了前所未有的跨越发展的机遇。

同时在强化政府责任和规范妇女保健服务的同时,中国政府还致力于促进妇女健康的公平性和妇女保健服务的均等化,出台了一系列法律政策,重点保障农村贫困妇女和处于不利处境的妇女的健康。

这一阶段,政府对推进人口和生殖健康领域性别平等的责任意识更加明确,政府决策中的性别主流化程度逐渐提高,主要体现在以下 9 个方面。

(1)政府部门对妇女健康的认识不断深化。

(2)政府在促进妇女健康中的主导责任进一步明确。

(3) 将妇女健康纳入国家社会经济发展总体规划统筹实施,制定"十一五"期间的妇女健康目标和 2005—2020 年妇女健康发展的中长期规划。

(4) 通过对医疗卫生服务市场化、产业化改革的反思,坚持妇幼保健服务的公共产品性质,强化妇女保健机构的公益性。

(5) 将提高妇女保健服务的公平性、可及性和普惠性作为促进中国妇女健康发展的战略选择。

(6)通过一系列国家重大妇女卫生项目的实施,促进公共服务均等化。

(7) 加大政府对中西部地区妇女保健的财政投入,努力缩小妇女保健的城乡、区域、阶层差距,促进妇幼保健工作的协调发展。

(8) 大力推行农村新型合作医疗制度和城乡居民基本医疗保障制度,使广大妇女能够享受卫生筹资带来的实惠,促进广大妇女平等分享改革发展带来的成果。

(9)强化妇女保健服务的规范管理,努力提供优质的妇女保健服务。

总之,政府有关妇女健康理念的深刻变化,影响和推动了妇女健康领域的一系列重要变革,使这一时期成为中国妇女健康事业发展最好最快的时期。

10.2.3 中国政府促进妇女健康政策的积极效果

妇女健康作为人类发展的重要资源和重要指标,是衡量和评价一个国家公共卫生政策有效性的重要尺度。保证全体公民公平享有卫生资源,让十几亿人民拥有更健康的身体,更具生产效率的生产力,更延长的生活寿命,更幸福的生命力,是全面建设小康社会和构建社会主义和谐社会的重要内容。作为相对弱势的群体,妇女健康水平和对健康服务的利用程度,更能反映出国家公共卫生政策的公平性和有效性。促进妇女健康,有利于国家卫生政策的不断改进和完善。

1. 政府将妇女健康作为优先发展的领域进行统筹规划与实施

伴随着对妇女健康认识的不断深化,中国政府不仅将妇女健康纳入国民经济和社会发展规划之中,而且把妇女健康作为优先发展的领域加以特别的关注和支持,并确立了与国民经济、社会资源相协调的发展目标，进行统筹规划与实施。《中国妇女发展纲要》还制定了妇女健康的目标性指标、营养指标、疾病指标和健康服务指标，将妇女健康的实现融入妇女全面发展与人口、经济、社会可持续发展的框架之中。可见，妇女健康始终是政府促进人与社会全面发展的重要组成部分，而不仅仅是促进发展的手段。

2. 政府不断增加妇幼保健资金投入，妇女保健水平不断提高

在新的医改政策下，妇幼保健作为公共卫生服务的性质进一步得到明确，政府责任进一步落实，对公共卫生服务的投入不断增加，为妇幼保健事业的发展提供了强有力的制度保障。新医改实施3年来，中央财政已经投入630多亿元，用于实施9类基本公共卫生服务项目及6个重大公共卫生服务项目，妇幼保健是其中的重要内容，妇幼保健水平不断提高。2012年底，全国已拥有遍及城乡的妇幼保健机构3044个，其床位数由1995年的5.13万张上升到16.2万张；孕产妇产前检查率95.0%，产后访视率92.6%，与上年比较，产前检查率和产后访视率都有所提高；孕产妇住院分娩率为99.2%，比上年提高0.5个百分点（市提高0.1个百分点，县提高0.7个百分点）；孕产妇系统管理率达87.6%，比上年提高2.4个百分点；孕产妇死亡率为24.5/10万，与上年相比又有所下降①。

3. 进一步完善基本卫生保健制度，提高妇女保健服务的均等性

从2008年开始，中央和各级财政安排19.04亿元专项资金对中西部农村孕妇住院分娩实施补助，惠及中西部地区22个省的2 163个县，2009年逐渐扩展到全国农村；为落实深化医药卫生体制改革的重点工作任务，有针对性地解决妇幼卫生的突出问题，国家加大改革和投入力度，2009年起将农村孕产妇住院分娩补助、农村妇女“两癌”检查、农村妇女孕前孕早期补服叶酸、预防艾滋病母婴传播等4个项目列入促进公共卫生服务均等化的重大公共卫生专项；为加大预防艾滋病母婴传播力度，2003年起卫生部在5个省的8个县（市）开展预防艾滋病母婴传播试点工作，2009年将预防艾滋病母婴传播纳入医改重大公共卫生服务项目，通过为孕产妇免费提供艾滋病筛查、咨询指导和相应的干预服务，降低艾滋病母婴传播率，减少儿童的艾滋病新发感染；广泛开展的对城市流动人口的“关怀关爱”专项活动和《流动人口计划生育工作条例》的颁布实施，推进了流动人口享有计划生育保健服务的权利。这些措施也初步遏制了出生性别比偏高的趋势[5]。

针对农村孕产妇、流动妇女和不利处境下的妇女群体制定的法律政策，有利于缩小城乡、区域、乃至不同阶层妇女间的差距，体现社会正义与平等，对于促进健康公平和妇女基本健康服务均等化具有重要现实意义。而这些法律政策的实施，不仅对于保障弱势妇女群体本身，而且对于保障她们后代的健康和家庭的福祉也具有十分积极的作用。

① 2012年我国卫生和计划生育事业发展统计公报。

4. 加强妇女健康领域的性别统计工作

2007年卫生部《国家卫生统计指标体系（2007版）》要求在对HIV感染率、期望寿命、健康寿命等多项指标进行分性别、城乡、年龄甚至流动人口统计；国家统计局《妇女儿童状况综合统计报表制度》对孕产妇死亡率提出分城市、农村、沿海、内地、边远地区进行统计；国务院妇儿工委2008年印发的《关于调整〈中国妇女发展纲要（2001—2010年）〉和〈中国儿童发展纲要（2001—2010年）〉监测统计指标的通知》，使指标更具有性别敏感。国家统计局的《中国妇女儿童状况统计资料》一定程度上反映了这些指标统计的成果。

1）鼓励和支持非政府组织发挥促进妇女健康的作用

（1）全国妇联开展的相关行动。

第一，中国妇女健康行动。

"中国妇女健康行动"由全国妇联与卫生部、国务院妇儿工委办等部门联合倡议发起，与卫生部、财政部联合开展农村妇女"两癌"检查项目，并作为重大公共卫生专项列入医改方案。"中国妇女健康行动"倡议发起后，各地积极响应。在项目实施中，为进一步造福贫困母亲，做到查治结合，真正让妇女得到实惠、普遍受惠、长期受惠，2010年8月23日全国妇联启动"贫困母亲两癌救助项目"，解决贫困妇女"两癌"治疗费用问题。"贫困母亲两癌救助"项目首先从西部省市开始，从农村贫困母亲开始，以后将扩展到其他省区。

第二，"母亲健康快车"项目。

该项目自2003年启动以来，通过调动社会上热心公益事业的企业、行业组织与个人提供物质支持，争取政府部门尤其是卫生部门的技术支持，为贫困地区的育龄妇女、孕产妇及婴幼儿，特别是贫困妇女提供医疗帮助。至2012年，已有1440辆"母亲健康快车"在全国30个省（区、市）开展各种形式的医疗卫生健康服务，受益人数达3 000多万人次。

第三，艾滋病"面对面"宣传教育活动。

全国妇联2002年开始在51个艾滋病综合防治示范区开展"预防艾滋病，健康全家人"活动，2005年，宣传活动示范区扩大至127个。2007年，148个全球基金项目县也纳入"面对面"宣传教育活动试点单位。2010年全国妇联、卫生部决定继续在第二轮全国309个艾滋病综合防治示范区开展对妇女"面对面"宣传教育活动，目前宣传教育活动已在31个省、自治区、直辖市艾滋病综合防治示范区全面铺开。这次活动时间从2010年1月至2013年12月，为期4年，重点对15至49岁的妇女和受艾滋病影响的妇女儿童进行艾滋病防治知识宣传普及。

第四，其他活动。

2009年5月19日启动"关爱中国女性健康基金"，对女性进行健康教育，普及健康科学知识，提高女性的健康意识和自我保健能力。2010年3月17日与中国女科技工作者协会共同主办"女科技人才健康行动"，将在3年内重点为千名在科技领域做出突出贡献的女科技人才提供健康管理服务。2006年起与联合国人口基金联合开展"生殖健康与性别平等"倡导项目。在调查研究的基础上，通过各种形式的培训班、研讨会、出版物等对各级决策者、健康服务提供者和社会公众进行宣传倡导，介绍健康的新理念，推动妇女健康政策的不断改进。

2）其他民间组织的相关行动

中国计划生育协会、中国妇幼保健协会、中国扶贫基金会、中国医师协会、云南省健康与发展研究会、中国反对家庭暴力网、北京红枫妇女心理咨询服务中心、陕西省妇女理论婚姻家庭研究会、“打工妹之家”等民间组织，从不同侧面对促进妇女健康权益的实现进行理论和实践探索。

中国计划生育协会在全国大中学校和流动青少年中广泛开展以同伴教育为主的预防性病和艾滋病项目，在农村把帮助妇女增加收入与妇幼保健和计划生育相结合，有效促进了妇女健康水平的提高；中国妇幼保健协会 2009 年 11 月 16 日成立后，以“一法两纲”为核心，协助政府提高妇幼保健的服务质量和行业管理水平，维护行业合法权益，为妇女、儿童健康做出贡献；中国扶贫基金会从 2000 年启动“母婴平安 120 行动”项目，2007 年开始开展藏区和非洲地区贫困母婴援助计划，项目开展 10 年来已经累计救助 12 万余人，募集资金近亿元；中国医师协会 2006 年 12 月在北京启动的“中国妇女健康促进工程”，通过“个十百千万”计划，即建立一个基金，选择十个重点地区，联合百位妇女专家，救助一千名妇女贫困患者，招募万名志愿者以及签署百万妇女健康宣言等形式，提高中国妇女的健康素质；云南省健康与发展研究会开展了一系列以妇女为中心的生殖健康项目，利用其灵活的组织形式以及研究力量方面的优势，针对一些健康热点、敏感问题进行研究和干预，如 2006 年 2 月启动了“农民工预防艾滋病宣传教育工程促进示范项目”，2006 年初，与昆明市西山区政府合作启动了“西山区促进流动人口生殖健康合作项目”；陕西妇女健康学堂项目，推动政府以乡级卫生院作为基础、用参与式方法对农村妇女进行健康教育，并将此纳入政府考核乡镇卫生院指标，开发一批适合妇女阅读的健康读本，并由政府出版在全国范围内发放至农村图书室，以弥补政府在健康知识传递中的不足；北京红枫妇女心理咨询服务中心、中国反对家庭暴力网、北京大学法学院妇女法律研究与服务中心、打工妹之家等组织发挥自身优势，开展热线咨询和相关研究与干预活动，进行政策倡导，扩大了妇女健康服务的内容和覆盖范围。

此外，中国政府也非常重视与国际社会的合作，共同开展妇幼保健、生殖健康 / 计划生育以及阻断艾滋病母婴传播等多个领域的国际合作项目，取得了很好的成效。

10.3 如何推进妇女健康政策领域的社会性别主流化

1995 年以来的二十几年间，中国妇女健康事业伴随经济社会的发展，取得了令世人瞩目的成绩。但在经济全球化和市场化改革的进程中，中国妇女健康也面临着前所未有的挑战与问题。中国人口总量的持续增长、老龄化速度的加快，城市化和工业化引发的人类历史上最大规模的人口流动，环境污染、职业卫生安全风险加大等一系列社会问题的存在和出现，都使妇女健康和相关的保健服务体系面临严峻挑战。

10.3.1 中国政府妇女健康政策的不足

1. 社会性别意识有待增强

由于我国社会性别意识还没有完全地纳入女性健康政策，也没有形成良好的公共卫生规范，导致对男女两性之间的角色和平等关系以及社会及经济变量的相互作用造成的男女不平等没有足够的认识，对女性保健投入相对较为缺乏；政策的制定以及行动的实施仅仅关注女性的生育角色，对其他生命周期的角色需求关注不足，另外对青少年和老年女性的需求有所忽略；对女性健康方面的问题识别以及决策时，女性的呼声没有得到充分的重视，需求没能充分满足；政策信息的传递仍是自上而下的灌输，女性作为政策制定的主体能动性不能很好地发挥，赋予女性的权利不足；分类分阶层管理的制度不健全，流动妇女、残疾妇女、贫困妇女等弱势妇女人群的特殊需求供给不足；男性在社会性别中所承担的责任和角色，处理妇女健康问题时的立场、观点和态度关注不够，不能积极参与到女性健康问题的探讨之中；社会性别统计的工作更多的是落实在纸面上，实践中的成果并不丰厚。

2. 法律政策落实缺乏强力的规范措施

妇幼保健和计划生育法律法规的执行、监督力度不大的情况仍然存在，妇幼保健和计划生育服务工作在规范化、制度化方面有待加强，行政管理和技术服务人员依法行政、依法服务的能力也亟待提升，技术服务机构和人员的准入制度也需要不断完善，对无证行医、非法B超鉴定婴儿性别、非法终止妊娠、非法接生等行为的打击力度应进一步加强[5]。

3. 对社会资源整合的力度需进一步加强

卫生部门和计生部门工作性质与内容有很大的交叉性，在妇幼保健服务工作方面的内容较为接近，但是由于两个部门之间各自为政，国家级的联合协调行动较少，人力物力资源的配合缺乏，虽然两个部门之间的工作活动各有其侧重点，但是重叠的工作内容很多，这样就造成了一定程度的资源浪费。因此，两部门之间的主要责任主体应该在政策制定以及执行过程中充分地沟通；另外卫生部门和计生部门与其他相关的政府、非政府社会卫生组织之间的联系也应进一步加强，保障社会卫生事业的有序、有效进行，资源得到充分的利用。

4. 健康服务领域和视角应进一步拓宽

已有的政策以及所采取的行动侧重女性的身体健康，忽视了妇女的心理健康和社会适应性；对市场化、商业化、全球化给中国女性健康带来地影响敏感不够；对气候和环境变化给女性健康带来的风险缺乏关注；整体上对女性健康问题的重视程度不高。

5. 政策和行动缺乏整体思路和框架，政策的连续性和项目的可持续发展受到挑战

政策措施的执行更多的是由非政府组织推动，政府在整个系统框架中的牵引作用不强，而

且所采取的行动缺乏整体性，因此，政策和项目多是短期化运作，可持续性不强，在资金和人力方面的需求不能得到满足。由此，政府应根据具体的情况制定中长期女性健康的政策，提高其在政策指引方面的作用，加强非政府机构的资源投入。

10.3.2　中国政府推进妇女健康政策社会性别主流化的建议

1. 不断完善国家促进妇女健康的法律和政策

在政府制定决策过程中引入社会性别视角，推进卫生领域的社会性别主流化进程，提高男女双方健康水平，丰富男女双方健康资源。

贯彻落实妇幼保健法律法规，加强监督，促进母婴保健工作向规范化、制度化迈进。

进一步促进城乡基本医疗保障和救助制度的完善，在制度层面保障女性得到充分享受保健服务的权利，提高女性，特别是城镇贫困妇女、农村女性抵御疾病风险的能力，扩大新农合报销范围和基本医疗保障报销范围，使得女性的健康问题不受诊治费用的困扰。

在经费预算方面，独立设立妇幼卫生经费，加大政策在妇幼保健方面的公共资金投入，并且缩小城乡地区之间的差异，更多的政策及经费向农村倾斜，保障女性卫生事业均衡发展。

更多地提供预防性妇幼卫生的公共服务，加强女性，特别是基层女性对保健医疗方面的认知和重视。

相关部门应加快建立协调合作机制，保障妇幼卫生工作开展的有效性。

2. 进一步加强部门措施和行动

加强先进卫生服务理念的宣传力度，坚持“以保健为中心，以保障生殖健康为目的，实行保健与临床相结合、面向群体、面向基层和预防为主”的工作方针，依法为妇女儿童提供健康教育、预防保健、计划生育技术服务、妇女儿童常见病筛查、妇幼卫生信息管理等公共卫生服务，开展与妇女儿童健康密切相关的基本医疗服务[6]。

持续推进孕产保健服务项目，扩大项目实施的范围，努力实现面向所有孕产妇的免费产前检查和住院分娩。加强农村妇产科医疗基础设施建设，保障妇产科规范化的服务质量水平，保障所有孕产妇都可以享受到优质的卫生服务。同时提高对特殊群体孕产妇的关注，满足其孕产服务需求。

关注女性整个生命周期不同阶段的健康需求，开展专项妇女健康服务。保持“两癌”检查项目的可持续性，关注生命周期不同阶段妇女多样化的心理健康需求，关注重点人群和精神病患者的服务需求，关注性传播疾病逐渐回升的问题。加强对流动妇女的健康权利保护，不断满足青春期少女和老年妇女的健康需求[4]。

加强对特殊疾病，如性病、艾滋病等感染性疾病的防控力度，在妇幼卫生常规工作中加入预防艾滋病母婴传播，提高预防治理的水平。提供规范化的性病和艾滋病诊疗服务，建立完善的艾滋病和性病发病率的监测和信息报告制度。

加强与非政府组织组织之间的合作与交流，进一步实现资源共享，优势互补。

加强分性别的信息收集与分析，依据科学的数据制定相应的政策。

3. 进行社区动员和社会宣传，为妇女健康创造支持性环境

普及母婴保健法律法规，加强宣传、教育的力度。

进一步开展社会卫生服务工作，宣传科学的生殖健康知识，增强妇女自我保健的意识和能力。

加强社区文化建设和传媒管理，宣传先进的生育文化和健康观念，尊重妇女和女孩的价值。

10.4 案例分析

公共卫生政策与女性照顾者健康促进

家庭中的健康照顾和康复保健者是所有女性均承担的社会角色，但这一角色在非正规就业女性身上更多地变成一种负担和重压。改革开放以前，国家在实行妇女普遍就业政策的同时，也通过"单位"制度为就业妇女提供完备的托儿等方面的服务。虽然中国很少使用社会政策这个概念，但实际上当时确实具有一套相对完备的社会政策体系，比如，与妇女就业相关的社会政策主要包括各种家庭津贴、产假期限和产假待遇、儿童和老人照料休假、公共的托儿服务设施和老人照顾设施及服务等（陈卫民，1999）。国家通过单位来提供这些社会政策和服务，也就是我们常说的"企业办社会"，使妇女的角色冲突得到有效的缓解，这是与当时妇女采取与男性无差异的就业模式状况相适应的。改革转型后，传统体制下城市女性充分就业的社会政策环境正在瓦解，而新的与市场机制配套的制度尚未建立，从而引发了转型时期我国城镇女性就业的弱势状况，以及由就业弱势带来的一系列社会问题，如两性收入差距扩大、女性贫困化、女性就业边缘化等正由点及面地迅速蔓延（陈全明、袁妙彧，2008）。其中，以性别为基础的照顾分工是影响妇女就业的重要因素。传统社会性别准则认为妇女的首要职责是照料家庭和承担家务，其次才是从事有偿劳动，这使女性的整体劳动参与不稳定（例如，因生孩子而中断工作），工作投入似乎比男性差（例如，为了照顾孩子和老人，工作时精神常常不好，又不愿意加班、出差）等主流性别刻板印象。在现实社会里，影响人们对他人职业行动效率预期的因素是多样的：申请进入者的人力资本含量、婚姻家庭状况对工作的可能影响、承担繁重或有危险工作的生理和社会条件等，而对这些因素加以考虑时，由长期文化积淀形成的对性别的刻板印象又会有意识无意识地进入人们的评价系统（蔡禾、吴小平，2002）。因此，在这种预期中处于不利地位的女性，会比其他就业竞争者更容易被拒绝在职业大门之外。再加上二元劳动力市场之间的流动性，使她们不得不进入并且长期停留存在次级劳动力市场。随着计划经济时代低水平的"集体保护伞"的消失，名义上的家庭、社区居家养老和健康照顾的责任更多地落在妇女肩上，健康照顾和康复保健工作基本上是女性的工作。以家庭为基础的社会政策不仅没有打破性别分工模式，而且加剧了传统性别分工，它使照顾工作女性化、隐形化，得不到社会承认。其结果是低估了妇女劳动的价值，同时又使政府忽视对妇女作为公民的需要（佟新，2008）。

另一方面，经济制度的改革对健康政策，特别是公共卫生政策造成的影响也在妇女健康方面得以体现。政府围绕经济发展制定的公共卫生政策和进行的机制改革，虽然从未公开贬低公共卫生的重要性，但其财政资源的分配清楚地告诉人们，公共卫生不是其优先关注领域（王绍光，2003）。自20世纪90年代以来，中国经济GDP平均每年增长8%~9%，但中国对公共卫生设施和资源的投入却没有同步增长，特别是与妇女健康密切相关的农村妇幼保健院（所/站）和疾病预防控制中心（站）的数量却在下降。并且，目前以社区卫生服务为主的公共卫生制度也不能满足家庭健康照顾和保健康复方面的实际需要。社区卫生服务的提供者主要是按街道设立的社区卫生服务中心及其派出到各个社区的社区卫生服务站，在服务方式上，其与医院服务的最大区别就在于社区医生可以为那些行动不便或有特殊需要的患者提供上门服务。比如，医生可以上门进行必要的疾病诊治、访视、调查和统计，护士可以上门为病人输液、检查、提供健康指导，从而建立家庭病床（即院外服务），但现实是大部分服务还是患者到社区卫生服务中心进行（即院内服务），院外服务基本没有提供。

事实上，往往是弱势人群，特别是女性承担了政府社会性投资缩减的不良后果（Whiteford，L.，1993），而公共服务的减少意味着家庭要成为最后一道保障线，特别是那些因为经济收入低下无法承受市场化照顾服务的家庭，妇女要为此负担更多的社会责任，主要是承担无偿健康照顾和康复保健工作。在社会安全阀削弱或不复存在之处，非正规保健的负担几乎完全落到了妇女身上，她们成了事实上的安全阀（刘伯红，2005；胡玉坤，2008）。妇女作为第一线及最基层的家人健康照顾者而被利用，甚至形成剥削，不间断的照顾工作逐渐侵蚀着妇女的能力、身体以及削弱其作为持续照顾者的角色与意愿。事实上，长期的压力与情绪困扰，使得不少照顾者成为下一个需照顾的病人（Kuhn，1998）。照顾被视为爱心工作或家务，是无偿的，其健康权利受到忽略，长此以往，最终会形成对妇女极端不利，也不公平合理的健康环境。

在这样的背景下，政府的健康政策，不仅会对妇女的健康造成影响，而且会对妇女就业特别是妇女的非正规就业产生重要的影响。对非正规就业女性个人来说，其拥有的家庭和社会支持是决定其是否能够被纳入主流就业市场的关键。如果社会提供好的照顾机构，对妇女的就业有很大的帮助，妇女在劳动力市场上就会有很好的就业机会（VanderLippe，Tanja & Liset-VanDijk，2001）。女性经常因婚姻所带来的家庭责任（例如，生儿育女和照顾老人），需要兼顾工作与家庭的双重角色，使得她们不能全心累积工作经验（Glass & Camarigg，1992），甚至为了照顾家庭的失能者而中断工作，影响她们的工作年限、职业连续性及工作专业性，进一步对她们的就业机会和职业取得带来不利影响，甚至受到雇主不公平的对待。即便是中断后能够返回原岗位，由于职业生涯缩短，工资和职级提升慢，退休金等各种福利津贴都比男性低，职业层次一般也比男性低。一直以来，女性被定位于家庭的私领域，被看作“天然”的照顾者，社会也一再将“家庭照顾”和“女性照顾”画上等号。在私领域进行照顾工作的女性是无酬的，没有享受社会权利保障，很难在公领域与男性较量，被局限在低阶的工作中，加之劳动力市场转型，女性成为薪资低廉又好用的产业后备军，导致非正规就业女性化的趋势，并加深社会性别不公平。

为此，我国当前的社会政策，特别是健康政策需要增加一些保护和支持女性人力资本的部分，将健康照顾和康复保健的责任定位于社会，而不是个人和家庭。一方面实施积极的家庭政策和社会服务，将社会资源用于家庭照顾，由国家提供承担老幼照顾的责任；另一方面在健康政策系统中，特别是社区卫生政策和服务中强化健康照顾服务的资源，对失能人士提供充分健康照护和康复保健服务。虽然提供公共服务会增加政府的财政负担，也可能会对其他形式的照顾供给有挤出效应，但这些政策对促进社会性别平等有许多好处。该政策有助于提高照顾劳动者的社会地位，为照顾劳动者提供比私营机构更高的工资和更好的工作条件，降低妇女参与劳动力市场的成本，提高高质量健康照顾服务对低收入的家庭的可及性（Razavi，2007），从而化解女性工作角色与家庭角色的冲突，将因为健康照顾而被困在家庭中的就业女性解放出来，增强其适应经济和社会变化的能力。这对就业女性，特别是因为经济收入低下而无法负担市场化照顾服务的非正规就业女性的身心健康和就业发展意义重大，影响深远。

（资料来源：刘春燕．社会性别视角下城镇非正规就业女性健康需要和政策回应——基于广州的实证研究．广州：中山大学，2010）

思考：

1. 如何进一步提高女性社会就业地位？

2. 政府在促进女性地位提高过程中应该承担什么责任，如何定位？

本章思考与讨论

1. 社会性别理念对中国妇女健康政策的影响如何？

2. 怎样更好地推进中国妇女健康政策的社会性别主流化？

参考文献

[1] 刘春燕．中国妇女健康政策的社会性别分析 [J]. 华东理工大学学报：社会科学版，2013(3)：20-29.

[2] 中共中央编译局．中国妇女健康政策的社会性别分析 [EB/OL].[2014-03-19].http：//www.cctb.net/llyj/xswtyj/society/201403/t20140319_302353.htm.

[3] 李明舜．改革开放以来我国对妇女健康权的立法保护 [J]. 中华女子学院学报，2008，28(4)：29-33.

[4] 姜秀花．中国公民健康水平的性别差异——基于第三期中国妇女社会地位调查数据的分析 [J]. 中华女子学院学报，2014(3)：38-44.

[5] 姜秀花．近年中国政府妇女健康政策与行动评析———基于《消除对妇女一切形式歧视公约》落实情况 [J]. 山东女子学院学报，2012(4)：20-27.

[6] 赵荣香．石林县妇幼保健工作现状分析 [J]. 卫生软科学，2011，25(4)：224-227.

11 社会福利

从广泛的意义上来说，只要是能够增加和有利于维持个人社会功能的所有整体性社会参与活动，都可以被当做社会福利。

——拉尔夫•多戈夫

社会福利是一种制度，是使人类社会为达到一定的福利目标而建立的某种制度设置。

——钱宁

社会福利制度是指国家社会为实施社会福利所做的有关制度安排，是实施社会福利所需要的体制和政策的总和，包括一定的法律制度和社会政策。

——范斌

"福利"一词源于西方社会，是从英文"welfare"翻译过来的。其本义可以解释为"一种健康、幸福、无拘无束的令人向往的生活状况"，从这个意义上说，它是非常朦胧的、非常理想化的。"welfare"一词可能是由国外的宗教团体传入我国，翻译者将它译成了一个富有东方宗教色彩的词——"福利"。20世纪20年代前后，现代社会学和社会工作学传入中国，"social welfare"一词也就相应地被译成"社会福利"，以后一直沿用至今[1]。

据不完全统计，先后有50多位国内学者对社会福利进行过界定，相关的观点大致可以划分为四类：一是剩余型狭义社会福利观，认为社会福利是"民政部门代表国家提供的针对弱势老人、残疾人、孤儿和优抚对象的收入和服务保障"，是一种疗救社会病态、预防或矫治社会问题的制度或手段；二是制度型狭义社会福利观，认为社会福利是指国家和社会为保障其成员的基本生活而采取的措施及服务，其福利对象是全体社会成员，但福利层次仅限于社会成员的基本生活；三是发展型狭义社会福利观，认为社会福利是指在解决人们基本生存需要之后更好地生存或发展的一种状态，其福利对象是全体社会成员，其功能在于提高社会成员的生活质量；四是广义社会福利观，认为社会福利是指国家和社会为提高社会成员的物质和精神生活水平而采取的种种制度或措施[2]。这里我们是将社会福利作为社会性别理论应用的一个领域，因此本书所指的社会福利基本等同于社会保障，是包括社会保险、社会救助、优抚安置和狭义社会福利等方面的种种制度和措施。

出生性别比长期、大范围偏高，男女比例严重失调；女性就业、升职面临几倍于男性的压力和挑战；女性事实上被普遍剥夺的财产继承权；退休制度上男女不合理的差别对待；养老金领取事实上男女的差别等一系列问题促使社会性别引入社会福利领域成为一种必然。传统上从地域、城乡等角度研究社会福利已经无法回应现实的需求，社会福利制度的设计必须要纳入社会性别的视角，从而改变政策建议和制度分析缺乏性别敏感的现状，发展能够促进性别平等的社会福利政策。

11.1 政策现状概述

政策保障是提高女性社会福利、促进社会性别平等的重要手段。社会福利在有些学者看来本身就是一种制度，而在法制社会，法律成为其他各项政策制定的依据和准则，因此，有必要首先梳理一下我国与社会性别相关的社会福利政策。在当今中国，已形成以《中华人民共和国宪法》为基础，以《中华人民共和国妇女权益保障法》为主体，包括国家各种单行法律法规、地方性法规和政府各部门行政规章在内的一整套保护妇女权益和促进性别平等的法律体系[3]。其中，关注于社会福利领域的法律法规主要有《中华人民共和国社会保险法》《中华人民共和国老年人权益保障法》《中华人民共和国残疾人保障法》《中华人民共和国未成年人保护法》《城市居民最低生活保障条例》和《军人抚恤优待条例》等。

11.1.1 人大立法

1.《中华人民共和国宪法》

宪法是国家的根本大法，是一国法律的核心和基础，具有最高法律效力，是制定其他法律的依据。现行宪法在新中国制宪史上首次把保护妇女的权利单列为一条规定即《宪法》第四十八条规定："中华人民共和国妇女在政治的、经济的、文化的、社会的和家庭的生活等方面享有同男子平等的权利。国家保护妇女的权利和利益，实行男女同工同酬，培养和选拔妇女干部。"宪法所体现的男女平等的理念，对其他所有法律和政策的制定提出了性别平等的要求。但是，我国宪法在表述男女平等理念时，采用的是"中华人民共和国妇女在……等方面享有同男子平等的权利"，与大多数国家男女平等的法律表述"男女享有平等的……权利"不同，后者表达男女共同以一个客观标准为标准，而我国立法表述上则是女子以男子的权利标准为参照。这是中国历史上妇女解放以男性标准为标准的法律表达[4]。宪法对"男女平等"的法律表达必然影响了其他法律文件。此外，宪法中对于性别平等的规定如何践行，究竟哪些领域、哪些法律应该对性别平等有相应的规定等重要内容均未涉及，更没有相应的监测规定，这对于社会性别平等规定的具体体现和实施无疑是不利的。

宪法中关于社会福利的规定，奠定了我国社会福利的体系。"中华人民共和国公民在年老、疾病或者丧失劳动能力的情况下，有从国家和社会获得物质帮助的权利。国家发展为公民享受这些权利所需要的社会保险、社会救济和医疗卫生事业。国家和社会保障残废军人的生活，抚恤烈士家属，优待军人家属。国家和社会帮助安排盲、聋、哑和其他有残疾的公民的劳动、生活和教育。"

2.《中华人民共和国妇女权益保障法》

《中华人民共和国妇女权益保障法》(简称《妇女权益保障法》)是于1992年4月3日由第七届全国人民代表大会第五次会议通过，1992年10月1日起正式实施。《妇女权益保障法》是中国第一部以妇女为主体,以全面保护妇女合法权益为主要内容的基本法。2005年第十届全国人民代表大会第十七次会议通过了《关于修改〈中华人民共和国妇女权益保障法〉的决定》,修改后的《妇女权益保障法》自2005年12月1日起实施。《妇女权益保障法》共九章61条,涉及政治权利、文化教育、劳动和社会保障、财产、人身权利、婚姻家庭六大领域。在总则中规定:“妇女在政治的、经济的、文化的、社会的和家庭的生活等方面享有同男子平等的权利。”这是对宪法规定男女平等原则的重申,《妇女权益保障法》同时强调:“实行男女平等是国家的基本国策。国家采取必要措施,逐步完善保障妇女权益的各项制度,消除对妇女一切形式的歧视。”从中可以看出,我国用法律的形式将男女平等列为一项基本国策;“国家保护妇女依法享有的特殊权益”“禁止歧视、虐待、遗弃、残害妇女”。同时《妇女权益保障法》明确了社会各界在保护妇女权益方面各自的职责,如“国务院制定中国妇女发展纲要,并将其纳入国民经济和社会发展规划”“县级以上地方各级人民政府根据中国妇女发展纲要,制定本行政区域的妇女发展规划,并将其纳入国民经济和社会发展计划”“中华全国妇女联合会和地方各级妇女联合会依照法律和中华全国妇女联合会章程,代表和维护各族各界妇女的利益,做好维护妇女权益的工作”等。

《妇女权益保障法》是我国第一部全面的、综合性的保障妇女权益,促进男女平等的基本法。这部法律的颁布标志着我国的妇女权益保障进入了法制化阶段。2005年修订后的《妇女权益保障法》首次将“男女平等是基本国策”写入法律,进一步提升了妇女的法律地位,同时还对性骚扰、家庭暴力、就业歧视等侵害妇女权益的行为做出了相关规定,也明确了不同主体的职责。但是法律规定中明显的宣示性条款过多,缺乏实际可操作性,直至今天就业歧视还是阻碍女性发展的一大障碍。此外,《妇女权益保障法》潜在的假设前提是中国妇女处于弱势位置,从保护妇女权益的角度来进行法律规定,这并不符合真正意义上的社会性别平等理念。

3.《中华人民共和国社会保险法》

《中华人民共和国社会保险法》(简称《社会保险法》)于2010年10月28日通过,自2011年7月1日起施行。《社会保险法》是新中国成立以来第一部社会保险制度的综合性法律,共十二章九十八条,对于养老保险、医疗保险、工伤保险、失业保险和生育保险等做出了相关的规定。其中“生育保险”一章体现了对于女性合法权利的保护。如第五十六条规定:“职工有下列情形之一的,可以按照国家规定享受生育津贴:(一)女职工生育享受产假;(二)享受计划生育手术休假;(三)法律、法规规定的其他情形。”然而这样的规定忽视了男性在生育过程中同样应该享受一定的权利,并且承担相应的责任。陪护假的出现并没有改善这种状况,反倒因为产假和陪护假的差别从制度层面强化了这种分工,导致社会将生育的责任全部放在了女性身上。这种针对女性的保护政策将性别不平等从私人领域扩大到社会公共领域,从某种程度上忽视了男性的生育权利和责任义务。

关于养老保险的规定本身没有性别的区分，但是由于退休制度上的差异和女性就业歧视的积累，使得影响养老金替代率的两个重要因素即工资和工龄在性别上的差异，从而导致男女在养老金方面不断扩大的性别差异，严重影响了老年女性的福利水平。

在现行的社会保险制度中，医疗保险、工伤保险和失业保险的制度设计虽然在规定上并无涉及两性差异的条款，然而这种规定的统一性却导致男女两性的个体性差异没有得到重视，致使女性群体的利益受到了损失，也可以称之为隐性歧视的一种。

4.《中华人民共和国老年人权益保障法》等特殊群体权益保障的法律

《中华人民共和国老年人权益保障法》《中华人民共和国残疾人保障法》和《中华人民共和国未成年人保护法》都是我国针对特殊群体权益保障制定的基本法。《老年人权益保障法》从家庭赡养与扶养、社会保障和参与社会发展三个方面对老年人权益保障做出了规定，有利于保障老年人的合法权益。《残疾人保障法》从康复、教育、劳动就业、文化生活、福利和环境六个方面对保障残疾人在政治、经济、文化、社会和家庭生活等方面享有同其他公民平等的权利做出了规定。《未成年人保护法》从家庭、学校、社会和司法四个方面规定了对未成年人的保护。这三部法律针对不同群体规定了其权益保障的原则、措施和法律责任等，但都忽视了社会性别意识和制度设计上的性别盲视，因而对老年妇女贫困、幼女性侵、少女妈妈等现实问题缺乏回应性，没能充分发挥其保障特殊群体权益的应有作用。此外，我国的法律体系中，《妇女权益保障法》其实被摆在与这三部法律并列的位置，认定妇女与老年人、残疾人和未成年人都是弱势群体，应当被特殊保护，但事实上法律上不合理或不恰当的特殊保护方式却造成这些群体不平等的状况加剧。

11.1.2 国务院法规

1.《中国妇女发展纲要》

《中国妇女发展纲要》是根据宪法的基本原则以及《妇女权益保障法》中关于“国务院制定中国妇女发展纲要，并将其纳入国民经济和社会发展规划。县级以上地方各级人民政府根据中国妇女发展纲要，制定本行政区域的妇女发展规划，并将其纳入国民经济和社会发展计划”的规定，遵循联合国《消除对妇女一切形式歧视公约》、第四次世界妇女大会通过的《北京宣言》和《行动纲领》等国际公约和文件的宗旨，结合我国妇女发展和男女平等的实际情况而制定的，是全面推进性别平等和妇女发展的国家行动计划。现行的《中国妇女发展纲要（2011—2020年）》于2011年7月30日由国务院印发，由指导思想和基本原则，总目标，发展领域、主要目标和策略措施，组织实施，监测评估5部分组成，相比于2001—2010年的纲要，新纲要中新增“妇女与社会保障”为优先发展领域，集中规定了在生育、医疗、养老、失业、工伤保险等领域妇女的发展目标和策略。与原则性的《妇女权益保障法》相比，《中国妇女发展纲要》中的规定更加具体化，如在“妇女与社会保障”领域中规定：“妇女养老服务水平提高，以城乡社区为单位的养老服务覆盖率达到 90% 以上”“有劳动关系的女性劳动者全部参加工伤保险”等；同时更为重要的是，每个优先发展领域都具体规定了策略措施。但同时目前的《纲要》也存在不足，如生育保险仅覆盖所有单位用人，并没有覆盖到全体妇女，有些规定仍缺乏可操作性。

2.《城市居民最低生活保障条例》

《城市居民最低生活保障条例》规定：“非农业户口的城市居民，凡共同生活的家庭成员人均收入低于当地城市居民最低生活保障标准的，均有从当地人民政府获得基本生活物质帮助的权利。”各部门的职责划分：“城市居民最低生活保障制度实行地方各级人民政府负责制。县级以上地方各级人民政府民政部门具体负责本行政区域内城市居民最低生活保障的管理工作；财政部门按照规定落实城市居民最低生活保障资金；统计、物价、审计、劳动保障和人事等部门分工负责，在各自的职责范围内负责城市居民最低生活保障的有关工作。”《城市居民最低生活保障条例》是我国社会救助体系中的重要制度，是保障城市低收入者基本生活的法律依据，目前条例中没有体现性别意识，但是其事实上的保障对象女性占多数，这是贫困女性化的佐证，也是其作用的结果。城市居民最低生活保障以及农村最低生活保障、农村五保供养等主要针对贫困人口的社会救助应该纳入社会性别的意识，与其他法律法规配套共同促进女性增能，推进性别平等。

3.《军人抚恤优待条例》

《军人抚恤优待条例》是针对“中国人民解放军现役军人（以下简称现役军人）、服现役或者退出现役的残疾军人以及复员军人、退伍军人、烈士遗属、因公牺牲军人遗属、病故军人遗属、现役军人家属”，为了“激励军人保卫祖国、建设祖国的献身精神，加强国防和军队建设”而制定的，主要包括死亡抚恤、残疾抚恤和优待三个部分。《军人抚恤优待条例》有利于保障军人及军人家属的权益。现实中除了军人家庭外，一个普通家庭若是主要成员死亡，也会严重影响到这个家庭的福利水平，而遗属金在我国还没有普遍推行，这也是妇女贫困化的一个主要原因，同时也成为女性福利和社会性别研究者为我国应对女性贫困化开出的一剂药方。

11.1.3 地方法规

1.《深圳经济特区性别平等促进条例》

《深圳经济特区性别平等促进条例》（简称《性别平等条例》）由深圳市人大常委会于 2012 年 6 月 29 日审议通过，自 2013 年 1 月 1 日起施行，标志着中国内地首部性别平等地方法规正式出台。目前世界上已有 40 多个国家和地区出台了性别平等法，而在国内一直是空白，深圳在中国大陆首推性别平等地方立法，属于破冰之举，引起各方关注。《性别平等条例》首次从法律角度明确“性别平等”含义：“性别平等，是指在尊重生理差异基础上男女两性尊严和价值的平等以及机会、权利和责任的平等。”《性别平等条例》创设了促进性别平等的工作机构，建立了反性别歧视制度、性别统计制度、公共政策性别分析评估制度和性别预算制度。《性别平等条例》规定：“本市劳动就业、社会保障、卫生保健、文化教育、规划建设、民政福利、组织人事、婚姻家庭等方面的法规、规章草案涉及性别平等内容的，起草单位应当征求市性别平等促进工作机构的意见。市性别平等促进工作机构应当就该法规、规章草案对促进性别平等的影响进行研究分析，并出具性别影响分析报告。起草单位应当就性别影响分析报告的采纳情况，书面回复市性别平等促进工作机构。”《性别平等条例》还针对用人单位在招聘、录用人员过程中提出明确规定：“除国家法律另有规定外，不得设置性别要求，不得以性别、婚姻、生育等为理由拒绝招录某一性别或者提高某一性别的招录标准。但是根据性别比例平衡指导意见以及有关法律、法规的规定对某一性别采取优先、优惠措施的除外。违反前款规定的，由人力资源和社会保障部门责令限期改正；逾期拒不改正的，处三千元以上三万元以下的罚款。”《性别平等条例》通过发布反性骚扰指南、进行反性骚扰教育和投诉、举报三项措施来规定了对性骚扰的预防和制止。此种立法模式将单性别保护拓展为双性别保护，体现了性别平等的理念，在中国内地开创了性别平等立法的先河，为国家层面的立法积累了经验。

如今，《性别平等条例》实施一年来，由于缺少执法机构，想拿着《性别平等条例》维权的人遭遇了无处可投诉的尴尬局面。《性别平等条例》规定的组织实施单位“深圳市性别平等促进工作机构”由于编制被冻结，该机构一直未成立，因而导致《性别平等条例》里面那些“看上去很美”的制度设计，仍如空中楼阁般可望不可即。因此，性别平等的推进需要立法以及相关配套措施，否则法律法规就沦为一纸空文。

2.《关于建立江苏省地方政策法规性别平等咨询评估机制的指导意见》

2012年3月5日，江苏省政策法规性别平等咨询评估委员会第一次会议在南京举行，省政府法制办和省妇联联合下发《关于建立江苏省地方政策法规性别平等咨询评估机制的指导意见》，标志着江苏省地方政策法规性别平等咨询评估机制的建立。江苏省地方政策法规性别平等咨询评估委员会，是江苏省政府法制办和省妇联从性别平等角度，加强对政策法规制定和实施进行咨询和评估而建立的机构，旨在通过推进保障妇女合法权益的立法、执法、司法等领域的理论研究和实务研讨，特别是从审查评估政策法规制定和执行中合法性、合理性、科学性、实效性的层面，加强对新时期、新阶段妇女生存发展切身利益和重大问题的关注和研究，进一步将社会性别平等理念纳入法律和公共政策体系，切实从源头上保护妇女的合法权益。委员会已聘请51名长期从事法学、妇女理论研究和相关实务工作的领导、专家和学者担任指导委员、专业委员和特邀委员，他们将接受省政府法制办和省妇联的委托，对政策法规起草制定和实施执行中涉及性别平等及妇女权益保障有关内容和情况进行调研论证、跟踪调查、舆情收集、分析评价，及时评估其合法性、合理性、科学性和有效性，对需要修改完善的，形成意见和建议的书面评估报告，由政府法制机关通报给政策法规制定或实施的相关单位、部门，相关单位、部门给予相应答复。

江苏省咨询评估机制建立以来，从性别视角就《江苏省职工生育保险规定（送审稿）》《江苏省自然人失信行为联合惩戒试行办法（征求意见稿）》《江苏省劳动合同条例（修订草案）》等12部地方性法规政策提出了相关建议和意见。其中，“建立完善覆盖全体育龄女性的生育保障制度”“提高生育保险统筹层次，生育保险实行设区的市级统筹，逐步实行省级统筹”“调整自然人失信范畴，增加不履行扶养义务的行为、转移或隐匿家庭共同财产的行为、有配偶者与他人同居或其他违反夫妻忠诚义务的行为为自然人失信行为”“学生每日顶岗实习时间不得超过8小时”“企业需要及时为实习生办理意外伤害保险”“加强女性吸毒强制戒毒劳教与后勤保障”等诸多建议意见被纳入相关法规政策中，进一步促进了男女平等理念和原则主流化，有力地维护了妇女的合法权益和特殊利益。

3.《上海市人力资源和社会保障局关于本市企业各类人才柔性延迟办理申领基本养老金手续的试行意见》

自2010年10月1日起，在上海市试行“柔性退休”方案。《上海市人力资源和社会保障局关于本市企业各类人才柔性延迟办理申领基本养老金手续的试行意见》（沪人社养发（2010）47号）规定，“参加本市城镇养老保险的企业中具有专业技术职务资格人员，具有技师、高级技师证书的技能人员和企业需要的其他人员，到达法定退休年龄、符合在本市领取基本养老金条件，如企业工作需要，本人身体健康，能坚持正常工作；经本人提出申请，与企业协商一致后，可以延迟申领基本养老金”“男性一般不超过65周岁，女性一般不超过60周岁”。“柔性退休”方案凸显对当事人意愿的尊重，这在惯于忽视女性思维，将女性与残疾人、老人和儿童相提并论而强加给女性“照顾”和“保护”做法的传统法哲学观念中，的确难能可贵。对于解决中高端人才不足、人口老龄化等引发的养老保险基金缺口过大、走出“学历越高工龄越短养老金越少”的怪圈，以及顾及劳动者的个体差异和不同需求而避免“一刀切”等，都是一个有益的尝试。但是这一规定仍然对性别做了差异性的规定，这种并无科学依据的性别差异，使其进步性打了折扣，因而引发质疑。

11.2 社会性别主流化在社会福利领域中的进程

11.2.1 社会性别理论中的社会福利思想

英国女性主义学者帕斯卡尔曾说过，“当女性主义运动于20世纪60年代末重新出现之时，女性主义者将福利议题作为她们工作的主要部分。这在实务处境、政治处境和学术处境下都是千真万确的。”20世纪60年代以后，女性主义运动的焦点已经从为女性争取政治、经济权利，力求使女性进入公共政治领域转向了为女性争取就业和提高社会地位，以期提高女性的整体福祉状况。这种转变说明，女性的福利状况已经成为女性主义各个理论流派的共同主题，其主要目标是建立一个性别公平的社会福利体系，以提高女性的福利。这其中争论的主要议题是国家、市场与家庭三者之间的相互关系以及这三者对女性生活、社会地位和福祉的建构作用[5]。

1. 社会性别理论的国家观

国家在女性生活中所扮演的角色和在改善女性福利方面所起到的作用是社会性别理论福利思想的重点。社会性别理论家对国家的批判，一方面是来自于福利制度中的性别盲点。国家作为政策的制定者和制度的设计者，对女性在社会的地位起决定性作用。“只有在对女性在现代社会生活中的位置有一个正确认识的基础上所进行的福利国家分析，才能揭示出现代福利主义的全部内涵。”[6]总的来说，不同流派的女性主义对国家在女性发展中所扮演的角色问题没有达成共识，但是他们普遍赞成国家并非中性这个观念，认为在国家体制中父权主义思想占主要地位，性别不平等的价值判断依然存在。另一方面来自于国家对两性关系及男女角色的塑造，这种建构作用可以通过两种理想型社会政策模型，即男性作为经济来源模型和个体模型的比较分析得出（见表 11-1）。

表 11-1　社会福利中男性作为经济来源模型和个体模型比较[7]

制度	男性作为经济来源模型	个体模型
家庭观念	严格分工 丈夫 = 赚钱者 妻子 = 照料者	共享角色 丈夫 = 赚钱者 / 照料者 妻子 = 赚钱者 / 照料者
权利	夫妻间有区分	统一
权利基础	男性作为经济来源	其他
福利接收者	家长	个体
贡献单位	家庭	个体
税收	联合交税、依靠者减免	独立交税、平等减免
就业和工资政策	男性优先	两性平等
照料领域	以私人领域为主	国家扮演重要角色
照料工作	无偿	部分有偿

由表 11-1 可以看出，在男性作为经济来源模型中，男性和女性的角色有严格的分工，在家庭中，男性扮演赚钱者的角色，而女性则扮演照料者的角色，就业领域也是男性优先，这种分工在一定程度上致使女性在经济上不得不依附于男性。相反，在个体模型中，男女两性共享赚钱者和照料者角色，其在就业、工资、福利方面均是相对独立与平等的。由此可以看出，男性与女性在不同福利制度中所扮演的角色与所处的地位不同，使得社会中出现了性别不平等的现象。

2. 社会性别理论的市场观

劳动力市场在女性生活中饰演的角色以及它在提高女性地位、改善女性福利方面发挥的作用，也是社会性别学者一直以来关注的问题。

女性进入劳动力市场参与经济活动，有利于女性在经济上取得独立，对其在经济、社会以及家庭地位上的提高，福利状况的改善都起到了积极的作用，但结合我国的实际状况，女性在就业方面存在着很多不利因素。一方面，在社会性别文化的影响下，劳动力市场被划分为男性与女性两种行业，善于谋划、社会地位高、专业要求高等男性特征，使得经理、医生、律师等职业被划分为“男性行业”，这些职业工资相对较高，就业的稳定性强；而“女性行业”则被赋予女性的普遍特征，包括有耐性、心思细腻、善于照顾等，幼儿教师、护士、餐厅服务员等职业往往由女性担任，这些职业体力消耗大，工资偏低，并且这些职业兼职化和临时化倾向愈来愈强。此外，性别隔离同样发生在同一行业中，管理岗位和技术岗位通常由男性担任，职位与薪酬较高；而女性缺普遍处于在非技术岗位，拥有较低职位和薪酬。另一方面，“男主外、女主内”的传统分工思想，也对女性的就业产生了消极的影响。女性在家庭中扮演了“照顾者”的角色，绝大部分的家庭劳动都由女性承担，然而这部分劳动私人领域的劳动，既没有劳动报酬，同时又耗费了女性大量的精力与时间，与女性“赚钱者”的角色发生冲突，阻碍其发展。除此之外，生育事件的发生也对女性的就业有着不利的影响。正是这种劳动力市场中的性别歧视导致了女性的低工资和贫困现象，同时也加剧了女性对男性的从属和依赖。

总的来说，劳动力市场在女性的发展方面起到了双刃剑的作用。一方面，女性可以在劳动力市场中获得就业机会，从而优化自身的经济状况并且提高社会地位，对落实性别公平起到推动作用；但在另一方面，在市场机制中性别偏好的影响下，女性的经济与遭到恶化的福利状况，加固了女性在家庭中的从属地位。

3. 社会性别理论的家庭观

在我国，可以说家庭是和女性关系最紧密的社会组织，它在女性发展中扮演了什么角色？对女性的福利又有什么影响？

家庭是性别研究最早介入的领域，“女性主义者的分析始于家庭，始于社会政策与家庭的关系。女性主义福利理论既始于分析妇女在家庭生活中的角色，又以家庭结构变迁和功能作用对妇女福利状况影响为核心分析议题。”[8] 在传统理念的影响下，每个家庭中绝大部分的家务劳动，都由女性所承担，一提到“家庭”，人们首先想起的就是“母亲”或者“妻子”，“家庭”与女性的紧密关系仿佛是与生俱来的。自始至终，一些社会理论家都把家庭划分到私人领域的范畴中，社会和政府都没有权利对其进行干涉，导致了政府没能承担维护女性发展与福利的责任。而事实上，社会政策制定者所追求的理想的家庭模式就是基于男性作为经济来源而构建的父权制家庭结构——丈夫挣工资而妻子依赖其获取福利，如此一来，社会政策不仅没有在两性平等上做出努力，反而维护了性别方面的不平等关系，更给女性从属和被统治地位带来了更加负面的影响[5]。

不同于以父权主义思想为背景所构建的传统家庭模式，社会性别理论认同的家庭模式是建立在性别平等的基础之上，主要包含以下内容：“①平等的为人父母和平等的就业机会：家庭政策应该打破而不是强化男女之间人为的劳动分工。②选择的权利：家庭政策应建立在自由选择基础之上。人们应该能够选择是独身生活，或是夫妻生活，还是与朋友或亲属一道生活。③儿童：家庭政策应承认儿童是我们最宝贵的资源，而且每个人都对儿童负有义务，无论他们是父母本身，或者不是父母。④社会提供：家庭政策应以维持和扩大集体性社会福利提供和在地方控制下的社区设施为基础。⑤个人权利：家庭政策应该认可作为整体的家庭和家庭中个人的权利与需要。⑥经济平等：家庭政策应认识到依赖儿童给家庭带来的额外力，而且应恢复和保护这些家庭的资源。”[9]

11.2.2 与性别利益相关的社会福利制度框架

社会福利，是国家和社会通过多种手段为国民，尤其是生活有困难的成员，提供基本生活安全保障的制度。在全球范围内，基本所有国家都已经立法确立了社会福利制度，但在具体项目的设置上，根据国家经济状况和国情的不同有所差异。一般来说，社会福利制度中的主要项目为社会救助、社会保险和针对特殊人群的社会保障。构建社会福利制度的目的是保障对象的需求，从性别角度看，社会福利覆盖的人群包括男性和女性两部分，由于男女的生理结构和生活状态有所不同，那么男女的保障需求和利益也会不尽相同。因此在性别主流化的背景下，要求我们在审视我国社会福利制度的同时对与性别利益相关的社会福利有一个深入的研究。

我国与性别利益相关的社会福利制度的主要内容包括社会保险、社会救助、基本养老服务以及残疾妇女社会保障四部分。其中社会保险包括生育保险、养老保险、医疗保险、工伤保险以及失业保险五部分。

第一，社会保险制度中生育保险和养老保险的性别利益差别较大。生育保险制度是国家以立法为依据，在生育事件发生期间为生育责任承担者提供物质补偿、医疗服务和生育休假的一项社会保障制度。这项制度的保障对象主要就是女性，当然也包括男性，即生育女性的配偶。养老保险制度虽然是面对全体公民的，但其中有一些政策性规定涉及到两性的利益差别。目前养老保险的制度设计普遍与劳动参与率、工资收入及预期寿命密切相关，而事实上，女性的劳动参与率及工资收入的平均值均低于男性，而预期寿命却高于男性，由此造成的利益差别不容忽视。

第二，其他社会保险。在医疗保险、工伤保险、失业保险等制度中，虽然并没有涉及两性差异的规定，但这些制度的保障对象是以男性为假设的，由于女性生理条件的特殊性，在实际操作中，难免会出现一些性别方面的现实差异。

第三，社会救助。社会救助是“国家和社会面向由贫困人口与不幸者组成的社会脆弱群体提供款物接济和扶助的一种生活保障政策”[10]。它一般是无偿向受救助者提供的，但却只满足其最基本的生活需求。在中国现阶段，社会救助主要包括贫困人口救助、自然灾害救助和孤寡病残救助。毫无疑问，其中每一个项目都会涉及到为数众多的女性。而且社会救助，尤其是其中最为基础和普遍的贫困人口救助，对女性来说还有着特殊重要的意义。这并不是说所有的女性都是贫穷的，只是与于男性相比较，女性遭受贫穷的可能性更大，经济危机或经济结构的调整对女性的冲击也会更强。

第四，基本养老服务。在我国，人口老龄化的情况越来越严重，并且年龄越高的阶段，女性所占比重越大。养老问题特别是高龄老人的养老问题将越来越集中为女性老人的养老问题，这将是国际社会需要共同面对的问题。女性老人与男性老人相比很多方面都处于弱势地位，因此需要按照中国女性老人的需求特点，解决中国女性老人的养老问题，改变女性老人的弱势状态。

第五，残疾妇女社会保障。女性残疾人是具有性别与残疾两个弱势属性的双重弱势群体，在残疾人口的主要社会保障需求方面，我国的男性和女性存在着较大的区别，女性残疾人口的需求满足情况低于男性。由此看来，以社会性别为视角的残疾人社会保障制度有必要被纳入主流化。

11.2.3 中国女性福利的发展

中国女性的福利发展历史并不长，大体上可以将其划分为三个阶段。

第一个阶段是从 20 世纪二三十年代到 1949 年。在封建社会，女性被严格控制在家庭内，不具有“公民”的身份，即使那时有福利制度也是与女性无关的。与女性有关的福利制度产生于 20 世纪二三十年代，当时国内动荡，战事不断，女性迫于生活进入到劳动力市场。1921 年，中国劳动组合书记部拟定的《劳动法案大纲》，1930 年 5 月中央苏区颁发的《劳动暂行法》，抗日战争时期各边区制定的劳动条例中都有对妇女保障的规定。只是这些规定有的仅停留在文字上，有的仅限于在解放区实施，没有形成国家制度。

第二个阶段是 1949 年建国至改革开放前。新中国成立后，中国女性的福利才真正有了保障。1951 年政务院颁布了《中华人民共和国劳动保险条例》，其中第十六条规定了女员工生育期的保障政策。1952 年政务院发布《关于各级人民政府、党派、团体及所属事业单位的国家工作人员实行公费医疗预防的指示》，把女工作人员的生育费用纳入公费医疗。1954 年颁布的《宪法》保证了妇女政治、经济、教育等方面与男性平等的权利等。不管是政府，还是各单位，建国后都将提高女性的福利提上议事日程并开始在各领域贯彻男女平等原则。

第三个阶段是改革开放至今。这一时期民主与法制建设进一步发展，从义务教育到就业再到婚姻家庭，女性的福利状况都大为改善。有里程碑意义的 1992 年颁布的《中华人民共和国妇女权益保障法》以及 1995 年在北京举办的第四届世界妇女大会，使男女平等的理念进入大众视野，女性福利的法律保障也更为全面。党的十六大以来的十年，国家不断加强以民生为重点的社会建设，妇女保障发展投入更多，农民逐渐纳入社会福利体系，尤其是新型农村合作医疗的全面推行和新型农村养老保险的试点及推广，使得农村妇女保障状况得到很大改善。妇女保障还获得了其他途径的支持，形成了国家、企事业单位、社会、家庭以及个人共同分担责任的福利机制。首先，强化保障妇女权益法制化，将性别视角纳入更多的法规，以法律形式更好地保障妇女的劳动权益，颁布或修订了与妇女就业密切相关的《就业促进法》《妇女权益保障法》等。2010 年《社会保险法》的颁布实施，是社会保障发展的一个质的飞跃，为妇女福利的发展提供了根本的法制保障。其次，推动妇女保障社会化，尤其是生育保险社会化，让更多的妇女在劳动权益不被侵害的情况下更好地享受生育保障。不断探索妇女保障新模式，提高妇女保障享有率和水平，增加妇女保障内容和项目，在缩小男女差距基础上，推动城乡妇女保障一体化进程[11]。

11.2.4 我国社会福利制度的性别利益

我国在制定和实施社会福利制度时并没有将男性与女性加以区分，默认为男性与女性是不存在差异的，政策不用对其进行区分。性别因素对男女两性在社会福利制度中获得的利益也不会产生影响。但是这种性别中性的社会福利制度恰恰对女性的发展造成了消极的影响，使得社会性别不平等的状况不断恶化，导致社会福利政策的落实效果大打折扣。具体来说，社会福利制度主要在以下几个方面存在社会性别盲区。

1. 我国生育保险制度的性别分析

生育保险是通过国家立法规定，在劳动者因生育子女而导致劳动力暂时中断时，由国家和社会及时给予物质帮助的一项社会保险制度。我国生育保险待遇主要包括两项内容：一是生育津贴，用于保障女职工产假期间的基本生活需要；二是生育医疗待遇，用于保障女职工怀孕、分娩期间以及职工实施节育手术时的基本医疗保健需要。从社会性别的角度来看，我国的生育保险制度，依然有很多问题。生育保险通过制度的形式对女性生育期间的合法权益给予保障，具有积极的意义。设立生育保险的初衷是认识到了生育的价值和意义，并给予女性一定的补偿，保障女性在生育期间的基本生活、就业权益等。然而，生育保险增加了企业雇佣女性员工所需的成本，使得女性在就业时陷入了困境。

1）在经济体制转轨中生育保险改革滞后

1988 年 7 月 21 日，国务院颁布了《女职工劳动保护规定》，女职工产假由原来 56 天增加至 90 天 (其中产前 15 天)。1953 年的《中华人民共和国劳动保险条例 (修正草案)》中有关女工人女职员生育待遇的规定和 1955 年 4 月 26 日《国务院关于女工作人员生产假期的通知》同时废止 (第十九条)。1988 年我国关于生育保险的规定有两点作用：一是增加了产假天数 (从 56 天增加到 90 天)；二是对 60 年代初至 70 年代末生育保险制度的变化由默认到正式承认。1988 年我国刚刚从法律条文上宣布废止 1953 年的《中华人民共和国劳动保险条例 (修正草案)》，而在现实生活中，生育保险制度的改革从一定意义上却出现了向 1953 年的《中华人民共和国劳动保险条例 (修正草案)》复归的趋势，这主要是指生育保险基金统筹。生育保险企业化与政企合一的体制相适应，当政府与企业逐渐分离，生育保险需要走向社会化。

既然原有的生育保险制度已经与市场经济条件下企业制度不相适应，国家又没有统一的新政策，当时医疗保险制度和养老保险制度的改革试点正在全国许多省市进行，各地的生育保险制度改革也就各显神通。1988—1994 年，各地改革措施归纳起来主要有以下两种。

一是生育保险基金社会统筹。1988 年 9 月 1 日，江苏省南通市开始实行《南通市全民、大集体企业生养基金统筹暂行办法》，企业按男女全部职工人数每年一次性向社会统筹机构上缴一定数额的资金，建立女职工生养基金。统筹企业中有女职工生育，其生育医疗费和生育津贴由社会统筹机构负责支付。湖南省株州市在1988年也试行生育保险基金社会统筹。企业按工资总额的一定比例上缴生育保险费，通过银行划归劳动部门统筹。生育女工凭企业证明按月从当地劳动部门领取生育津贴。在这段时间里，试行生育保险基金社会统筹的地区还有昆明、曲阜、绍兴、宁波、德州等几十个市县。

二是夫妇双方所在企业平均分担生育保险费用。1988年，辽宁省鞍山市实行《鞍山市保护老人、妇女、儿童合法权益的规定》，该规定第三章第八条要求："生育津贴由夫妻双方所在企业各自承担50%，若男方在部队、外地或机关工作，由女方单位全部承担。"实行类似规定的还有苏州等市县。试行企业生育保险在费用上承担的压力通过生育保险基金的社会统筹或生育保险费用的分担得到了缓解，促进了女性的就业。但是地方法规在实施过程中缺乏权威性、可操作性有待提升，导致收缴基金时困难重重，这种现象在男性较多的企业中尤为突出。各地办法不统一，也增加了管理与监督上的难度。因此很需要有全国统一的法规出台。

2）生育保险从企业保险走向社会统筹

1994年12月劳动部发布了《企业职工生育保险试行办法》，1995年1月1日起试行，至此全国有了统一的生育保险基金统筹办法。1995年7月27日，国务院发布《中国妇女发展纲要（1995—2000）》，《纲要》在生育保险上的目标是：20世纪末，"在全国城市基本实现女职工生育费用的社会统筹"。劳动部相应于1995年和1996年分别发布了《关于贯彻实施〈中国妇女发展纲要（1995—2000年）〉的通知》和《关于印发劳动部贯彻〈中国妇女发展纲要（1995—2000年）〉实施方案的通知》。

《企业职工生育保险试行办法》的新内容：①目的是"为了维护企业女职工的合法权益，保障她们在生育期间得到必要的经济补偿和医疗保健，均衡企业间生育保险费用的负担"(第一条)；②企业按不超过工资总额1%的资金向劳动部门所属的社会保险经办机构交纳生育保险费(职工个人不交纳生育保险费)，社会保险经办机构负责生育保险基金的收缴、支付和管理(第四、八条)；③生育保险基金支付项目有生育津贴、与生育有关的医护费用和管理费，其中，生育津贴按本企业上年度职工月平均工资计发(第五、六条)。

3）我国生育保险存在的问题

生育保险的保障对象不够全面是我国生育保险中最明显的缺陷，处在不同社会阶层中的女性，在享受生育保险待遇时同样存在着较大的差异。

一是保障对象的有限性。国际劳工大会183号公约《生育保护公约》在其第一条中就指出："就本公约而言，'妇女'一词不加区别地适用于任何女性；'儿童'一词不加区别地适用于任何儿童。""中国的生育保险基本上是一种职工生育保险"。我国的生育保险自1951年首次建立以来，就是面向企业职工的，机关单位和事业单位的生育保险也参照企业职工的生育保险办法执行。1994年原劳动部发布的《企业职工生育保险试行办法》中第二条规定"本办法适用于城镇企业及其职工"，第三条规定"生育保险按属地原则组织"。女性群体中失业人员、无业人员、流动人口、灵活就业人员、自雇者和农村女性以及不符合计划生育条件的女性，则被划分到生育保险的覆盖范围之外，没有为这些家庭的生育行为提供相应的补偿与保障，同时也就忽略了这些家庭中夫妻双方的需求。生育行为为一个国家延续人口与劳动力再生产提供了保障，不应该具有阶层差别。然而，在我国传统思想与现有国情的影响下，公共政策和制度的设计与实施，体现了很大的阶级差别性。

2008 年，我国全年出生人口 1608 万人，生育保险受益人数为 140 万人，享受到生育保险待遇的产妇约占全国总产妇的 8.7%；2009 年，我国全年出生人口 1615 万人，生育保险受益人数约为 174 万人，享受到生育保险待遇的产妇约占全国产妇总数的 10.8%。在无法享受生育保障的女性中，农村女性占全国女性人口的 80%，这是一个庞大的、缺乏保障的弱势群体。这一群体自身经济状况较差、缺少保障、获得卫生资源的机会较少。根据《中国卫生统计年鉴 2011》的数据，2000 年监测地区的农村孕产妇死亡率为城市的 2.38 倍，2005 年为 2.15 倍，2010 年为 1.01 倍；2000 年监测地区的农村新生儿死亡率为城市的 2.72 倍，2005 年为 1.96 倍，2010 年为 2.44 倍。2000 年以来，农村孕产妇死亡率和新生儿死亡率呈下降趋势，与城市孕产妇死亡率和新生儿死亡率相比，差距在总体上也不断缩小，但是仍有较大差距。这种差距反映了在我国城乡中医疗卫生资源分布严重不均，对农村女性的生殖健康保障和新生儿健康保障的不到位。当前我国经济的发展并未充分改变城乡收入差距拉大的现状，在这种经济条件相差较大的情况下，农村女性与城镇女性要以同样甚至更高的成本去获取和使用医疗资源，这对她们来说是个沉重的负担，也是相当不公平的。入院分娩是保护产妇和婴儿健康，降低孕产妇和新生儿死亡率的一项重要措施。而由于我国广大农村医疗保健条件仍较落后，住院分娩率较低，孕产妇死亡大多数发生在农村，多数是在家分挽，其死亡原因多为难产、产伤及产后大出血、感染。研究表明，家庭收入、医疗资源的可及性、医疗保险的覆盖范围等对女性孕产期保健服务的获取有着重要影响，我国卫生资源的配置本身就存在着城乡不均衡现象，再加上生育保险的覆盖范围窄，导致农村育龄妇女使用医疗保健的难度加大。

还有一点是值得注意的——只有计划内的生育行为，才有资格享受生育保险待遇，超生、偷生是无法享受的。生育政策具有调节一国人口数量的作用，各国也往往根据其国情制定相应的生育政策。我国生育政策的目的在于控制人口增长，提高人口素质，因此，对于符合计划生育政策的家庭给予了许多优惠；即使在生育保险的覆盖范围内的家庭，其超出计划生育范围的生育行为也享受不到生育保险待遇。

2012 年 11 月 21 日，人力资源和社会保障部研究起草的《生育保险办法（征求意见稿）》开始向社会公开征求意见，征求意见稿就生育保险提出了许多新的举措，更加地关乎民生，惠及大众。《生育保险办法（征求意见稿）》的亮点之一就是将生育保险的覆盖范围扩大到国家机关、企业、事业单位、有雇工的个体经济组织以及其他社会组织等各类用人单位及其职工。但还有很多边缘化人群的生育保险问题仍在争议之中，如参保职工未就业配偶、自由职业育龄妇女。我国生育保险制度是职工生育保险制度，其保险对象只是就业职工，不包括家庭妇女。世界上除了“职工生育保险制度”以外，还有“全民生育保险制度”，其保险对象为全体国民或全体居民。由于两者的保险对象不同，所起的社会作用也有所不同。职工生育保险制度潜在作用之一是鼓励妇女就业，因为只有就业才能得到生育保险，否则生育费用自己负担。而在全民生育保险制度下，无论就业与否都有生育保险，且一视同仁。全民生育保险比职工生育保险更符合生育保险的宗旨。在“全民生育保险制度”到来以前我国应先制定职工家属生育保险制度。同时，对农村农民生育保险应当给予适当的关注。中国农民除计划生育奖励外没有生育社会保险，随着中国经济发展水平的提高，这种状况一定要发生改变[12]。

二是由于我国地区之间的发展水平存在着很大的差距，不同地域、不同行业的女性职工，所享受的生育保险待遇也有所不同，统一性较低。根据《企业职工生育保险试行办法》的原则性规定，各省都分别根据自己的现实状况制定了合适的的政策和规定，导致了各省的生育保险政策在覆盖范围、保险基金提取比例、待遇支付等方面都存在较大差距。并且，由于各省的生育保险主要实行市（县）统筹和征缴，在给付项目上，部分地区包括全部项目，其余地区只包括部分项目；而生育津贴的基数也存在着差别。生育保险金的支付，加大了企业的运营负担。因此，很多企业对缴纳生育保险金都持有消极态度，企业中女性职工所享受的生育保险待遇同机关事业单位中的女性职工所享受的待遇相差甚远。

三是男女有别的责任和权力。国际劳工大会 1952 年通过的《保护生育公约》中的第四条第七项规定：“对于提供生育津贴的强制社会保险计划项下所应交纳的任何保险费和为提供此种津贴而设立的根据工资总额征收的任何税，不论由雇主和雇员共同交纳或由雇主交纳，均应不分性别、按有关企业所雇男子和妇女总数予以交纳。”我国原劳动部于 1994 年发布的《企业职工生育保险试行办法》中的第四条规定：“生育保险根据‘以支定收，收支基本平衡’的原则筹集资金，由企业按照其工资总额的一定比例向社会保险经办机构缴纳生育保险费，建立生育保险基金。”在我国，大多数省份都没有把男性列入生育保障的范畴之内。尽管企业与为男性职工缴纳了生育保险金，然而这似乎只是一种形式，实质上男性职工并没有享受到生育保险的待遇。一般在夫妻双方中只有妻子一个人能够享受生育保险中生育医疗费、生育津贴和产假的待遇，这就导致了在女性没有获得正式工作的家庭，生育保障无法落到实处，或者依据地方的规定，仅仅享受到一部分生育保险的待遇，如《山东省企业职工生育保险规定》第十五条规定：“参加生育保险男职工的配偶无工作单位，其生育符合计划生育政策规定的，按照当地规定的生育医疗费标准的 50% 享受生育补助金。”

在社会保障制度比较完善的国家，都有关于男性或夫妻双方享受生育福利待遇的规定，其中有 36 个国家实行“父育假”。如在瑞典，父母亲任何一方可以休假照顾小于 16 个月的婴儿，并要求所有的父亲在这 16 个月中必须休假一个月，否则将取消一个月的补助，2002 年父亲假又增加了一个月；芬兰有“育儿假”和“父育假”，其中“育儿假”由父母任何一方享有，假期为 158 天，可获得育儿津贴，“父育假”为 6—18 天，只属于父亲，假期是在母亲产假期间；德国的“父育假”规定父亲和母亲可以享受 36 个月的停薪留职假。“父育假”的制定强调了男性在生育活动和在对家庭的照料中也应该承担一定的责任与义务，为父母双方行使照顾孩子与家庭的权责提供了保障。目前，我国还没有制定全国性的法律法规来维护男性在生育活动中应该享有的权益，除了少数地区为了鼓励晚婚晚育而推行了带薪“父育假”之外，大多数省市并没有为此制定详细的规定。

这种在制度设计的过程中体现性别差异的做法，存在着很大的弊端。

首先，强化了传统的家庭分工。生育是男女两性在生理上最突出的区别。在早期社会中，男女两性在生理上存在巨大差异，女性与生育活动的联系更为密切，形成了“男主外、女主内”的性别分工。目前，在我国家务劳动的承担主体依然是女性。生育保险制度中对男性在生育活动中责任与权利保障的缺失，进一步使女性在生育中的主要角色受到强化，而忽视了男性在生育活动中扮演的角色，导致男性无法充分地承担在抚育婴儿、照顾家庭中的相应责任。

其次，损害了女性的就业权益。由于男女两性在享受生育保险方面的待遇存在差距，导致了“性别成本”的出现，而企业为了减少“性别亏损”，在招聘时往往会优先考虑男性，甚至在与女性签订劳动合同时对其结婚或生育的时间做出限制等，阻碍了女性的就业。那么，“性别亏损”是如何产生的呢？《企业职工生育保险试行办法》及各地方企业职工生育保险相关规定都指出，生育保险金由用人单位应当按照工资总额的一定比例缴纳生育保险费，与用人单位男女职工比例无关，这在一定程度上避免了企业因使用女工而产生的额外费用。但是，根据我国目前的规定，只有女性能够享受 90 天的产假 (现增加至 98 天)，而且企业要负担女性产假期间替代率为 100% 的生育津贴。这显然增加了企业使用女工的成本。此外，企业不得不额外使用其他员工来填补休假女职工的空缺，来保障工作的顺利进行。正是这些原因导致了女性就业难、职业发展受到阻碍等性别歧视问题。政府应当为改善这种状况主动承担相应的责任。

2. 我国养老保险制度的性别分析

1）制度设计影响两性养老金分配的三个前提

养老社会保险制度是一种保障老年人基本生活的社会制度。这种制度所提供的保障在一定程度上是通过收入再分配实现的。养老社会保险制度在设计上一般都希望收入再分配是正向的，即从高收入者向低收入者的再分配。结果也有反向的，即从低收入者向高收入者的分配。“养老社会保险制度正向再分配功能越强，对女性就越有利，反之亦然。”[12] 具体说来，目前有三个前提影响着两性养老金的分配。一是男性的劳动参与率高于女性。比如根据第六次人口普查抽样调查的数据显示，2010 年我国男性人口劳动参与率 78.16%，为女性人口劳动参与率为 63.73%。劳动参与率高往往意味着就业人数多和工龄长。二是男性的工资收入高于女性。2011 年中国妇女社会地位调查发现，男女两性的劳动收入差距比较大。城镇和农村在业女性年均劳动收入分别是男性的 67.3% 和 56%。三是男性的平均寿命低于女性。根据第六次全国人口普查资料，2010 年我国人口平均预期寿命达到 74.83 岁，其中男性人口平均预期寿命为 72.38 岁，女性为 77.37 岁，男女平均预期寿命之差与十年前相比，由 3.70 岁扩大到 4.99 岁。

因此，在养老保险制度设计上，一般说来，凡有利于低工龄者、低收入者、高寿命者的保险规定就有利于女性，反之，就有利于男性。或者说，养老金支付与就业和收入的关联度越高，对女性就越不利、对男性就越有利，反之，对女性就越有利、对男性就越不利。

2）养老保险制度改革中的性别受益变化

（1）养老保险覆盖面改革中的性别受益变化。

传统的养老保险制度是在20世纪50年代初，仿效苏联“国家保险”模式形成的，是计划经济的产物，其覆盖面基本上局限于国有企业职工，大集体企业参照《劳动保护条例》执行。改革开放后，为了适应多种经济成分并存的经济现状，配合劳动制度的改革，养老保险的覆盖面不断扩大。1986年，国务院颁布的《国营企业实行劳动合同暂行规定》第二十六条规定：“国家对劳动合同制工人的退休养老实行社会保险制度，将劳动合同制工人纳入养老保险制度内。”1997年《国务院关于建立统一的企业职工基本养老保险制度的决定》进一步提出制度覆盖面要逐步扩大到城镇所有企业及其职工，城镇个体劳动者也要逐步实行基本养老保险制度。2005年国务院《关于完善企业职工基本养老保险制度的决定》进一步明确：“城镇各类企业职工、个体工商户和灵活就业人员都要参加企业职工基本养老保险。当前及今后一个时期，要以非公有制企业、城镇个体工商户和灵活就业人员参保工作为重点，扩大基本养老保险覆盖范围。”覆盖面的扩大有利于男女两性就业公平和退休后的老年生活保障。统计显示，养老保险参保人员存在性别比例上的差异。根据全国妇联和国家统计局在2000年12月联合进行的第二次妇女地位调查显示，城镇全部在业者男性养老保险覆盖率为74.5%，女性为66.1%，相差8.4个百分点。由于我国农村养老保险制度的不完善及农业劳动女性化①现象的存在，在全国范围内，男女两性劳动者养老保险的覆盖率差距会更大。

养老保险的覆盖率性别差异与政策改革过程中扩面侧重点的变化有关，我国养老保险覆盖面的扩大基本上遵循下列顺序：国有企业（公有制企业），城镇其他企业（非公有制企业），城镇个体工商户和灵活就业人员（非正规就业），这个顺序在当时的时代背景下有其合理性，但它是一种性别中立的政策，对男女两性劳动者在就业环境与就业形式上存在的性别差异没有足够的重视，以至于在改革过程中女性群体不能享受同样的扩面利益。

开始于20世纪80年代的企业养老保险的改革是为国有企业改革服务的[13]，重点集中在国有企业及其职工身上。在国有企业改革过程中，大量的职工下岗失业，女性下岗失业的比例远远高于男性，她们的再就业比例也低于男性劳动者，再就业后职业层次低，更多进入没有社会保险的部门，如在社区就业或从事家庭服务业。女性劳动者在下岗失业与再就业过程中更易失去原有的养老保险。

1997年以后，扩面的重点是城镇所有企业的职工，包括城镇外资企业、合资企业和民营企业等。这阶段的特点是将具有正式劳动关系的正规就业者纳入其中（在我国一般称为单位就业者）。正规就业一般意味着拥有较好的劳动环境和社会保障。第二次妇女地位调查数据显示，正规就业中，无论男女，享有养老保险的比例都超过80%，但是女性正规就业比例较男性低，而且自1995年后呈下降趋势，2007年末，女性正规就业人员只占所有正规就业人员比重

① 第二次妇女地位调查显示，从事纯农业劳动的农村妇女比例为82.1%，比男性高17.4个百分点。而兼营非农性生产经营活动的男性为35.3%，比女性高近一倍。

为 37.8%，而男性则为 62.2%，比女性高近 24.4 个百分点[①]。因此，按此次政策规定能够进入养老保险覆盖范围的女性比例较男性低。

2005 年以后，相关部门将城镇个体工商户和灵活就业人员参保工作纳入工作重点，这是对非正规就业人群的扩面。由于更多的女性是非正规就业的，2000 年女性从业人员中采取非正规就业的比例为 52.12%，超过了半数；男性中非正规就业的则为 40.12%，女性采取非正规就业的比男性高 12 个百分点。因此，将养老保险的覆盖面扩大至非正规就业人群本应该有利于妇女群体。但从实施的结果看，这一目的并未达到。相关政策没有考虑到非正规就业方式中女性劳动者的特点，直接影响了女性养老保险的参保率。在非正规就业者中，女性灵活就业者占绝大多数，她们有一个很重要的特点是收入低，不仅是相对于正规就业者，即使是相对于灵活就业者的男性，同样如此。根据第三次中国妇女地位调查的数据计算，18—64 岁女性在业者的劳动收入多集中在低收入和中低收入组。在城乡低收入组中，女性分别占 59.8% 和 65.7%，比男性高 19.6 和 31.4 个百分点。数据同时揭示，城乡在业女性的年均劳动收入仅为男性的 67.3% 和 56.0%，且不同发展水平的京津沪、东部和中西部地区城乡在业女性的年均劳动收入均低于男性[②]。现行的规定中缴费基数和缴费比例过高，使得大多数女性灵活就业者无法承担。《国务院关于完善企业职工基本养老保险制度的决定》中规定："城镇个体工商户和灵活就业人员参加基本养老保险的缴费基数为当地上年度在岗职工平均工资，缴费比例为 20%，其中 8% 计入个人账户。"缴费基数为当地上年度在岗职工平均工资，这和女性灵活就业者实际工资差距太大。缴费率为 20%，相对于正规就业者单位和个人共同缴纳的 28%，比例降低了，但对于正规就业者个人缴纳的 8%，比例仍太高。当她们收入普遍过低，甚至不能保障日常生活时，这样的缴费基数和缴费比例完全超出了她们的承受能力。不仅如此，非正规就业劳动关系具有不稳定性、流动性、短期性和非规范性的特点，女性劳动者由于承担生理上的生育与哺乳责任及照顾子女与老人的任务使这些特点加重，她们更不能适应现在建立在正规就业关系基础上的养老保险制度，如关于缴费年限连续计算、养老保险关系的转移等方面的规定。女性灵活就业者人数众多，而现行的针对灵活就业者的养老保险制度又不适应她们的特点，不利于她们的参保，大量的女性灵活就业者不得不游离在养老保险制度之外。可以说，目前非正规就业人员养老保险制度的不完善是女性养老保险覆盖率低的一个重要原因。

（2）享受养老保险资格条件改革中的性别受益变化。

享受养老保险的资格条件一般包含年龄条件、缴费条件或工龄条件。我国的养老保险改革中，年龄条件一直没有变化，退休年龄仍沿袭 20 世纪 50 年代的规定，即男干部和男工人年满 60 周岁，女干部 55 周岁，女工人 50 周岁，特殊工作岗位另有规定。退休年龄男女不同，这是我国养老保险制度中唯一带有性别差异的规定。这种规定在当时被认为是对女性的照顾，因为当时女性就业层次相对较低，多子女家庭中妇女承担更繁重的家务，早退休意味着女性更

① 数据来源于《中国劳动统计年鉴》，在我国统计中，城镇正规就业人员一般称其为城镇单位就业人员。

② 资料来源：第三期中国妇女社会地位调查课题组 . 第三期中国妇女社会地位调查主要数据报告 [J]. 妇女研究论丛，2011（06）：5-15。

少承担社会义务，更早享受退休养老的权利。这种规定实施了半个多世纪，现今形势发生了很大变化，我国的人口平均寿命已经从20世纪50年代的50岁左右上升到2011年的74.83岁，其中男性人口平均预期寿命为72.38岁，女性为77.37岁，男女平均预期寿命之差与十年前相比，由3.70岁扩大到4.99岁。养老保险的改革使养老金水平与缴费年限密切相关，退休年龄过低严重影响女性的养老金水平。近些年退休年龄问题因女干部群体的呼吁而引起社会的关注，人大代表及妇女组织曾多次向全国人大提交关于修改现行退休年龄的议案，但议案终没有被列入立法计划。这也反映了性别问题在我国还没有受到足够的重视，社会性别主流化工作仍然任重道远。但从国外的经验与未来我国养老保险的发展趋势看，退休年龄的改革势在必行。

养老保险的缴费条件或工龄条件考虑的是劳动者对社会或养老保险基金所做的贡献。按照社会保险权利和义务相一致的原则，享受养老金之前必须尽过规定的义务。在养老保险改革之前，我国传统的退休养老制度的限制条件是工龄，国务院颁布的《关于安置老弱病残干部的暂行办法》和《关于工人退休、退职的暂行办法》中规定，党政机关、群众团体、企业、事业单位的干部退休条件之一是参加革命工作年限满十年；全民所有制企业、事业单位和国家机关、人民团体的工人，是连续工龄满十年。在计划经济年代，由于是终身的、固定的劳动关系，这种条件男女劳动者都易达到10年。1995年《国务院关于深化企业职工养老保险制度改革的通知》开始改变享受养老保险的资格条件，将工龄条件改为缴费条件。1997年《国务院关于建立统一的企业职工基本养老保险制度的决定》统一规定，新参保人员必须缴费累计满十五年才能享受基本养老金的待遇。个人缴费年限累计不满十五年的，退休后不享受基础养老金待遇，其个人账户储存额一次性支付给本人。

缴费条件的变化是完善我国养老保险制度的一个重要内容，它顺应了我国由计划经济向市场经济发展过程中社会保障改革的内在要求，改变了劳动者单纯依靠国家养老的观念，决定着劳动者享受养老保险权利的资格。从性别角度来看，这种变化对女性劳动者群体影响更大。以下是导致女性劳动者劳动关系不稳定，相比男性劳动者更难满足缴费15年的原因。客观方面：与传统的统包统分、终生就业的固定就业关系相比，企业用工制度改革后，女性劳动者更容易被企业辞退而下岗失业，在重新就业时更易遭受性别歧视。主观方面：女性因具有怀孕、生育、哺乳等生理特点及社会观念赋予的照顾者角色，在相关制度不完善的情况下，女性更易被迫选择退出职场而照顾家庭，形成职业中断期。这种情况在大多数的女性灵活就业者身上表现最为突出，她们一旦不能满足15年的缴费条件，退休后就只能得到一次性个人账户养老金，失去单位为其缴费而形成的基础养老金。

（3）养老金的计发办法和待遇水平改革中的性别受益变化。

1978年，国务院颁布的《关于安置老弱病残干部的暂行办法》和《关于工人退休、退职的暂行办法》中规定，干部和工人退休费的标准根据参加工作的时期和工作年限的不同而有所差别，离休干部为本人标准工资的90%~80%，退休干部为75%~60%。由于当时劳动者的主要收入是工资，而且工资普遍不高，因此，老人退休后收入性别差异不大，而且我国当时养老金的替代率①在世界范围来看也是很高的，有利于当时环境下老年人的生活。

1995年《国务院关于深化企业职工养老保险制度改革的通知》开始改变养老保险金的计发办法，1997年《国务院关于建立统一的企业职工基本养老保险制度的决定》中加以确认。2005年《国务院关于完善企业职工基本养老保险制度的决定》做了比较重要的调整，适用到现在。1997年确定养老保险待遇由两个部分构成即基础养老金和个人账户养老金。基础养老金按照职工退休前一年社会平均工资的20%从社会统筹部分支付，个人账户养老金则根据个人账户积累额除以120个月计发。2005年调整以后，基础养老金与缴费时间挂钩，每缴费一年，按照指数化个人平均工资和社会平均工资平均值的1%增发，上不封顶。个人账户养老金的计发办法改为个人账户积累额除以实际的计发月数，实际计发月数根据职工退休时城镇人口的平均预期寿命、本人退休年龄、利息等因素确定。学术界对这次调整的研究认为，调整后的养老金的激励效果十分显著，分配效应尤其是个人账户的分配效应减弱[14]。从性别视角分析，这种计发方法带来了不容忽视的养老金性别差异，它涉及以下因素：个人平均工资、缴费时间和本人退休年龄。而这三项都有性别差异，均不利于女性劳动者。

首先，关于基础养老金中的个人平均工资。一般和缴费有关的社会保险，其待遇都与个人在职时的工资收入相关，缴费多、对社会保险基金的贡献大，则待遇水平高。但社会保险也体现了保障性原则，即保障参保者的基本生活，尤其是低收入参保者的生活，这与商业保险通过精算得到的支付待遇不同。关于基础养老金的计发，1997年的规定只与社会平均工资有关，与个人缴费工资无关，这使基础养老金的个人差异变大，由于女性群体的收入普遍比男性低②，这种规定无疑将会进一步拉大基础养老金的性别差距。

其次，关于缴费时间。1997年政策只规定了享受条件的最低年限，达到最低年限的劳动者可以享受本统筹区域相同的基础养老金。2005年政策将缴费时间纳入了基础养老金的计算发放中，劳动者每多缴费一年，则按照指数化个人平均工资和社会平均工资的平均值增加一个百分点。这样实际缴费年限成为决定养老金多少的一个重要变量。劳动者在工作时多缴费，退休后则多享受养老金。政策的激励机制明显，有利于养老保险基金的积累，但是它实施的结果必然有性别差异。女性退休年龄早，尤其是女职工退休年龄比男职工至少早5年，这使女性劳动者群体的缴费时间必然少于男性劳动者群体，使女性劳动者群体退休后的基础养老金和个人账户养老金都少于男性劳动者群体。

最后，关于退休年龄。1997年政策规定，个人账户养老金的计发办法是个人账户积累额除以120个月。调整后的养老金的计发办法是个人账户积累额除以实际的计发月数，实际计发月数根据职工退休时城镇人口的平均预期寿命、本人退休年龄、利息等因素确定。这使养老金的计发办法中，退休年龄成为除缴费外重要的因素。我国的退休年龄男女不同，女性比男性早5年退休，女性退休越早，其养老金发放计发月数越大，其个人账户养老保险金水平越低。

① 养老金替代率，是指劳动者退休时的养老金领取水平与退休前工资收入水平之间的比率。它是衡量劳动者退休前后生活保障水平差异的基本指标之一。

② 第三次妇女地位调查显示：城镇和农村在业女性的年均劳动收入分别为男性的67.3%和56.0%。

即使是缴费额相同的情况下，女性个人账户养老金水平也大大低于男性。

新的养老金计发办法增添的个人平均工资、缴费年限和本人退休年龄三个因素，拉大了两性养老金待遇水平的差距。在我国多层次的养老保险制度没有完全建立，基本养老保险的替代率较低的情况下①，两性养老金的待遇水平差距将不利于低收入老年妇女的基本生活保障。

3. 被忽视的性别差异：工伤保险、失业保险、医疗保险

在现行的社会保障制度中，有些制度设计在规定上并无涉及两性差异的条款，但正是这种无差异性的规定导致了男性与女性在个体上的差异受到了忽视，以至于女性群体的利益受到了损失，也可以视之为隐性歧视的一种。

目前我国的工伤保险性别特异性的考虑与实施不够。工伤保险的定义是，当职工在工作中或因公引发的特殊情况下遭受意外或是职业病时，暂时或永久丧失劳动能力甚至死亡时，职工或其遗属可获得国家和社会提供的物质帮助。这一定义对男女两性的性别差异考虑不足，忽视了女性需要孕育下一代的特殊性。有研究发现，婴儿在胎儿时期因受到辖射等不良影响而致畸致残的发生率很高，但这些福射等给母体造成的不良影响却很难被察觉。陕西护士封某 20 年前在工作中不慎触电，当时她已怀孕 7 个月。经治疗后封某并无大碍，但其子 3 岁时被诊断为智障。她一直认为工伤和儿子的智障有因果关系，反复要求赔偿未果，反而因此被迫下岗，后来她要求劳动部门进行工伤致胎儿损害认定也未成功[15]。通过这个案例可以看出，工伤保险立法的前提是假设受伤者均为男性，并且忽略了女性生理的复杂性，没有将怀孕的女性员工受伤这种情况考虑在内，在制度设计和立法上存在性别盲点。

除此之外，我国《失业保险条例》第十四条规定失业人员领取失业保险金的必备条件之一是“非因本人意愿中断就业”，事实上，这一规定也存在男性标准的假设。因为为了胎儿的健康而自愿远离有毒有害的工作环境这种情况不会发生在男性就业者身上。因此，《生育保险条例》应考虑将女性因怀孕而自愿辞职的情况纳入到领取失业保险金的范围内，只有充分考虑到性别的差异，才能称之为真正的性别公平。失业保险的领取条件的限定中，也是将男性、女性当成了完全相同的个体来对待的。很多媒体调查中也显示了单身母亲的生活非常艰难，她们的就业压力相对于其他群体而言就大出许多。在失业后，她们的负担也比其他群体要大很多，所以，在失业后，社会保险对于她们的帮助与对于其他的群体的帮助相同的情况下，对于她们而言就显得那么的不足，而是应该有其特定的帮助措施。

现行医疗保险制度中，也同样具有性别盲视的特征。第一，从覆盖范围来看，在业人员是城镇职工医疗保险的主要对象，同时，劳动力市场的性别歧视现象导致了女性的低就业率，直接对女性的参保率造成了影响。第二，由于劳动力市场的歧视，女性劳动者的工资水平相较于男性来说普遍偏低，这就导致女性职工医疗保险个人账户的积累少于男性职工。第三，因为男

---

① 国际劳工组织制定的《社会保障最低标准公约》，提出养老金的最低替代率为 55%。据中国社科院世界社保研究中心发布的《中国养老金发展报告 2012》对城镇基本养老保险替代率进行测算，数据显示，养老金替代率由 2002 年的 72.9% 下降到 2005 年的 57.7%，此后一直呈下降趋势，到 2011 年，这一数字更是降至 50.3%。

女两性在生理状况和潜在疾病数上存在差异，女性对医疗的需求往往比男性要多。《中国卫生统计年鉴2010》的数据表明，2008年男性的两周患病率和慢性病患病率分别为170.4%和177.3%，而女性的两周患病率和慢性病患病率分别为206.8%和222.5%，高于男性的患病率20%以上。另外，在老年人群中，老年女性的健康状况也往往比男性差，“虽然女性老人的平均寿命比男性老人长，但她们的健康状况和生活质量却比男性差”[16]。目前，我国医疗保险制度设计时并没有把性别差异考虑在内，在实施过程中并不能满足女性的医疗需求。

4. 我国社会救助政策的性别分析

社会救助是“国家和社会面向由贫困人口与不幸者组成的社会脆弱群体提供款物接济和扶助的一种生活保障政策”[10]。它一般是无偿向受救助者提供的，但却只满足其最基本的生活需求。如果要实现女性的进一步发展，仅靠社会救助显然是远远不够的。但社会救助仍然有其不可替代的重要性，尤其是在社会转型的特殊时期。它对于帮助女性摆脱生存危机，缓解其因贫困遭受的屈辱和痛苦，防止其因不适应市场竞争而被甩出社会结构之外，形成性别断裂，具有非常关键的作用。因此，社会救助可以说是保障女性生存的最后一道安全防线。

在中国现阶段，社会救助主要包括贫困人口救助、自然灾害救助和孤寡病残救助。其中最为基础和普遍的贫困人口救助，对女性来说有着特殊重要的意义。

原因如下。①劳动力市场的性别歧视、社会资源分配不均匀等因素，导致女性在就业方面的竞争力较低，想要找到有较高报酬的、长期的、正式的工作与男性相比阻力较大，同时女性在家庭中从事的家务劳动又通常被认为是无偿的，导致了很多女性无法通过努力工作来摆脱贫困。更为重要的是，在社会传统短期内无法得到改善的情况下，这一劣势还将随着市场经济和劳动力市场化的发展而进一步加剧。②在比较贫困的家庭中，女性的生活条件更加恶劣。在评价家庭成员的价值时，存在着不平等的现象，对女性成员的评价普遍偏低，尤其是未成年的女孩和已婚妇女，相应地分配给她们的家庭资源（如营养、健康保护、消费资金等）也都很低。这就使她们的生活水平在全家中处于下等。当家庭生活发生危机时，这些女性家庭成员将会成为首当其冲的受害者和受剥夺者。总之，女性处于贫困阶层的可能性远远大于男性。

由此产生的不良影响则是多方面、多层次的。①通常情况下，女性承担的养育孩子的责任更多，结合我国的现状，由离婚、丧偶、婚外生育等多种原因导致的单身母亲的数量不断增加，她们的生活水平普遍偏低。对于这些生活条件较差的母亲来说，贫穷除了危害到她们自己，还可能使孩子营养不良、无法接受教育、过早地承担起谋生的重担等。这非常不利于孩子的成长，还会产生一系列社会问题，如贫困代代相传、青少年犯罪等。②女性贫困还容易催生各种女性违法犯罪行为。许多下岗女工从事卖淫活动就是一个例证。另外，在农村，很多妇女也成为了诸如拐卖人口、盗窃、诈骗等犯罪活动的“生力军”。③女性在社会与家庭中的弱势地位以及较高的贫困率强化了女性对男性在经济上的依赖，反过来又会进一步深化男女地位的不平等，形成恶性循环。

1）城市贫困妇女的社会救助

1993 年城市最低生活保障制度在上海实行，之前城市社会救助的对象主要是“三无”人员，而那些由于下岗失去收入而陷入困境的下岗工人主要是由政府或企业临时发放生活费或救济金。但是生活费和救助金的发放只是一种阶段性的补救措施，具有很强的随意性和不固定性，有一些下岗女工领不到这份救济金，生活陷入困境。1999 年国家颁布了《城市居民最低生活保障条例》并于当年 10 月 1 日起开始施行，那些过了再就业等待期还未找到工作的下岗人员不再领取救济金而是根据相关条件接受更低水平的低保金救助。

从第五次人口普查关于未工作人员数据看，生活来源靠家庭其他成员供养的女性比例比男性高 17.1 个百分点，靠领取基本生活费的未工作女性比男性低 1.43 个百分点。12.5% 的未工作女性依靠退休金生活，这个比例仅为男性的一半左右。

拿与城市贫困居民关系最为密切的我国城市最低生活保障制度来说，作为保护城市贫困居民基本生活的“最后一道防线”，一定程度上发挥了对贫困群体的救济作用，但是也存在一些不容忽视亟待解决的问题。一是以城市户籍为城市最低生活保障享有资格准入门槛的规定已经成为制度发展的制约。国务院 1999 年颁布实施的《城市居民最低生活保障条例》规定：“持有非农业户口的城市居民，凡共同生活的家庭成员人均收入低于当地城市居民最低生活保障标准的，均有从当地人民政府获得基本生活物资帮助的权利。”在城乡经济结构和社会环境进一步发展的影响下，城市常住人口结构日益复杂化，尤其是大批没有城市户口的农民工常年生活和工作在城市里。这一规定使得包括贫困女农民工在内的、不具备城市户口但生活在城市的人群失去了享有基本生存保障的权利，加重了城市的贫困问题。二是统一的、无差别的救助标准不利于分类救助的实现。2003 年 3 月，在民政部颁发的《关于按照国务院要求进一步健全城市低保制度的通知》中，明确将建立针对贫困群体的医疗救助和教育救助作为推进城镇最低生活保制度建设的重点项目，当年召开的全国民政厅局长会议则进一步提出城市最低生活保障要做到“应保尽保，分类施保”的要求。到 2006 年全国的省、自治区、直辖市基本上都采用了对低保对象实行分类救助的政策，但是由于主客观因素的制约以及经验的缺乏，该项措施还存在不少有待改进的方面。目前我国享受分类施保特殊救助的贫困人群一般有四类：第一类是传统的民政救济对象，即“三无”人员；第二类是有特殊困难的最低生活保障对象，包括高龄老人、儿童、在校学生和重残重病人员；第三类是政策照顾对象；第四类是有劳动能力的最低生活保障对象，他们通常享有一些就业激励措施。显而易见，我国分类救助工作的前提和基础分类标准的制定还比较粗疏，显得过于笼统，而且没有充分考虑到性别因素和城市女性贫困群体的权益保护。例如若是一户有未成年子女需要抚养的单亲母亲贫困家庭仅仅只能得到统一标准的救助待遇，显然是不够的。

2）农村贫困妇女的社会救助

20 世纪 50 年代，我国就开始实行农村五保供养制度，对符合条件的村民，在吃、穿、住、医等方面给予生活照顾和物质帮助。1994 年，国务院颁布了《农村五保供养工作条例》，并于 2006 年对该条例做了修改。2003 年，民政部、卫生部、财政部联合发布了《关于实施农村医疗救助的意见》，开始在全国范围内建立医疗救助制度。2007 年，国务院发出《关于在全国建立农村最低生活保障制度的通知》，进一步提出要通过在全国范围建立农村最低生活保障制度，将符合条件的农村贫困人口全部纳入保障范围。在自然灾害救助方面，新中国成立后，我国出台了很多政策，积累了丰富的自然灾害救助经验，2010 年，国务院颁布《自然灾害救助条例》，进一步完善了自然灾害救助制度。目前，我国已初步建立起以最低生活保障（农村特困户救助）、五保供养、灾民救助等的困难群众基本生活救助制度为基础，与医疗救助、教育救助、住房救助、法律救助等专项救助制度相衔接的农村社会救助体系。“农村五保供养、农村最低生活保障和特困户生活救助等社会救助制度，作为已经和正在采取的重要的反贫困措施，在其中发挥了积极作用。”①

虽然我国在农村社会救助工作中成绩显著，但是，农村妇女作为一个弱势群体，社会地位相对低微，在享受社会救助权益时仍面临着重重障碍。她们在享受社会救助权益的过程中面临着申请资格常被剥夺、在被审核过程中常让位给其他群体、在得到社会救助名额之后却得不到实际的社会救助，维护自身社会救助权益之路狭隘而漫长等种种现实障碍。一方面，农村社会救助制度缺乏社会性别意识，社会救助制度性别支持力度明显不够，例如《湖南省实施〈农村五保供养工作条例〉办法》《湖南省农村最低生活保障办法》均没有明确对农村妇女进行救助，这表明农村社会救助制度并没有对农村妇女这一弱势群体给予高度关注，对于她们在现实中可能受到的种种不平等待遇并没有在制度上形成有力约束；另一方面农村社会救助在实施过程中也存在性别盲视，农村最低生活保障的申报是以家庭为单位，在实施过程中，是以家庭成员收入为评定标准的，并不考虑其性别因素，不存在性别歧视。但显然社会救助制度实施并没有考虑到在目前绝大多数家庭以男性为户主的情况下，家庭决策往往更多反映男性的利益，妇女的权益包括她们的社会救助权益，被淹没在以男性为中心的家庭户中。

5. 我国基本养老服务的性别分析

我国自 2000 年步入老龄化社会以来，老年人口数量不断增多，老年系数逐年上升，养老问题日益突出。第六次全国人口普查数据显示，我国 60 岁及以上人口达到 1.78 亿人，占总人口的 13.26%；其中 65 岁及以上人口为 1.19 亿人，占 8.87%。特别值得注意的是，在整个 65 岁及以上老年人口中，我国女性老年人口较之男性所占的比例大，老龄化程度明显高于男性，加之其自身的数量多、规模大、增速快，显现出了明显的“老龄人口女性化”特征。另外，2010 年“全国城乡失能老年人状况研究”报告显示，2010 年末全国城乡部分失能和完全失能老年人约 3 300 万，占总体老年人口的 19.0%，其中完全失能老年人 1 080 万，占总体老年人口的 6.23%（见表 11-2）[17]。

① “中国农村救助研讨会”在河北召开最低生活保障司，http：//www.mca.gov.cn/article/zwgk/gzdt/200711/20071100003362.shtml。

表 11-2 按年龄和性别分人口数(2009)(单位:万人)

年龄	占总人口比重(%)		性别比(女 =100)
	男	女	
60-64	2.43	2.35	103.68
65-69	1.74	1.70	102.21
70-74	1.40	1.39	100.15
75-79	0.94	0.99	95.36
80-84	0.44	0.57	78.27
85-89	0.17	0.24	69.93
90-94	0.03	0.07	44.38
95+	0.01	0.02	36.83

(数据来源:据《中国统计年鉴 2010》数据整理而得)

可见,随着年龄的增高,我国男女的性别比不断下降,从 60—64 岁的 103.68 下降到 95 岁以上的 36.83,整体下降约 64 个百分点,尤其年龄愈高,性别差异表现得愈加明显,下降的幅度也越大。在低年龄组,也就是 70—74 岁之前,男性的整体数量都多于女性,所占的比重也都高于女性,性别比下降的幅度明显较小;但年龄组越高,特别是在 75—79 岁之后,男性的整体数量就都显然少于女性,所占比重也都低于女性,性别比下降的幅度显然较大。因此,年龄越高,我国女性较之男性的人口数量也越多,呈现出显著的"高龄人口女性化"的特点。

以 2012 年 12 月 1 日为时点,全国妇联和国家统计局联合组织实施了第三期中国妇女社会地位调查。老年群体调查数据显示,城镇老年妇女的首要生活来源为自己的离退休金或养老金的比例为 54.1%,男性为 79.3%;农村老年妇女的首要生活来源为其他家庭成员资助的比例为 59.1%,男性为 38.8%。城乡老年妇女的年均收入分别为同地域男性的 49.6% 和 51.8%,在有照料需求的老年人中,82.0% 和 70.2% 的城乡老年妇女能够得到照料,男性分别为 85.6% 和 70.3%[①]。

目前,我国老年人口的养老以家庭养老为主,但城乡的含义并不一致。城市的养老模式是大多数老年人拥有稳定退休金,子女辅以经济上的额外补助以及生活上的必要照料;而农村则是以老年人个人的劳动,子女辅以经济上的援助和生活上的必要照料为主要模式。可以说城市是经济上"社会 + 子女"、生活上"个人 + 子女"模式;而农村则是经济、生活均为"个人 + 子女"模式。实际上,这种归纳城乡养老模式的方法,没有将配偶的作用突显出来。由于夫妻在经济和生活上均是同位体,因此所谓的"社会 + 子女"或"个人 + 子女"中的社会因素和个人因素部分均是指夫妻的共同部分,即如果丈夫享有离退休金,即使妻子并没有此待遇,但夫妻共同生活的经济基础则是以离退休金为主;同样,当夫妻共同生活时,彼此照料是先于子女照料发生的。但是夫妻双方之间在经济上与生活中的互助作用难以严格地区分,导致配偶的作用

① 资料来源:第三期中国妇女社会地位调查课题组 . 第三期中国妇女社会地位调查主要数据报告 [J]. 妇女研究论丛,2011(06),5-15。

没有被明显地表现出来。也有调查显示了配偶在生活照料中的重要作用，但调查结果往往是在男性照料中，配偶作用突出；而子女在对女性的照料中发挥的作用更大。产生这种结果的原因，在于没有将受照料者当时的婚姻状态考虑在内，由于夫妻之间在年龄上的差距，丈夫往往先于妻子去世，对调查结果产生了影响。

据预测，从 2010—2050 年，我国孤寡老年妇女将从 790 多万增加到近 4 000 万，其中，80 岁以上的将占到 50%，达到 2 100 多万 [18]。与迅速增长的老年人口数量相比较，我国养老服务业相对滞后。据民政部有关统计，我国养老机构和护理人员严重不足，远远不能适应需要。按照国际平均每千名老人占有养老床位 50 张测算，全国老年人共需养老床位 800 万张，目前仅有 250 万张，床位缺口达 550 万张。按照老年人口与护理人员配备比例 3：1 测算，全国有 2 830 万老年人生活不能完全自理，共需养老护理员 1 000 万人，目前全国养老机构的职工只有 22 万人，其中取得职业资格的仅 2 万多人，供需矛盾十分突出 [19]。2011 年《国务院办公厅关于印发社会养老服务体系建设规划（2011—2015 年）的通知》提出，到 2015 年，基本形成制度完善、组织健全、规模适度、运营良好、服务优良、监管到位、可持续发展的社会养老服务体系。每千名老年人拥有养老床位数达到 30 张。居家养老和社区养老服务网络基本健全。但是从女性养老服务实施的社会环境来看，政府在对老年妇女养老服务体系实施的重视度不足，社会政策未能为女性养老的有效实施提供强有力的条件。老年妇女，特别是独居老年妇女作为社会最弱势的一部分人群，其社会福利没有引起有关决策当局的高度重视，目前的中国老年妇女贫困问题以及不断加重的贫困趋势，与女性社会福利制度处于完全空白的境地形成鲜明的对比。政策应当加入公正和公平的理念，更应当向那些生活艰难的老年人、倾斜，以实现老有所养。

6. 残疾妇女的社会保障

建国后特别是改革开放以来，我国残疾人的生活状况明显改善，保障水平不断提升，残疾人社会保障法律制度也在逐步建立和完善，生存压力逐步得以缓解，但改善的速度和缓解的程度比较有限，且“主要得益于经济增长带来的普惠性收益分享，而不是特惠性法律制度设计”。残疾人生活状况与全社会平均水平相比差距很大，甚至还存在继续拉大的趋势 [20]。

据 2006 年第二次全国残疾人抽样调查取得的数据资料来看，16 岁及其以上残疾人群体中，全国平均有 65.8% 的残疾人未参加任何形式的社会保险，在农村地区更是高达 70%，在城市地区也超过了半数。将社会保险在残疾人中的覆盖率和全国的平均水平对比后发现，除了显然与残疾人群体的生理特质有直接关系的医疗保险外，其他三大险种的覆盖水平均明显低于全国平均水平。许多残疾人无力缴纳新型农村合作医疗或居民基本医疗保险个人承担部分的费用，残疾人有特殊需求的医疗项目没能纳入报销范围，即使个别项目纳入报销比例也偏低，重度残疾人无力住院治疗，残疾人很难得到大病救助。残疾人康复所需的药品、设施和护理，基本被排斥在报销目录和保险范围之外 [21]。

残疾人福利津贴制度包括残疾人救助津贴制度与保险津贴制度，其建立的目的是完善现有的残疾人社会保障内容。而我国目前残疾人福利津贴制度缺失，只有为数不多的地区在少数项目上对此进行了安排与制定。

对残疾人服务所给予的保障不到位。残疾人作为一个数量庞大、特性显著、条件困难的社会群体，被列为社会保障与公共服务的主要对象。为残疾人提供的社会保障需要通过有效的服务来实现和完善。随着残疾人对公共服务需求日趋多元化与个性化，我国现行的残疾人服务体系还无法使其满足，需要不断的完善与改进。

在现行的行政管理体制下，与残疾人社会保障和公共服务密切相关的民政、财政、教育、卫生、劳动社保、残联等部门，大多存在管理缺失的状况。各级残联组织作为向残疾人提供社会保障与公共服务的综合管理机构，可以调动的资源严重不足，在具体的业务上受到相关行政管理部门的诸多限制，致使其管理的职能不能得到充分的发挥。

残疾人公共服务与专业服务机构数量过少，再加上没有合理的布局、明确的职责，导致了残疾人服务保障的严重不足。社会组织和民间机构发育相当迟缓，作用十分有限。残疾人服务设施是为满足残疾人特殊需求而设计和建设的，是为残疾人服务的硬件。我国中西部仍有相当一部分市县（市、区）存在空白。目前我国省级以上大多数建有以聋儿中心为主的残疾人康复中心，但其规模普遍不大且水平不足，仍然无法满足残疾人的康复需要，而大多数市县一级还没有建立残疾人康复中心，即使有其功能也很弱。

第二次全国残疾人抽样调查主要数据公报显示：全国残疾人口中，男性为 4 277 万人，占 51.55%；女性为 4 019 万人，占 48.45%[①]。在社会保障方面，残疾等级为一级的男性领取低保金的比例为 59.93%，明显高于女性 40.07%，男性残疾人的低保覆盖率在各年龄段都普遍较女性稍高，女性残疾人在救助资源分配上处于不利地位；调查还发现，残疾人接受社区服务主要集中在生产、生活、服务方面，残疾男性就业（64.2%）要好于女性（35.8%）。2008 年中国残疾人联合会中国康复研究中心康复信息研究所发布了《中国残疾妇女现状研究》报告。报告显示，在康复方面，男性残疾人在接受辅助器具和康复训练服务方面比例略高于女性，在接受各种社会服务方面，男性也优于女性。

由于在政策制定、制度安排以及残疾妇女自身生理、心理能力等各方面存在诸多障碍，残疾妇女易受双重歧视。我们国家现有的对残疾妇女的社会保护明显不足。妇女陷入残疾之中容易脱离原来的制度或者需要新的制度的支持，而我国社会保障制度并不足以保护残疾妇女的权益。例如妇女遭遇残疾之后失去了工作也随之失去了经济来源，而却没有社会保护机制对其提供相应的支持。有的情况是因为原单位与她们解除劳动关系或停薪留职或置其待岗，导致残疾妇女处于“失业”或者“隐性失业”状态，然而“隐性失业”却让她们无法领取失业保险金。没有外界的经济支持，她们的生活条件逐渐恶化，在一定程度上动摇了她们接受康复重新工作的信心。同时，社会保障制度的保护力度与残疾妇女所需要的救助水平相比还存在差距。如失业保险给付期限比较短，失业保险后待遇与最低生活保障接轨，而最低生活保障的判

① 中华人民共和国国家统计局、第二次全国残疾抽样调查领导小组，第二次全国残疾人抽样调查主要数据公报 [N]. 人民日报，2007-05-29（10）。

定是以户为单位，并非以残疾妇女个人收人水平为依据。同时，救助的力度也不足以满足残疾妇女生活中的各项需要，个人负担医疗费仍有困难，更不用提支付康复费用的能力了。因此，许多妇女无力接受康复性的治疗，导致残疾程度加重。

残疾妇女在寻求就业中也容易遭遇排斥。国家地方实施的政策内容带有诸多限制就业的内容，使得残疾妇女在劳动力市场交换中处于不利的位置。目前残疾妇女再就业的政策大多侧重于鼓励她们在社区服务业的岗位就业，特别是在政府开发的面向社区居民生活服务、企事业单位后勤保障和社区公共管理的就业岗位以及清洁、绿化、公共设施养护等公益性岗位上实现就业，这些岗位一般收入较低。

在中国的加速转型时期，确保残疾人这一极具特殊性的群体与社会高度融合具有重要意义，但是在这个复杂的社会环境下，其生理上的缺陷使其在生存与发展时遇到比健全人更多的阻碍。其中，女性老年残疾人与男性相比是更为弱势的一方。第二次全国残疾人抽样调查数据在一定程度上反映了我国在制定相关制度时并没有充分考虑到女性老年残疾人口的主要社会保障需求。发达国家残疾人社会保障的发展实践表明，其在进行相关制度的安排时，既满足了残疾人与普通大众相同的普遍性需求，又积极关注了残疾人的特殊性与多元化需求，有效地促进与推动了残疾人与社会的融合。这为中国老年残疾人社会保障的未来发展与完善提供了参考与借鉴。

11.3 如何推进社会性别主流化

11.3.1 完善社会保险制度，维护妇女基本权益

首先应扩大制度的参保范围及统筹层次。第一，要放开对女性参与社会保障时在户籍上的限定。生育保险的初衷是对生育事件的承担者给予一定的物质和服务补偿，而生育事件几乎是每个女性都会发生的，都是因为生育事件的发生而影响了自身创造社会经济价值，都为社会人口再生产做出了贡献，然而只对城镇女性劳动者提供补偿违背了生育保险的初衷。同样，女工劳动保护制度也存在着这一问题，流动的女性劳动者对国民经济的增长做出了贡献，却因为户籍的原因导致了其不能享受应得的保障，这也违背了社会保障制度建立的初衷。因此要逐步扩大女性社会保险的参保范围，做到应保尽保。第二，要逐步提高生育保险和女工劳动保护制度的统筹层次，这是解决女性公平就业问题的必由之路。社会应承担起女性职工生育的价值补偿与劳动保护费用，消除企业雇佣女性员工的附加性别成本，只有这样才能解决劳动力市场上的性别歧视问题。

其次应将社会性别意识纳入社会福利制度。第一，要逐步取消退休年龄的性别差异，这是目前呼声较高也是争议较大的一个问题。由于女性退休早于男性而导致女性工龄较短，在我国现行的养老金制度下，使得女性的养老金替代率低于男性，这一利益受损的事实已经毋庸置疑；另外，就世界范围内来说，延长退休年龄和养老保险供款期也是大势所趋。就目前来看，由

于大多数知识分子、公务员和中层领导以上阶层呼吁延长女性的退休年龄，而对于普通的女性劳动者来说更希望能够早日退休，可以先从弹性退休年龄制度改革着手，根据不同女性人群的工作性质、岗位差别以及退休意愿，在本人自愿、健康条件允许的情况下，让女性在一定的年龄范围内自主确定其退休时间。实际操作中，可以以现行各类女性法定退休年龄为下限，以提高后的法定退休年龄为上限，在此区间内由女性自主选择退休时间，实行弹性退休。具体来说，对女性体力劳动者，可以以年满50周岁为退休起点，以60周岁为退休上限，在此区间让其根据个人的情况选择退休时间；对高人力资本存量的女性，以55周岁为退休起点，以60岁或国家今后新规定的男干部的退休年龄为上限，在此区间自由选择其退休时间。这样做，人力资本存量高的女性工作晚退休也晚，就可以避免全社会人才的浪费，以及女性人力资源的充分利用；而从事体力劳动的普通女工，则可以工作早退休也早，照顾到工作对体力的要求。第二，要在生育保险制度中体现出男性的责任。在我国现行的生育保险制度中，只有女性有相应的生育假期和生育津贴，这就默认了生育就只是女性的责任，而也意味着生育行为在我国的社会政策中并没有被视为需要两性平等合作来完成的行为。目前在国际上已有36个国家在法律中规定了男性在生育事件中的责任和义务，主要通过男性育儿假（父育假）体现出国家赋予男性的家庭责任。第三，在制定失业保险、工伤保险等制度时也要充分考虑到男女两性的差异，与此同时，在现有社会保障制度的背景下调查研究性别利益，并且建立全面的性别分析数据库，明确现有社会保障制度对男女两性发展产生的影响，从而对今后的制度改革及立法提供客观的依据。

11.3.2 完善城乡社会救助制度

鉴于女性贫困的原因和后果，在对女性实施社会救助时，应该注意以下几点。①对独立抚养孩子的贫困母亲应给予特别的照顾，考虑到其孩子成长、受教育的需要，应该根据情况再向其多支付一笔孩子的抚养补贴或提供相应的福利帮助。②积极组织贫困女性进行互助和自救，并提供相应服务，如继续教育、职业培训、法律咨询和援助等。努力为贫困女性通过正当途径脱贫创造条件。③通过适当的法律和行政手段引导、协调家庭中的资源分配，对一些家庭中极不利于女性和弱者的资源分配情况应予以纠正，重视对贫困家庭中的女性尤其是女童的救助和援助。④建立与经济增长和物价水平相适应的救助标准调整机制，合理确定救助水平，对符合救助条件的妇女进行救助。⑤倡导社会力量参与救助。大力支持和规范社会组织和公民的救助活动，鼓励社会组织开展公益活动，多方动员社会资源，为困难妇女提供救助。

根据现在我国城市分类救助发展的现状以及城市贫困女性的福利状况，应将单亲贫困母亲和怀孕的女性作为一类实行特殊的救助。对于有未成年子女需要抚养的单亲母亲家庭，首先应该建立专门的“单亲儿童津贴”，加大对这些家庭的经济援助力度；其次，注重对单亲家庭儿童的教育救助，提高其教育水平以遏制贫困代际传递的发生，还应该重视解决单亲母亲的就业问题，扩大就业途径，划拨专门资金或鼓励非政府组织为她们创业设立专门的扶助基金。对怀孕的女性制定相应的分娩、产妇特殊救助政策，保障怀孕期间的营养提供、相关医疗资源的供应和育婴保健能力的辅导。对因各种原因无法保证基本生活而又滞留在城市的外来流动人口,也应该给适当及时的救助,不能让她们因为户籍的限制丧失得到社会救济的权利。

只有在农村救助制度中引入社会性别观点,才能使弱势农村妇女在社会救助中享有平等的权益。第一,女性参与农村社会救助制度的设计与执行过程的比例应在一定程度上加大,通过这种强化女性参与的方式,将社会性别意识纳入主流;第二,培养社会救助制度设计者与执行者的社会性别敏感性,使其能够站在社会性别的角度来评价现行社会救助制度对男女两性造成的影响,并致力将社会性别平等地落实。

11.3.3 保障老年妇女享有基本养老服务

首先应引入遗属津贴制度。女性较男性有更长的寿命,故她们失去配偶的机率较高。无论城乡,在男性老年人口中,有配偶的比例均高于女性,而在女性老年人口中,失去配偶的比例则高于男性。在现实生活中,配偶的收入一般是女性老年人口的一个重要经济来源,一旦失去配偶,往往会导致老年女性的经济状况下降,甚至恶化。另外,由于老年女性自身摆脱养老困境的能力较弱,这就有必要使遗属津贴成为老年女性一种安全、稳定、切实保障其正常生活的收入来源。

我国现行的社会保障制度也有针对老年遗属的补贴,但是这些补贴都只是停留在社会救济和社会优抚的层面,这种遗属救济方式由于存在覆盖面窄、保障不充分、稳定性差等制度性缺陷,它只能缓解老年女性的暂时性贫困,而无法从根本上改变其生活的窘境,同时,它也不能保障具有高龄和高丧偶率的老年女性的晚年生活。正因如此,进一步完善遗属津贴制度,在适当时机将现有的遗属抚恤从社会救济与社会优抚的层面引入到社会保障制度中来,是避免养老保险政策在性别意识上缺失的一个重要途径。同时,将遗属保险纳入社会保险也是发达国家的一种普遍做法,值得我国借鉴。

为了帮助我国老年女性有效摆脱养老困境,我国应该努力扩大社会保障制度覆盖面,使其惠及到老年女性。首先,应尽快将老年女性纳入到社会保障体系中来,尤其是处于极度弱势地位的农村老年女性,使农村老年女性能与城市老年女性一样享受同等待遇,同时也应该达到,无论城乡,女性老人都能和男性老人享有同样的待遇。其次,增加老年福利服务机构和设施,提高专业化服务水平。建立健全社会养老服务体系,加大老龄事业投入,发展公益性社区养老机构,加强养老服务队伍的专业化建设,提高社区的养老照护能力和服务水平。大力发展老年公寓、养老院和老年护理院,为不同经济状况和生活能力的老年女性,特别是高龄病残和贫困女性提供机构养老服务。再次,对老年女性普遍实行最低生活保障制度,将全部贫困老年女性纳入最低生活保障范围,并逐步提高“低保”水平,加强对城乡贫困老年女性的生活救助。最后,要加快农村社区建设,完善农村“社区为老服务”功能。农村社区,是一个比自然村落、村组体制更具有弹性的制度平台。目前,我国农村社区建设才刚起步,有的地方甚至还未建立,在此情况下,除了国家加大投资和建设力度外,农村自身也要积极利用多方面力量筹集人力、财力和物力,因地制宜地加快其农村社区建设。社区建立后,要结合农村实际,搞好社区管理、服务和发展工作，并要针对老年女性的具体情况，提供相应的服务。在现实中，“社区为老服务”能在一定程度上弥补家庭养老的某些不足，增强农村老年女性晚年生活的幸福感。

11.3.4 为残疾妇女提供社会保障

为重度和贫困残疾妇女参加新型农村合作医疗、城镇居民基本医疗保险、新型农村社会养老保险等社会保险提供保费补贴。多渠道保障残疾贫困妇女的基本生活。加强残疾人福利机构和康复服务机构建设，市、县普遍建立残疾人综合服务设施。推进残疾妇女社区康复。

残疾人社会保障是以实现社会性别平等为基础，根据残疾人群体的特殊性及多元性需求，以促进老年残疾人群社会融合为目的的保障模式，应该被纳入“主流化”。首先，在养老保障、医疗保障、社会救助等社会保障的对象中加入女性老年残疾人群体，确保其在享受社会保障待遇时与健全人处于平等的地位，使女性老年残疾人的一般性需求得到满足，能够有效推动残疾人群的社会融合。其次，着重为女性老年残疾人提供康复服务、辅助器具、生活护理等方面的专项保障，使她们的特殊性需求也能得到满足，进而促进残疾人群的社会融合。我国的老年残疾人社会保障制度是在已有的社会保障基本框架的基础上的完善和改进，旨在满足老年残疾人的基本需求，维护老年残疾人应该享有权利。在“主流化”保障模式的宏观架构下，我国的老年残疾人社会保障体系的内容主要包括基本生活保障，医疗、康复、生活照料等基本服务保障，无障碍环境和相应的技术支持等环境支持保障。应在改善现有残疾人社会救助、社会保险、社会福利项目的基础上，将关注点放在推广福利津贴制度、适时建立护理保险及津贴制度、充分发展社区康复，不断充实残疾人社会保障体系的内容上。

为充实现有的残疾人社会保障的内容，应建立完善的残疾人福利津贴制度，该制度的宗旨在于适当提高残疾人的社会保障水平。残疾人福利津贴制度应包括残疾人救助型津贴、保险型津贴和纯福利型津贴[22]。纯福利型津贴主要是为特殊群体的需要而设立的。护理保险制度可以通过由社会提供必要的保健及医疗等护理服务将家庭护理社会化。由发达地区首先开始建设护理保险体系，先在制度中纳入女性老年残疾人的护理保险，再循序渐进，逐步扩大覆盖范围；在欠发达地区则可以通过建立护理津贴制度加以推进。国内外的康复实践表明，康复机构仅能为 10% 的残疾人提供医疗康复服务，而社区康复则可以为 70% 的残疾人提供全面康复服务，社区康复是实现残疾人机会均等、充分参与、消除贫困、改善残疾人状况的基本手段[22]。妇女健康一直被我国放在实现性别平等和推进妇女发展的首要地位。应将社区康复纳入未来老年人康复发展的主流，有助于残疾人尤其是女性老年残疾人更好地享受康复服务、融入社区生活。

11.4 案例分析

退休年龄改革方案的社会性别审视

11.4.1 问题的提出

我国是世界上老年人口最多的国家，也是人口老龄化发展速度最快的国家之一。截至2012年底，我国老年人口数量达到1.94亿，比上年增加891万，占总人口的14.3%。根据第六次全国人口普查详细汇总资料计算，2010年我国人口平均预期寿命达到74.83岁，其中男性人口平均预期寿命为72.38岁，女性为77.37岁，男女平均预期寿命之差与十年前相比，由3.70岁扩大到4.99岁。而中国当前的法定退休年龄为男60岁，女55岁（干部）或50岁（工人），这使得延迟退休成为大势所趋。2013年11月12日中国共产党第十八届中央委员会第三次全体会议通过的《中共中央关于全面深化改革若干重大问题的决定》指出研究制定渐进式延迟退休年龄政策，明确了顶层设计中，延迟退休政策渐进渐行。延迟退休年龄政策正式提上政策议程。事实上，近10年来，退休年龄一直是社会热点问题，学者、妇女组织、人大代表和政协委员等曾提出多种改革方案，现以社会性别视角审视既存退休年龄改革方案，提出渗透社会性别意识的建议，希望退休年龄改革最终向促进性别平等的方向迈进。

11.4.2 对四种退休年龄改革方案的社会性别分析

退休年龄改革经历了长时间的讨论，在讨论过程中不同群体曾提出多种改革方案，有必要梳理并分析既存方案，为下一步改革推进提供借鉴。

1.“四步”方案

2001年5月24日，原劳动和社会保障部和博时基金管理有限公司公布了《中国养老保险基金测算研究》，建议退休年龄改革分四步走：第一步，用5年时间清理和取消提前退休工种，基本达到严格按法定退休年龄执行；第二步，用5年时间取消女工人、女干部退休年龄差别，女职工一律按55岁退休；第三步，用10年时间将男女职工退休年龄拉平，一律按60岁退休；第四步，用10年时间逐步将退休年龄延长至65岁[24]。

“四步”方案针对女性比男性早5—10年退休的规定，设定了男女同龄退休的目标。同时，“取消女工人、女干部退休年龄差别”，顺应用工制度改革的潮流，符合民意。但它基于尽快解决养老保险基金支付压力加剧、中央财政不堪重负的问题，设置了较大跨度的强制性退休年龄，忽视了劳动者因个体差异、工作环境和劳动强度等因素对不同退休年龄的需求，引发了部分劳动者的激烈反对。于是，“四步”方案改为“小步渐进”方案。

2.“小步渐进”方案

“四步”方案迫于体力劳动者和下岗、失业等自负养老保险费群体的抗议和年轻群体的就业压力，于2008年改为："女职工从2010年开始，男职工从2015年开始，采取'小步渐进'的方式，每3年延迟1岁，逐步将法定退休年龄提高到65岁。"2009年3月，全国政协委员李顺堤建议采取小步渐进的方式延长退休年龄，起步实施选择性的灵活退休政策。民盟中央也有类似提案。

"小步渐进"方案的价值取向蕴含对现行退休年龄制度中的性别差异的否定，"先延女，后延男"的步骤在一定程度上体现了决策者的社会性别意识。同时"小步渐进"方案一方面正视多数底层劳动者渴望早日享受养老保险待遇以解除下岗失业之虞和后顾之忧，以及从事体力劳动的女工50岁后体力不支需要退休的现实；另一方面也回应了部分女性要求与男性同龄退休的呼声。"小步渐进"的思路符合退休年龄改革的世界性趋势。"通过渐进式调整的方式将法定退休年龄延长到一个合理的区间，从而减少甚至避免在调整过程中可能出现的剧烈阻力。这种调整方式也是许多国家采用的，如美国从2002年开始，分阶段调整法定退休年龄，到2024年将退休年龄从65岁延长至67岁。"[23] 但是，"小步渐进"方案保留"女工人、女干部退休年龄差别"的做法与人事等用工制度改革不同步。

3."双轨制弹性退休"方案

2010年3月8日，中国政法大学宪政研究所和北京众泽妇女法律咨询服务中心向国务院法制办提交自愿弹性退休制与强制性退休制相结合的方案："凡在境内工作满25年的管理人员、专业技术人员和普通员工，年满60周岁的，应当退休。因工作需要，高级管理人员和急需的专业技术人员，可以自愿推延5年办理退休手续。在重体力劳动或者其他有害身体健康的岗位，工作满15年的，可以自愿申请最多提前十年办理退休手续。在重体力劳动或者其他有害身体健康的岗位之外工作满20年的，可以自愿申请最多提前5年办理退休手续。"

"双轨制弹性退休"方案渗透社会性别意识，充分考虑两性不同的愿望和需求，尽可能顾及此项改革对两性及其个体的不同影响。在汲取以往方案精髓的基础上，有了较大突破：以消除性别歧视为首要目标，兼顾不同岗位男女职工的需求及利益期待差异，尊重其在满足工龄或者缴费底线的前提下选择提前退休的权利，同时考虑就业和养老保险基金支付压力加剧的现实，从而在一定程度上奠定了男女同龄退休的基础[23]。但是使用"双轨制"的概念容易与退休金双轨制混淆，我国养老金改革的基本共识是"双轨制"长久存在无疑是现行养老金制度最大的不公，应当要纳入到顶层设计的范围。消除"双轨制"应当是养老保险制度改革顶层设计、制度整体优化的核心任务之一。

4."基于领取养老金的年龄"方案

2012年5月23日，中华女子学院法学教授刘明辉在《中国妇女报》提出："凡在境内工作满25年的管理人员、专业技术人员和普通员工，年满60周岁的，应当退休。因工作需要，高级管理人员和急需的专业技术人员，可以自愿推延5年办理退休手续。在重体力劳动或者其他有害身体健康的岗位，工作满15年的，可以自愿申请最多提前十年办理退休手续。在重体力劳动或者其他有害身体健康的岗位之外工作满 20 年的，可以自愿申请最多提前 5 年办理退休手续。凡在境内缴费或者视同缴费的年限满 25 年的管理人员、专业技术人员和普通员工，年满 60 周岁的，有权领取养老金。在普通工作环境从事一般劳动强度工作的，领取养老金的最低年龄为 55 周岁，应当缴费或者视同缴费的年限满 20 年。从事重体力劳动或者其他有害身体健康的工种的，领取养老金的最低年龄为 50 周岁，应当缴费或者视同缴费的年限满 15 年。在达到领取养老金的最低年龄之后自愿继续工作的员工，依法继续缴纳社会保险费，在办理退休手续之前无权领取养老金，其晋升、涨薪及其他福利待遇不受影响。但是编制内的管理者应当在年满 65 岁之前办理退休手续，因工作需要延迟退休的管理者，应当报国务院有关部门批准。”

这一方案将“退休年龄”改为“领取养老金的年龄”。根据不同岗位分别设置“领取养老金的最低年龄”，而不再按照“干部”和“工人”的身份划分。同时为了缓解就业压力、避免权力滥用而设置了强制退休的年龄，考虑养老基金支付压力而提高了正常退休群体领取养老金的最低缴费或者视同缴费的年限。方案蕴含的“赋权给两性”的理念优于“照顾女性”，在弹性设置中凸显权利属性以及对个体差异需求的尊重。这符合联合国消除对女性歧视委员会的要求以及世界立法趋势，是后现代女权主义法学倡导的理念。

11.4.3 渐进与弹性的技术性

我国现在选定了“渐进式延迟退休”的改革思路，但具体方案设计还不可知。目前，我国政府方面对外表示，“渐进式延迟退休”具备这些特点：“第一就是要有一个预告期，就是说提前几年告知社会，而不能说明年要延迟退休年龄，今年就宣布；第二，要分步骤，可能会首先考虑年龄最低的群体，就是现在规定退休年龄最低的群体先开始起步；第三，一定是要迈小步，就是一年提高几个月，一步一步来，用较长的一段时间，来逐步地完成这种平滑的过渡。”2013 年 10 月 16 日，备受瞩目的养老保险制度顶层设计研讨会结束了。此前有媒体报道，中国社会科学院、国务院发展研究中心、中国人民大学和浙江大学等四家单位，分头制定了养老保险制度顶层设计方案并已上交人社部。方案具体内容现在处于保密暂时不得而知，但郑功成在 2012 年 6 月接受某专访时提出了自己的观点是“小步渐进、女先男后、兼顾特殊”。具体而言：一是“小步渐进”。即每年延迟 2—6 个月，用 30 年甚至更长的时间逐渐延长，以避免以往一些公共政策出台导致急变而产生不良后果，实现公平、平稳过渡。二是“女先男后”。即女性先开始，男性稍后，以逐渐缩小男女退休年龄相差 10 岁的差距，到 2050 年左右达到 65 岁同龄退休。三是“兼顾特殊”。即对特殊群体可以实行弹性退休制，如高知识技能型劳动者根据其意愿可以加快延长其退休年龄，而繁重体力劳动者、损害健康的工作岗位应当允许其按时或提前退休。对于劳动强度较大的体力劳动者，应当根据实际情况解决。主要途径应当是通过产业升级、提升劳动工具机械化程度等来减轻劳动强度，同时允许退休年龄有一定程度的弹性。对于一些人的不安与焦虑情绪，则需尽快明确相关制度安排与政策取向来安定人心。

总体而言，我国退休年龄政策改革基本共识在“渐进”和“弹性”。但具体如何渐进，如何设置弹性是一个技术性问题，需要对多方面的因素进行测算。推迟法定退休年龄是一个十分敏感的民生变数。国际经验表明，为减少对社会冲击，即便是延长3—5岁，也需要耗时数十年进行微调，不可能一步到位。退休年龄是一个民生变量，直接关系每一个公民的切身利益；退休年龄又是一个经济变量，事关经济社会发展大局；退休年龄还是一个社会变量，关系社会的稳定和发展。

首先，养老金收支总量和个人养老金获取量的协调。中国人民大学人口与发展研究中心教授姜向群通过测算得出，推迟退休年龄的政策可以说对养老金收支总量和个人养老金获取量都有很大的影响。但是，这个政策对于政府掌管的养老保险基金的影响和对个人养老金获取量的影响方向是不同的。根据过去6年的统计数据计算结果看，推迟退休有利于较大程度地为政府的养老保险基金增收节支，如果推迟1年退休则可以减少490.29亿元的退休金支出，增加229.33亿元的退休金收入，因此可以增加719.62亿元的退休金存量。但是对于个人而言，推迟退休则会减少养老金的获取量。这个情况正好反映了政府或国家利益与个人利益的矛盾，所以造成了当前社会各界在政策意愿及政策建议上难以统一、社会阻力很大的局面。因此，退休年龄改革应该建立在平衡养老金收支总量和个人养老金获取量的基础上测算渐进的方式。

其次，推迟退休年龄与年轻劳动力就业的协调。劳动力的能力素质对于经济发展起到重要的作用，我国劳动力资源整体上十分丰富，高技术专业人才不足，因此推迟退休年龄的弹性主要应该体现在劳动力能力素质、市场需求方面，同时考虑劳动者个人需求。

再次，退休年龄改革应当保障平等权。原有的退休制度在男女性别上有差别，制度设计初衷或许是保护女性，但事实上已经成为一种性别歧视，对女性造成不利影响；此外还区别了女干部和女职工的身份，这种区别没有科学依据。因此，退休年龄改革应该从制度设计上避免沿用传统的按照“干部”和“工人”身份确定退休年龄下限的思维定势，逐步消除不合理的差别，促进性别平等，保障平等权。

最后，退休年龄改革可以考虑着眼于“领取养老金的最低年龄”。这样，在退休制度中设置领取养老金的最低年龄，赋予雇员对于是否退休的选择权，打开了退休制度弹性设置的一个切口。在弹性设置中凸显权利属性以及对个体差异的尊重。

（资料来源：由本章作者结合网络资料及相关文献整理编写）

本章思考与讨论

1. 社会性别主流化如何在社会福利领域推进？
2. 如何衡量一个社会福利政策是否是性别平等导向的？
3. 试从社会性别角度评价我国现有的社会福利相关政策。

参考文献

[1] 李振华 . 市场化取向的社会福利观重构 [D]. 杭州：浙江大学，2002.

[2] 田北海 . 社会福利概念辨析——兼论社会福利与社会保障的关系 [J]. 学术界，2008(2)：278-282.

[3] 国务院新闻办公室 . 中国性别平等与妇女发展状况白皮书 [R]. 北京：国务院新闻办公室，2005.

[4] 郭慧敏 . 社会性别与妇女人权问题——兼论社会性别的法律分析方法 [J]. 环球法律评论，2005.27(01)：32-39.

[5] 张雪洋 . 我国社会保障制度的社会性别研究 [D]. 南京：南京师范大学，2012.

[6] WILSON E. Feminism and social policy. [M]// 金一虹，保剑 . 多学科视野下的女性社会保障研究 . 广州：中山人学出版社，2011：47.

[7] 彭华民 . 西方社会福利理论前沿——论国家、社会、体制与政策 [M]. 北京：中国社会出版社，2009：176-177.

[8] 刘继同 . 妇女与福利：女性主义福利理论评介 [J]. 妇女研究论丛，2003(4)：57-63.

[9] COUSSINS J，COOTS A.The family in the firing line：a discussion document on the family policy[J].London：NCCL/CPAG Poverty Pamphlet No.51，1981.

[10] 郑功成 . 社会保障学 [M]. 北京：商务印书馆，2000：18.

[11] 万敏 . 社会性别视角下的中国女性与福利 [J]. 新余学院学报，2007(05)：30-32.

[12] 潘锦棠 . 中国生育保险制度的历史与现状 [J]. 人口研究，2003，27(2)：29-35.

[13] 潘锦棠 . 养老社会保险制度中的性别利益—兼评关于男女退休年龄的讨论 [J]. 中国社会科学 2002(02)，118-131.

[14] 郑功成 . 中国社会保障 30 年 [M]. 北京：人民出版社，2008：11.

[15] 邓大松，李琳 . 中国社会养老保险的替代率及其敏感性分析 [J]. 武汉大学学报：哲学社会科学版，2009(01)：97-105.

[16] 郭慧敏，段燕华，高涛 ."孕妇工伤胎儿受损"的个案分析——兼论工伤法中的性别盲点及性别歧视 [J]. 妇女研究论丛，2004(04)：16-24.

[17] 曾毅，顾大男 . 老年人生活质量研究的国际动态 [J]. 中国人口科学，2002(05)：59-69.

[18] 中国老龄科学研究中心课题组 . 全国城乡失能老年人状况研究 [J]. 残疾人研究，2011(02)：11-16.

[19] 人口与发展论坛编辑部 . 未来 4 000 万孤寡老年妇女的养老问题怎么办 ?[J]. 人口研究，2001(05)：50-59.

[20] 张宪 . 我国明年将实施基本养老服务体系建设工程 [N]. 工人日报，2009(12)9：007.

[21] 余向东 . 论我国残疾人社会保障的体系性缺失及其建构 [J]. 人口与发展，2011(05)：41-48.

[22] 张金峰 . 老年残疾人社会保障需求的性别差异研究 [J]. 中华女子学院学报，2011(01)：63-67.

[23] 刘明辉 . 对退休年龄改革方案的性别检视 [J]. 妇女研究论丛，2011（5）：19-26.

12 公共基础设施

城市的公共基础设施是城市公共服务的空间载体[1]，是指由政府直接或间接为公众提供并为所有人共享的设施，具有公共物品属性。我国对公共服务设施进行界定的国家标准、规范主要有三个：(1)《城市居住区规划设计规范》中，居住区的公共服务设施包括教育、医疗卫生、文体、商业服务、社区服务、金融邮电、市政、行政管理和其他等八类；(2)《镇规划建设标准(GB50188-2007)》中公共设施包括行政管理、教育机构、文体科技、医疗保健、商业金融、集贸市场六类；(3)《城市用地分类与规划建设用地标准》中，城市公共管理与公共服务所涵盖的用地主要包括行政办公用地、文化设施用地、教育科研用地、体育用地、医疗卫生用地、社会福利设施用地、文物古迹用地、外事用地、宗教设施用地[1]。随着中国经济与城市化进程的高速发展，人民群众对公共服务设施的需求也随之发生巨大变化，许多城市根据自身发展特征和需求制定了地方性标准[2]。一个城市公共基础设施的发展状况直接决定了当地居民衣食住行的方便程度，与居民的生活质量和幸福感的提升息息相关。由于公共基础设施的建设与运营始终要坚持公共性与公平性原则，而不同类型的居民对公共设施需求的数量、质量和类型存在差异，因此政府在公共基础设施的建设过程中必须充分斟酌公共基础设施的分配比例问题，从而保证社会的公平性，这无形中大幅增加了公共基础设施建设的难度，而基于性别的公共基础设施建设和分配问题尤为突出。

当前，我国城市化和城市现代化在持续推进之中，提高城市公共服务的水平日益成为值得政府充分关注的重要课题。从社会性别视角看公共基础设施建设，就是要把性别平等的意识纳入公共基础设施建设决策和行为的主流，分析、评估公共基础设施规划、建设、运营、监测全过程对女性和男性产生的影响，在制定公共政策、设计公用设施、提供公共产品及服务时把性别平等作为不可分割的一部分来考虑，以使两性能够平等受益，并获得平等的发展机会。

2015 年 5 月 12 日，位于上海市兴义路的一家商场的地下停车库内出现四个女性停车位，这四个女性停车位规格为 6 米长、3 米宽，而标准车位宽约 2.5 米，女士专用车位宽则接近 3 米，比标准车位宽了约 50 公分。并且，这四个女性停车位均设于该车库中最近出口及停车最便捷的位置。设立女性专用停车位是否有必要，是不是对女性的过度保护，或者将引发新的社会性别问题？站在不同角度就会得到不同的结论和态度，社会上对于这种做法的评价更是众说纷纭。

对商场而言，女性固定车位的设置充分体现了其倡导尊重女性的理念，为女性驾驶员提供更多贴心的停车服务，更有利于吸引女性消费者的光顾。对开车的女性而言，这也无疑是好事一桩，不仅解决了车位难找的问题，更降低了停车的难度。但一些专家也提出了一些担忧。为女性专设停车位，存在暗示女性车技不如男性的意味，将女性塑造成了弱者形象，不利于女性的未来发展。从某种意义上讲，商场为女性设立停车位，似乎是弊大于利。

通过上面的例子我们可以发现，由于社会中的男性长期处于主导地位，因此公共基础设施多半反映的是男性的意志，而很少关怀女性的利益。如果在既有的公共基础设施建设观念下稍微改变资源配置，就会引发社会中不小的舆论争议，甚至产生新的问题。想要在两性之间保证将公共资源合理分配，又不会造成新的性别歧视行为，其实是十分困难的，在我国尽快推行与完善性别预算机制将变得尤为紧迫和重要。

12.1 公共基础设施政策

12.1.1 国家关于两性在公共基础设施方面的法律规定

我国一向坚持男女平等的原则，《中华人民共和国宪法》和《中华人民共和国妇女权益保障法》均明确规定妇女在社会生活等各方面享有同男子平等的权利。也就是说，男女两性在利用公共基础设施方面也享有平等的权利。

《中华人民共和国土地管理法》是根据宪法所制定，虽然没有明确提及男女两性在公共设施等用地方面所应坚持的平等原则，但要求坚持合理利用土地，促进社会经济的可持续发展，也就是说，男女两性在公共设施的分配比例应该趋于更加公平合理。

为了更好地落实法律的规定，我国政府出台了《中国妇女发展纲要（2011—2020 年）》。根据平等发展原则，纲要要求完善和落实促进男女平等的法规政策，更加注重社会公平，构建文明先进的性别文化，营造良好的社会环境，缩小男女社会地位差距，促进两性和谐发展。

值得注意的是，无论是我国的法律还是相关政策，对公共基础设施关于性别的规定非常之少。想要完善公共基础设施只能依靠现实问题扩大到一定程度，引起相关部门足够重视，将问题纳入公共政策议程，从而完善相关政策。下面仅从两个小节具体介绍两类典型的公共基础设施关于社会性别的政策历史沿革。

12.1.2 关于公共厕所性别设计政策的历史沿革

女性上厕所难的问题由来已久。有关资料统计显示，两性小解时在厕所中的平均停留时间为：男性为 39 秒 (±6 秒)，女性为 89 秒 (±7 秒)，即女性的如厕时间平均为男性的 2.3 倍[2]。以往公共场所内 1：1 的男女厕位比根本无法保证女性和男性一样如厕方便，女性上厕所排长队的现象时有发生。为此，国家开始调整公共场所男女厕位比的政策制定工作。

2003 年，我国的国家质量监督检验检疫总局发布了《旅游厕所质量等级的划分与评定》，并将旅游厕所质量等级划分为 5 个星级，其中明确规定四、五星级男女厕位比例（不含男用小便器）为 4：6，而二、三星级男女厕位比例（不含男用小便器）为 5：5[3]。为了顺应时代的发展，国家旅游局目前将修订出台新的《旅游厕所质量等级的划分与评定》标准。修订后的《旅游厕所质量等级的划分和评定标准》将取消四、五两个档次星级，按照从低到高的顺序，分为 1A 至

3A 等级，相信不同等级男女厕位比的规定标准也将发生积极的变化。

1987 年我国制定了《城市公共厕所规划和设计标准（CJJ14-87）》，其中只是规定根据公共厕所卫生器具设置标准（每一器具最高服务人数）确定公共厕所卫生器具数量。到了 2005 年，经中华人民共和国建设部批准，新的《城市公共厕所设计标准》开始实施，对男、女厕位设置比例进行了调整。新的标准规定公共厕所应适当增加女厕的建筑面积和厕位数量。厕所男蹲（坐、站）位与女蹲（坐）位的比例宜为 1：1—2：3。独立式公共厕所宜为 1：1，商业区域内公共厕所宜为 2：3。附属式公共厕所应根据建筑物的使用性质，配置卫生设施。商场内女厕建筑面积宜为男厕建筑面积的 2 倍，女性厕位的数量宜为男性厕位的 1.5 倍。但是，该标准对男女厕位比的规定均只用了"宜"字，并没有做出硬性规定。也就是说，无论是已经建好还是待建的公厕，并不需要完全遵守规定相对应的比例建造男女厕所。

《中国妇女发展纲要（2011—2020 年）》提出城镇公共厕所男女厕位比例与实际需求相适应的目标。在场馆、商场等公共场所的建设规划中，从性别视角进行公共厕所的男女使用需求和效率的分析研究，充分考虑妇女生理特点，确定合理的男女厕位比例。

近年来，广州、重庆等地的人大代表、政协委员纷纷提议以立法形式明确男女公厕的比例为 1:1.15 或 2：3。珠海去年立法规定男女公厕比例为 1:1.5。而在上海世博会运营期间，世博园区这一比例已经达到 1:2.5。

12.1.3 母婴室建设政策的历史沿革

能够让市民体面地生活是城市的基本生活设施应具备的条件之一，而在公共场所建设标准化"母婴室"已经成为检验城市文明的标尺。我国母婴室的缺乏严重阻碍了母婴出行的便利。无论是医院、公交车，还是商场，都是母婴可能长时间逗留的公共空间。宝宝的哭闹击中了年轻妈妈的"情感软肋"，在没有"其他的选择"的条件下，她们不得不以牺牲隐私为代价，将喂奶这一较私密的事件置放于大庭广众之下。女性一些独特的生理需求和社会需要没有得到充分的重视与满足。

要避免年轻妈妈的尴尬，离不开公共服务的及时伸展。其实，早在 1991 年，山东省就出台了建立哺乳室的法规，但至今公共场所母婴室的普及率仍不高，甚至很多大型商场也没有这个意识。

《中国儿童发展纲要（2011—2020 年）》明确要求 0—6 个月婴儿纯母乳喂养率达 50% 以上，而我国女职工产假为 98 天，所以单位为产假结束后的女职工提供哺乳便利更具重要性。为了进一步加强落实母婴室的建设工作，在《女职工保健工作规定》中就明确规定，有哺乳婴儿 5 名以上的单位，应逐步建立哺乳室。而在《女职工劳动保护规定》中，也提到了鼓励女职工比较多的用人单位"设哺乳室"的必要性。2012 年国务院通过的《女职工劳动保护特别规定(草案)》也在第十条规定，鼓励女职工较多的用人单位建立女职工卫生室、哺乳室、孕妇休息室。

针对母婴室内的设施配备标准要求，2012 年，中华人民共和国住房和城乡建设部批准实施的《无障碍设计规范》规定，母婴室应设有婴儿打理台、水池、座椅等设施，为母亲提供给婴儿换尿布、喂奶或临时休息使用的房间。

通过对相关法规政策的梳理可以发现，国家对于公共场合母婴室的配备没有强制性规定。究其原因，还是相关部门和企业潜意识里认为在寸土寸金的城市里修建无法盈利的母婴室被认为是完全的成本投入，实际反映了对母婴室的建设意义认识不足，在今后的时间里，国家还应重视妇女的生理特点和诉求，通过政府购买服务加大母婴室建设的扶持力度，使特殊时期女性出行更加便利。

12.2 社会性别主流化在该领域中的进程

12.2.1 新中国成立前我国基于性别的公共基础设施建设发展情况

由于社会性质的不同，我国古代一直缺乏基于契约精神的公共生活，公共基础设施的发展也要比西方发达国家更为迟缓。在中国古代的封建城市中，集市是最主要的公共设施，还有为公众提供一定消闲活动的茶馆、戏院、庙宇、码头等公共设施，在当时算是世界上比较发达的[4]。但是到了近代，由于工业化起步比较晚，经济比较落后，公共设施的建设落后于基于商业贸易而产生和发展的西方发达国家城市。

然而，无论是古代公共设施最为发达的罗马城市，还是中国封建王朝的城市，无论是角斗场、神庙，还是华表、亭台，这些公共设施建筑很少关注“人”的因素，大都追求的是巨大、炫耀、宏伟、享受的主题，都还只是与“男人”有关。在古代，男性几乎完全垄断公共生活，女性则完全隐藏在历史背后。因此，公共设施基本作为男性活动的主要场所，女性即使出现，也不是作为独立的主体，而是作为男性的陪衬。

直到进入工业社会，西方资本主义的工业产品开始大量涌入中国市场，在中国“被工业化”的过程中，中国公共基础设施建设才得到了新的发展。20世纪以后，由于中国传统的交通工具无法满足当时经济的需要，租界当局在全国几个重要城市大规模兴办公共交通业。于是，电车和汽车应运而生。这些公共交通工具本身并不歧视女性，因为比传统的人力车和马车更为便捷舒适安全和廉价，城市中上了岁数的老太太和以操持家务为己任的家庭妇女，也都是电车上的常客。但也因为这些优势，电车上通常人满为患，男性和女性均被塞在狭小的空间里，两性使用公共空间的平等无从谈起。

中国最早的公共浴室兴起于明初朱元璋称帝之时，但即使到后来发展到了较为成熟的阶段，这些公共浴室主要还是对男人开放的，传统女性往往大门不出，二门不迈，抛头露面的机会都很少，更不要说去公共浴室洗澡了。民国时期对女性开放的公共浴室可谓少之又少。到了1934年，蒋介石在南昌发起以复兴固有道德文化、提倡礼义廉耻为核心的新生活运动。为了使得女性更好地融入新生活中，宋美龄成立并领导了“新生活运动促进总会妇女工作指导委员会”，在各地设立分会，展开各种运动，其中很重要的一项，就是改善妇孺卫生环境。具体的工作，就包括兴建平民妇女公共浴室。当时的重庆模范区与上海分会都创办了这种平民妇女公共浴室。然而，受封建礼教约束等因素的影响，民国时期的女性大部分依然不会选择去公共浴室沐浴，妓女往往是女浴室的主要顾客。北京第一家女浴室名为润身女浴所，就是由名妓金秀卿创办。

总体而言，近代中国公共基础设建设蓓蕾初绽，但是由于当时女性社会地位低下，参与公共生活的机会很少，并没有根据女性生理的特殊条件而进行特殊照顾，甚至很多像公共浴室、公共厕所之类的公共设施几乎不接纳女性。

12.2.2 新中国成立后我国基于性别的公共基础设施建设发展情况

新中国成立后，特别是改革开放后，我国的各个城市都加快了现代化城市建设步伐，注重城市公共设施的建设，关注城市发展和人的关系。通过兴建广场、步行街、城市绿地、停车场等公共设施，满足了人民的需求[5]。很多公共基础设施的建设开始融入了女性的元素，保障了女性在公共生活中的权益。

公共场所如厕问题成了世界性难题。2001 年，世界厕所组织（World Toilet Organization，WTO）成立，我国的北京旅游局成为国际 47 个会员之一。2005 年 10 月 26 日，上海市公共厕所协会成立，该组织的任务之一就是通过搭建这个平台，协助政府，改善公厕供给和服务。这让厕所卫生慢慢得到政府部门重视的同时，公厕设计也逐步朝着科学化发展迈进。

2012 年 2 月，广州数名女大学生在公厕上演了一场“占领男厕”的行为艺术，每次占领男厕所 3 分钟，把守着不让男人进入如厕，而让女性排队上厕所，并且该团体还向路人做调查，问路人觉得现在的男女厕位合不合理，有没有遇到这样的情况，大多数人表示不合理。她们的诉求有两点：一个是政府需要立法，增加女厕的厕位，解决两性厕位不平衡的情况，男女厕位比至少是 1：2；另一个是增加无性别厕所和无障碍厕所，无性别厕所主要是为了方便跨性别人士、成人带着异性老人或小孩如厕。在广州之后，包括北京、西安、兰州、武汉等在内的全国城市都发起了同样的行动，引起了许多主流媒体的关注。

其实早在 2011 年 2 月的广州“两会”上就有提案希望通过立法形式规定新建、改建的厕所增加女厕建筑面积和厕位数量，明确规定女性厕位为男性厕位的 1.5 倍，解决女同胞如厕难问题。一个月之后，广州市城管委正式制定出台了《关于提高公厕女性厕位比例实施意见》。《意见》中显示，今后广州市公共场所新建公厕，男女厕位比例应按不低于 1：1.5 比例进行设计和建设；改建、扩建公厕，以男女厕位不低于 1：1.5 的比例，增加女性厕位。确实无法改建的，应增加男女通用厕位。

而在“占领男厕”事件之后，广州的确通过立法，出台了《广州市公共厕所管理办法》，男女厕位的比例 1：1.5 成为强制性执行条款。对此，深圳、北京、南京这些城市也都有做出回应，北京在 2012 年的 10 月份出台了一个新的公厕标准，男女比例是 1：2，这在全国来说都算是一个较高的标准。

然而，事情并未结束。广州发起“占领男厕”运动的这些大学生，在半年之后，又在广州的一些公共空间自己去做了一些调查，发现女性厕所排长龙的情况没有改变。于是，她们自己用泡沫塑料做了好多马桶，8 月 20 日到广州市城管委门口，用马桶摆了一个问号，表示质疑城管委为什么半年了，情况还是这个样子？

图 12-1 中的数据来源于南都网。“占领男厕”行为艺术发起人李麦子与其所在的民间团体性别平等工作组，经过一年的调查，于 2013 年发布了《全国九城市公共厕所男女厕位状况调查报告》。从图中可以清晰地发现，上述男女厕位比例差距北京最小，广州最大。而相比于普遍认同的 1：1.5 的男女厕位比而言，各城市现实情况和理想情况差了 7 倍左右，全面的公厕改革理当提上日程。

相比于公厕的男女厕位比例问题，母婴室的问题则更为显著。目前母婴室普及率最好的是火车站候车室，而列车、地铁、商场等地则很少出现单独的母婴室。通常情况下，即使是大型商场和购物中心，也只有少部分会专门设立母婴室，而其中一些母婴室被锁上，或被保洁人员当休息室。

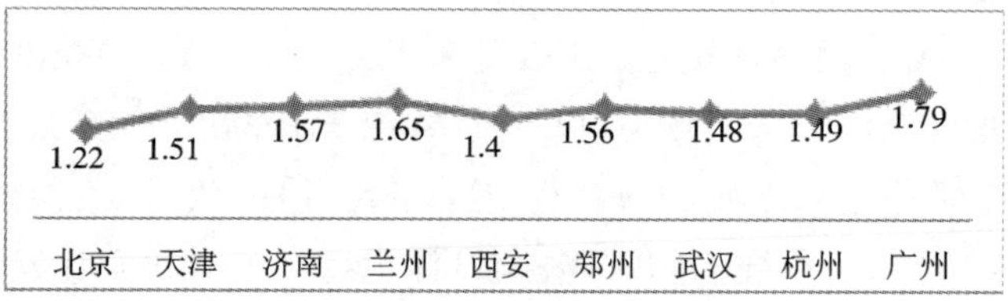

图 12-1　九大城市男女厕位比

为了鼓励全世界进行母乳喂养，国际母乳喂养行动联盟（World Alliance for Breastfeeding Action，WABA）将每年 8 月 1 日至 7 日作为世界母乳喂养周。自此，每年的这段时间都会有不同主题的活动。而 2012 年的 8 月份，被称为“母婴喂养大本营”的一个社会团体做了一个快闪活动。包括北京、南京、西安、厦门、深圳、成都等在内的全国 17 座城市的母乳妈妈群体，带着她们的小孩聚在一起，在各自所在的城市五分钟内解开衣服给小孩喂奶，行动持续五分钟，五分钟之后就全体闪退。这个活动的目的，一方面是宣传母乳喂养，另一方面也是希望能够在公共场所建立哺乳的空间。2012 年 10 月份，该团体又做了一个活动，号召全国不同地区的朋友如果看见或发现有不错的公共哺乳室就随手拍下来，将图片传到微博上，告诉更多的母亲哪些地方有好的公共哺乳室，方便平日出门时哺乳休息。

虽然目前全国并没有全面推动母婴室的普及，但值得庆幸的是，民间团体的活跃慢慢得到了越来越多政府及相关部门的重视。上海市已将母婴哺乳室列入 2015 年上海市工程建设规范修订计划。2013 年，为了保障女职工的哺乳权利，福建省总工会和卫计委联手率先推出了“妈妈小屋”项目。目前，其打造的“妈妈小屋”有四种形态，分别是企业内部、商务楼宇内部、城市公共空间和医疗保健机构专门为哺乳期妇女开设的私密空间。“妈妈小屋”具有统一标识，在醒目位置悬挂，便于女职工特别是哺乳期女性识别；根据需要配置卫生医疗器材、沙发、冰箱、孕产妇保健和哺乳资料等；配备专人进行服务和管理，每天清洁打扫，并建立登记制度。同时，“妈妈小屋”并不局限于本单位女职工使用，也可以为路过的哺乳期妇女提供方便。该项目自开始至今,发展迅猛,已从首批的12家发展到近200家。

12.2.3 其他国家及地区公共基础设施社会性别主流化发展情况

由于历史、经济等各方面原因,国外发达国家关于公共基础设施建设的理论和实践要领先于我国,想要弥补当下各性别间享用公共设施不平等的问题,借鉴其他国家的优秀经验是必不可少的过程。

美国是最早认识到公厕使用性别不平衡的国家,在20世纪90年代初,就有12个州通过法案要求增加女性厕位,甚至考虑到女性需要更长的时间逗留在公共卫生间里进行梳头、补妆等,有的州规定女性卫生间面积须是男性卫生间3倍以上。日本对待国内公厕的要求一向很高,从20世纪70年代开始就在改变公厕卫生条件的路上越行越远,甚至将公厕打造成了旅游景点。与此同时,日本还发明了男女共用厕所,以此解决男女如厕困难的问题。新加坡也是在公厕领域具有领先实践的国家。2001年,世界厕所组织就是在新加坡成立。2007年,新加坡政府接受了该组织建议,将整个国家男女卫生间的比例调整为1∶2.5。

在国外,母婴室也已经成为普遍的公共设施。在法国,有公厕的地方几乎都能找到母婴室,甚至在高铁上,每节车厢之间的厕所都设有专门的母婴室。日本则将设立母婴室写进法律,明确规定婴儿会逗留而面积超过5000平方米的场地必须提供。韩国首尔的母婴室则普及到了地铁站。加拿大各商家都会预备一个房间作为母婴室,几乎所有的女性公共洗手间里都配备了专门给婴儿换尿布的凹槽大平台。而英国母婴室最大的特点在于它的舒适,母婴室都有防滑地面,且有温控及很好的照明,有的还有出售纸尿布的售货机以及婴儿车停放处等。在我国香港地区,虽然寸土寸金,但是公共设施设计也非常人性化,无论是游乐园还是商场,根据指示标志,都可以找到育婴室。

在前文中提到的设置女性停车位,最早出现于韩国首尔,当时投资约1亿美元,在购物中心和超市附近设置更宽更长的女性专用停车位,其主要目的还是为了保证女性在繁华购物街区停车更容易,同时吸引她们来附近的商场里去买东西,是刺激女性消费的一种手段,并不能完全视为保护女性公共权益的方式。

12.3 在公共基础设施中推进社会性别主流化的建议

总体而言,我国公共基础设施还没有充分考虑到女性因素,并且政府部门也没有具备应有的敏感度和主动性,相关问题通常需要通过社会组织自下而上出来反映以后,才能被考虑纳入政府决策。因此,在公共基础设施中推进社会性别主流化还有不少需要改进的空间,可以从以下几个方面进行改进。

第一,建立完善的公共基础设施建设机制,采用“政府引导——企业参与——建立规范”的模式进行公共基础设施的建设。首先政府要采取主动的手段,建立公共基础设施评估委员会或者性别平等评估委员会,专门针对公共设施在对待不同性别方面是否存在不平等情况进行论证，并制定解决方案。公共基础设施的建设离不开各类企业的紧密配合，因此可以邀请企业共同参与制定公共基础设施的建设和改造计划，并且共同组织落实，与企业建立良性互动。在经验积累的过程中，政府要根据不同的需求要点制定公共基础设施的建设规范，让我国的公共基础设施真正能够平等地服务大众。

第二，注重公共基础设施的管理和运营。除了在建设之初多方考虑性别因素，公共基础设施的管理和运营也要得到应有的重视。公共基础设施没有得到预期的运营效果，一旦公众形成习惯，将会造成公共资源的浪费，后期转变公众使用习惯的成本也将十分巨大。正如许多地方虽然建设了母婴室，而实际上并没有得到有效运营的情况并不少见，很多单位将母婴室另作他用，如果政府不能改变这一现状，以后组织增加再多的母婴室也将是枉然。

第三，加强对“社会性别平等”的理论研究与实践推广。“社会性别平等”的理论研究，主要是关于如何逐步实现“社会性别主流化”[6]。实践推广不仅要求政府在公共基础设施的建设上要考虑两性的生理和社会差异，更要把“社会性别主流化”的思想植入民心，从而更好地监督政府的政策制定和实施[6]。有了理论研究和概念推广之后，“性别预算”的立法，是保障公共卫生间政策调整贯彻执行的基础性制度载体，也是实现“社会性别主流化”的一种有效手段。要从社会性别视角出发，进一步体现财政资金管理的精细化，促进社会资源更加合理公平的分配。

第四，讲究以人为本和因地制宜的理念和原则。这主要体现在公共基础设施的规划设计，管理运营和监测评估当中。首先，在规划设计阶段要充分理解不同人群因生理和社会特征不同而产生的需求。例如，包括我国在内的多个国家的研究发现，由于男女生理特点不同，女性如厕所需时间多于男性；由于家庭分工不同，女性在使用公共厕所时经常要照料随行的孩子。因此，男女对公共厕所有着不同的需求。基于上述认识，许多国家重新制定了公共厕所的设计规范，明确要求适当增加女厕的建筑面积和厕位数量；增设便于残疾人使用的厕位和便于为婴儿换尿布的设施[2]。我国住房建设部也有相关规定，但是还有待进一步落实。在因地制宜方面，东部较发达地区可以增大女卫生间厕位的比重、推广“无性别卫生间”、建设“人性化”“无障碍”“高科技节能环保型”公共卫生间等。基于中西部地区经济发展和社会性别平等的现实，相应公共卫生间的高科技、人性化设施建设可以略缓一缓，应把主要资金投入在解决人流拥挤、环境卫生、设备维护、管理秩序等问题上。另外，根据公共卫生间所处的公共场所不同，卫生间的设计和建设以及管理也应该有不同的标准。

其次，在管理运营阶段要适应不同人群因生理和社会特征不同而产生的需求。例如在加拿大的一些城市，为了预防夜间针对乘坐公共汽车的妇女和老人的暴力和抢劫案件发生，规定夜晚某一时间之后运营的公共汽车可根据乘客要求，在保持线路不变的情况下就近下车，减少乘客在公交车站下车后，步行回家途中遭遇暴力和抢劫的风险。这样的积极措施在一定程度上减少了夜间针对妇女和老人的暴力和抢劫案件，增强了依赖公共交通的社会弱势群体的安全感。在这些方面，我国还需要做相当大的努力。

最后，公共设施的监测评估要反映具有不同生理和社会特征的社会群体的意见和看法，以便进一步改进，适应不同社会群体，特别是弱势社会群体的需求。例如，北欧国家重视公共设施运营过程中的分性别统计，使规划设计、运营管理的决策者、工作人员及研究者能够了解不同人群对公共设施的使用情况，分析不同社会人群，特别是弱势群体遇到的困难和问题，客观评估公共设施在规划设计和运营管理中的社会经济效益，特别是不同社会群体对公共设施使用的可及性和公平性，以便及时改进。

总之，公共基础设施中的性别平等问题并不是个小问题，而是社会发展过程中如何实现社会公平的大问题。其中，涉及社会性别统计和社会性别预算等一系列的理论、实践和政策。我国公共基础设施的改进与完善仍有很长一段路要走。

12.4 案例分析

每到炎炎夏日，女生们在公共场所的“防狼”招数就会成为热门话题。在每个城市的上下班高峰，公共交通工具上总是挤满了人。尤其是大城市中地铁的客流量十分巨大，这里几乎成了性骚扰的重灾区。2012 年 6 月 21 日，上海地铁第二运营公司的官方微博“上海地铁 2 运”上发了一条微博，图片是一名女乘客，穿了一件有些透明的衣服，从后面看，能看到内衣裤，微博内容如下：“乘坐地铁，穿成这样，不被骚扰，才怪。地铁狼较多，打不胜打，人狼大战，姑娘，请自重啊！”这条微博一经发出，就受到广泛关注和讨论，转发量过万。一部分人表示赞同，但大部分群众表示谴责地铁公司推脱保护乘客责任的行为，而且把性骚扰的责任推给了受害者。在那个周末，上海就出现了两名行动者，她们到上海地铁 2 号线上，穿着 T 恤和短裙，还戴了叫做“胸器”的艺术作品，她们拿着“我可以骚，你不能扰”的牌子。这句口号别出心裁，在当时引起了不小的轰动。有人说：“你可以骚我就可以扰。”这个是流氓逻辑，骚是什么？所谓的骚，就是我穿什么这是我的事，是我的身体自主权，而扰是什么呢？扰是性骚扰，性骚扰是犯罪，所以不能说“我可以骚你就可以扰”，不管怎么样，性骚扰是没有借口的。这个事件出来之后还不断有一些行动，包括：律师们致信上海地铁公司，给出防止性骚扰的一些建议；有人向上海地铁申请信息公开，询问他们有没有防止性骚扰的措施；10 月，广州的网友征集 1000 个签名写一封联名信到广州地铁公司，希望地铁公司能够建立防范性骚扰的机制。

很多防止女性乘客在地铁中遭受性骚扰的解决方法被提了出来，包括设立女性车厢，在日本、韩国、印度等国家的地铁里都有女性专用车厢。还有人提议在早高峰之前和晚高峰之后设立一个女性候车区，女性可以在专设的区域内等车，区域内有摄像头来监督骚扰行为的发生，比如台湾捷运就设有夜间女性候车区。但是，这真的是一个好方法吗？这可能更像是一种性别隔离。看似好像是对女性的保护，是为女性安全做的特殊考虑，但如果回到现实，设立女性专用车厢是否意味着有些没有挤上女性专用车厢的人就活该受到性骚扰呢？如果男性走进女性专用车厢是否就应该被当作流氓处理呢？地铁公司为什么不直接针对骚扰者解决问题，而是通过限制女性来实现对性骚扰行为的规避呢？地铁公司更应该端正自己的位置，从权力者的位置上走下来，成为责任的承担者，而不是限制妇女。

（资料来源："我可以骚，你不能扰"女权抗议上海地铁二运微博，http：//www.4hw.com.cn/new/yule/5815.html）

思考：

1. 你认为设立女性专用车厢是否是对男性的性别歧视？

2. 还有哪些方法能够有效遏止公共场所性骚扰的行为？

3. 你认为有哪些公共设施应该强调"男女有别"？

本章思考与讨论

1. 为什么公共基础设施建设成为社会性别主流化发展的重要部分？

2. 新中国成立以后，我国基于性别的公共基础设施建设发展情况呈现出什么特点？

3. 我们能从国外公共基础设施社会性别主流化发展方面借鉴哪些经验？

参考文献

[1] 张叶 . 城市建设用地的取得方式研究 [D]. 保定：河北农业大学，2013.

[2] 唐娅辉 ."文化自觉"与构建性别和谐的文化机制 [J]. 湖湘论坛，2012(5)：60-69.

[3] 罗嫚 . 旅游景区公共卫生间的调查与研究——以西安地区为例 [D]. 西安：长安大学，2013.

[4] 余大庆，陆伟芳 . 城市公共设施发展历史的性别考察 [C]. 天津：第二届社会性别与公共管理论文集，2008：276-282.

[5] 董明华 . 公共设施的设计方法研究——以北京周边山地风景区内公共设施为例对公共设施类产品设计方法的探究 [D]. 上海：同济大学，2007.

[6] 车璐 . 从"占领男厕运动"看公共政策制定中的偏差与回归 [J]. 商情，2013(32)：161-161.

13 政治参与

政治参与是近代社会提出的一个政治概念，一般是指公民通过一定的方式去直接或间接地影响政府的决定或与政府活动相关的公共政治生活的政治行为[1]，其目的是使自身利益在公共政策中得到最大的满足。社会性别主流化是指最大程度地减少甚至消除现存于各个领域的性别歧视及其不良影响，最终达到男女平等。中国的政治文明建设离不开广泛而有效的女性政治参与，建国以来，我国女性政治参与的范围逐渐扩大，参与方式逐渐多样化，参与的影响力逐渐增强，女性政治参与逐渐步入体制化与规范化阶段。但是，我国女性政治参与也存在一些问题，如男女政治参与、政治地位仍存在实质上的不平等、女性政治参与的自主性与主动性较低、女性政治参与的经济基础薄弱等。为了解决这些问题，需要深入分析女性政治参与的政策现状，了解社会性别主流化在政治参与中的发展进程以及如何推进政治参与中的社会性别主流化等内容。

13.1 社会性别主流化视角下中国女性政治参与的政策现状

13.1.1 女性政治参与问题的提出

女性政治参与一直是妇女运动中一个十分重要的话题，从 1866 年英国第一次提出妇女选举权，1869 年美国正式提出"女性参政"至今，女性政治参与的诉求已经有了 140 多年的历史。女性政治参与，是指女性自愿通过各种合法方式参与政治生活的行为。这里所说的女性，既包括作为单个个体的女性，也包括作为一个群体的女性，包括普通的女性公民以及在人大、政协和其他国家机构中任职的女性公民[2]。

在我国传统社会，女性更多地作为男性附属品，无政治观念和言语表达，尊崇"三从四德"，只有服从与接受。随着历史车轮的不断前行，"男女平等"的意识得到加强，女性开始走向政治舞台。自改革开放以来，党和国家秉承人才强国的发展战略，针对女性政治参与这一重大问题出台了一系列支持性的政策和法律，使女性政治参与无论从数量上还是职位层级上都有了很大的改善[3]。但与其他国家、地区的女性政治参与情况相比，我国女性政治参与长期受到来自自身的思想意识、观念状况以及外界的制度、法律和文化等因素的制约，还没有真正、彻底地走到平等化的女性政治参与轨道上来，仍需进一步完善。

13.1.2 新中国成立后我国女性政治参与的政策

对我国女性政治参与有积极规定的相关文件，从层级上可以分为以下几类：第一类是国家法律，如2004年最新修改的《中华人民共和国选举法》、2005年重新修正的《中华人民共和国妇女权益保障法》、2010年修订通过的《中华人民共和国村民委员会组织法》等；第二类是国务院颁布的行政法规，如2001年发布的《中国妇女发展纲要（2001—2010年）》；第三类是地方性法规，如各省《妇女权益保障法》实施办法和妇女发展规划等；第四类是部门规章，如中共中央组织部2001年出台的《关于进一步做好培养选拔女干部、发展女党员工作的意见》[4]。

1. 国家法律

由于社会和历史的原因，在新中国成立之前，妇女参政人数寥寥可数。新中国成立以来，我国关于女性政治参与的法律法规不断完善，我国女性政治参与的范围从最基本的政治权利扩展到更大的领域，从仅享有选举权、被选举权到参与到人大、政协、党政机关中并参与公共事务等。1949年新中国成立前夕，《中国人民政治协商会议共同纲领》中明确指出："中华人民共和国废除束缚妇女的封建制度。妇女在政治的、经济的、文化教育的、社会生活的各方面，均有与男子平等的权利。"20世纪50年代以来，党和政府鼓励妇女以各种形式参与国家和社会事务的管理和监督，增强了妇女的政治参与的意识和能力[5]。1953年的《选举法》明确规定妇女享有与男子同等的选举权和被选举权，1954年宪法也规定了妇女在政治、经济、文化、社会、家庭五个方面同男子享有同等的权利。

社会主义制度建立后，我国在制度和法律方面为女性政治参与提供了更多保障，女性政治参与的意识和积极性大大增强。1992年出台的《妇女权益保障法》明确提出："全国人民代表大会和地方各级人民代表大会的代表中，应当有适当数量的妇女代表，并逐步提高妇女代表的比例。"1998年颁布的《中华人民共和国村民委员会组织法》规定："村民委员会由主任、副主任和委员共三至七人组成。村民委员会的成员中，妇女应当有适当的名额。"这一规定在一定程度上体现了男女平等和性别公正，打破了长期以来政治上歧视或忽视妇女的状况，为男性、女性在获取经济资源、劳动就业以及社会保障方面享有平等的权利提供政策支持，促进全国妇联《中国妇女发展纲要（2001—2010年）》设定的男女权利平等总目标的实现。之后，在2010年重新修订的《中华人民共和国村民委员会组织法》中，规定村民委员会成员中应当有妇女成员；村民代表会议由村民委员会成员和村民代表组成，村民代表应当占村民代表会议组成人员的五分之四以上，妇女村民代表应当占村民代表会议组成人员的三分之一以上[6]。将修订前后的法律对比可以看出，《中华人民共和国村民委员会组织法》在措辞方面由弹性变刚性，增加了"选举人至少三分之一妇女"的硬性标准，不仅要求结果，还规定程序，不仅停留在倡导层面，还在具体实践过程中赋予妇女平等的权利。

2. 中央法规

与法律性文件相比较，我国的法规性文件更为具体、细致，其中规定了一系列具体的执行措施，比如在各层机关、组织中女性应占多少席位，女性应参与哪些具体的政治活动和公共事务；如果目前情况没有达到规定要求，应该采取哪些改进措施等。在一些专门、具体的法规中，不仅明确了女性政治参与的目标和任务，还规定了组织、实施、检测、评估等一系列过程，为女性在政治参与过程中充分发挥作用奠定基础。

1995 年国务院发布的《中国妇女发展纲要（1995—2000 年）》(简称 1995 年《纲要》)，是我国第一部关于妇女发展的专门文件，提出了今后 6 年我国妇女发展的主要目标和任务，并给出相应的政策措施，从而进一步促进我国妇女的发展。1995 年《纲要》提出了"要保障妇女的各项政治权利，提高妇女参与国家和社会事务管理及决策的水平"的总目标和"村民委员会、居民委员会成员中女性要占一定比例"的要求，并提出了实现该要求的具体措施："扩大基层民主，鼓励和推动妇女参与讨论和决定基层公共事务，保障妇女直接行使民主权利。妇女代表会主任作为候选人提名，经选举进入居民委员会和村民委员会。村民代表大会中女代表的比例要有较大幅度的提高。"[7]

2001 年，国务院出台了《中国妇女发展纲要（2001—2010 年）》(简称 2001 年《纲要》)。2001 年《纲要》规定妇女参与决策和管理，并提出要从扩大妇女有序的政治参与和推进妇女民主参与进程着手，提高妇女参与国家和社会事务的管理、决策水平，提高妇女参与行政管理的比例，扩大妇女民主参与渠道等主要目标。与 1995 年《纲要》相比，2001 年《纲要》在更大范围内提出了保障妇女与男子平等参与决策和管理的权利，强调女干部在各级政府领导层所占的比例；提出增加妇女民主参与的渠道，注重妇女在基层民主参与中作用的发挥；倡导妇女提高自身素质，提高参政议政能力[8]。截至 2010 年，2001 年《纲要》确定的主要目标基本实现，我国在促进妇女发展和男女平等方面取得了重大进展：妇女享有社会保障的程度普遍提高，贫困妇女状况进一步改善；妇女参政水平不断提高，社会参与意识进一步增强；妇女受教育水平稳步提高，男女受教育差距进一步缩小；妇女健康水平明显提高，人均预期寿命进一步延长；保障妇女权益的立法、执法力度持续加大，妇女权益进一步得到保障；男女平等基本国策进一步深入人心，妇女发展的社会环境进一步改善。

2002 年 7 月，中共中央办公厅、国务院办公厅 14 号文件《关于进一步做好村民委员会换届选举工作的通知》进一步强调要"保证妇女在村民委员会选举中的合法权益，使女性在村民委员会成员中占有适当名额"[9]，要求各地采取具体措施落实中央政策。

然而，受社会主义初级阶段生产力发展水平和社会文明程度的制约与影响，我国妇女参与决策和管理的水平仍然较低，需要进一步优化妇女发展的社会环境，提高妇女的社会保障水平。未来十年，经济全球化将深入发展，也将在更大程度上关注妇女发展和性别平等。对此，《中国妇女发展纲要（2011—2020 年）》(简称 2011 年《纲要》)提出了目标和策略，要求积极推动有关方面提高女性在全国和地方各级人大代表、政协委员以及人大、政协常委中的比例；县级以上地方政府领导班子中有 1 名以上女干部，并逐步增加；国家机关部委和省（区、市）、市（地、州、盟）政府工作部门领导班子中女干部数量在现有基础上逐步增加；县（处）级以上各级地方政府和工作部门领导班子中担任正职的女干部占同级正职干部的比例逐步提高[10]。由三部《纲要》可看出，我国有关妇女参政政策法规的要求更具体，号召力度更大，指导性和可行性更强，实现妇女充分享有平等参政权力的总目标也更加明确。

3. 地方性法规

地方性法规是中央政策的具体实施，是法律法规在执行过程中的具体化，地方性法规秉承我国法律法规的宗旨，根据各地的不同情况进行相应的规定。

我国地方性法规紧随国家的政策导向，条款中有关女性政治参与过程的内容更具可操作性。1999 年《河北省实施〈中华人民共和国村民委员会组织法〉办法》规定，村民委员会成员中，妇女应有适当的名额[11]。2011 年经修订，第十八条规定："村民代表会议由村民委员会成员和村民代表组成，村民代表应当占村民代表会议组成人员的五分之四以上，妇女村民代表应当占村民代表会议组成人员的三分之一以上。"[12] 修订后的文件紧随 2011 年《纲要》（2011-2020 年）的步伐，逐步完善妇女参政的政策法规和程序路径。

1999 年，湖北省九届人大常委会通过《湖北省村民委员会选举办法》，后经 2002 年修订，规定在村民委员会成员中，应当有妇女成员。正式候选人按照提名得票多少从高到低依次确定，其中至少有一名妇女。没有妇女候选人的，以提名得票最多的妇女为候选人[13]。河南省在 2001 年实施了《河南省实施〈中华人民共和国村民委员会组织法〉办法》，其中规定村民委员会成员中应当有妇女成员[14]。2011 年经修订，又增加了"在人口较多或居住分散的村设立村民代表会议，村民代表应当占村民代表会议组成人员的五分之四以上，妇女村民代表应当占村民代表会议组成人员的三分之一以上"的条款[15]。河南和湖北两个省份积极响应中央的政策号召，率先在中部地区进行了相关法律的细化和完善工作以促进妇女的政治参与。

在 2002 年的村委会换届选举中，湖北、湖南、河南、西藏、甘肃五个省份、自治区的村委会在换届选举办法中将"村委会成员中至少有一名妇女"作为落实中央"女性在村委会成员中占适当名额"的具体规定。其他省市也紧随这五个地区的步伐，在全国范围内推动了村委会选举办法的完善，细化了关于村委会选举过程中女性人员参与的相关规定[16]。

浙江省 1995 年颁布了《浙江省村民委员会选举办法》，经 2004 年和 2012 年两次修订，规定村民委员会中应当有妇女成员，若已选出的村民委员会成员中没有妇女成员，则另行选举时选票应当继续单列妇女委员职位[17]。

广东省 1998 年制定了《广东省村民委员会选举办法》，经 2001 年和 2010 年两次修订，规定村民委员会成员中应当至少有一名妇女。主任、副主任的当选人按照得票多少排序确定，主任、副主任的当选人中有妇女的，委员的当选人按照得票多少的顺序确定；没有妇女的，若有妇女获得过半数赞成票的，应当首先确定得票最多的妇女当选，其他当选人按照得票多少的顺序确定，没有妇女获得过半数赞成票的，应当在委员的应选名额中确定一个名额另行选举妇女成员，其他当选人按照得票多少的顺序确定。这些规定对妇女参与选举并担任一定职位提供了制度保障[18]。

4. 部门规章

在中央和地方法规之外，国务院及各省市的部门规章也对女性政治参与的发展起到了重要的推动作用。1999 年民政部下发的《关于努力保证农村妇女在村委会成员中有适当名额的意见》指出，“要采取有效措施，确保《村委会组织法》关于‘村民委员会成员中，妇女应当有适当的名额’的规定落到实处。”[19] 文件要求各级民政部门充分认识到农村妇女在社会建设中的巨大作用，自觉把妇女当选村委会成员、参与村级事务管理、提高妇女整体素质等作为全面推进村民自治工作的重要内容。在推选村民选举委员会时，要引导村民把符合条件的女村民吸收进去；在提名候选人时，要引导村民提名符合条件的妇女，鼓励妇女参与竞争；在正式介绍候选人时，要引导村选委会积极介绍女候选人的业绩，不得给予任何歧视和不公正待遇；[16] 在投票选举时，要组织、教育和引导村民尤其是农村妇女正确行使民主权利，把思想好、作风正、有文化、有本领、真心实意为群众办事的妇女选进村委会领导班子。条件具备的地方，可探索在选票上注明妇女应有名额的办法。对利用宗族、派性势力为妇女参选、当选设置障碍的，要依法予以制止和处理。凡村委会班子中没有女成员的，当届期内村委会成员出现缺额时，应首先补选女委员，或建议党委部门在村党支部内配备一名女干部[20]。

湖南省 2002 年第五届村委会换届选举时，省妇联联合省民政厅发布了《关于确保妇女在村委会换届选举中当选的有关问题的通知》，制定了确保女性进村委的原则要求及具体措施：在村民直接提名候选人时，要引导选民依法提名女性成员，如果正式候选人中没有女性，应将妇女中得票最多的一名增列为正式候选人；选委会要介绍女候选人的情况，不得有任何歧视和不公正待遇；如果选举出来的村委会成员中没有女性，成员职数缺额的可以就女性成员单独投票；成员职数满额的应增加职数，并依据正式投票得票数量确定女性候选人进行差额选举，直至选出女性成员为止；对于利用宗族、派性势力给妇女参选、当选设置障碍的，要依法予以制止和处理。2005 年第六届村委会换届继续坚持上届选举的具体做法来确保女性进村委，并在此基础上扩展农村妇女政治参与的范围，规定村民代表会议、居民代表会议中妇女代表的比例应当占 30% 以上，进一步为农村妇女参与村务管理提供了保障[16]。

陕西省省委省政府在 2008 年第七届村委会换届选举中，出台了《关于认真做好全省第七届村民委员会换届选举工作的通知》，提出了“要注意加强对妇女参选参政的宣传引导，在充分尊重民意，严格按法律程序办事的前提下，不断提高妇女的参选率和当选比例”的要求[21]。陕西省妇联于 2005 年专门出台了《关于做好全省村级党组织和村委会换届选举工作中妇女参选参政工作的意见》，提出：“在村党支部换届中，每个村至少要有 1 名女委员，每个县至少要有 3—5 名女支部书记”“在村委会换届中，每个县要有 3 名以上女村主任，大县要有 5 名以上女村主任”[22]。与天津和湖南相比，陕西省在女性进村委上虽没有硬性规定，但在女村委会主任的名额规定上有所突破。

贵州省在 2010 年的第八届村民委员会换届选举中，专门出台了《关于在第八届村（居）民委会换届选举工作实施方案的通知》，提出“鼓励妇女积极参与换届选举，提倡把更多女性村民特别是村妇代会主任提名为村民委员会成员候选人”[23]。至此，中央关于促进女性政治参与的文件精神已经在我国多个省市的规章中具体地体现出来。

13.1.3 我国女性政治参与政策存在的问题与发展趋势

1. 目前我国女性政治参与政策存在的问题

第一，相关法律和政策规定刚性不足，不同的解读导致落实出现问题。关于妇女政治参与比例，中国目前的规定可以分为三类：第一类是具体的量化规定，比如30%、1/3等，刚性最强；第二类是规定一定的数量，比如若干名、1名以上、至少1名等，在这种规定下，有时即使达到这一数量，其所占比例也很低，中国关于培养选拔女干部的政策多是这种规定，一些地方关于村委会换届选举中妇女入选村委会比例的规定也属于这一类；第三类是原则性的规定，刚性最差，比如"应当有适当比例""应当有适当名额"等，对于"什么是适当"，执行者会有不同的解读，比如有人就会解读为"没有妇女就是适当的"，中国有关女性政治参与比例的规定，多属于这一类。

第二，相关配套措施不足。即使有了法律政策关于比例的具体规定，如果没有相应的配套措施，设定的比例目标也难以实现。比如关于村委会中妇女比例的规定，如果没有相应选举程序的改革，没有对女候选人的宣传，没有对选民的动员和意识提升，没有对选举机构和工作人员的培训，这些规定将很难实现。目前我国地方法规、政策照搬中央政策的程度较大，有关具体实践操作的规定较少；有些地方积极、有效的措施也未得到广泛认同和宣传。此外，实际工作部门在执行过程中可能缺乏敏感的性别意识，或者不能充分理解文件的规定，都会导致行动的偏差。

第三，相关法律、政策的效力和强制性不够。中国关于妇女政治参与比例的规定有如下特点：效力高的法律中有关妇女政治参与比例的规定有较强的原则性，缺乏可操作性；而一些比较刚性的比例规定只存在于地方性法规和政策中，其效力和影响范围极其有限。因此，从法律和政策规定本身来看，文件规定不够完善，在一定程度上影响着执行效果。这既与法律、政策的内容有关，也有其层级方面的原因。对法律和政策效力高低的判断，由高到底分别是：国家法律、行政法规、部门规章、部门政策、地方法规、地方政策等。一般认为专门针对妇女的法律和政策，其效果不如一般的法律和政策，如《妇女权益保障法》《中国妇女发展纲要》效力不如《选举法》、《村民委员会组织法》以及其他专门法律和政策中的相关规定等。

2. 我国女性政治参与政策的发展趋势

第一，范围上由中央逐渐到地方。建国初期只是中央文件中对此有明确规定，随后，越来越多的省市甚至县乡开始在文件中明确规定促进男女平等。上文提到的陕西、河南、湖北、广东等地，为促进女性的权利平等尤其是在政治参与和社会保障方面的权利平等所做的努力，在全国范围内都引起了广泛的关注，由思想号召变为纸上文字，并进一步发展为具体的行动措施。

第二，内容上由模糊逐渐变具体。比如《中国妇女发展纲要》后经两次修订，表述更加具体明确。2001年《纲要》规定"提高妇女参与国家和社会事务的管理及决策水平；提高妇女参与行政管理的比例”；到 2011 年，表述为“积极推动有关方面逐步提高女性在全国和地方各级人大代表、政协委员以及人大、政协常委中的比例”，将模糊笼统的说法具体化，更有利于法律规章的顺利执行。

第三，语言上由弹性逐渐变刚性。《中华人民共和国村民委员会组织法》在 1998 年初次修订时，第九条规定：“村民委员会成员中，妇女应当有适当的名额。”到了 2010 年，此条款变为：“村民委员会成员中，应当有妇女成员。”将弹性用词“适当的”去掉，直接要求“应当有”语气更加果决、坚定。此外，还增加了条款“村民代表应当占村民代表会议组成人员的五分之四以上，妇女村民代表应当占村民代表会议组成人员的三分之一以上”，将比例量化，用准确的数字进行规定，防止对弹性语言理解不同而影响执行效果。

13.2 社会性别主流化在政治参与中的发展过程

13.2.1 中西方女性政治参与的历史

1. 西方女性政治参与的历史

妇女政治参与权利是百年来妇女运动竭力争取的目标之一。女性问题作为一个社会问题，最初产生于 18 世纪后半期法国大革命时期，深受启蒙运动的影响。卢梭提出的“天赋人权，自由平等”思想唤起了处于“无权”状态下妇女的觉醒。自此以后，西方国家的女性进行了一次次争取政治参与权利和机会的活动。

1869 年，“妇女参政”的口号由美国女权主义者正式提出。到 19 世纪末，西方妇女争取政治参与运动逐步展开。1893 年，新西兰妇女率先获得选举权，随后，欧美各国也陆续在 20 世纪前半期基本实现了男女普选。20 世纪 60 至 70 年代，由于女权运动的推动，越来越多的妇女开始进入男性垄断的政坛。同时，女权运动也由过去以争取选举权、公民权等政治权利为核心过渡为要求事实上的政治参与权，妇女政治参与热情高涨，实际政治参与比例大幅提升。

20 世纪以来，世界妇女政治地位迅速提高，妇女参政成为“世纪之光”。首先，妇女政治参与权利受到法律保护。目前，除巴林、科威特等少数几个国家外，绝大部分国家的妇女均已获得选举权和被选举权。其次，妇女政治地位受到国家机构和组织的保障。截至 1993 年，世界上拥有立法机构的 150 个国家中仅有 7 个国家没有妇女代表，成为 20 世纪的一大标志。再次，越来越多的女性进入国家最高权力机构。1960 年，斯里兰卡的班达拉奈克夫人当选为世界上第一位女总理，到 1994 年底，除了 3 位世袭女王外，世界范围内先后出现 21 位女总理、9 位女总统，目前世界上部长级别以上领导中的女性有 180 位[24]。最后，妇女的国际政治地位大大提高，在国际事务中发挥了越来越大的作用。其中，英、法、美三国在女性政治参与这个方面的活动最具影响力。

1）英国女性政治参与的历程

1792 年，英国的玛丽·华尔斯东发表了《为妇女权利辩护》，文章指出：①男女根本没有差别，女性弱于男性是由于环境和教育造成的；②男女彼此相倚，如果男女地位永远不能平等，则社会永远无法进步[25]。她主张男女接受同样的教育。英国女性争取政治参与权利的运动开始于 1865 年的曼彻斯特，主要吸引了中产阶级妇女的参与。最初的女权运动采取了较为温和的行动方式，直到 20 世纪初才趋于激烈。随着自身经济、法律、教育等地位的提高，妇女们在英国政治舞台上日趋活跃。1869 年 6 月，自由党的雅各布·布赖特和迪尔克提出有关市政选举法案的修正案，要求市政选民中应包括缴纳济贫税的妇女，并宣称这是恢复妇女原有的但被 1835 年市政改革法所剥夺的权利。内政部长布鲁斯接受这个修正，说这并不"新奇"，修正案没有引起什么争议就通过了，妇女由此获得了市议会的选举权。1888 年立法建立的郡议会赋予了妇女选举权。1894 年，在格拉斯顿的最末一届政府创立民选的教区议会、乡村的城镇大区议会中，妇女自然能够担任参议员。这些立法为妇女提供了展示自己才能的舞台，是地方层次上妇女政治参与的重要途径。1897 年成立妇女参政会全国同盟这样全国性的妇女选举权组织，进一步促进女性政治参与的发展。20 世纪初，英国激进女权主义者埃米琳·潘克赫斯特领导的"战斗的参政派"，以暴力行动要求妇女参政权利。1928 年，英国妇女获得选举权。自此以后，英国的女性在政治参与领域发挥了自己应有的作用，政治参与范围不断扩大。她们先后组织了一系列的女性社会团体集团：从 20 世纪 60 年代的全国妇女参政会到 20 世纪 70 年代的妇女参政会中央委员会、20 世纪 80 年代至 90 年代的妇女选举权同盟和妇女解放同盟[26]。进入 21 世纪，英国女性政治参与的广度与深度都超过了历史上的任何时期，女性政治参与的方式也逐渐规范化，影响力不断增强。

2）法国女性政治参与的历程

法国女性政治参与的产生与发展受启蒙思想的启发，广大女性产生了争取女性政治参与权利的意识，尤其是受教育程度较高的广大女性知识分子成为争取女性政治权利的领袖人物。特别值得注意的是，法国早在 1848 年就立法确立了普选权，但当时仅限于年满 21 周岁的男性公民。但是直到 20 世纪初，法国社会才真正开始尊重女性本就拥有的政治参与权利。1907 年，法国立法赋予已婚女性在其配偶不反对的情况下自由处置其劳动报酬的权利，而直到 1965 年女性才依法有权在不经其配偶允许的情况下从事职业工作，管理自己的财产。1909 年起，女性依法享有为期 8 周的产假，产假期间虽保留工作合同，却不享受任何薪酬；到 1928 年，女性产假升至 2 个月，但仅公务人员享有全额工资。1924 年，女学生在中学教育与高中会考中开始与男学生享有同等待遇，直到 1975 年才在初级和中等学校中实行男女同校。第二次世界大战前后，法国逐步承认了女性在国家政体中的地位。1936 年，政府首次出现了部长级女性干部，有三位女性被任命为副国务秘书。1944 年，女性才获得与男性同样的选举权和被选举权。在 1946 年颁布的宪法序言中，男女平等的原则获得承认，具有了宪法效力。1947 年出现了第一位女性部长。20 世纪六七十年代，女性权益的争取以有权自由处置其身体为主要特征。1967 年，法国立法允许女性避孕。1970 年，在生育保险的体制下，女性产假期间可以获得

90% 的工资补贴。1972 年，立法保证男女同工同酬。1975 年，法律允许在男女双方同意的情况下离婚，还允许女性堕胎[26]。

到 20 世纪八九十年代，旨在消除女性歧视的运动日益强化。1980 年，法律将女性产假延长至 16 周，同时禁止解雇怀孕女职工。1981 年，法律对性侵犯进行了界定，以更全面地保护女性。1983 年，法律确保男女在职场中的平等地位。1992 年，立法保护女性在工作场合不受性骚扰的侵害。1993 年，夫妻双方共同对所有子女行使亲权的原则得到法律认可，无论他们双方处于何种婚姻状况。自 21 世纪前夕起，女性的政治与社会地位在法国进一步得到立法保护。1999 年，法国提出宪法修正案，开启了促使女性在政界具有切实代表性的各项立法改革。2000 年，颁布所谓的“对等”法要求各政党在选举候选人时，男女候选人数量必须相等，若不执行，其政党补贴会被部分扣留。2002 年，法律允许子女可随父姓，亦可随母姓，还可同时使用父母双方的姓氏。2006 年，立法强化消除女性与男性在报酬方面的差异，促进职业活动与家庭生活更加协调的各项措施与要求。2007 年，女性在政治参与中跟男性拥有同等地位的权益得到法律保障。在大城镇的市政选举中，不但候选人名单必须严格保证男女候选人交替排列，而且这些城镇行政机关中男女雇员的数量还应相等。2008 年，法国再次修订宪法以进一步确保男女在政治参与和社会任职等方面的平等地位。

3）美国女性政治参与的历程

受英、法等西方国家政治文明发展的影响，尤其是受到启蒙思想的影响，美国女性经过了受教育程度的提升、工作范围的扩增和经济上的独立后，又向政治参与领域发起了新的争取权利的活动。1775 年美国内战爆发，广大妇女在爱国主义的号召下积极参战，并组织了若干协会，形成了妇女参政组织的雏形。1848 年召开的塞纳卡 · 福尔斯会议是美国女性争取政治参与权利运动开始向规范化、制度化发展的一个里程碑。同年，美国一批有胆识的妇女在美国第一届妇女权利大会通过的《权利和意见宣言》中宣布：“一切男女生来平等。”这成为美国历史上第一部用文字表述妇女要同男人一样享有平等权利的政治宣言。1872 年共和党把妇女投票权加入政纲，成为美国历史上第一个公开支持妇女投票权的主流政党。1890 年美国妇女组成“全美妇女参政协会”和“全国妇女党”，将美国的多个妇女参政权组织合并，统一目标，以获得投票权为目的，一致向前争取妇女政治权利。第一次世界大战催化了妇女选举权的产生。大量男性被调离到前线，造成男性劳动力缺乏，大量妇女初次进入政府部门并在新的岗位代替男子工作。1917 年，2500 名妇女在纽约大街举行游行，同时带着一百万人签字的请愿横幅，促使纽约州公民投票大获全胜。其他州也同样收获颇丰，甚至连南方的阿肯色州也允许妇女“初步投票”。通过几代人的努力，美国妇女最终在 1920 年赢得合法选举权。取得选举权后，女性领袖们开始培养并选举女性政治家以实现两性平等的最终目的。国家妇女会和政治行动委员会的形成为支持妇女权益的女性候选人筹集资金，帮助她们竞选地方、州和国会的公共职务。全国妇女政治核心小组等增加了女性参政人数，为争取两性平等提供了政治力量保障。这两大方向的努力让政治上的“半边天”如火如荼地发展起来。除了在选举参与度和投票意识上的进步之外，美国妇女进入政府部门的比例也大幅上升。2008 年，奥巴马总统任命的 17 位女性高级官员受到全球关注，其中包括国务卿希拉里、环境保护署署长萨莉·杰克逊、国土安全部秘书波利塔诺、美国驻联合国大使苏珊·赖斯、劳工部长希尔达·索丽斯等耀眼的女性政治精英[27]。

2. 我国女性政治参与的历史

1）我国近代的女性政治参与

“男尊女卑”是我国古代奴隶制、封建制社会里天经地义的法则。随着资本主义萌芽的出现，代表市民阶层的人文主义思潮逐渐产生，其代表人物主要有李贽、汤显祖、袁宏道等。他们对封建道德伦理观念表现出不同程度的怀疑和否定态度，并出现了同情妇女、怀疑和否定“男尊女卑”观念、封建礼教等的进步思想。

1851年至1864年的太平天国运动期间，妇女发挥了重要的作用。这次农民革命在理论、社会理想方面含有“男女平等”思想的萌芽，建立女营、女军等具体政策体现了一定程度的男女平等。但由于农民革命自身有着不可克服的缺陷，导致他们的妇女运动不彻底，且带有浓重的封建色彩。

伴随着太平天国革命运动的失败，妇女运动逐渐走向低潮，直至戊戌维新时期，近代妇女运动才真正兴起。维新派在变法过程中，十分关注妇女问题，以进化论、“天赋人权”“民权平等”等思想为武器，积极宣传男女平等思想。这一时期的妇女运动已经具备了资产阶级妇女运动的性质。

如果把戊戌维新时期维新派对妇女问题的宣传看作是一次初步思想解放的话，那么辛亥革命前十余年间资产阶级革命派对妇女问题的宣传则是一次较为深入的思想解放运动。其宣传的时间、范围、程度，都远远超过了维新派。这种宣传不单单停留在呼吁男女平等、提倡妇女教育和不缠足等改良措施上，而是将妇女运动与反帝爱国和反清革命紧紧联系起来，号召妇女投身民主革命。

在辛亥革命时期，中国妇女发起政治参与运动，引起了一场有声有势的女性政治参与热潮。但由于袁世凯的阻挠、社会舆论的影响以及妇女运动自身的缺陷，民国初年的女性政治参与运动以及维护共和运动都走向了失败。五四运动作为一场彻底的反帝反封建的革命运动，引发了中国近代史上思想解放的高潮。这场运动一开始就涉及到了妇女问题。五四前夕宣传的主要是资产阶级“人权平等”“男女平等”思想，后来随着马克思主义传入中国，宣传的无产阶级妇女解放观点也成为妇女运动的重要思潮。其间，陈独秀、李大钊、胡适及鲁迅的“男女平等”观对封建礼教产生巨大冲击。五四妇女解放运动思潮是对戊戌维新和辛亥革命时期妇女思想解放运动的延伸，但其斗争的彻底性、坚决性大大超过了前两个时期，特别是它找到了妇女解放的正确道路，为妇女的真正解放指明了方向[28]。

2）中国现代的女性政治参与

女性政治参与表现为权力参与和民主参与两个层面。所谓权力参与，是指女性进入国家政府权力机构、管理公共事务、担任领导干部、参与决策；而民主参与是指妇女享有公民的选举权和被选举权。这两个层面是相互关联、相互促进的[28]。

在我国，女性政治参与问题的提出不到百年，妇女参与政治活动和决策的历史更短。在中国在两千多年封建社会的发展中，也曾有人做出过有益的尝试，但都以失败告终。如太平天国农民起义奏响了妇女运动的前奏曲，实施了一些有利于妇女解放的政策，并发挥妇女的作用，但由于农民阶级自身的局限性，这场运动不可能产生近代的“男女平等”“妇女解放”思想。戊戌变法时期维新派有关妇女解放的办法流于表面，没有触动封建宗法制度，而且又不发动、依靠妇女群体进行自上而下的斗争，导致了他们主张的失败。

五四运动中国女性的政治参与产生了启迪，中国女性的政治参与活动再次掀起高潮，中国人民找到了马克思列宁主义这个放之四海而皆准的普遍真理。从此，中国妇女运动面目发生了根本性的变化，进入了以马克思主义为指导的、以无产阶级妇女为主体的、全体妇女争取解放的新历史时期[28]。

中国共产党成立后，一直将领导妇女争取解放视为己任，使中国妇女运动进入了一个新的斗争阶段。中国共产党为中国妇女获得真正解放提供了最坚实的保障，并在之后的80多年中为此进行了不断的努力和奋斗。

大革命时期，国共两党在第一次合作中共同领导妇女运动。刚刚成立的中国共产党通过创办平民女校，兴办妇女刊物，为妇女运动进行理论准备和干部准备。1924年各地相继成立女界国民议会促成会，形成了党将争取妇女权利与国民革命有机结合起来的第一次大规模的妇女参政实践活动。

土地革命时期，中国共产党在农村建立了根据地和苏维埃政权，之后的武装斗争和根据地建设需要广大妇女参与，从而为农村妇女政治参与取得历史性突破提供了必然性和可能性。但因环境恶劣、战争频繁、农村妇女政治和文化基础薄弱等原因，限制了这一时期农村妇女的政治参与水平，具有不稳定性、间断性的特点。但是中国共产党在理论上和实践上的初步尝试，为党领导和促进妇女政治参与奠定了政策和方法的基础。

抗日战争时期和解放战争时期，中国共产党逐渐壮大与成熟，为女性政治参与提供了更广阔的空间和保障。以1938年5月召开的庐山妇女谈话为标志，国统区的妇女运动开始进入全面高涨阶段，国统区妇女积极参加宪政运动，为争取妇女的民主、自由、平等权利而奋斗。随着革命运动的深入和成果的不断扩大，妇女干部结构发生了显著变化，妇女参政运动的水平和知识层次有了明显的提高，在理论上和实践上为新中国女性政治参与奠定了基础[28]。

3）中国当代的女性政治参与

中国女性政治参与历经了漫长而艰难的发展历程。中国共产党成立之前，虽然有不少仁人志士就妇女解放问题和妇女政治参与问题做出过努力，但终因其阶级弱点没能成功。中国共产党成立之后，坚定解放被压迫人民的立场，并将领导妇女争取解放视为己任，十分重视赋予妇女政治权利。

（1）20世纪五六十年代中国女性的政治参与状况。

新中国的诞生为中国妇女的政治参与提供了有利的制度条件，妇女的政治参与水平取得了举世瞩目的成就。新中国确立了中国妇女在政治、经济、文化、社会和家庭生活等方面与男子均享有平等的权利，她们是全体中国公民的一部分，是国家和社会的主人。建国之初，政坛上便涌现出少数女性领导人。1949 年中国人民政治协商会议第一届全体会议通过了《共同纲领》，这部具有临时宪法性质的纲领正式宣布，废除束缚妇女的封建制度，妇女在政治、经济等方面均享有与男子平等的权利，从而以法律形式保障了妇女参政的权利。经过 50 多年的努力，我国初步形成了以《宪法》为依据，以《妇女权益保护法》为主体，包括《劳动法》《婚姻法》《母婴保健法》等法律法规在内的一整套保障妇女权益、促进男女平等的法律体系。

妇女政治参与程度可以通过担任领导职务的女性人数来衡量，它是一项重要的衡量标准。新中国成立后，党和政府不断鼓励妇女以各种形式参与国家和社会事务的管理和监督，我国女代表、女干部的队伍逐渐发展壮大。在 1949 年召开的中国人民政治协商会议第一届全体会议上，宋庆龄当选为中央人民政府副主席，李德全、史良等一批女性担任了政府的领导职务。1953 年公布的《中华人民共和国选举法》规定，妇女享有同男子平等的选举权和被选举权。同年 12 月开始在全国范围内进行的基层选举，是中国有史以来第一次大规模的普选运动，90% 以上的妇女参与了投票，当选为基层人民代表中的妇女占到代表总数的 17%；到 1993 年召开第八届全国人民代表大会时，女性代表已占代表总数的 21.03%。1954 年到 1993 年，先后有宋庆龄、何香凝、蔡畅、陈慕华等 8 位女性担任全国人大常委会副委员长。中国共产党中，当时已有女党员 700 多万人，占党员总数的 14%[28]，许多优秀女性担任党内各级领导职务。参加政府工作，是中国妇女参与国家和社会事务管理的重要途径。另外，其他党群单位、企事业单位中也有大批女性从事领导管理工作。伴随着社会主义建设的深入，生产第一线的女劳动模范，一部分文教卫战线的女知识分子，开始进入到到人民代表会议和各级政府中，越来越多的普通妇女也通过行使自己的公民权利实现了广泛的政治参与。

（2）“文革”时期中国女性的政治参与状况。

“文化大革命”的十年间，中国女性政治参与遭遇到了沉重的打击。政治参与妇女的群体结构出现了“大换血”，老干部被打倒，有的甚至被迫害致死。当时各级革命委员会中都有一名女干部，从数字上看，一时间出现了妇女政治参与的“虚假繁荣”，这背后其实隐藏着严重的危机。在这期间，不仅在革命和建设中有过重要贡献的女干部受到了伤害，也忽视了对年轻女干部的培养。由于动乱，年轻干部的发展与成熟受阻，女性政治参与的行程出现了断裂，为以后的女性政治参与道路埋下了隐患[28]。

但在这一特殊时期，妇女干部队伍呈现出四个明显特征：第一，妇女干部的人数、比例达到新中国成立以来的最高点；第二，妇女干部主要来自基层的青年妇女、女劳模，知识分子妇女很少进入领导机构；第三，女干部整体素质较高，担任各级、各类领导工作以副职为多；第四，打破了以往从事妇女工作为主的格局，女性广泛进入党、政、企业、事业等各类领导岗位。

（3）十一届三中全会以后中国女性的政治参与状况。

十一届三中全会召开后，中国社会发生了翻天覆地的变化。党和政府领导人民拨乱反正，根据新情况制定了正确的路线、方针和政策，女性政治参与问题重新进入了人们的视野。面对“文革”期间被破坏的社会经济格局，党和政府领导人决定进行经济体制改革，改革以往单一的经济体制，实行以公有制为主体、多种所有制经济共同发展的经济体制。经济体制改革很大程度上刺激了广大劳动人民的生产积极性。在农村，以小岗村为例，家庭生产承包责任制的推行使得广大农民踊跃投入到农业劳动生产中去，农村妇女也积极参加到社会主义改革的浪潮中。但是在城里，妇女的情况并不乐观。国有企业改革迫使大批女职工纷纷下岗，“妇女回家”的提法几起几落。由于大批知青返城，造成了社会就业压力，因而有人主张让已经就业的妇女回家。时任妇联主席的康克清在1983年9月中国妇女五大作的报告中指出，广大女性只有广泛地参与社会劳动和社会工作，才能不断提高自己的政治经济地位和社会地位，才能进一步实现男女平等和妇女的彻底解放。并且，他认为“女性应该回到家庭里去从事家务劳动”的说法不符合社会主义男女平等、妇女解放的原则，一定程度上会削弱社会主义现代化建设的力量。这一观点有力回击了“妇女回家论”的倡导者，也得到了广大知识女性的认同，促使她们大批走向社会的各个工作岗位。作为中国妇女的先进代表和女性主体意识最先觉醒的群体，知识女性重新获得了政治参与的权利和机遇。大批女教授、女专家在这个时期纷纷走向了中高层领导岗位[29]。

20世纪80年代初，全国很多省、直辖市、自治区都吸纳了女高级知识分子作为领导干部，多数县、市都选配了一名女知识分子担任副县长、副市长，女性干部比例有了很大提升。大批知识女性广泛参与到社会政治生活，这是女性政治参与的一大进步。女性知识分子担任领导，不仅改变了女性领导干部队伍的知识结构，也提升了女性群体政治参与意识。

然而，1983年初我国实行的干部差额选举对妇女政治参与造成了很大的影响，国家党政机关女干部和大部分省、市女干部的比例呈现下降趋势。在干部委任制向差额选举和公开聘任制转变的过程中，原来刚性的性别保障规定出现了松动，一时间，女性在选举和竞争中大量落选，造成了女性政治参与巨大的差额冲击波。这一时期最明显的表现就是妇女在权力高层领导人中所占的比例偏少，达到建国以来的最低水平。这样的参政局面引起了中国共产党的高度重视。我国政府在1992年4月颁布的《中华人民共和国妇女权益保障法》为全国妇女的全面发展提供了全新的法制环境，它是我国妇女权益保护的一项有利武器。1992年10月，中国共产党在十四大提出了建立社会主义市场经济体制的宏伟目标，我国妇女面临着新的机遇和挑战。在十四大的指引下，第七次全国妇女代表大会于1993年9月在北京召开，为我国妇女事业的发展制定了新时期的新目标。1995年在北京召开的第四次联合国世界妇女大会上，江泽民首次提出把“男女平等”作为促进我国社会发展的一项基本国策，我国成为世界上第一个把“男女平等”列为基本国策的国家。在此之后，各级人大女代表的比例、各级政府部门中女干部的人数都有了显著增长。1998年第九届全国人大代表中，女代表占21.8%。但是与当前世界女性参政的情况相比，我国妇女参政还处于比较落后的状况。2011年召开的十一届全国人民代表大会中，妇女代表只占21.3%，在我国各级人大代表中，妇女的比例一般在20%左右[29]。

20世纪90年代以来，中组部和全国妇联联合召开了四次培养选拔女干部会议，很好地促进了女性政治参与的发展。各地通过采取倾斜措施使女干部的比例和数量有所上升，女干部的决策能力和自信心也明显提高。1995 年联合国第四次世界妇女大会闭幕以来，我国在选拔任用女干部方面取得了显著成绩，主要体现在三个方面：首先，女干部队伍不断扩大，整体素质出现新提升。到 2001 年底，全国各级各类女干部已有 1489.5 万人，占干部总数的 36.2%，比 1995 年增长了 16.8%[30]。其次，女干部年轻化进程加快，整体结构有了新改善。1999 年，全国女干部队伍中，45 岁以下的占 82.6%，县级以上女干部中，45 岁以下的占 40.9%，大专以上学历的占 84.9%。第三，党政领导班子中的女干部数量明显增加，女性政治参与工作有了新的进展[28]。

虽然我国现今有越来越多的女性走进公务员队伍，但是领导岗位上的女性所占比例仍旧很低，对政策制定与执行所起到的实际影响也有限。在收集 2009 年政府门户网站上公布的现职的女性省部级领导的信息与资料的基础上发现，我国现职的中央直属机构、政府机关和各省、直辖市、自治区党委、政府和部分副省级党委、政府中女性省、部级领导仅有 87 位，在领导岗位中，存在女性代表性不足问题。在收集了 2012 年 6 月党委政府门户网站公布的 50 名地市级（包括区、州、盟）女性党政一把手的公开资料中发现，有 21 人为党务负责人，29 人为政务负责人，党务、政务负责人的比例接近 1：1。研究中发现：女性干部的成长路径基本遵循机关、共青团、学校、妇联和工会的路径。目前女性正厅局级党政一把手的晋升路径相较男性较为单一，很多女性是从本地机关的初级职位做起，一步步晋升到现职[30]。

目前，全国有 30 个省（区、市）党委、政府领导班子中女干部共 45 人，375 个市 (地、州、盟) 党委、政府领导班子配备了女干部 506 人，2703 个县 (市、区、旗) 党委、政府领导班子配备了女干部 3545 人。女党员在党员队伍中所占的比例显著提升：1995 年全国有女党员 891.6 万名，占到党员总数的 15.6%；2000 年增加为 1119.9 万名，占 17.4%，增加了 228.3 万名，提高了 1.8 个百分点[28]。

13.2.2 中西方女性政治参与现状的统计分析

1. 西方女性政治参与的现状

（1）议会中女性席位比例。

21 世纪初至今 10 余年，一些优秀的美国女性在国家政治事务中发挥了重要影响，尤其是在行政、军事、外交、卫生、环保和文化教育等领域中发挥日益显著的作用，出现了一些像国务卿赖斯这样闻名世界的女性领导。随着美国民主制度的发展、女性受教育程度及综合素质的不断提高、女性参政意识的不断增强，可以预见美国未来女性的政治参与将呈现出提升的发展趋势，女性与男性在政治参与领域会逐步实现相当程度的平等。关于美国可能会出现第一位女总统的议论成为众多媒体津津乐道的话题。当然这个过程是漫长的，其中仍需要解决许多问题与困难。图 13-1 为美国议会中女性的席位比例。

图 13-1 反映出，美国议会中妇女席位的比例在 1997—2001 年中保持在 12%，随后不断增长，在 2007—2011 年增加到 17%，在 2012 年达到了 18%。可见，女性在政治参与中占有一席之地，发挥了一定的作用。但与世界其他国家相比，该比例不算理想，有很大的提升空间。

近年来，英国的政治舞台上担任国家领导人的女性政治家不断增多，已经产生抓人眼球的焦点效应。英国前首相撒切尔夫人完全依靠自己在政坛上的打拼，创造出来一种“铁娘子”女政治家形象。尽管个别女性政治家走上最高职位与该国妇女地位的根本性提高之间无法划等号，但呈现出女性参政率提高的发展趋势。图 13-2 为英国议会中女性的席位比例。

图 13-2 反映出，英国议会中妇女席位的比例在 1997—2003 年一直保持在 18%，随后有较大比例的提升，在 2012 年该比例达到 23%。同期相比，英国女性在议会中所占的席位比例均高于美国，可见英国的社会性别主流化建设取得了一定的成果。但该比例也未达到联合国制定的 30%，需要进一步的提升。

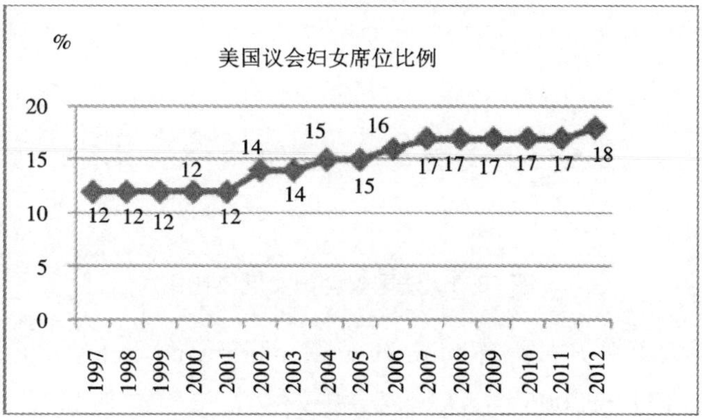

图 13-1　美国议会妇女席位比例

（数据来源：世界银行公开数据库 http://www.ipu.org/wmn-e/classif.htm）

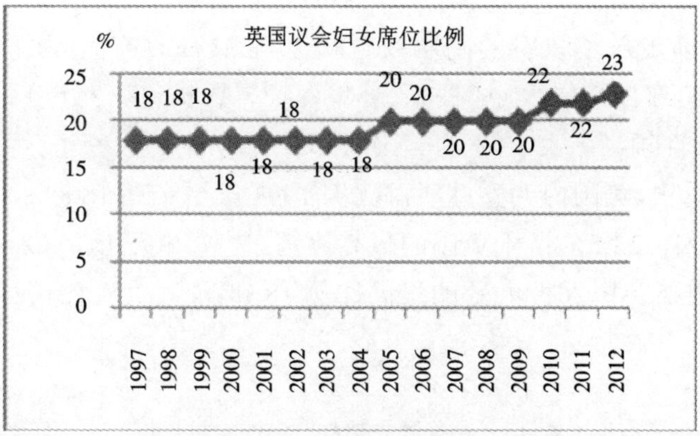

图 13-2　英国议会妇女席位比例

（数据来源：世界银行公开数据库 http://www.ipu.org/wmn-e/classif.htm）

21 世纪以来，尽管在法国的国家主要领导人的行列中，女性依然占据较少的比例，但是随着社会民主的发展与女性社会地位的提高，女性在国家各领域的参与空间正在不断拓展，有一些女性已步入国家领导人的行列。其中比较引起注意的是 2002 年在拉法兰总理为首的法国新政府中，55 岁的阿利奥特·玛丽出任国防部长，成为法国历史上第一位女国防部长。这也激励了更多女性参与到国家的政治事务中去，提升了女性在法国整个政府组织中的代表性。随着政治民主化的发展和女性参政能力提高，法国女性在政治事务中将发挥越来越明显的作用。图 13-3 为法国议会中女性的席位比例。

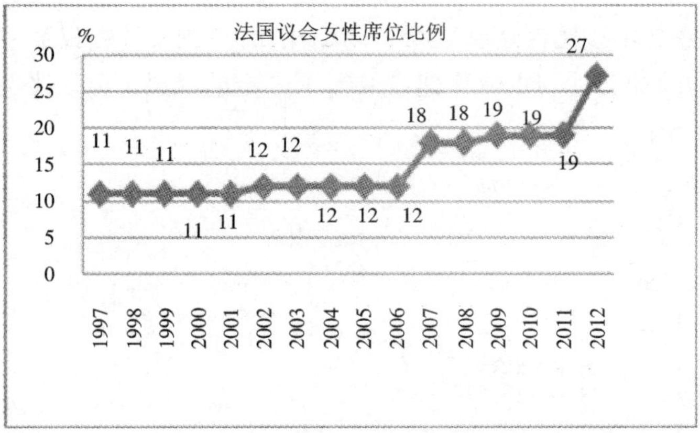

图 13-3 法国议会妇女席位比例

（数据来源：世界银行公开数据库 http://www.ipu.org/wmn-e/classif.html）

图 13-3 反映出，1997—2006 年，法国议会中妇女席位仅占到 11%~12%，比例偏低；2007 年后女性议员所占比例有所上升，在 2012 年实现大幅度提升，上升到 27%，高于同期的美国、英国，也高于中国。可见，近几年法国加大了社会性别主流化在政治参与方面的推进力度，取得了一定成绩，并体现出继续上升的趋势，值得别国学习。

（2）内阁中女性比例。

在美国，女性逐渐走入了政府的高层领导职位，在联邦政府内阁中女性成员人数不断增加，而且出现了像劳工部长希尔达·索丽斯、环境保护署署长莉萨·杰克逊和国务卿希拉里、赖斯这样闻名世界的女性领导。表 13-1 为美国联邦政府内阁女性比例。

从表 13-1 可以看出，美国内阁女性所占比例 1993 年至今在 18.8%~23.5% 之间波动，约占到内阁职位总数的 1/4，23.5% 低于英国的最高比例 27.3% 和法国的最高比例 50%，高于中国中央委员会及候补委员会中女性人数的最高比例 18.1%。其女性比例虽然不高，但整体呈上升趋势。

表 13-1 美国联邦政府内阁女性比例

任期	内阁人数	女性人数	女性所占比例 %	时任总统
1993—2001	16	3	18.8	克林顿
2001—2009	14	3	21.4	布什
2009—	17	4	23.5	奥巴马

（数据来源：美国政府网，数据为本任总统确认的首届内阁，不考虑任期内的人员调整情况，内阁级非内阁官员不计算在内）

在英国，政治舞台上担任国家领导人的女性不断增多，如英国前首相撒切尔夫人。女性在内阁中也占据了一定比例，尽管个别女性政治家走上最高职位与英国女性地位的根本性提高之间无法划等号，但总体来说呈现出了女性政治参与率提高的发展趋势。表 13-2 为英国政府内阁女性比例。

表 13-2　英国政府内阁女性比例

年份	内阁人数	女性人数	女性所占比例 %	时任首相
1997-2001	22	4	18.2	布莱尔
2001-2005	23	6	26.1	布莱尔
2005-2007	23	5	21.7	布莱尔
2007-2009	22	6	27.3	布朗
2009-2010	23	4	17.4	布朗
2010-	23	4	17.4	卡梅伦

（数据来源：英国政府网，数据为本任首相组建的本届内阁，不考虑任期的人员调整情况，内阁级的非内阁官员不计算在内）

由表 13-2 可知，1997 至今英国政府内阁女性比例占 18.2%~27.3%，27.3% 高于美国的最高比例 23.5%，低于法国的最高比例 50%，高于中国中央委员会及候补委员会中女性人数的最高比例 18.1%。1997—2009 年期间该比例呈现不断上升趋势，但 2009 年至今却呈下降趋势，说明女性在内阁中的代表性有所下降。

在法国政府内阁中，1947 年出现了第一位女性部长。虽然国家主要领导人的行列中女性依然占据较少的比例，但是女性在国家各领域的参与空间正在不断拓展，有一些女性已步入国家领导人的行列。2002 年阿利奥特·玛丽出任国防部长，成为法国历史上第一位女国防部长。这也激励了更多女性参与到国家的政治事务中去，提升了女性在法国整个政府组织中的代表性。表 13-3 为法国政府内阁女性比例。

表 13-3　法国政府内阁女性比例

年份	内阁人数	女性人数	女性所占比例 %	时任总理	时任总统
1995—2007	27	6	22.2	拉法兰	希拉克
2007—2010	15	7	46.7	菲永	萨科齐
2010—2012	23	4	17.4	菲永	萨科齐
2012—	34	17	50	艾罗	奥朗德

（数据来源：法国政府网，数据为本任总理组建的本届内阁，不考虑任期的人员调整情况，内阁级的非内阁官员不计算在内）

表 13-3 反映出，1995 年至今法国政府内阁女性比例占 17.4%~50%，50% 高于美国的最高比例 23.5%、英国的最高比例 27.3% 和中国中央委员会及候补委员会中女性人数的最高比例 18.1%。除 2010—2012 年呈下降趋势外，整体呈上升趋势，而且上升幅度较大，在 2012 年新内

阁中女性占到一半，真正达到了男女比例相等。

（3）女性劳动参与率。

女性社会地位的提高，政治参与的进步，在女性劳动参与率指标中也能得以反映，只有较好地就业，才能提供女性政治参与的经济基础。表 13-4 为美、英、法各国女性劳动参与率。

在表 13-4 中，1999 年至 2012 年，美国的女性劳动参与率维持在 57%~59%；英国的女性劳动参与率在 54%~56% 之间波动，略低于美国；法国的女性劳动参与率维持在 48%~51%，低于美国和英国，女性的就业状况不理想。从数据来看，这三个国家的女性参与率并不很高，基本处在 50% 的比例左右，需要进一步提高。

表 13-4　女性劳动力参与率（占 15 岁以上女性人口的百分比 %）

国家 \ 年份	1999	2000	2001	2002	2003	2004	2005
美国	59	59	59	59	59	58	58
英国	54	54	54	55	55	55	55
法国	48	48	48	48	50	50	50
	2006	2007	2008	2009	2010	2011	2012
美国	58	58	59	58	58	57	57
英国	56	55	56	56	56	56	56
法国	50	50	51	51	51	51	51

（数据来源：世界银行数据库，http://data.worldbank.org.cn/indicator/SL.TLF.CACT.FE.ZS?page=2）

2. 我国女性政治参与的现状

21 世纪初以来，随着改革开放和体制改革的深入、我国女性获得了许多政治参与的机会，在党政机关、共青团、妇联等社会团体中女性成员比例逐渐上升。一批优秀的女性公务员逐渐走上高级领导岗位，参政议政并对国家的政策制定与执行产生了一定影响。但是，与男性相比，女性政治参与的障碍依然没有消除，提高女性的政治参与仍然有许多问题需要解决。以下主要以建国以来我国历届人大代表中女性所占比例、建国以来中国共产党中央委员会女委员人数和中央政府各组成部门领导中女性比例、分性别对女性地位的评价和男女在业情况等几个方面来进行分析。

（1）建国以来我国历届人大代表中女性所占比例。

人民代表大会作为国家的最高权力机构，女性代表所占比例可以在很大程度上反映出政治参与中男女之间平等程度。虽然中国和西方的政体不同，西方的议会议员和中国人大代表的产生办法、程序等都不同，但人大代表中女性比例与西方国家议会中女性席位比例具有一定程度的对应性，从政治学角度看都是国家权力机构的代表成员。表 13-5 为我国历届人大代表中女性所占比例。

表 13-5　我国历届人大代表中女性所占比例

届别	年份	代表总数	女代表总数	女代表比例(%)	届别	年份	代表总数	女代表总数	女代表比例(%)
一届	1954	1226	147	12	七届	1988	2970	634	21.3
二届	1959	1226	150	12.2	八届	1993	2978	626	21
三届	1964	3040	542	17.8	九届	1998	2979	650	21.8
四届	1975	2885	653	22.6	十届	2003	2984	604	20.2
五届	1978	3497	740	21.2	十一届	2008	2987	637	21.3
六届	1983	2978	632	21.2	十二届	2013	2987	699	23.4

（数据来源：http://www.stats.gov.cn/tjsj/ndsj/yb2004-c/html/W2301ac.htm）

由表 13-5 可以看出，我国历届人大代表中女性代表所占比例由 1954 年的 12% 上升到 2013 年的 23.4%，说明女性在政治领域的地位有所上升。该比例从 1975 年至 2013 年的 38 年间一直维持在 21% 左右，总体呈现上升趋势。但是，应当看到女性代表的比例基本维持在 20%~23% 之间，未达到联合国提出的女性在国家议会中至少应占 30%的比例。

（2）新中国成立以来中国共产党中央委员会女委员人数、中央政府各组成部门领导中的女性比例。

由于中西方国家政体不同，中国执政党在国家政治生活中十分重要的地位，选取党委和政府部门领导中女性的比例来分析，能在很大程度上说明中国女性政治参与的现状，具有较高的代表性。表 13-6 是我国中央委员会及候补委员会中女性人数，表 13-7 为中央政府各组成部门领导中的女性比例。

表 13-6　我国中央委员会及候补委员会中女性人数

中共中央委员会委员	女性人数	所占比例 %	中共中央委员会候补委员	女性人数	所占比例 %
九届	13	7.6	九届	10	9.2
十届	20	10.3	十届	21	16.9
十一届	14	7.0	十一届	24	18.1
十二届	11	5.2	十二届	14	8.1
十三届	10	6.0	十三届	12	11.0
十四届	12	6.3	十四届	12	9.2
十五届	8	4.1	十五届	17	11.3
十六届	5	2.5	十六届	21	13.3
十七届	13	6.4	十七届	24	14.4
十八届	10	4.9	十八届	23	13.5

（数据来源：数据收集整理于人民网、新华网（中国妇女的状况 [N\OL]）、中国妇女网等官方网站 . 参见 http://www.360doc.com/content/11/0930/16/112480_152427798.shtml）

表 13-7 我国中央政府各组成部门中女性领导比例

	时间段	部委领导总数	女性人数	女性比例 %
第一届	1954.9—1959.4	68	4	5.9
第二届	1959.4—1965.1	53	2	3.8
第三届	1965.1—1975.1	117	2	1.7
第四届	1975.1—1978.3	44	3	6.9
第五届	1978.3—1983.6	113	5	4.4
第六届	1983.6—1988.3	82	5	6.1
第七届	1988.4—1993.3	56	3	5.4
第八届	1993.3—1998.3	50	3	6.0
第九届	1998.3—2003.3	41	2	4.9
第十届	2003.3—2008.3	48	3	6.2
第十一届	2008.3—2013.3	26	2	7.7
第十二届	2013.3 至今	36	3	8.3
汇总	部委领导人数：734　女性人数：37　女性比例：5%			

（数据来源：中华人民共和国中央人民政府官网，国家统计局人口和社会科技统计司：《中国社会中的女人和男人——事实和数据(2004)》整理而成）

由表 13-6 和表 13-7 可知，我国在政治参与领域坚持了男女平等思想，在中共中央委员会委员、候补委员会委员和中央政府各组成部门领导中女性都占有一定比例。但是建国 60 年来女性担任的重要领导岗位的数量明显少于男性，党委如此，政府亦如此。在中国，党政部门是权力最大的部门，女性担任重要职务的比例太小，女性的话语权也就比较小，存在事实上的男女不平等。鲍静 (2010) 曾指出，如果从社会性别分析的视角来考量，可以发现有些专门为培养和选拔女性干部而颁布的政策存在诸多性别盲视甚至是歧视。名义上的平等机会在现实实践中却很难真正意义上地实现[31]。不能仅仅因为出于照顾性政策而象征性地安排很小比例的女性进入领导班子，应当适当增加女性人数，让女性在领导岗位上真正地能发挥自己的作用。只有这样，才能真正地做到女性"撑起半边天"，进一步促进男女平等。

（3）分性别对妇女地位的评价。

2000 年，国家统计局和全国妇联进行了第二期中国妇女社会地位抽样调查，主要目的是调查 20 世纪 90 年代以来中国妇女社会地位状况及变化。其中有一项重要的调查指标就是"分性别对妇女地位的评价"，从该指标我们可以了解到女性的社会地位状况（见表 13-8）。

表 13-8　分性别对妇女地位的评价（%）

评价标准		女性很优越	女性较优越	男女平等	男性较优越	男性很优越
政治地位	总体	0.1	1.3	53.9	33.6	11.0
	女性	0.1	0.9	51.0	35.8	12.1
	男性	0.1	1.7	56.6	31.4	10.0
法律地位	总体	0.2	5.0	81.9	10.1	2.8
	女性	0.2	4.0	81.3	11.5	2.9
	男性	0.2	5.9	83.4	8.7	2.7
社会观念中的地位	总体	0.3	2.1	39.8	49.7	8.0
	女性	0.2	1.9	39.3	50.4	8.2
	男性	0.4	2.3	40.3	49.1	7.8

（数据来源：第二期中国妇女社会地位抽样调查主要数据报告．中华人民共和国国家统计局，2002）

从表 13-8 可以看出，在法律权利的获得上，中国妇女的法律地位是比较优越的，可从人们对中国妇女法律地位的总体评价中认为“男女平等”的人数占到 81.9% 这一比例得到证实。从表中还可看出，中国妇女的政治地位与男性相比是基本持平的。在社会观念中的地位评价中，39.8% 的人认为男女平等，有 50.4% 的女性和 49.1％的男性认为男性较优越，我国仍存在社会观念上的男女地位不平等问题，需要进一步提升女性的社会地位。

（4）男女在业情况。

女性要提高自己的社会地位，更自信地进行政治参与，就必须获得经济上的独立性，这也是其政治参与的重要基础。2010 年中国第三期妇女社会地位调查的数据报告中，通过“男女在业情况表”这一指标，可以清晰地反映女性政治参与的经济基础状况（见图 13-4）。

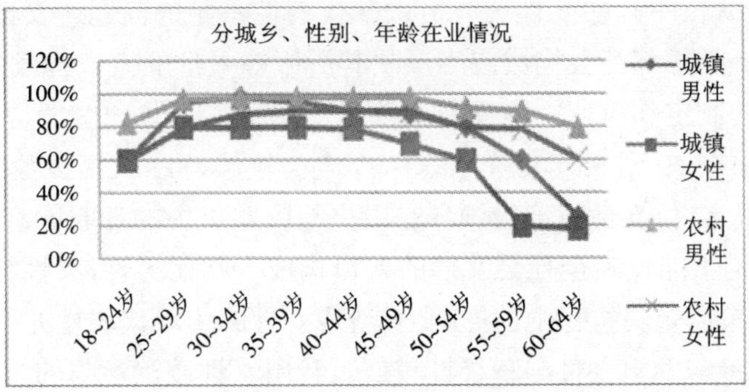

图 13-4　男女在业情况表

（数据来源：第三期中国妇女社会地位调查数据报告）

由图 13-4 可以看出，无论是城镇女性，还是农村女性，其在业率都分别低于城镇男性、农村男性。女性就业困难导致其在经济地位上低于男性，弱化了其政治参与的经济基础，也从一定程度上抑制了政治参与的积极性和自信心。经济上的不平等是女性政治参与率较低的一个主要原因。

13.3 我国女性政治参与存在的问题与对策

13.3.1 我国政治参与中存在的男女不平等问题

从我国女性政治参与的数据统计分析可以看出，虽然我国女性社会地位有了快速提升，女性政治参与也有了一定发展，但不容忽视的是，我国女性政治参与仍然存在一些问题。

第一，女性在人大代表中所占比例不高。1978 年至今，我国人大代表中女性所占比例基本维持在 20%~23% 之间，未达到联合国提出的女性在国家议会中至少应占 30%的比例。人民代表大会作为国家的最高权力机构，其女性代表所占比例较低，这反映出政治参与中男女之间仍存在着事实的不平等。人民代表受人民选举，接受人民监督，代表人民的利益。女性代表人数比例较小，会造成在政策制定和执行中，无法充分表达女性的期望和权益，使一些政策存在破坏男女平等的可能性。

第二，女性担任党政部门重要领导岗位的比例不高。表 13-7 可以看出建国以来中央政府各组成部门中女性领导的比例仅占 5%，比例太低。中国党政部门女性省部级领导的研究发现，我国现职的中央直属机构、政府机关和各省、直辖市、自治区党委、政府和部分副省级党委、政府中女性省、部级领导仅有 87 位[32]。至 2011 年 9 月底，全国共有 332 个地级行政区划单位，其中女性地厅局级党政“一把手”的数量只有 50 名，所占比例与男性相比明显偏低[30]。即使少量女性进入高层决策机构，但也只是形式上的参与并非领导。她们没有拥有实质性的领导权力，在决策机构中的地位一直重复着“三低”循环怪圈，即机会少、权力小、比例低[30]。

第三，在公务员队伍中存在女性公务员干部代表性不足的问题。女性公务员干部的被动代表性是指女性公务员干部社会构成应当反映其所服务人群的人口构成；主动代表性指女性公务员干部在政策的制定和执行中应反映女性群体的利益[33]。研究发现我国 50 名女性市级党政一把手年龄集中在 49 到 55 岁之间，其中 37 人为汉族，11 人是少数民族；最低学历在大学以上；[30] 研究发现 87 位女性省部级领导在中央与国家机关的任职比例较低，异地任职的较少；可见，其组成结构不能反映全社会女性的人口构成。相比男性，女性公务员干部所占比例较小，限制了其在政策制定与执行中的影响力，造成女性的主动代表性亦不足。

第四，女性政治参与的自主性与积极性较低。我国女性政治参与的人群大多为高学历、关心政治的精英女性阶层。大部分的农村妇女及从事社会底层劳动的女性对政治参与反应冷淡，基层选举中女性参选率低于男性。2010 年中国妇女社会地位调查的资料显示，在向政府有关部门反映情况的性别构成中，女性仅占被调查女性总数的 7.7%；在给单位、社区或村委会提意见的性别构成中，女性仅占被调查总数的 15.1%[34]。从全国范围来看，男女的参选率分别为 77.6% 和 73.4%，男性高出女性 4.2 个百分点；就不同地区而言，城市和农村的参选率男性比女性分别高出 3.5 和 4.2 个百分点。

第五，女性政治参与的经济基础薄弱。从图 13-4 男女在业情况中可以看出，女性的在业率处于 50% 到 75% 之间，而男性的在业率处于 70% 到 90% 之间，女性比男性的在业率低许多。经济上的不独立，使女性缺乏政治参与的自信与经济后盾，抑制了女性政治参与的积极性。这种情况也造成了虽然法律上赋予了女性享有同男性平等的政治权利，但实践中实现真正的男女政治参与平等却十分困难。

13.3.2 社会性别主流化视角下推进女性政治参与的对策

1. 推进女性政治参与的法制建设，扩大女性政治参与面

推进女性的政治参与要注重法制化、制度化建设。促进保障女性政治参与的立法过程，设立监督机制；借鉴其他国家的做法，把妇女参政比例纳入法律条文，纳入政府和政党的纲要中。对女性政治参与的政策不能仅仅停留在倡导层面，而是要采取一系列可操作的机制和程序来保证，避免出现性别歧视和不公平的现象[35]。各个政府的组织部门与妇联等有关部门可以从制度法规的建设着手，健全目标管理制度、人才推荐制度、动态考察制度等，形成培养选拔女干部的工作管理规范，从而实现工作程序的规范化和制度化。同时，增强执法与监督力度，保证法律的贯彻实施，对歧视和排斥女性政治参与的行为应给予相应的处罚。在女性权力参与方面可以适当向女性倾斜，培养和选拔优秀妇女干部，着力解决女干部实际上存在的“虚职”“副职”太多，缺少更多从基础岗位开始逐渐晋升的机会这一重要问题。建立健全女性干部选拔任用制度，真正落实女干部政策；加大力度培养、选拔、任用女性领导干部，保障各级领导班子中女性所占的比例，并能逐渐提高；保证各级人大代表、政协委员中女性比例实现一定程度的提高；提高妇女的政治参与比例，确保女性获得更多的真实机会来参与决策和社会事务的管理等政治活动。

2. 提高人大、政府机关等组织的女性比例

“在其位则谋其政”，要真正地提高女性政治参与的广度和深度，就应当为女性提供一定数量的职位。我国历届人大代表中女性代表所占比例由 1954 年的 12% 上升到 2013 年的 23.4%，但是没有达到联合国提出的女性在国家议会中至少应占 30% 的比例。所以，我国应当在各级人大、政府部门的席位中增加女性席位，至少要达到 30% 的比例，并逐步提升这一比例，使广大女性能够获得更高的竞选率和获选率。

3. 政府与高校、妇联等组织联合建立培养女性公务员的人才基地

高校女大学生是女性中受教育水平较高的群体，她们积极的政治参与能够为女性政治参与的提升提供强大的来源。所以应当在高校中加强对女大学生的政治参与教育，鼓励和支持

更多的女性大学生参与到政治生活中。另外，可以考虑在高校建立政府与高校联合培养女性公务员的人才基地，打造女性公务员的人才库和蓄水池，为女性政治参与提供持续不断的源头活水。

妇联是社会各行业的妇女在党的领导下为争取广大女性的合法权益而联合起来的社会团体组织，承担代表妇女利益、维护妇女权益、促进男女平等的重大责任。各级妇联组织应率先学习并宣传男女平等的基本国策和社会意识，并且在实践调查中发现妇女发展和维权中的重大现实问题，并对此提出对策建议。在涉及女性问题的重要法律、法规和政策出台前，妇联组织要大胆反映广大妇女群众的呼声和要求，为妇女在政治参与、劳动就业、接受教育、卫生健康和家庭生活等方面与男性享有同等权利而努力争取，履行好民主监督和民主参与职能，促进男女平等基本国策的落实。要建设动态的、多层次、多界别的女干部资源和配备信息库，进一步提高公众对妇女人才的知晓度。要发挥各级妇联的组织优势，争取各级党委的支持，不断培养和输送妇联干部，使妇联成为培养和输送女性行政人才的坚实基地。

4. 提高女性干部的被动代表性，完善女干部晋升政策

公务员的被动代表性是指社会上各个群体在政府中都应有相当比例的代表，这些来自于各个群体的公务员在政策的制定和执行中能更好地代表其所在群体的利益[32]。我国现行的公务员制度在考录环节上仍存在许多对女性的歧视问题，如在报考条件中设置性别要求等，致使女性被录用为公务员的比例远低于男性，公务员队伍依然存在女性代表性不足的问题，这就是一种实质上的不平等。在今后的公务员考录制度改革中，如能取消一些报考条件中对性别的要求，在干部的选拔、晋升、工资等方面的改革中若能对女性公务员给予更多的政策倾斜，可能会进一步提高女性的代表性，更多地体现社会公平，实现社会的和谐发展[32]。另外，应当完善女干部晋升政策，由“倾斜化”和“照顾性”政策向“平衡性”政策过渡，从总岗位、分职位等比例做到“男女平衡”，建立起点、过程和结果全面公平的女干部选拔晋升政策。

5. 对各级领导人进行社会性别意识培训

如果上级组织部门负责人或者上级领导的观念中有较强的性别意识，能够意识到女性干部被提拔上来以后能够为妇女谋利益，那么任命这样的干部对推动女性政治参与会比较有效。但是也可能存在弊端，即如果被任命的女性缺乏足够的性别意识，即使她担任女干部、女领导，也可能出现身为女性，但不为女性说话的情况。对此，如果有可能，可以开展一些组织部门与人事部门男性正职领导进行社会性别意识的培训，让他们了解如何选择更合适的女干部，如何选择更多的女干部进入决策层，以及为什么做出这样的选择。

6. 女性自身加强学习和锻炼，不断提高自身素质和参政能力

鼓励广大妇女、年轻女性树立进取的人生价值观，明确“妇女的解放也是自己的解放”，打破传统观念的束缚，提高政治参与的自觉性和主动性，积极参与政治生活。具体来讲，一要加

强理论学习，提高政治修养。二要提高文化素质，拥有发展主动权。三是处理好家庭和事业的关系。利用多种方法处理家庭与事业的矛盾，在二者之间寻求平衡。营造良好的家庭氛围，家庭成员中丈夫的支持是女性政治参与的坚强后盾。四是注重实践锻炼，进一步提高领导水平和工作能力。女性干部应与其他男性干部一样，抓住政治参与过程中的各种机遇，踊跃地走进基层，走进改革建设的第一线，在工作岗位上磨练坚毅的品格，不断提高统观全局、宏观战略决策和组织协调的能力。并且应采用岗位轮换、挂职锻炼、学习交流等方式，使女性干部可以在多种工作岗位上得到实践锻炼，逐渐积累政治参与经验，提高政治参与能力。

世界各国女性政治参与的研究与实践表明，一百多年来女性政治参与已经取得了巨大成绩，但政治参与领域男女平等的实现还面临许多问题，这些问题也是各国在其政治、经济、社会发展过程中曾经碰到的或正在碰到需要解决的，我们深信随着经济与政治民主发展，这些问题会逐步得到解决。

13.4 案例分析

女性政治参与渐成中国政治风景线已非“政治花瓶”

从人大代表到政协委员，从新闻发言人到省部级官员……近年来，一批优秀的女性官员在工作中表现突出，频频受到民众和媒体的广泛赞誉。女性政治参与渐成中国政治一道亮丽的风景线。近些年，傅莹、华春莹、范丽青等这些耳熟能详的名字，被境内外舆论认为是中国女性参政的优秀代表，并获得广泛好评。

政坛表现：刚柔相济“适当时候”能加分

2013 年 3 月 4 日，刚满 60 岁的傅莹正式亮相全国人大会议首场新闻发布会，她是全国人大设立发言人制度以来的第七位发言人，但媒体更愿意将她描述为人大会议的第一位女发言人。

傅莹，是新中国首位少数民族女副外长，也是继 1974 年王海容之后中国第二位女性副外长。在媒体眼中，她一头花白头发，从不染发，说话时喜欢打比喻、讲事实，娓娓而谈，没有官腔。在出任驻英大使期间，为扭转不利的舆论氛围，化解外界对中国的错误解读，傅莹四处奔走，并亲自在英刊撰文，成功实施危机公关。

今年两会，傅莹也迎来一个新角色——十二届全国人大一次会议新闻发言人，她在人大的“首秀”赢得了广泛赞誉。有评价称，身为第一个人大女发言人，傅莹声音柔软、娓娓诉说宛如话家常，连拨个头发，四面八方的快门声宛如暴雨来袭。还有媒体认为，傅莹以“讲故事”的方式传播中国，她前所未有的坦率及富有人情味的特点超越了外界对中国政治官员原本刻板生硬的想象。

华春莹是外交部发言人制度建立以来的第 27 位发言人，也是第 5 位女发言人。她是 70 后，但从事外交工作已 20 年，有着丰富的外交经验和良好的沟通能力。

2012 年 11 月 19 日，新任发言人华春莹首次主持例行记者会。境外记者们没有“怜香惜玉”，抛出了一个个颇具“挑战性”的敏感问题，华春莹机敏自如、开放坦诚、不避难点的现场表现获得了外界的首肯。

2007年11月14日，作为首位国台办女发言人，范丽青一登场，便吸引台湾媒体的目光。范丽青在转到国台办任职之前，长期从事对台新闻报道。在媒体眼中，范丽青言谈风趣幽默，不但新闻报道经验丰富，对于台湾局势也相当了解。有台媒曾点评称，这位新闻官正借由流利的闽南语和女性特质，以温和柔性的形象，拉近与台湾媒体、民众的距离。

在中国主权和国家利益受到挑衅和侵犯时，这几位发言人都表现出了女性少有的强硬，给外界留下了深刻的印象。分析认为，在中国国家实力不断提升、外交挑战日益增多的背景下，女性发言人的存在往往能够在“适当的时候”带来刚柔相济的效果，在国际上给中国挣分。

途径改变：“普通人”也能进“庙堂”

申纪兰，唯一从第一届连任至第十二届的全国人大代表，从山西省长治市平顺县西沟乡西沟村走出来的农民，她见证了人民代表大会制度的诞生和成长。这位参与成立了全国第一个农业生产组织、曾因文化低进入识字班扫盲的老人说：“从没想到自己会走这么远。”近日她在接受记者采访时表示：“我就是个农民，对党和国家有感情”。

作为70后的女代表，中国第一位女航天员刘洋第一次现身两会时，便引来记者的围追堵截；全国人大代表、90后伦敦奥运会女子跳水冠军陈若琳年纪虽小，但一直是会场内外的新闻人物。

同为90后，20岁的铁飞燕是一名普通的公路收费站收费员，她用弱小的身躯救起落水的修桥工人，用微薄的收入收养弃婴，被称为“最美90后女孩”。得知自己当选全国人大代表时，80后农民工易凤娇正在休产假，这位来自湖北农村的年轻妈妈坦承，真没想到竟在异乡广东被赋予如此神圣的使命。为了全心参会，易凤娇狠狠心，一个星期前给刚满6个月的女儿断了奶。

有观察称，在20或者30年前，做出过突出贡献的女性，比如女劳模、女冠军、女官员，更容易当选人大代表；现在的女代表中，能看到女性农民工，甚至还有女诗人。

偏见待转：不是“政治花瓶”

上届两会，女代表“旗袍秀”的新闻曾引发了公众对女代表衣着的讨论。对此，有舆论认为，女性和男性代表“确有差异”，女代表可以拥有自己的性别特色。也有女代表回应称：“我们不是‘政治花瓶’，我们都在各自领域内认真履职，不是只靠穿着打扮当选人大代表的。”

女性的性别色彩，在每年两会上都成为热炒的对象，媒体除了关注她们的提案外，更关注她们的一言一行，甚至衣服、包乃至首饰等。但有记者称：“女代表发言时视野很开阔，金融改革、民间融资、教育改革”等，她们谈得都很好，尤其是在一些教育问题上，可能是因为站的角度不同，她们提的问题都很深刻。”

舆论认为，女性政治参与有时之所以会被看作为“政治花瓶”，与很多人用审视男性的眼光来审视女性有很大关系。有呼吁称，社会应给予女性参与社会事务更多的尊重，女性代表委员在履行权利时，可从自身特点出发，提出一些和女性相关的建议或议案，来提升自己的社会参与度。

值得注意的是，在中共十八大召开之前，各省份的党代会陆续召开，新省部级领导中有不少女性的身影。近期全国女性高官职务的调整密度之大为近年来所罕见。可以预见的是，中国未来官员中女性官员比例的继续提高将是必然趋势。

（资料来源：女性政治参与渐成中国政治风景线已非“政治花瓶”，http：//new.xinhuanet.com/politics/2013-03-08/c-124430880，html）

思考：

1. 案例中，“普通人”和“庙堂”分别指什么，“普通人”也能进“庙堂”说明了什么？

2. 案例中，“政治花瓶”体现了我国女性政治参与过程中的什么问题？

3. 结合实际，谈谈促进我国女性政治参与的对策建议。

本章思考与讨论

1.“社会性别主流化”与我们平时所说的“男女平等”有何不同？

2. 在贫困地区，很多女性文化程度不高，与发达地区受教育程度较高的女性相比，政治参与的比例和程度是否应该相同？为什么？

3. 女性政治参与对她们本人有何意义？对她们的家庭是否会有影响？

4. 现代社会对级别较高的女干部会有很多负面议论，比如攀关系、潜规则等，成为阻碍女性参政的原因之一，你如何看待这些现象？该如何改善？

5.“女士优先”是人际交往中的文明礼仪，在工作中，男性对女性干部是否也应遵循这一准则？为什么？

6. 男性和女性在生理、心理方面天生存在差异，在不同领域的表现也有差别，那么女性是否应在政治、经济、文化等所有领域与男性完全平等？或根据各自的特点在不同的方面有所侧重？为什么？

参考文献

[1] 杨兵 . 论中国政治参与的困境及应对措施 [J]. 辽宁经济职业技术学院学报，2009(6)：57-58.

[2] 张晓利 . 当代我国女性政治参与的理论与实践研究 [D]. 泰安：山东农业大学，2014.

[3] 张永英 . 有关妇女参政积极措施的法律和政策回顾研究 [J]. 妇女研究论丛，2006(S2)：11-19.

[4] 王立 . 社会性别视角下的女性政治参与 [J]. 长春工业大学学报：社会科学版)，2005，17(3)：18-20.

[5] 师凤莲 . 当代中国女性政治参与研究综述 [J]. 中华女子学院山东分院学报，2009(2)：12-16.

[6] 中华人民共和国村民委员会组织法 . 中华人民共和国村民委员会组织法 [M]. 北京：法律出版社，1988.

[7] 国务院 . 中国妇女发展纲要 (1995—2000 年)[Z].1995-08-07.

[8] 杨美玲 . 湘西自治州少数民族妇女参政权利保障研究 [D]. 长沙：湖南大学，2010.

[9] 中共中央办公厅，国务院办公厅 . 关于进一步做好村民委员会换届选举工作的通知 (中办发 [2002]14 号)

[Z].2002-07-14.
[10] 国务院 . 中国妇女发展纲要 (2011-2020 年)[Z].2011-07-30.
[11] 河北省九届人大常委会 . 河北省实施《中华人民共和国村民委员会组织法》办法 [Z].1999-09-24.
[12] 河北省十一届人大常委会 . 河北省实施《中华人民共和国村民委员会组织法》办法 [Z].2011-09-29.
[13] 湖北省九届人大常委会 . 湖北省村民委员会选举办法 [Z].2002-08-02.
[14] 河南省九届人大常委会 . 河南省实施《中华人民共和国村民委员会组织法》办法 [Z].2001-09-29.
[15] 河南省十一届人大常委会 . 河南省实施《中华人民共和国村民委员会组织法》办法 [Z].2011-07-29.
[16] 董江爱，李利宏 . 公共政策、性别意识与农村妇女参政——以提高农村妇女当选村委会成员比例为例 [J]. 山西大学学报：哲学社会科学版，2010(1)：111-116.
[17] 浙江省十届人大常委会 . 浙江省村民委员会选举办法 [Z].2004-09-17.
[18] 广东省九届人大常委会 . 广东省村民委员会选举办法 [Z].2010-12-01.
[19] 民政部 . 关于努力保证农村妇女在村委会成员中有适当名额的意见 [Z].1999-07-30.
[20] 赵永华 . 村民自治背景下湘潭县农村妇女政治参与研究 [D]. 长沙：湖南大学，2009.
[21] 陕西省人民政府办公厅 . 陕西省人民政府办公厅关于认真做好全省第七届村民委员会换届选举工作的通知 [Z].2008-02-25.
[22] 中国妇女网 . 安康市委副书记张仁莲同志在汉滨区农村妇女参选参政座谈会上的讲话 [EB/OL].[2005-07-16].http：//www.women.org.cn/allnews/0701/302.html.
[23] 贵州省人民政府办公厅 . 贵州省人民政府办公厅关于印发贵州省第八届村 (居) 民委员会换届选举工作实施方案的通知 [J]. 贵州省人民政府公报，2010：30-45.
[24] 王立 . 中国当代女性政治参与状况透视 [J]. 中共宁波市委党校学报，2007，29(4)：80-83.
[25] 玛丽•沃斯通克拉夫特 . 为男人的权利辩护和为女人的权利辩护 [M]. 北京：中国政法大学出版社，2003.
[26] 裔昭印，等 . 西方妇女史 [M]. 北京：商务印书馆，2009.
[27] 杨宗君 . 美国妇女政治参与概况 [J]. 企业导报，2009(8)：195-196.
[28] 王立 . 对我国女性政治参与发展的历史考察 [J]. 胜利油田党校学报，2008，21(4)：91-94.
[29] 何文校 . 建国后我国妇女参政的历程及现状 [J]. 重庆邮电大学学报：社会科学版，2013，25(2)：10-15.
[30] 马秀玲，闫虹 . 女性党政一把手成长路径研究：以地市级为例 [J]. 中国行政管理，2013(8)：78-79.
[31] 鲍静 . 政策过程与女性参政机会分析：以社会性别为视角 [J]. 新视野，2010(5)：72-76.
[32] 马秀玲 . 中国党政部门女性省部级公务员的成长路径与职业发展研究 [J]. 国家行政学院学报，2009(6)：94-97.
[33] 马秀玲，赵雁海 . 代表性官僚制理论评述 [J]. 公共行政评论，2012，5(5)：116-149.
[34] 师凤莲 . 社会性别视角下中国女性政治参与的现状、问题及其原因探析 [J]. 山东省工会管理干部学院学报，2009，15(2)：23-25.
[35] 邢建华 . 新时期中国女性政治参与问题的若干思考 [J]. 牡丹江师范学院学报：哲学社会科学版，2005（6）：15-18.

附录：案例分析参考答案

案例选取了 2013 年全国两会的部分女性代表，通过她们不同的参政经历和感受，反映出共同的趋势：我国女性政治参与的比例越来越大、渠道越来越广、代表的组成越来越多元化。且经事实验证，女性政治参与的效果较好，所谓“政治花瓶”的说法不准确也不正确。

（1）“普通人” 是指党和国家干部队伍之外的普通公民群体。“庙堂” 原指古代帝王祭祀、议事的地方，即朝廷；此处指人民大会堂，登 “庙堂” 即成为人大代表参加两会，也可引申为参与公共事务。

“普通人”也能进“庙堂”指的是我国人大代表中有越来越多的普通公众，有越来越多的女性公民。我国人大代表的构成更加多元化，也更能代表社会人口构成，说明我国的民主渠道更加通畅，民主范围更加广泛，政治民主从形式推进到实质，从精英民主推进到大众民主。

（2）被称为 “政治花瓶” 应从两个方面来考虑。一从进行政治参与的女性自身来看，被称为“花瓶”，一方面是因为她们靓丽的造型从外形上来讲正如“花瓶”般美丽；另一方面可能因为其自身政治参与的能力有限，没有在实际中起到应当的作用，虽然有政治参与机会，但效果不如愿。二是从外界来看，称政治参与女性为 “政治花瓶” 的人，可能对其含有偏见。由于历史原因，女性在政治事件和公共事务的处理方面经验不多、不够成熟，导致外界对女性参与政治的实际能力产生怀疑。具体可从以下三个方面进行分析。

首先，我国女性政治参与能力有待加强。在我国漫长的历史发展过程中，女性在社会中处于从属地位，在政治上几乎没有发言权，远离官场。新中国成立后，多项立法规定男性和女性具有平等的政治参与权利，但现实中女性的政治参与实践始终滞后于法律规定；加上女性由于长期缺少政治参与经验，对公共事务比较陌生，政治参与过程仍是由男性来主导。近几十年来女性政治参与情况有所好转，在人大、政协以及党政机关中，女性代表和女性干部的数量和工作质量都有较大的提升，但我国女性政治参与仍处于探索前进阶段，并未达到令人满意的程度。

其次，我国政治参与女性的综合素质有待提升。女性的综合素质包括政治素质、文化素质、心理素质、身体素质等。由于历史和现实的原因，女性素质整体上与男性存在差异。在教育方面，中国传统社会对男性女性的规定不平等，导致目前一些偏僻地区仍存在重男轻女思想。在这些地区，因为经济等原因女孩没有机会接受九年义务教育之后更高的教育，影响她们专业素质和能力的提升；即使提供平等的机会，她们也不一定能积极参与政治。因此国家在倡导为女性提供更多政治机会的同时，也在加快教育改革进程，并增开一些女性干部培训班，为我国女性政治参与和女干部的培养提供良好的教育基础。

最后，社会上对女性政治参与存在偏见。每届两会女性代表们靓丽的外形都会成为议论的热点，而对外表的过多关注易导致非理性的判断。我国女性政治参与并非长久以来的传统，而是颠覆了历史的男尊女卑观念，解放女性，赋予其平等的自由和权利。然而 “女强人” 角色受到了男权主义社会的本能排斥，社会公众需要一段缓冲期来接受女性出现在公共事务中。此外，女性在政治参与之初会有一些不适应和不熟悉，而这些不适应和不熟悉会因社会的过多关注而被放大，招致臆断和批判，由此被冠上 “政治花瓶” 的称号。但随着我国政治参与女性数量和比例的不断增加，越来越多的事实证明，我国女性在政治参与方面的表现不仅不是 “花瓶”，反而展示出了自己的个性，令人赞叹，甚至不逊于西方政界的某些女强人。

（3）首先，女性自身加强学习和锻炼，不断提高自身素质和政治参与能力。应鼓励广大妇女、年轻女性树立进取的人生价值观，打破传统观念的束缚，提高政治参与的自觉性和主动性。一要加强理论学习，提高政治修养。二要提高文化素质，提升个人能力。三要正确处理好家庭和事业的关系，学会妥善处理家庭与事业的矛盾，在二者之间寻找平衡点。良好的家庭环境，家庭成员尤其是丈夫的支持是女性参政的坚强后盾。四要注重实践锻炼，提高领导水平和工作能力。广大妇女干部要与其他干部一样，抓住实践中的各种机遇，积极到基层去，到改革建设的第一线去，在实际工作岗位上磨练意志陶冶情操，不断提高总缆全局、宏观决策和组织协调能力。同时，还要采取岗位轮换、挂职、交流等方式，使妇女干部能够在多种环境、多种岗位上得到锻炼，积累经验，增长才干。

其次，在妇联等社会组织建立培养女性政治参与人员的基地。妇联是各族各界妇女在党的领导下为争取进一步解放而联合起来的社会群团组织，担负着代表妇女利益、维护妇女权益、促进男女平等的重任。各级妇联应带头学习、宣传男女平等基本国策和科学发展观，对妇女发展和权益维护积极提出对策建议。在有关重要政策、法律出台前，妇联组织特别反映广大女性的呼声和要求，争取妇女在政治参与、劳动就业、接受教育、卫生健康等方面的同等权利，认真履行民主监督和民主参与职能，从源头上促进男女平等基本国策的有力实施。此外，要建设动态的、多层次、多界别的女干部资源和配备信息库，进一步扩大公众对妇女干部人才的知晓度。同时要发挥各级妇联的组织优势争取各级党委的支持，在继续选调各界优秀女性到妇联工作的同时，加大力度培养和输送妇联干部，使妇联成为培养和输送女性人才的基地。

再次，政府与高校建立联合培养女性公务员的人才基地。高校女大学生是女性中受教育水平较高的一个群体，她们积极的政治参与能够为提升女性政治参与提供强大的动力。所以应当在高校中加强对女大学生的政治参与教育，鼓励和支持更多的女性大学生参与到政治生活中。另外，可以考虑在高校中建立政府与高校联合培养女性公务员的人才基地，打造女性公务员的人才库和蓄水池，为女性参政提供持续不断的源头活水。

最后，推进女性政治参与的法制建设，扩大女性政治参与面。推进女性政治参与要突出法制化、制度化建设。促进保障女性政治参与的立法过程，设立监督机制；把妇女政治参与比例纳入法律条文，纳入政府和政党的纲要中；同时设立一系列可操作的机制和程序来保证女性政治参与政策的实施，对歧视、排斥女性政治参与的行为给予相应的处罚。各级组织部门与妇联等相关部门可以通过建立联席会议制度、目标管理制度、人才推荐制度、动态考察制度等方式，形成培养选拔女干部工作管理规范，逐步实现工作的程序化和制度化。要健全、完善女性干部选拔任用机制，加大女干部的培养、选拔和任用力度，切实落实女干部政策，促进各级领导班子、各级人大、政协中女性比例的提高，确保妇女参与决策和社会事务管理等各项目标的实现。

发 展 篇

14　性别平等政策倡导与实现机制

14.1　社会性别主流化的倡导

14.1.1　政治承诺

一直以来，推动性别平等是政府的责任，尊重和保障包括妇女权利在内的人权是国家的义务。国家或政府签署了国际人权公约和联合国文书，就意味着国家和政府负有尊重、保护和实现妇女享有平等权利的义务。缔约国只有事先明确国家和政府的人权保护义务，才能有效保障妇女人权、推动性别平等。因此，坚定而明确的政治承诺是一个强大的国家和负责任的政府承担性别平等责任、履行保障妇女人权义务的标志。坚定而明确的政治承诺可以体现在如下方面。

一是本国本组织的宣言或战略。一个组织的宣言、工作报告、规划纲要及领导讲话，都可以明显地体现其推进社会性别主流化的信心与决心。在组织机构的章程、战略纲领等重要文件中，通过将社会性别平等作为根本方针和战略之一，能够在高层充分体现本组织的决心和承诺。例如，联合国大会在58/148号决议中指示所有委员会和机构将两性平等观念纳入工作主流，并提请联合国系统其他机构采用性别观点主流化战略，在宏观政策的制定、消除贫困、实现人权等各个工作领域都考虑如何实现性别平等。这样一来，社会性别主流化议题成为整个联合国系统的工作主题。

二是高层领导的公开讲话。高层领导在公开讲话中强调本人及本部门推动社会性别平等的决心以及社会性别主流化的战略，不仅可以统一本部门推动社会性别主流化的认识，还可以通过对各级决策、执行部门的特殊影响力使社会性别主流化得到更好的贯彻落实。例如，联合国前秘书长安南和现任秘书长潘基文在每年的三八妇女节和妇女地位委员会会议上，都要针对国际社会实际问题发表政策声明，强调联合国各机构和各成员国的最高层需要做出强有力的和具体的政治承诺，并在联合国的重要大会上多次强调，要在可持续发展的所有领域实现社会性别主流化。在中国，江泽民同志在1995年第四次世界妇女大会欢迎仪式上，代表中国政府向全世界宣布：“中国政府一向认为，实现男女平等是衡量社会文明的重要尺度。我们十分重视妇女的发展与进步，把男女平等作为促进我国社会发展的一项基本国策。我们坚决反对歧视妇女的现象，切实维护和保障妇女在国家政治、经济和社会生活中的平等地位和各项权益。”这一表述是社会性别主流化符合中国文化传统的体现。在党的十八大报告中，再次强调了中国共产党和中国政府对“男女平等基本国策”的承诺。习近平同志在同全国妇联新一届领导班子成员集体谈话时强调，“必须坚持男女平等基本国策，充分发挥妇女伟大作用。”[1] 这种由党和国家领导人公开的强调与承诺，对于推动性别平等具有重要意义。

三是具体的社会发展规划和工作计划。推动社会性别主流化不仅要有宏观层面的法律、宣言或纲领，还要有可操作的行动计划，将性别平等的承诺落实到各部门的工作计划和具体措施中。目前，国际上许多机构和国家都将实现社会性别平等贯穿到政府或各部门的工作领域中，并将其视为实现承诺的重要体现。在联合国，不仅妇女地位委员会制定了工作计划，其他司职委员会也将社会性别平等纳入工作方案之中。联合国经社理事会、人权理事会、可持续发展委员会、预防犯罪和刑事司法委员会、人口与发展委员会等都将性别观点与具体的工作相联系，制定了具体方案或决议。加拿大国际发展署中国国家项目提出无论在加强法制建设、保护人权，还是在环境和可持续农业发展等方面，都应当将有关社会性别平等议题作为重点。我国政府一直都将男女平等基本国策纳入政府工作计划中，自 1995 年制定并实行了《中国妇女发展纲要 (1995—2000 年)》、《中国妇女发展纲要 (2001—2010 年)》，现在正在执行第三部《中国妇女发展纲要 (2011—2020 年)》。

四是资源配置。国际上认为只有将对社会性别平等的承诺落实到预算和资源分配上，才能确保有关政策和计划的实施。资源的保障包括充足的资金、人力资源和相应的机构设置。如果没有一定的资金作保障，实现性别平等的承诺只是空头支票，性别平等只能停留在文件上。同样，相应的机构设置和人力资源配置也十分重要。

14.1.2 机构设置

社会性别主流化作为实现社会性别平等和提高妇女地位的一项战略，不仅是单部门、单领域的工作，更需要各方相互配合，形成稳定的合作关系。政府部门、非政府组织、企业等都是推动社会性别主流化的主体，这些主体在社会性别主流化中有着不同的角色和作用。在推进社会性别主流化的进程中，它们不仅要认真履行各自职能范围内的各项义务，还要与其他主体建立合作关系，形成全社会共同关注和推进社会性别主流化的局面。

在国家层面建立的国家性别平等机制，是实现社会性别主流化并通过公共政策实现两性平等的重要保障。早在第一次世妇会上，联合国就提出所有国家成立提高妇女地位机构以促进社会性别意识纳入政策的建议，并在其后的第三次、第四次世妇会上对妇女地位国家机制的设置、权限等有了明确的界定，如在《内罗毕战略》中要求“在没有建立提高妇女地位的有关政府机构的国家，应当建立这种机构。为了能够发挥作用，这种机构应当为政府高级机构，并保证它拥有充足的资源、责任和权威，这样才能对各项政府政策对妇女的影响提出意见。”[2] 在北京《行动纲领》中指出“提高妇女地位的国家机构是政府内部的中央政策协调单位，其主要任务为支持政府各部门将性别平等的观点纳入所有政策领域的主流。这种国家机构有效运作的必要条件包括：①尽可能设置在政府的最高级别，直属一个内阁部长；②组织机制或进程应酌情下放规划、执行和监测权力，以期带动自下而上各非政府组织和社区组织的参与；③预算和专业能力方面有足够资源；④有机会影响所有政府政策的制定。”[2]

联合国在其系统中成立了四个执行委员会，其中的高级管理人员承担起采纳社会性别观点方面的责任；几乎所有的联合国机构都设立了社会性别专门机构，推动了社会性别主流化相关政策与方案的制定和实施。另外，作为促进社会性别主流化的专门机构，提高妇女地位国际研究训练所、提高妇女地位司、联合国妇女发展基金等都发挥了监督和协调的作用。

近几年来，我国中央及地方政府都陆续设立了有关妇女儿童工作的协调议事机构——妇女儿童工作委员会或办公室，它们积极协调与推动政府有关部门在维护妇女儿童权益方面的工作，为社会性别主流化做出了很多努力。其中，香港政府于 2001 年成立了第一个促进和保障妇女权益的政府机构——妇女事务委员会，并保证每年拨款 2 300 万元支持“妇委会”的工作。“妇委会”自成立起就一直向政府倡议关注社会性别观点，并制定了一个综合性策略，来协助政府在推行相关政策过程中逐步在不同政策范畴内实施社会性别主流化。

社会性别理论认为社会性别平等需要社会各界的共同努力，其中就包括非政府组织，它具有非政府性、非营利性、中立性等特点。非政府组织通过参与公共政策，可以弥补现有体制的缺陷，将性别平等思想纳入所有政策工作中，并保证贯彻落实到具体部门和领域。

妇联组织作为妇女发展和促进性别平等的非政府组织，一直通过多种方式来推动社会性别主流化进程，如提交社会性别分析文件、组织社会性别培训、开展政策对话等。同时，妇联组织通过目前的公民参与渠道，积极参与到立法、听证以及制定经济社会发展规划等过程中，并与政府部门合作使社会资源得到充分利用，有力地促进了性别平等和妇女发展。

全国总工会是职工自愿结合的工人阶级的群众组织，在实现社会性别平等中也肩负着重要责任，即使男女职工平等地享有各项权利。工会在性别平等的公共政策中的具体作用是推动、参与和监督国家和政府制定性别平等的法律和劳动力市场政策，体现性别平等、职业平等和待遇平等。

可以看出各类政府及非政府组织在推动社会性别主流化过程中都发挥着不可替代的作用。而在现实中，根据实际情况设置机构，可以更有效地推进社会性别平等政策和计划的贯彻实施。在组织机构内部设立机构，例如建立社会性别平等专门的协调机构，可以有效地促进资源的协调和跨部门合作。目前，许多国际机构都在机构内部设立了“社会性别平等联络员”(Gender Focal Point)。这些联络员往往是中层以上的官员，除了做好本职工作还要肩负起协调本机构有关社会性别平等的工作。在我国，劳动和社会保障部在与国际劳工组织合作的项目基础上设立了“社会性别平等官员”。

除了在本组织内部建立机制，各组织之间还可以建立关于社会性别平等的合作机制，以加强联络，分享经验、信息，开展联合行动。各组织之间的机构除了由机制内部相关组织的人员组成，也可以吸纳机制之外的人力资源。如联合国开发计划署（UNDP）建立了一个叫“社会性别知识网络”（Gender Knowledge Network），其成员包括 134 位联合国开发计划署驻世界各地办公室的社会性别平等联络官和 20 位社会性别专家。这一网络虽然松散，却有效地增强了社会性别平等方面的信息交流和经验分享[3]。

14.1.3 能力建设

在社会性别主流化宣传倡导中，提高公众认识以及决策者的意识和能力，成为各组织及部门的工作重点。不断提高自身对社会性别主流化的认识，掌握基本方法，才能更好地完成工作，实现最终的目标。加强社会性别平等的宣传倡导需在如下方面加大能力建设。

1. 规划

要取得倡导的成功，就需要协调各部门开展多种活动，最大程度地影响公众和决策者。如果说妇联以往的倡导重在改变妇女，那么新时期社会性别主流化的宣传倡导则重在改变国家政策、大众观念及社会文化，因此是一项复杂而艰巨的社会工程，更需要精心策划[4]。提高倡导者的策划能力，需要通过加强其政治敏感性、提高分析能力及设计能力，以捕捉机遇，灵活运筹政策机会和空间，协同各类活动产生较大的社会效应。

2. 研究

宣传倡导中的研究包含多种形式：如利用已有的研究结果论证倡导的观点或建议；自行组织开展一项新的研究；直接收集数据资料来说明某项建议的重要性等。而国内一些部门和组织以往的工作调研主要关注所做的工作，以总结成绩、发现问题、确定新的工作目标为重点。而为宣传倡导所做的研究需要关注妇女群众面临的困难和需求，研究的目的侧重于倾听妇女的声音，反映妇女的需求，分析妇女面临的问题，提出解决建议，而不是指导妇女工作[4]。因此，在实际调研中要认真聆听目标人群的声音，在问题的界定与分析中要充分采纳妇女群众的意见。同时还需注意调研方法的规范性，分析的严谨性以及论证的逻辑性，因为它们往往是衡量调研科学性的重要条件。

3. 建策

在建策中若只是简单地陈述问题和笼统建议，则不能有效地将妇女的利益诉求纳入法律政策，许多将社会性别议题纳入政策和法律的良机就会因此错失。所以，通过使用精确的"专业术语"提高建议或议案的专业化水平，可以促使相关建议受到重视和被采纳。

要提高建议或议案的专业性，既要求倡导者从宏观层面把握国家政策和法律，又要具备专业的法律或政策知识。然而，任何个人或组织都很难全面掌握各个领域的政策法律。因此，寻求专家的帮助就十分必要。倡导组织应建立各种相关领域的专家名册，充分发挥专家的力量，提高政策建议的质量。例如，在2007年《物权法》的制定过程中，全国妇联妇女研究所就邀请了全国在物权法和性别平等两个领域都有所专长的专家，进行高层研讨，最终形成了运用法律专业术语的《关于修改〈物权法〉的建议》。其中保护妇女土地权益的条款被直接采用，就是利用"法言法语"或"专业术语"有效促进决策的例证[4]。

另外，倡导者还需要提高对公共政策进行社会性别分析的能力。社会性别分析帮助我们寻找到性别不平等的根源，使我们的建议更具有针对性，从而有效地促进性别平等。以往的经验表明，不是所有从保护妇女愿望出发的建议都能带来预期的结果，有些甚至可以带来相反的结果。例如一些禁止雇用女工的条款（劳动禁忌）无形中会增加女性就业成本，减少妇女就业机会。而社会性别分析可以帮助我们甄别哪些政策规定会阻碍社会性别平等，哪些表面上中立的政策条款在实施中会给妇女带来不利，以及哪些做法可以真正促进男女的发展[4]。

4. 组织协调

倡导者对社会各界的组织协调是促进性别平等的有效途径。例如，妇联组织通过“双学双比”和“巾帼建功”等一系列活动，加强了与社会各界的合作，尤其是与相关政府部门的合作，使宣传倡导活动得以有效开展。在社会性别主流化的宣传倡导中，倡导者应在继续与政府部门合作的基础上拓展合作领域和规模，如加强与学者、传媒界以及各类群众团体的合作，动用各类社会资源，共同进行宣传倡导。

14.2 社会性别主流化的实践机制

14.2.1 构建“男女平等”的性别文化

社会性别主流化的关键在于强化全社会“男女平等”的社会性别意识，构建先进的性别文化是推进社会性别主流化中的第一步。先进的性别文化要求在承认性别差异的同时，努力转变传统的社会性别角色观念，其核心要求是两性平等发展。构建先进的性别文化需要从以下四点入手。

1. 转变腐朽的传统思想

在现代社会中，“男尊女卑”的腐朽传统思想仍残留在日常生活中，如“干得好不如嫁得好”“强女不如弱男”等观念依旧存在。这类带有明显性别歧视倾向的性别文化通过大众传媒的非正规教育，逐渐内化为人们的道德观、审美观，并渗透到日常生活中。它只承认女性的生理性别，忽视甚至抹杀女性的社会性别，宣扬男女两性的双重价值标准和女性的配角地位，抑制了两性的多元选择与发展，本质上体现了性别关系的不平等。它与能力特征、社会评价相互作用，使女性在经济、文化等方面的资源占有率远远少于男性，严重制约了女性的发展[5]。

2. 加强对女性的主体意识教育

由于历史等原因，许多妇女没有认清自身的社会价值，自我定位较低，自主参与经济社会发展的主动性不强。所以，广大妇女要克服自身的自卑依附心理，树立正确的价值观；政府、社会、非营利组织要通过多种渠道对广大妇女开展主体意识教育，提高妇女主体参与意识，鼓励妇女参与先进性别文化的建设，敢于和善于维护自身的合法权益，在参与中求平等、求发展，最终实现应有的社会价值。

3. 建立健全有利于女性发展进步的制度文化

科学稳定的制度是先进性别文化的重要保障。目前，世界上许多发达国家已经在公共政策的制定上为妇女权益提供了保障，美国实施了《实习妇女和非传统行业法》，鼓励女性从事男性占优势的高薪行业；颁布了一些保护妇女健康的公共政策，如建设公厕，由于女性每次如厕时间比男性长，频率比男性高，所以要求女厕所蹲位必须比男厕所多等；日本实施了《男女雇佣机会均等修订案》和《男女共同参与社会基本法》，使男女能够平等地参与到经济社会中[5]。在我国，男女平等基本国策的确立和《中国妇女发展纲要》的实施，充分体现了妇女与社会协调发展的新思想，从而为构建先进性别文化提供依据。虽然目前我国颁布、修订了《妇女权益保障法》《婚姻法》《生育保险实施条例》等相关法律规定，但女性教育就业、卫生保健等一系列新的妇女权益问题依然层出不穷。对此，用一个科学明确的实现妇女平等的性别理论来指导各种社会公共政策的制定对促进构建先进性别文化具有关键作用。因此，党和政府要大力倡导对性别文化的研究，尽快建立适应国情的先进性别理论；将性别意识纳入决策主流，用先进的性别理论指导公共政策的制定，采取向妇女适当倾斜的政策和措施，为促进男女平等提供有力支撑[6]。

4. 营造有利于实现男女两性和谐发展的舆论环境

通过发挥大众传媒的正确舆论引导作用，大力宣传马克思主义妇女观，宣传党和政府关于妇女工作的方针、政策，进一步提高全社会支持妇女事业发展的思想认识；要广泛宣传妇女发展的突出成就，尤其是社会主义现代化建设中涌现出来的先进妇女典型，从而提升妇女工作的影响力和凝聚力；要继续加强各级组织、各级干部的紧迫感和责任感，形成一种妇女重视自身成长，社会尊重、关心、支持妇女事业的良好氛围。

14.2.2 以妇联组织为核心推进社会性别主流化

在实现社会性别主流化的过程中，作为直接联系妇女群众的社会群众团体，妇联组织发挥着至关重要的作用。在推进社会性别主流化方面，妇联最主要的任务是推动政府组织、企业、其他非政府组织以及全社会共同推进社会性别主流化，并在实现性别平等过程中起到宣传、倡导、监督的作用。为了实现这一任务，妇联应在以下几方面完善。

第一，要增强参与经济社会发展的能力，关注政府及各部门政策制度的实施，寻找政策执行过程中妇女发展的位置，拓宽妇女工作的视野，探索开展妇女工作的有效途径。第二，要明确对社会性别平等的承诺和发展战略，提升对社会性别平等的认识，明确自身在推动社会性别主流化中的重要责任，将社会性别平等的任务放在本组织的战略高度，并写入妇联章程。第三，要提高自身推动社会性别平等的能力。妇联组织不但应是性别平等的积极倡导者，还应是性别平等公共政策的制定者与推动者。为此，妇联组织要积极投身于国家与各部门的政策制定中，为性别平等的公共政策提供建议和咨询。同时，还要提升组织内部工作人员的性别平等意识与工作能力，不断提升组织人员的分析、计划、执行与评估的能力。第四，要搭建妇女与政府的沟通平台。妇联组织作为共产党领导下的捍卫妇女权益的社会组织，应充分发挥好广大妇女群体与政府之间的桥梁作用，积极代表不同妇女群体与政府展开对话，为妇女群体争取多种权利、化解社会矛盾，表达妇女群体的真正诉求，畅通妇女意愿表达机制，搭建科学高效的沟通平台。

14.2.3 在大众传媒中推进社会性别平等

大众传媒凭借现代化的手段发挥着舆论引导功能，在很大程度上制约着受众性别观念的形成，在推进社会性别平等上意义重大。目前，我国许多媒体在宣传报道中依然存在将女性形象商品化、对女性的歧视甚至侮辱的现象，这对社会大众产生了严重的误导。因此要充分发挥书刊、网络、影视、广告等大众传媒社会性别文化的导向功能和教育功能，克服在大众文化中传统性别角色的刻板观念，注入两性平等的性别和谐意识。

国际媒体在推动社会性别平等化所做的努力对我国媒体具有良好的借鉴意义，比如创办妇女媒体，树立性别平等的妇女形象；推进立法进程，制定职业道德准则，逐步消除对妇女形象的负面报道；鼓励妇女担任媒体各类高级决策职位；开展社会性别培训，提高媒体专业人员的性别意识等。结合我国实际情况，可以从以下两方面着手：一是建立健全传媒监督体系，政府、社会要加强对媒体的监控，对刻意渲染色情、暴力、有辱女性人格形象的作品、广告和商业信息及时曝光，为实现社会性别主流化营造良好的舆论氛围；二是加强对媒体工作人员性别平等意识的培训，树立媒体从业人员正确的性别观念，宣传报道时尊重女性价值与女性人格，以正确的舆论引导社会关于女性问题的认识。

14.2.4 性别平等中的男性参与

在社会性别主流化的认识框架下，男性也是性别平等的参与者、贡献者和获益者。在大多数社会中，男子几乎在生活的各个方面都拥有极大的权利，从决定子女多少到决定政府各级的政策和方案。通过促进男性参与，增进对共同责任的理解，可以使男子和妇女无论在公共生活还是私人生活中都成为平等的伙伴。因此，男性参与应是促进性别平等的的重要内容。推进性别平等中的男性参与，可以从下几个方面入手。

首先，推进性别平等中的男性参与要求男性转变观念，从反思男性气质对男性和女性的束缚开始，提高两性平等方面的认识和能力建设。在中国，人们逐渐认识到男性解放与女性争取平等权益的努力是一枚硬币的两面。大量的知识分子通过反思男性气质与传统文化中的缺陷，对传统知识进行挑战，试图建立全新的有关社会性别和社会秩序方面的知识。一些活动家也展开了一系列宣传倡导和实务工作[7]。

其次，男性在参与决策时要将性别观念纳入政策与方案的全过程中。政治决策制度在很大程度上影响着两性生存与发展的环境。在世界范围来看，政治领域一直都以男性为主导，他们不仅是现有决策体系中的主导，也是智囊团和社会行动者的主力军。因此，这就要求男性在参与决策时纳入社会性别意识，并通过法律、政策、计划和项目等贯彻落实，更有效地改变不平等的社会性别关系。另外，男性创造支持性的环境和制度渠道，鼓励女性参与决策，也是促进社会性别平等的重要方面。

第三，坚决反对性别暴力中的男性参与。国际社会一直以来都将反对基于性别的暴力作为男性参与促进性别平等的重要领域。实施暴力的原因在于两性角色的定位在很大程度上与传统的社会性别角色相联系。因此，男性应对性别暴力及性别角色进行反思与回应，改变传统性别关系，采取各种制止暴力的行动。目前，反对性别暴力的男性参与活动，也在向反对拐卖妇女、反对工作场所的性骚扰等领域发展。

第四，共同承担家庭责任和社会责任。传统的性别角色分工使得男性在担任父亲角色、承担家庭责任方面参与不足。国际社会强调两性共同承担家庭责任和社会责任，鼓励男子分担家务、承担教育孩子的责任、休产假……这些都打破了传统的性别角色分工[7]。在中国，传统的角色分工仍认为女性是家务劳动和子女养育的主要承担者，这是不平等的表现。虽然已有26个省、市、自治区在地方性的政策法规中规定了男性陪产假，以法律形式明确了男性参与生育的权利和义务，但现实的环境往往不利于男性行使这一权利。

第五，男性参与生育健康与计划生育。在现实社会生活中，性和生育将男性和女性紧密联系在一起，妇女的健康与男性有着必然的联系。妇女在生育过程中要比男性承受更多的健康风险，男性有责任维护妇女的健康。因此，在生育健康与计划生育中，男女应共同承担相应的责任与义务。

第六，建立性别平等的伙伴关系。男女伙伴关系要求的是在两性平等基础上的相互尊重与合作。伙伴关系方式不同于当今社会中强制性的等级服从体制，它通过联系而形成一个整体，使得人人有权利并有条件实现自我。只有当男女两性都打破传统角色的束缚，自由地发展个性并携手合作时，男女两性才能获得真正的自由与发展。

14.3 案例分析

河南省周山村：农村妇女平权之路

周山村是全国第一个制定体现性别平等村规民约的村庄。在农村空心化，留守妇女成为农业主力军的大背景下，周山村为性别平等做出了珍贵的探索。重男轻女的文化在农村有着根深蒂固的历史渊源，它不断强化性别歧视，甚至直接决定农村资源的分配，影响了妇女在土地、财产、受教育乃至参政议政权等方面的权利。在中央党校性别平等政策倡导课题组和民间非营利组织乐施会帮助下，周山村用十余年的苦心经营创造了农村性别平等的历史。

村规民约捍卫妇女权益

中央党校性别平等政策倡导课题组，由全国的性别研究专家和热心农村社区治理的实践者构成，从2007年起，与政府部门合作，致力于推动男女平等与乡村发展。课题组选择河南省登封市周山村作为试点，从2008年开始协助该村连续三次修订《村规民约》，探索农村社区治理的有效途径。

第一次修订："破冰"（2008 年 10 月—2009 年 3 月）

2008 年 10 月，在中央党校举办的性别平等培训班上，周山村村支部书记主动要求帮助该村修订村规民约。为了慎重搞好修订工作，课题组进入该村进行了深入的调查。

周山村位于登封市东部，距河南省省会城市郑州约 70 公里，地处山区。全村共 398 户 1520 人，计 10 个村民组，已经实现"退耕还林"。2006 年，土地流转给大冶镇政府管理，村民每人每年可分得土地补偿金（村民称为"口粮款"）800 斤小麦（折合款）。为了处理口粮款发放中的纠纷，2007 年 6 月，村两委制定了"兑现粮款十三条"，其中第四条规定："妇女婚后户口未迁出者，不论时间长短一律不给口粮款；离婚、丧偶后回村居住的妇女，不参与口粮款分配。"大多数村民认为这是按"老规矩"办事，没有表示异议，但一些因各种原因户口没有迁出的外嫁女、离婚回村妇女及其家人意见很大，每到分配粮款时，各村民组都会发生纠纷与争吵。村干部认定一条：老规矩不能变！妇女结婚后户口就得迁出，该走的不走就不能给。

调查之后，课题组与村支部书记协商达成共识，要修订《村规民约》，首先要转变干部村民的思想观念。于是，在修订村规民约之前，对村组干部和村民骨干进行培训，把依法自治与村民的日常生活、现实需求紧密联系起来，使培训入脑入心，收到了很好的效果。干部村民在起草修订草案时，取消了对女儿婚后留在村里的限制，写上了关键性的条款，鼓励"婚居自由""男到女家、女到男家均可，享受村民待遇""已婚男女因离婚或丧偶，将户口迁回本村者，可享受村民待遇"，以男性为中心的资源分配制度的"坚冰"开始突破。

第二次修订："深入"（2009 年 4 月—2012 年 5 月）

因为有些村民认识还不到位，在第一次修订村规民约后不久，就遇到了"执行难"的问题。有的村民小组为了自身的利益，依然坚持将外嫁女赶走，与新的村规民约发生冲突。在村支部的坚持下，最终使新的村规民约得到落实。

2011 年底，周山村换届选举，新上任的"村三委"(村支部、村委会、监委会)认为，第一次修订的《村规民约》已经实施三年，有些条款需要完善，再次邀请课题组进行培训、指导，接连召开了村干部会议、党员会议和村民代表会议，于 2012 年 5 月 17 日第二次修订了村规民约。第二次修订村规民约最大的突破点是离婚妇女的村民待遇。第一次修订时只照顾到周山村的女性离婚回村后可享受村民待遇；第二次修订则考虑到媳妇或上门女婿离婚后如果不愿离开周山村，也应保障他们的合法权益。

第三次修订："全面推进"（2014 年 10 月至今）

修订的动议是在 2014 年 10 月党的十八届四中全会召开之后产生的。"村三委"成员反复讨论后，一致认为应遵照十八届四中全会的精神，对村规民约进行一次更深入更全面的修订，以此为切入点，推进农村社区治理的法治化和规范化。村干部与村民代表反复学习了公报精神和相关法律文本，经过充分酝酿，形成第三次修订草案。经过不断修改完善，于 2015 年 3 月 12 日经村民代表大会表决通过。通过这次修订，"总则"进一步规范了村级党组织和村民自治组织的职责范围，规范了村庄事务管理和决策程序，创新了村务监督委员会的制度设计。同时，在集体资源保护与分配、推进男女平等、推动风俗变革、促进乡风文明等各方面取得了进展。

“妇女草根组织”帮助妇女发声

在《村规民约》的制定、修改过程中，除了中央党校性别平等政策倡导课题组的帮助，民间的非营利组织乐施会也贡献了力量。2002 年国际人道救援与发展机构乐施会支持合作伙伴河南社区教育研究中心在周山村实施了两个项目——“河南农村妇女手工艺品开发合作社前期探索”和“河南农村妇女传统手工艺品开发与妇女赋权”。立足点就是开发手工艺品，强调妇女赋权，提高妇女对社区事务的参与度及在家庭和社区中的地位。

2004 年，在河南社区教育研究中心的推动下，“周山村妇女手工艺品开发协会”（以下简称“协会”）正式成立。像协会这样的“妇女草根组织”，在增加妇女经济收入的同时，增强农村妇女自主和自我发展能力，透过建立协会，凝聚妇女，壮大声音，促进其参与社会事务管理。如今，协会已经成为村中妇女代表的代名词。

随着手工艺协会的发展，妇女们的地位逐渐提高，观念也随之改变，妇女的“参政”意识越来越凸显。2011 年底村委会换届选举时，手工艺协会会长景秀芳当选了村监委会主任，副会长冯瑞芬连任村委委员兼妇女主任。不少到周山村学习访问的人接触了手工艺协会之后，评价说“她们早已不是传统意义上的农村妇女，在她们身上看到了农村妇女的发展潜力”。

如今周山村的成功经验，已经在全国范围内的试点村推广。登封全市 325 个行政村、漯河 47 个村庄已先后效法周山村修改村规民约。在黑龙江、安徽、江西、江苏、广东等全国 9 个省市也依照周山村《村规民约》的范本，制定了性别平等的村规民约。

（资料来源：女性玩“平权”周山村最潮，http: //news.ifeng.com/a/20141022/42262638_0.shtml，2014-10-22）

思考：

1. 案例中提到了哪些机构为周山村的性别平等工作做出了贡献？

2. 案例中，周山村采取了哪些措施保障性别平等工作落到实处？

本章思考与讨论

1. 为了构建“男女平等”的性别文化，我们在现实生活中应该怎么做？

2. 在生活中，公众参与妇联组织的现象还并不普遍，为什么？我们应该怎样鼓励大众参与？

3. 传统的社会性别观念在很大程度上影响着我国社会性别主流化的进程，对此，你怎样看待？

参考文献

[1] 刘菲菲 . 公共政策中的社会性别意识析论 [D]. 上海：师范大学，2006.
[2] 尹旦萍 . 社会性别主流化及其中国途径 [J]. 党政干部论坛，2009(11)：15-16.
[3] 吴玲 . 中国城市女性贫困问题及对策研究 [D]. 南京：河海大学，2006.
[4] 杜洁 . 社会性别主流化的宣传倡导 [J]. 中华女子学院山东分院学报，2010(2)：10-14.
[5] 莫海燕 . 构建以男女平等为核心的性别文化建设 [J]. 学理论，2014(7)：99-100.
[6] 李敏 . 当代中国女性的文化困惑与解析 [D]. 青岛：中国石油大学 (华东)，2008.
[7] 马冬玲 . 性别平等进程中的男性参与 [J]. 中华女子学院山东分院学报，2010(2)：20-24.

15 前景展望

任何一项影响深远的改革都需要经历几步关键性的跨越。这正如毛泽东同志曾经比喻的那样，眼前的处境就像我们常说的过山坳一样，快爬到坳上时，千万不可以松劲，要咬紧牙关一鼓气地爬上去，往后的路就好走了。如果说将社会性别主流化从宣传到初步探索的历程比喻为翻越山坳的话，那么现在就是快要到山坳的时候了，因此展望社会性别主流化的发展前景需要保持乐观又谨慎的态度。

15.1 我国社会性别主流化的推进路径

社会性别主流化于1995年的第四次世界妇女大会被联合国确定为促进社会性别平等的全球战略，要求各国将社会性别平等作为一项重要的政策指引，纳入到公共管理乃至社会发展的各个领域中去。至此全球很多国家地区就此展开了全面的探索与尝试工作，时至今日，一些地区的实战经验可以为全国推进社会性别主流化的建设和发展提供有益的借鉴与参考。

15.1.1 地区实践经验总结

1. 中国香港的社会性别主流化推进路径

历史上，中国香港一直以“放任自流”的原则支配着社会经济的发展，缺少反对性别歧视的法律。这给香港妇女的权益保障和两性平等带来了不利的影响。自1995年，国际社会提出社会性别主流化的倡议之后，香港就开始了该领域的探索之旅。首先，在1996年和1998年两个年度之中，香港政府着重进行了立法审查活动，颁布了一系列消除歧视妇女及不平等待遇的修正案和法案，为了保证法案的实行，香港于1996年成立了平等机会委员会（简称“平机委”），它的主要职责是消除社会性别歧视，促进男女平等，执行一系列的反歧视法规，处理相关申诉。该机构在妇女权益保障与两性平等中做了大量的工作。

1）社会性别主流化机构建设

随着社会性别主流化步伐的推进，香港有关部门呼吁能够成立一个专门的促进妇女进步，保障和协调社会性别平等政策及长期战略实施的政府机构。在2001年1月，香港政府成立了第一个促进和保障妇女权益的政府机构——妇女事务委员会（简称“妇委会”）。妇委会的目的是促进女性在生活各方面充分获得应有的地位、权利及机会。其职责主要包括协助特区政府制定有关妇女事务发展的长远目标和策略，并就有关妇女权益的政策和措施提出建议；定期检讨香港的各类妇女服务，就妇女问题进行调查研究，以及筹办各种关于妇女的教育和宣传活动。从2001年2月起，香港政府每年拨款约2 300万元，以支持“妇委会”的工作。就此，香港政府在社会性别主流化专门机构建设方面取得了较大进步。

2）社会性别主流化实践探索

2002 年 6 月，香港“妇委会”倡议的社会性别观点主流化策略获政府最高决策层的通过并开始实施，具体实施内容可以归结为以下几点。

一是设计社会性别分析工具，社会性别主流化检视清单。所谓检视清单是由一系列的选择题构成。这些问题包括了对性别数据、咨询妇女意见和妇女独特需要等方面的详细描述，可以帮助政府官员推行社会性别主流化，并且评估公共政策、措施及法例对两性的影响。如果检视的结果显示某些政策范畴无法将社会性别观点纳入考虑或是评估，委员会便会向有关政府官员提供建议和协助。此外，委员会还专门向政府官员提供了一套数据库，以帮助他们能更加深入地了解社会性别概念。到目前为止，包括香港民政事务局、信息科技署等多个政府部门和非政府组织在内的多个单位已经采取检视清单作为分析工具，在制定公共政策时引进了社会性别的观点。例如，民政事务局将委任 25% 的咨询及法定组织成员为女性作为一项工作目标，并采取积极措施，联络、物色和栽培有能力并愿意服务社会的妇女，使妇女参与咨询及法定组织的比例逐年提高。

二是成立社会性别课题联络人网络。“妇委会”协助决策局和部门成立社会性别课题联络人网络，在各政府部门制定具体人员作为社会性别课题联络人，大部分为政府部门的高级公务员。联络人的职责有两个，包括收集各部门对各项社会性别主流化的措施的意见和关注事项，向“妇委会”反映，还包括致力于提高所属部门对社会性别课题的认识以及其对社会性别认识程度。“妇委会”则要与这些联络人保持紧密的联络，协助他们推进社会性别主流化的进程。

三是进行与社会性别课题相关的培训。“妇委会”与本地的大专院校合作，协助政府为各级公务员进行培训，增加他们对社会性别课题的认识。培训的课程根据不同的部门和联系的需要进行设计，政府与“妇委会”为主要官员、部门首长以及立法会议员举办了社会性别主流化的专题研讨会。

四是收集及分析性别统计数据。“妇委会”积极推动香港政府收集及分析性别统计数据，政府统计处收集了很多有用的按照性别分类的数据，包括人口特征、婚姻、生育及家庭状况、教育特征、劳动人口特征、就业收入、社会福利等项目。

自 2001 年开始，经过发展概念、发展工具、实验及改进、扩大参与到最后的评估，社会性别主流化在“妇委会”的推动下得到了循序渐进的发展。社会性别视角已经逐渐成为香港政府政策制定、推行、实施的一个常规部分，政府已将社会性别纳入其日常工作流程中，香港正趋向为社会性别制度化的社会。在大陆推行社会性别主流化的过程中可以充分借鉴香港的经验，在政策设计、决策和执行中纳入社会性别视角，力促社会性别主流化。

2. 中国台湾的社会性别主流化推进路径

20 个世纪 70 年代以来，中国台湾的妇女运动就已经兴起，到 90 年代开始呈急速发展之态势，政府为了回应妇女运动就采取了一系列积极的做法和改进。社会性别主流化在中国台湾已经成为一个实际过程在操作，社会性别主流化的推进强调政府的责任、立法参与与政策解决。

在台湾地区，妇女运动成为推进妇女议题从边缘走向中心的强大力量。它在推动社会性别主流化方面的作用主要表现在三个方面。第一，它传播性别平等的知识和观念。许多台湾地区的女性领袖有着海外的留学背景，将其在国际上接触的社会性别先进观念带回中国，成为了妇女团体中的中坚人物。第二，将妇女问题“社会问题化”。第三，公开表达妇女的诉求。在妇女运动坚持不懈的努力之下，主流社会已经意识到应该去改变现有的制度，改造社会结构，保障更多女性走进政治团体与机构。

另外，台湾地区性别主流化的一个突出特点是，在性别平等法律方面成果十分显著，这些法律从女性的生命经验出发推动确立，具有责任主体明确、责罚标准具体、注重预防的特点，对妇女的人身财产权利、工作权利以及教育权利等方面进行了全方位的法律保障。在这个方面尤为需要注意的一点是，妇女组织一般都是民间组织，而女性组织在这个过程中的推动作用不可忽视。

再者，在 1995 年第四次世界妇女大会提出社会性别主流化的全球战略之后，1997 年 5 月台湾地区就成立了妇女权益促进委员会（简称“妇女会”），它是由民间人士参与的咨询及政策统合机构。它的运作过程基本是这样一个程序：首先产生一个针对妇女问题的提案，然后经过反复的商讨，形成一个较为成熟的意见，最终提交给大会讨论并裁决。在这个过程中妇权会在很大程度上参与到政策的制定过程中来了，使这一机构具有了政策权能机构的性质。与妇权会关系密切的机构——1999 年成立的“财团法人妇女权益促进发展基金会”也是一个很好地促进社会性别主流化的机构。

另一方面，台湾地区的妇女组织和功能多样、形态各异，在诸多方面都表现十分突出，如法律和政策倡导、开展社会运动、提供咨询和支持、服务社区群众等。多元发展的妇女组织在异彩纷呈的同时也势必存在着一些矛盾甚至是冲突，目前台湾妇女界为了应对这个问题也正在试图采取行动：一是利用妇女权益促进发展基金会的平台，广泛开展议题交流，加强彼此之间的沟通和联系；二是成立妇女团体联合会，试图将台湾地区各种妇女团体联合到一个组织系统中。

3. 瑞典社会性别主流化的推进路径

早在 1980 年，瑞典中央政府就已经建立了性别平等部，这是当时世界上为数极少的推进性别平等的政府机构。1994 年，具有性别平等敏感性的首相卡尔森在上任之后，陆续推出了一系列性别平等的新举措，并且提出一项新的战略——社会性别主流化，这一战略后来逐渐发展成为了一项国际战略。

瑞典不同于其他一些国家只通过某些具体的政策和项目来推动社会性别平等，而是通过建立一整套从中央到地方的制度和机构，将社会平等纳入到政府制定和执行政策的所有活动之中。其社会性别主流化的政策模式可以简述为：将性别平等视角嵌入到从公共政策过程的形成、制定、执行到反馈、修改的所有过程中，旨在促成男女两性平等地获得机会和收益，同时承担相同的责任[1]。瑞典内部促进性别平等的机构设置与其具体行动包括：政府内阁、性别平等部、中央政府各部、政府调查委员会、城市政府和郡议会、地方性别平等专家、平等机会监督机构、性别平等委员会。

瑞典在社会性别主流化过程中也采取了很多行之有效的策略，对整个国家产生了十分显著的影响。一是在政策制定过程中加入了女性视角，很好地保护了女性的权益。社会性别主流化模式的提出一改之前从男性视角出发审视问题的方式，使得公共政策的制定考虑到女性的角色，例如在公共基础设施建设方面，瑞典乘坐公共汽车的女性比较多，男性开车比较多，因此是先发展公共汽车还是先发展高速公路是一个涉及到社会性别问题的政策制定过程。二是使得许多被忽略的男性群体的利益也得到了更多的保护和关注。社会性别主流化模式强调的是尊重两性的基本权利，为两性的发展创造平等的环境而不是仅仅为了女性，这是男女两性的共同问题，需要的是全社会的关注与参与。例如，瑞典赋予了父亲产假和亲子假期，强化了父亲与孩子之间的情感联系，对男性缓解压力和紧张具有积极的作用。三是产生了显著的经济和社会效益，从而促进了整个国家的发展。瑞典政府充分保护妇女免于暴力的侵害进而减少此类的公共财政支出，使得整个国家受益。瑞典政府还通过建立"父母津贴制度"，鼓励女性在生育之前先工作，并且在休完亲子假期之后再返回工作岗位，与此同时还投入大量资金建立"儿童日托体系"来保证女性的就业率。四是提升了瑞典的国际影响力。瑞典一直以来都走在国际社会性别主流化推进道路的前面，如上其提出的"父母津贴制度"和"儿童日托体系"受到了欧洲各国的极大关注，另外1999年瑞典首次提出了"卖淫是对女性有系统的剥削形式之一"这一理念，并在法律上进行了处罚性规定，这给其他国家带来了极大的震撼，成为了各国学习借鉴的对象。

15.1.2 社会性别主流化的路径选择

1949年新中国的成立标志着中国妇女的发展进入了一个全新的时代，半个多世纪以来，我国一直致力于保护妇女权益，促进性别平等的工作。时任国家主席的江泽民在联合国第四次世界妇女大会开幕式上指出，把男女平等作为促进中国社会发展的一项基本国策。这被看成是我国对社会性别主流化这一国际战略积极回应和具有中国特色的阐述。

社会性别主流化虽然是一项国际战略，但是总结已有的实践经验，各个地区所采取的措施会根据不同的地域特色而有所不同，在某一些方面比如说建立统一的推动机构、构建相应的法律体系等方面是各个地区所共同采取的行动，这也是我国需要继续关注的方面，另外要想真正实现具有中国特色的社会主义，还必须结合我国的基本国情综合考虑，开发符合我国地域特色的社会性别主流化推进路径。

首先，应强化国家和政府的责任，在制度层面保证将社会性别意识贯穿于政策的制定、执行、评估的全过程。1995年的世妇会确定社会性别主流化的工作主要应由政府机构实施，并体现在国家政策中。推动社会性别在国家政策中的主流化，就应该建立让女性群体积极参与相关政策制定、推行、评估全过程的机制，并将对两性平等发展的影响作为评价该项政策能否通过和实施的标准之一，在执行中，也应该通过由专业人员和妇女代表组成的具有可操作性的载体参与监控。

其次，逐步改变权利结构体系构成，提高女性决策者的数量和地位。任何社会发展政策都是将公共利益在各利益群体间做出的一种分配，各利益集团势必会通过一定的方式向政策决策者进行利益表达或施加影响以维护本集团的利益。女性群体的利益诉求应让女性通过参与决策过程，或是保证女性决策者的比例才能予以保证。从另一方面来看，我国目前的决策圈中女性领导者的数量少而且层级低。社会性别主流化要求两性公平平等地获得资源，共同进步，因此，这就要求我国改变女性在决策层被边缘化的现状，让她们进入到核心层，在决策讨论和制定中真正发挥作用。

再次，强化全社会的性别平等意识，重点对决策者进行社会性别意识的宣传和教育。无论是男性还是女性，只有先树立起社会性别意识，才能在决策中纳入社会性别意识。而社会性别意识的形成需要在学习和了解社会性别研究的基本理论后才能形成的。因此，除了加强政府的推动和媒体的宣传，还应将性别平等内容纳入到公民教育体系之中，开展不同层面、不同对象的社会性别意识培训，使社会性别意识教育在全体公民中得以普及。同时，要特别重视对领导干部的教育与培训工作。党委和政府要充分利用各级党校和行政学院等干部教育基地，通过开设男女平等基本国策、社会性别主流化等方面的课程，对领导干部进行社会性别意识的宣传与教育，提高他们的社会性别意识。

最后，应进一步强化妇女组织的职能，赋予妇联监测公共政策的权力。早在第一次世妇会上，联合国就提出所有国家成立机构以促进社会性别意识在政策层面的建设。为了响应联合国的号召，我国在1990年就成立了国务院妇儿工委为国家的性别平等机构。出于历史尊重和对妇联功绩的肯定，国务院妇儿工委不再单独筹建，不设专职领导职数，而是作为全国妇联的一个内设机构，将30多个部委作为成员单位，借助全国妇联开展工作。这种机构设置方式表明妇联实质上是中国的妇女地位国家机制，其主要职责是“监测政策、项目、规划和立法，并对影响进行评估”[2]。要很好地行使这一职能，需要有足够的权威性和资源，并应有否决权。但是目前由于我国没有赋予妇联相应权力，社会发展决策在制定过程中并没有经妇联或是妇儿工委的社会性别审查的程序性规定，因此社会性别主流化难以推进。因此，若要真正行使起监测公共政策的社会性别意识的责任，就必须保证赋予妇联或妇儿工委相应的权力，从制度层面为社会性别主流化的推进提供保障。

最后，还应考虑建立国家及地方级的性别平等监察机构，保证有关社会性别意识的政策和方针得到有效监督。为了监测性别平等的程度，避免主观臆断，国家社会性别平等监察机构应该建立性别指标统计库，并将其纳入国家社会发展统计之中，以便准确地了解性别平等发展的程度和存在的问题，掌握政策和计划实施的效果，提出改进和发展的新方案。

15.2　社会性别与公共管理的发展趋势与改革方向

15.2.1　社会性别的三个主流化发展方向

（1）学科 / 学理主流化。学理主流化又是学科主流化的核心，需要有最基本的学理认同，如研究对象，公认的专门术语和方法论、概念体系、分析范畴等，才能推动学术知识生产的正常运行[3]。

（2）行政主流化。社会性别学科要生存发展，必须进入高校的体制——学科、课程与教学序列和行政系列。在中国的语境中，社会性别主流化在于学校的内部建制、机制创新，被教育主管部门所认可[3]。

（3）社会主流化。社会主流化的实现是社会性别主流化发展的最终目标，服务社会惠及妇女，进而实现性别平等与社会公正。新时期性别问题已经成为社会制度和观念体系的副产品，不仅需要深层次的文化反省和社会性别意识的自觉，而且需要在推进性别意识纳入决策主流、纠正公共政策执行过程中的偏差、学习国内外先进经验、发挥妇联组织的作用、加强交流与合作、加强学科和科研队伍建设、加大培训和扶持力度等措施上下功夫。

15.2.2　社会性别与公共管理领域的发展趋势

社会性别与公共管理的结合点旨在通过有目标、计划、策略、组织的连续性的研究与实践活动，积极推动社会变革、实现性别平等与社会公正。

1. 由理念向行动转变

社会性别意识的主流化在我国公共管理领域既是一个理论问题，也是一个实践问题。在理论方面，应加强对社会性别理论的研究。首先应在借鉴、吸收西方社会性别理论资源的基础上进行中国特色的理论建设。其次是强化社会性别的学术研究，加强在项目、资金、学科、学术队伍建设等方面的投入，加强社会性别理论的宣传与普及，将新型社会性别观念和意识，内化在政策制定者、公共管理实践者和一般民众的思维方式和行为模式之中。

在实践上，首先需要考虑如何将社会性别理论应用于公共管理实践，提高政策制定者、实践者和一般群众对社会性别问题的敏感性，通过交流培训、标杆示范、试验推广等一系列方式，启发人们在社会性别问题上的自觉意识，帮助界定社会性别问题，推动社会性别的政策实践。其次是营造新型社会性别的观念氛围，塑造新型社会性别的行为规范，提高对社会性别问题的认知能力、表达能力和规范能力，构建新型的社会性别关系，并在实践中将社会性别理论作为公共管理的基本意识和基本知识加以倡导和运用[4]。

2. 由技术工具向政策内容转变

决策人员在政策的酝酿、制定、执行、监督、评估决策项目各个环节中应当考虑社会性别问题，以减少政策对处于边缘的社会性别的负面影响，最终使男女共同得到发展，具体如下。

第一，识别和界定与社会性别相关的每个政策环节，一般包括设计、执行、监督、评估和展望五个环节；第二，政策制定者在制定法律、政策和计划时要注意整理和分析性别统计资料；让两性表达意见并参与了解两性的不同需求和感受；考虑对两性的影响等方面；第三，政策实施过程中应关注公众教育和宣传中的社会性别观点以及政策的实施对妇女造成的影响；第四，在政策执行的监督过程中要收集和分析性别统计数据和监督指标，将社会性别观点纳入政策执行的实施成效监督中；第五，通过社会性别分析角度来评估公共政策对两性的影响；第六，未来的政策中要持续或加强对社会性别的考察[5]。

3. 由形式上的平等向实质性平等转变

总体来讲，公共事务管理中坚持性别实质性平等原则应把握以下方面。

首先，尊重两性在社会领域的平等权利。也就是说，在社会生活领域将男性作为基本参照，要求妇女与男性平等。如参政权、受教育权、财产继承权、土地占有权，等等。可以想象，当大多数女性不具备与男性同等的受教育程度和政治参与程度时，这个社会很难达到公平，同时社会的进步和人类的发展也将受到制约，包括男人的发展；再如，两性收入的“同工同酬”问题与人们的生活质量有很大联系。也就是说，只有当一个人的收入达到一定程度时，才能保障其体面而有尊严地活着，才能为个人的进一步发展提供可能性和必要性的条件。因此，政府有责任通过制定公共政策来缩小两性在社会生活领域方面的差距。

其次，尊重两性自然的生理差异。在人类社会的发展过程中，妇女承担着人口再生产的繁重任务，经期、孕期、产期、哺乳期等都与男性有着明显的不同，因此，在倡导和推动妇女广泛参加社会劳动的同时，一定要充分考虑到妇女特殊的生理条件，并由政府提供相应的保护或保障措施。

再次，尊重两性在家庭中的平等地位。在妇女解放的历史进程中，我们不能忽略这样一种事实，即孩子的生育和养育劳动在多数情况下是由家庭中的妇女来承担，这种情况使得妇女在家庭和生活领域的从属地位进一步加强。如果在政策制定中仅按照传统的两性分工模式来安排时间和内容，会对妇女发展带来不利影响。因此，在妇女的发展问题中必须考虑让男性承担一定量的家务，或者政府要加大力度推动家务劳动社会化，为妇女走向社会提供时间和精力上的保障。

4. 由个别领导的自觉行为向党政部门的法律责任转变

我们可以借鉴香港地区的经验：建立一个新的机制——“社会性别课题联络人”网络，在妇联的领导和协调下，使得政府各部门都能参与到跨部门跨领域的社会性别问题中来。香港地区的经验表明，指派社会性别课题联络人能确保社会性别主流化的工作在本部门得以顺利推行。这些政府部门包括教育、健康、劳动、法制、文化、传媒、工业、贸易、农业、农村发展、社会福利、财政和规划等各个领域。社会性别主流化的工作要依托妇联，通过“社会性别课题联络人”网络，把社会性别意识的概念引入各领域各部门的决策系统，使整个国家的政府部门把它作为一个战略和政治目标，从而促进它变成一种机制。比如，在预算拨款方面，积极推进财政预算采取对社会性别问题敏感的方针，以确保各级部门的预算进程考虑到社会性别问题，内容包括促使政府部门制定社会性别平等拨款的比例，以及审视预算项目对妇女已经产生或即将产生的影响等。

15.2.3 未来公共政策的制定需要融入社会性别因素

1. 从社会性别维度或视角审视公共政策的公正性

这里的性别视角，不仅仅是为了妇女，而是强调政府在用阶层、地区、民族等方法权衡重要性并考虑社会发展时，一定要考虑到性别的因素。而对于以往乃至当今领导阶层中男性始终占据主导地位的事实，以及在决策过程中对女性需求有意或无意的忽视，学界所强调的性别意识更多的是指“女性意识”。但强调“从女性的视角看问题”或“用女性的眼睛看世界”，也是建立在对男性尊重的基础之上的，而不是为了女性的利益一定要以牺牲男性的利益作为代价，这是性别公正最根本的要义和内涵，正如一些研究者所说：“性别平等事业是两性共同的事业，其核心是两性的共同发展。它不局限于孤立的女性解放与发展，而是立足于在整个人类之中女性的发展；它不致力于男女之间的对立和斗争，而是寻求在两性平等的基础上确立女性独立自主的地位，促进两性在人类进步、社会发展中平等受益、共同进步、健康和谐发展；它不是为了剥夺男性的利益以满足女性的需求，而是寻求人的基本权利。女性福利的改善不仅不会损害男性的利益，而是反之。”[6]

这里是以“人”和“人权”作为基本的出发点或落脚点的，其核心议题是从女性出发，但不仅仅是为了女性。一些学者认为，如果将男女两性分开作为两个对立的群体，分别代表不同的利益，那么将“会使跨越差异的理性交流成为不可能”。因此，应通过“视界融合”，“从而使一种立场因它与其他立场的碰撞而遇到风险，受到检验，经过修改，最后得到发展”。这种见地非常深刻，不只体现在认识论方面，在政策制定中同样适用。

2. 从女性的经验出发或站在女性的立场上提出政策建议

对妇女研究的大量成果表明，妇女在生育、生活、生产，以及对生命的体验和感受等方面与男性有着明显的区别。以男性为主体的领导层对女性以及妇女问题加以关注，并以此为基础建立的公共政策，有时会暗合妇女的需求，有时却事与愿违，甚至遭致女性主义者的强烈抨击和反对[7]。因此，十多年来在世界范围的妇女研究中，对于决策层，特别是高层领导中女性领导严重缺位的状况，提出要提高公共政策制定中的性别公正性，真正将性别意识纳入决策主流，就必须要在不同层级的领导中增加女性领导的比例，以反映妇女的利益和需求。一些研究者认为：“人们可以将决策机构中没有妇女看作一个伦理问题，一个公正和公平的问题。”即将公正和公平问题直接纳入到决策当中，增加决策机构中妇女的人数，以保障女性在政策出台和执行中的主动权和选择权。因为，一项政策的出台，对不同的人群来说将意味着不同的意义，不同的社会政策实践也会对不同的人群产生不同的影响。所以，就需要对公共政策进行性别分析，发现在看似性别中立的政策之中存在的性别偏见。如一些研究者所说："鉴于千百年来根深蒂固的性别观念，性别分析就是要让这些不平等浮出水面，引起人们的注意，并致力于避免性别不公正的社会隐患。"[8]

新中国成立之后，中国妇女的受教育程度明显提升，女性的学历层次也越来越高，这为妇女顺利进入各级领导层奠定了基础。而女性在政治层面的实质性参与，不仅可以用女性的经验对原有的政策进行性别维度的检视或检验，而且能够对即将出台的新政策进行性别的观照和审视，以弥补男性领导无意中对女性经验的忽视，进而为女性的发展创造更为有利的条件和环境。有研究者发现，当妇女能够对经济资源，特别是她们自己的收入有较大的支配权时，与男性相比，她们会将更多的资源用以照顾孩子的需求和家庭福利，也会提高对自己的评价，并且获得权益的增长。同时，"当妇女对自己的财产以及自己的劳动产品都能拥有较强的支配权时，男人就会更尊重妇女，不认为她们与自己有什么差异，并且较少会对妇女颐指气使。"[7] 所以，从女性的角度出发看待问题，不只是一个认识问题，而是强调从源头上参与，即通过使女性进入决策层来影响政策的性别走向，女性不仅仅是占有、使用资源，而且要决定资源的分配和利用。

3. 关注妇女内部的差异性，不能以少数女性的意见左右所有女性的意愿

女性主义对于公共政策的影响，明显表现在它对妇女作为一个"整体"的解构，即关注不同地域、阶层和民族妇女之间的差异。如学界对"西方中产阶级白人女性"的限定就是在告诫人们：西方与东方不同，中产阶级与小资产阶级和无产阶级不同，白种人与黑种人和黄种人不同，推而广之，城市女性与农村妇女不同，知识女性与普通劳动妇女不同，年轻女性与老年妇女不同，这诸多的"不同"，不仅会影响性别政策的制定和走向，还会影响不同阶层或地域妇女利益的实现。因此，在政策制定中，不能以一部分女性的利益代表或代替女性群体或整体的利益，更不能用知识女性或精英女性的利益诉求作为价值判断的基本标准[7]。因为，"对性别的理解是无法脱离种族、阶级、性取向以及其他社会身份的，性别压迫与种族、阶级等其他各种压迫是相互交织的。并不存在统一的、为所有女性共享的经验、身份或视角。这些经验、视角、利益和身份往往随着种族、阶级和其他社会关系的变化而改变"。这里强调的是女性与男性作为个体人或个体生命的重要性，不仅抵制男性霸权，也要警惕精英女性的话语霸权和她们在政策制定中会对草根妇女带来的不利影响。

参考文献

[1] 齐琳．瑞典社会性别主流化模式初探 [J]. 中华女子学院学报，2008，20(3)：74-77.

[2] 尹旦萍．社会性别主流化及其中国途径 [J]. 党政干部论坛，2009(11)：15-16.

[3] 杜芳琴 . 从研究到学科化并通向行动主义：中国妇女学 30 年反观与理论化 [J]. 中华女子学院学报，2013，25(2)：47-53.
[4] 鲍静 . 应把社会性别理论纳入我国公共管理的研究与实践 [J]. 中国行政管理，2006(8)：33-39.
[5] 朱春奎 . 社会性别主流化与国家治理现代化 [J]. 中国行政管理，2015(3)：7-11.
[6] 任洁 . 对当前女性在就业中遭遇性别歧视问题的研究——基于人力资本视角的思考 [D]. 大连：东北财经大学，2007.
[7] 邸晓星，畅引婷 . 社会性别与公共政策——基于平等与公正视角 [J]. 长江论坛，2013(5)：78-82.
[8] 陈方 . 性别与公共政策对话 [J]. 中华女子学院学报，2011，23(3)：24-29.

后　记

本教材是天津大学公共管理学院与中国妇女研究会合作在福特基金会支持下开展的“社会性别与公共管理”课题研究的系列成果之一。本书系统整理了社会性别研究与公共管理领域专家们多年来的研究成果，并对社会性别与公共管理研究的发展脉络与重点内容进行了梳理。作为社会性别与公共管理的教材，希望能为社会性别研究体系的形成、教育模式的推广、我国社会性别主流化的推进做出一定的贡献。

本书共分为 15 章，第 1 章、第 2 章、第 5 章、第 7 章、第 12 章、第 14 章、第 15 章由张再生教授及其团队编写，第 3 章由陈方教授编写，第四章由张廷君副教授编写，第 6 章由马蔡琛教授编写，第 8 章由张相林教授编写，第 9 章由赵丽华教授编写，第 10 章由马蔚姝副教授编写，第 11 章由王佃利教授编写，第 13 章由马秀玲副教授编写。另外，在本书的写作过程中，全国妇联书记处书记、中国妇女研究会秘书长谭林教授，中国行政管理学会副秘书长、《中国行政管理》杂志社社长、主编鲍静教授，全国妇联妇女研究所蒋永萍研究员，中央党校李慧英教授，复旦大学朱春奎教授，中国政法大学傅广宛教授，暨南大学蔡立辉教授等同仁给予了大力支持，博士生宁甜甜、硕士生刘明瑶、强馨元、曲瑶、刘徽、刘盟、范雪曼、房海蕾、李妍等编写部分章节的初稿并做了大量的辅助性工作，在此一并表示感谢。

由于时间和能力所限，本书还有很多不足和有待完善的地方，恳请同仁批评指正，书稿在写作过程中参阅了大量同行的成果，在此表示感谢；本书出版过程中得到了天津大学出版社的大力支持，感谢责任编辑徐阳女士为本书出版付出的辛勤努力。

张再生

2016 年 5 月